钓鱼秘诀800问

BA BAI WEN

蒋青海 编著

上海科学技术文献出版社

图书在版编目（CIP）数据

钓鱼秘诀800问 / 蒋青海编著 .—上海：上海科学技术文献出版社，2013.1
ISBN 978-7-5439-5623-0

Ⅰ.①钓… Ⅱ.①蒋… Ⅲ.①钓鱼（文娱活动）—问题解答 Ⅳ.① G897-44

中国版本图书馆 CIP 数据核字（2012）第 278255 号

责任编辑：胡德仁
美术编辑：徐　利

钓鱼秘诀800问
蒋青海　编著
*
上海科学技术文献出版社出版发行
（上海市长乐路746号　邮政编码200040）
全国新华书店经销
常熟市人民印刷厂印刷
*
开本 650×990　1/16　印张 22　字数 357 000
2013年1月第1版　2014年3月第2次印刷
ISBN 978-7-5439-5623-0
定价：29.80元
http://www.sstlp.com

前　言

垂钓是一项情趣高雅的体育活动。它寓运动于娱乐之中。相信参加过垂钓的人都会在身心上得到无穷的乐趣和有效的锻炼。紧张繁忙的现代社会,人们越来越渴望离开喧闹、空气污染的城市,置身于青山绿水、鸟语花香之中,呼吸新鲜空气,沐浴柔和的阳光,而垂钓这项野外活动既能够享受大自然的美好,又能有效锻炼身体,更有机会品尝到亲手垂钓的鲜鱼,可谓美妙之极。

近几年来,垂钓运动越加流行,有些省级电视台更是打造出专门的垂钓频道。随着垂钓的人越来越多,怎样钓好鱼?怎样钓到更多品种的鱼?成为众多垂钓爱好者不断探索的问题。要想获得满意的垂钓结果,掌握一定的垂钓专业知识必不可少。垂钓知识包括了天文、物理、气象、水文、鱼类学等,还需在垂钓实践中结合实际环境等因素,加以综合分析与判断。可见,垂钓是一项技术要求颇高的体育休闲活动。

为了让更多的垂钓爱好者掌握好钓技,笔者精心编撰了这本《钓鱼秘诀800问》。书中介绍了鱼类的基础知识、钓具、饵料、钓鱼方法、垂钓技巧等内容,其中对钓鱼方法、钓饵与各种淡水鱼的钓法作了详细介绍。“钓鱼方法”对多种钓鱼情境进行了垂钓指导,贴心实用;“钓鱼饵料”采用日常生活中常见的动、植物为原材料进行制作介绍,方便快捷。“各种淡水鱼钓法”精选了近50种常见鱼品种,对其生活习性、垂钓用具、钓点选择等重要环节进行阐释,实战性极强。书中还配有大量实用插图,可谓图文并茂。

作为一名资深的垂钓爱好者,笔者已出版过多本钓鱼指导用书,市场反映良好。《钓鱼秘诀800问》汲取了以往图书中的精华,并加以升级完善,目的旨在:为钓鱼初学者提供更多的垂钓知识,为钓鱼发烧友们提供更多的垂钓秘诀。在本书编纂过程中得到蒋婕、裴进义、高敏、蒋来运、蒋志伟、郭维正、林云秀、隋秉涛、蒋良贵、李淑君等大力支持与帮助,在此一并表示衷心的感谢。希望《钓鱼秘诀800问》能成为千百万垂钓爱好者的良师益友,让更多垂钓爱好者在垂钓过程中享受垂钓所带来的美好体验。

蒋青海

目录

钓鱼秘诀800问

DIAO YU MI JUE BA BAI WEN

目录

一、与钓鱼相关的鱼类知识

（一）鱼的感觉器官及其功能

1. 钓鱼者为什么要了解鱼类的习性及生理功能

“知己知彼，百战不殆”，说的是干任何工作，必须对该项工作有充分的了解，做起来才能得心应手，有良好的效果。对钓鱼者来说，应该先对所要钓的鱼的习性摸清楚，知道所要钓的这种鱼有什么生理特点？爱吃什么？其视觉、听觉灵敏程度如何？喜欢在什么环境中栖息等？只有了解了这些知识，钓起来才能有比较满意的收获。更何况，各种不同的鱼有不同的习性，其视觉、听觉、味觉等都不尽相同。所以，如果不分水域、不论钓哪一种鱼，都用同一种钩、同一种饵和同一种方法去钓鱼，那么，收获肯定是不会很大的。

这里我们可以举几个例子来说明钓鱼爱好者了解各种鱼的习性及其生理功能的重要性。

① 钓鱼者知道某种鱼有较灵敏的听觉时，在钓这种鱼时就得说话小声、走路脚步轻盈，否则会把鱼吓跑。

② 鲤鱼有一种特别的食性，它喜欢吃新鲜的牛粪，钓鱼者知道后可以用新鲜牛粪掺点麦粒和面粉制成钓饵来钓鲤鱼，但不可用牛粪制成的鱼饵去钓别的鱼。

③ 当钓鱼者知道草鱼的主要饵料是嫩草，也兼吃其他动物饵料时，钓鱼者就会有针对性地用嫩草扎起来去钓草鱼，而如果去钓其他鱼，用此法则会徒劳无功。

④ 各种鱼类都有不同的喜好，有些鱼喜欢栖留在水底，如果把饵钩下在水的中、上层，就很难钓到。比如餐鲦鱼喜欢浮在水面上掠食，如果把饵钩放入深水区，就钓不到这种鱼。

⑤ 起先，人们以为鲢鱼是一种钓不到的鱼类。后来，人们慢慢地摸清楚了鲢鱼的食性，知道它爱吃带点酸味、酸甜和酸臭味的食，就投其所好，用这类食物制成的鱼饵去钓鲢鱼，有些人一天能钓几十千克。

⑥ 鲶鱼害怕阳光，大晴天都躲在阴暗的石缝或浓密的水草中，只有晚上或阴雨天才出来活动。如果在大晴天去钓鲶鱼，那就会一无所获，空手而归。

2. 鱼有怎样的基本结构

鱼的身体，由头部、尾部和躯干 3 大部分组成。鱼有鼻孔，但不能用来呼吸，而只有嗅觉；鱼有眼睛，但目光短视，看不远。鱼的头部没有外耳，只有内耳，其内耳不仅能听声音，而且有平衡身体和感知大气压变化的作用。

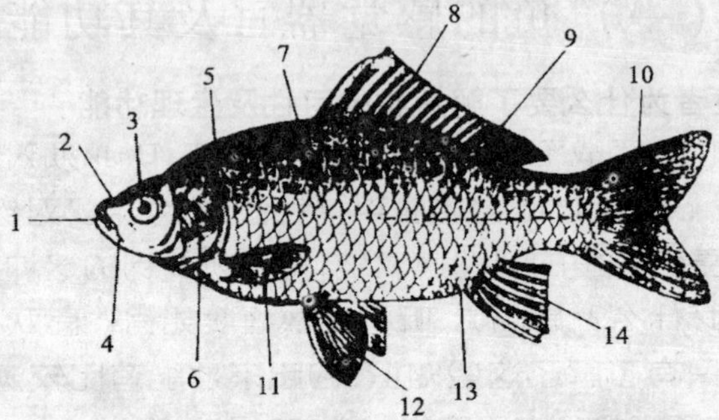

图 1　鱼的外部形态

1. 口(吻)，2. 鼻孔，3. 眼，4. 须，5. 鳃孔，6. 鳃盖，7. 鳞片，8. 背鳍，9. 侧线，10. 尾鳍，11. 胸鳍，12. 腹鳍，13. 肛门，14. 臀鳍。

鱼没有肢脚，全靠鳍来做运动器官，其胸部的一对胸鳍起着前肢的作用，腹侧有一对鳍，起到后肢的作用，除胸鳍和腹鳍外，还有背鳍、臀鳍和尾鳍。这些鳍在水中起着船桨的作用，决定鱼体的前进、后退、上浮、下沉或向左、向右转弯的活动。鱼体外表的一层鱼鳞，起着保护鱼体的作用。此外，鱼有一种陆生动物所没有的感觉器官，大多数鱼的身体两侧各有一条侧线，专司感知水的流动、振动、声音和压力，这是鱼所特有的生理结构。

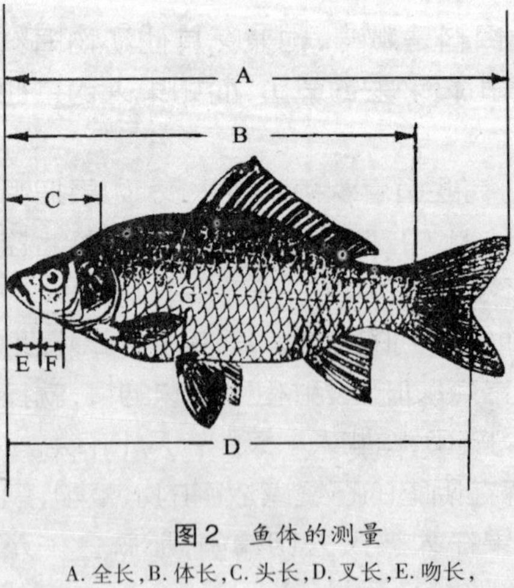

图 2　鱼体的测量

A. 全长，B. 体长，C. 头长，D. 叉长，E. 吻长，F. 眼径，G. 体高。

在常见的鱼中，一般都没有牙齿，却在咽喉部生有一对咽齿，专管磨碎食物之用，但它没有咀嚼的功能，只有防止被捕获的食用小动物逃脱的功能。有些鱼有胃，也有些鱼没有胃。

鱼头的内部都有 1 个鳃，鳃中红色丝状物在水中可以充分展开，以吸收水中的氧气，并通过血管把体内各部分的二氧化碳排放出体外，实际上起着代替肺的呼吸作用。雌性鱼和雄性鱼的肛门后边都有1个生殖孔，作为雌鱼排卵、雄鱼排精液的器官。

3. 鱼有怎样的视觉功能

钓鱼者了解鱼的视觉功能是很重要的，因为必须弄清楚在什么程度上才能使鱼看见钓饵，但又不能让鱼看清鱼饵上面是有一根线连着的，更不能让鱼看出钓饵的里面还有1个可怕的鱼钩，如果被看清了，鱼就会逃之夭夭，再也不肯吞饵了。

鱼是有视觉功能的，只是由于鱼眼的晶体呈圆球形，缺乏弹性，所以比较近视。可是，决不可因此而对鱼的视力作过低的估计，因为通过鱼眼晶状体后面镰状突起部(肌肉)对晶状体和视网膜之间距离的调节，视力是可以增强的，也就是说，鱼眼中的晶状体，原本是由一小条能收缩的肌肉联系在视网膜之前的，如果鱼需要看比较远的物体，这条肌肉就会紧缩，把晶状体拉近视网膜。这样，就可调整焦距，使鱼的眼睛可以看到较远的物体了。

不过，这种调节的速度，各种鱼是不同的。一般来说，肉食性的凶猛鱼种比草食性的草鱼等温驯鱼种来得快。

有人经过实验后证明，有些鱼特别是海鱼的视觉调节可以进行得很快，因而可以看得很远。如黑鲷鱼，在水质正常时能看到10米以外的食物。但有些鱼如淡水鱼中的鲑鱼，能看清物体的距离一般不超过30~40厘米。

了解鱼的视觉情况和钓鱼有关系吗？有。首先，我们知道，过分清澈的水，不利于垂钓，虽然多数鱼是近视的，但却可以通过调节看得较远，如果让鱼看到钓线和饵中有钩，就不会上钩了。此外，过于浑浊的水也不利于钓鱼，因为在这种水中鱼看不见钓饵，也就没有鱼能上钩了。

4. 鱼有怎样的曲射视力

上面说道，鱼虽是近视的却可通过晶状体与视网膜距离的调节而看得较远。本题还要介绍的是，鱼还有更重要的曲射视力。简单地说，在风平浪静时，水面就像一面镜子，光线射到水面时，会产生折射，可以使水下的鱼，看到岸上的各种物体以及鱼下方的物体。在这样的情况下，钓者抛下的钓线会让水底的鱼觉得水面的“镜子”上出现一条裂痕，或“镜子”上映出一条阴影，使鱼警觉起来。所以，在风平浪静、天气晴朗的条件下，垂钓者要特别注意，尽量做到以下几点：

① 钓鱼者不应穿白色、黑色、黄色、蓝色等与周围环境颜色截然不同的衣服，也不要戴会反光的帽子。

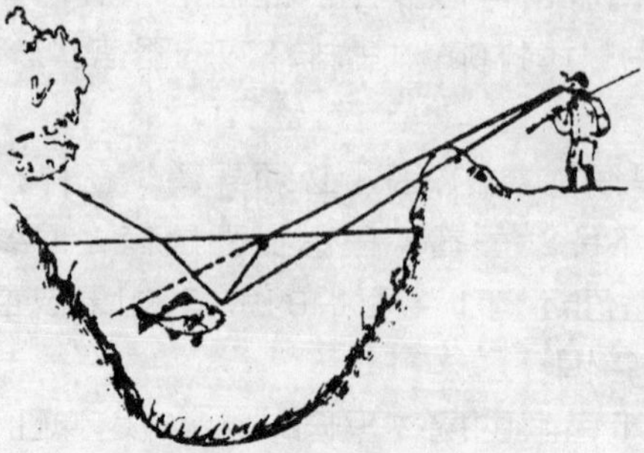

图3　人藏起来也会被发现

鱼的视野可达95度的范围，所以它能看到藏在石块后面的人。

② 应尽量减少在岸边站立或行走的次数，钓鱼者的身姿应尽量取低位，切忌站立，坐姿较好，伏卧最佳（美国钓者常以匍匐的方式爬向溪边，以平卧姿势钓鱼）。

③ 钓线不宜过粗，线色应与水色相近。

④ 坠子最好用细长形的，体积应尽量小。

⑤ 下钩时，应将钓饵抛到距鱼群较远些的水域中，然后缓缓地拉至鱼群附近。

5. 鱼有色感吗

钓鱼者很关注钓饵的颜色，很希望给钓饵加上一层对鱼较有吸引力的颜色，以吸引鱼前来吞饵上钩。

解剖学证明：大多数鱼是能够分辨颜色的，因为鱼眼中的圆柱细胞可以在较强的光照下起到视觉作用，并能分辨不同波长的颜色，只有鲨鱼不能，它只能分辨黑、白两种颜色，海洋深水层中的鲷鱼也不能分辨颜色。但鱼是生活在水中的，它在水中所观察到的物体颜色是不同的。水对光来说起着滤色作用，当光线进入水中到达水中物体前，已有一部分被吸收掉，剩下的光从物体表面通过水体反射到鱼的眼睛里，光的颜色又再一次被滤色，所以鱼所感受到的颜色已不是人们在岸上所看到的颜色。

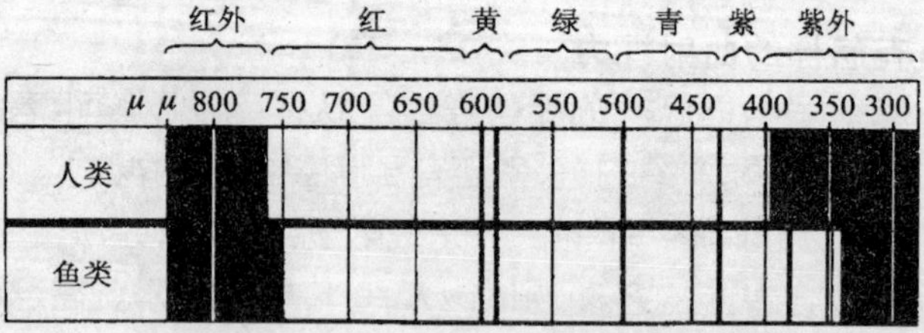

图4　人与鱼类的平均可视波长

一般地说，鱼对于红色不太敏感，因为经过水滤色之后，红色已不鲜明。但鱼对黄色和紫色、绿色、蓝色较为敏感。

在黄昏时，最先在水体中消失的是红色，其次是橙色、黄色，最后是绿色和蓝色。当光线再弱时，在鱼眼中所感觉到的就只有黑、白两色了。

夜间钓鱼时，虽然当时地面是黑暗一片，但天仍是有些明亮的，如果选用灰色的钓饵，在放入水中的过程中，容易被鱼发现，如果能在钓钩的钩柄上涂一点夜光粉，也会有一定的效果。

6. 鱼有怎样的运动视觉

鱼不仅有视觉，而且有运动视觉。运动视觉就是它能感受到物体的移动。这种运动视觉是鱼类视觉的一个重要特征。即使在深水层中或光线很差的环境里，在鱼周围产生微小的动静，都能引起鱼的注意，靠的就是鱼具有运动视觉的能力。

任何物体在鱼周围的运动，对鱼都会产生两种信息反映：一是有食物，鱼会本能地游过去，吞食它；二是危险的敌人，鱼会尽快地游开逃避。

许多钓鱼者都有这样的经验：钓鲫鱼时，用活蚯蚓最能引起鱼的注意而前来吞食。如果在下钩后不见动静时轻轻地移动一下鱼竿和钓钩，就能引起鱼注意，并前来吞食。有经验的钓鱼者还发现，那些肉食性的凶猛鱼类，对水中移动的物体最为敏感。

鱼在水中对运动物体的视觉，还具有另一方面的特点：鱼在运动的过程中，能够不断地观察视野远处出现的较大的阴影、侧影或光点，这时，鱼就会迅速作出反应，注意和好奇地认真观察。

鱼的视觉能力是随着光照水平的增加而增大的，其运动视觉能力也与此成比例关系。此外，鱼类还有一种阴影反应的能力，即鱼类在运动中对同样也在运动的巨大的阴影会产生趋向性反应。如在木排、船的阴影下，常常是鱼的聚集之处。

7. 鱼的嗅觉灵敏吗

鱼的嗅觉比较灵敏。有很多鱼，相隔很远就能嗅出它所喜欢吞食的饵料。不仅如此，鱼还能嗅出来自水中的敌害，而及时逃避。所以，嗅觉对鱼类的生活和繁衍有着十分重要的作用。当然，各种不同的鱼的嗅觉灵敏度并不相同。有些种类的鱼具有十分灵敏的嗅觉，即使在很大的湖泊中放下一滴乙醇（酒精），敏感的鳗鱼都可以嗅得出来。

有经验的钓鱼者认为：用酸臭的饵钓鲢鱼和鳙鱼，比较容易引诱它们上钩，这就是利用了鱼的嗅觉的结果。

鱼的嗅觉器官鼻孔有两对，其下方是鼻囊，当鱼在水中生活时，水从前鼻孔进入鼻囊，从后鼻孔排出。有些软骨鱼类，只在头部侧面有一对鼻孔，但嗅觉也不差。

鱼的嗅觉和水流有密切的关系，水流对鱼类感受物体的气味有重要的影响，当水很快地通过鱼的鼻孔时，鱼就能嗅出水中的物质。一些靠嗅觉去感知食物所在的鱼类，常常是借助于水流快速进出鼻孔而感知的，想要掠食的鱼，大都逆流游水，因为只有这样才能通过水流嗅出前方是否有食物可觅。

嗅觉对鱼来说一般有两种作用：①感知不远处有食物，然后使用其视觉去寻觅食物的所在。②若气味系随着稳定的水流而来，则鱼就会继续利用嗅觉去追踪气味的来源。科学家经过试验获知，鱼的嗅觉与视觉有一定的互补作用。将几种鱼的鼻孔堵塞起来再放入水中喂食，结果发现大多数鱼在失去嗅觉的情况下仍然能够吃到食物，这就说明在其失去嗅觉的情况下，还可以依靠视觉去接近并吃到食物。

通常钓到的那些鱼是以视力看见钓饵的，但嗅觉有时对鱼更为重要，因为嗅觉可以闻到较远处的食物。对钓鱼者来说，最理想的是选用有一定香味且容易被鱼看到的钓饵。这样既能让远处的鱼闻到它的气味，又能让其看得见，这对于钓鱼者获得成功就更为有利了。因而有经验的钓鱼者总结出了一些经验：夜间钓鱼要偏重钓饵的气味，白天钓鱼则要根据水的浑浊程度和垂钓的鱼类喜好，既注重钓饵的气味，也注重钓饵的颜色。行家有一句经验谈，叫作"水清重色，水浑重味。"

8. 鱼能分辨食物的滋味吗

许多有经验的钓鱼者通过多种试验都证明，鱼是有味觉的。鱼的味觉器官有味蕾及自由末梢两种类型。但鱼的味蕾和人的味蕾生长的部位不同：人的味蕾只限在舌及颚的部位，而鱼的味蕾却是生长在鱼的口、唇、咽喉、鳃部和吻部等处的表皮中，在牙齿中间、口腔内外及触须上都有，有的还遍布全身。有些鱼甚至在鳍上也有味蕾。因此鱼类不像人或其他陆生动物，非得用舌直接接触某种物质才能辨出味道，鱼只要接近或接触食物，不用张口，就可以感受到食物的滋味。

钓鱼者了解这点非常重要，因为大多数鱼只要用嘴稍接触一下钓饵或通过水流接触到由钓饵上散落下来的一点碎屑，就知道饵料是否可口。如果觉得不好吃，就会掉转头缓缓地游开去。

根据观察，鱼吃食物（钓饵）一般都要经过这样几个步骤：

① 食物的气味引起鱼的注意。

② 鱼向气味来源的方向去追寻。

③ 接近食物时，先用吻、嘴唇或触须去触碰一下，试探食物的味道如何。

④ 如果觉得味道不好或不适合它的口味，就慢慢地掉头游离食物所在地；若认为可口，就将食物摄入口中。

⑤ 这时，常常还要作出决定是否要将食物吞咽下去。

钓鱼者都有这样的经验：有时鱼虽已把饵摄入口中，但过一会又会把它吐出来。那么，钓鱼者就失败了。有些鱼口比较小，颚部有较硬的骨，钩尖不能轻易地钩住鱼嘴，如果钓鱼者提竿不及时，就会失去好机会，所以在钓这些味觉比较灵敏的鱼时，要善于抓住鱼类吞食钓饵的时机，当发现鱼已吞进钩时，就应立即提竿，让鱼钩刺入鱼嘴，不让它逃脱。

钓鱼者应该清楚：杂食性和草食性的鱼，如鲫鱼、鲤鱼、鳊鱼、草鱼这类鱼，味觉是比较灵敏的，对钓饵的口味有较高的要求，这类鱼对酸味和苦味都反感，而对香味和甜味有好感，因而选用有香味和甜味浓的新鲜饵料，收获就会好得多。

鱼，从味觉是否灵敏来分大体上有这样两类：一类是吃食很谨慎的鱼，它在食前谨慎而多疑，先尝后吃甚至反复尝试后才最后决定取舍，这类鱼当然是属于味觉灵敏的一类鱼；另一类是饥不择食，莽莽撞撞，见饵就吞的鱼，大多是缺乏味觉功能或味觉迟钝的鱼类。钓鱼者想要钓前一类鱼，用饵要注重有香气和味道好的，而钓后一类的鱼，其钓饵要特别注重外形和颜色。

9. 鱼有听觉吗

鱼是有听觉的。它也有耳朵，不过鱼的耳朵不像高级动物那样露在外面，它没有耳膜和对外的开口，但有个内耳，耳内有听斑，不仅能听到声音，而且有耳石，可以调节身体平衡，感受气压的变化和声波的震动。在这方面，鲤鱼的听觉比其他鱼更灵敏。

鱼在水体中能感知高低不同频率的音波，并能及时识别声源的方向和位置，能分辨出是否有危险，是否有食物的信息，是否有求偶的信息。鱼的听觉灵敏度极高，在能见度很差的情况下，如水质浑浊或黑暗的夜间，鱼的听觉最能发挥作用，它的听觉频率范围比人要大得多，当一群飞鸟从几十米的高空掠过，或从百米以外传来敌害的声波信息时，鱼能够立即采取应急的措施和对策，或潜入水底，或远远逃遁。

更能说明鱼的听觉灵敏的事实是：当鱼所爱吃的很细小的小动物在不远处活动时，尽管声音非常小，鱼也能听得见，它可以追寻发出声音的水域，去吃食这些小动物。

对于钓鱼者来说，应该了解的是，当鱼钩落水发出声音时，可能产生两种结果：一种是这种声音使鱼受到惊吓，因而立刻逃走；另一种结果是，这种声音对鱼产生诱惑力，而引起鱼前来觅食、上钩。但要掌握的是，所发出的声音不可太响（即频率过高），否则就会把鱼吓跑，必须学会让钓钩落水时能产生适度频率，即发出大小适度的声音，使鱼不但没受到惊吓，反而产生好奇并引诱它前来吞饵。

常常有这样的情况：1 个昆虫掉落在水中，因翅膀潮湿了飞不起来，而在水面上进行挣扎，而这种挣扎所发出的声音，对于溪流、池塘中的淡水鱼有着较大的吸引力，很能引诱鱼来觅食，相反，如果一件物体或者是钓钩落水时发出频率过高的声音，就会使鱼受到惊吓而逃避得远远的。

有些缺少经验的钓鱼者，当发现池塘或溪流中有成群的鱼在跳跃戏游时，喜出望外，急急忙忙地就把钓钩甩向那鱼儿成群的水域，结果，把鱼吓得四散奔逃，不仅无鱼上钩，甚至隔了很长时间也没有鱼再到这个水域来了。

有经验的钓鱼者都懂得，放钓饵和坠子入水时，应当尽量避免力量过重和急投入水，他们懂得投入钓竿时要控钩，即在投甩后，当钩、坠子即将落到水面时，及时地轻轻向上提一下钓竿，以减缓坠子落水的速度，让钩和坠子尽可能缓慢地落下，避免产生较大的声音。而且，落下的声音如大小适当，还可以引起鱼儿向发出声音处靠近，达到诱鱼吞饵上钩的目的。

还有一种常用的方法是，在向钓点抛钩时，把钓饵抛在离造窝点稍远一些的地方，等到钓饵入水后，再顺势缓缓地将钓钩拖到钓点的位置上。如果停一会还无鱼上钩，用同样的方法再做1 次，这样，往往能引诱鱼儿循着声音前来吞钩。

10. 鱼有怎样的触觉功能

鱼类还有一种触觉功能，这是鱼的第二听觉器官。鱼的侧线和触须就是触觉器官。鱼的侧线和触须是动物界中其他动物所不具有的。侧线在鱼体的两侧，由鱼体两侧各一串小黑点连接而成，是贯通头尾的一条虚线。构成侧线的各鳞片中央小孔（即黑点）在皮下有横沟相通，里面分布着神经末梢，成为鱼的另一种重要的感觉器官。它的主要功能是感受水下的低频振动音波。当鱼要测出声源的正确位置时，除依靠其听觉外，还要由侧线来加以辅助，弥补视觉和听觉的不足。

人们对生活在深水中的鱼类会产生一种疑问：在深水中，黑暗得简直没有光线，鱼是靠什么才能在水下自由游弋而不碰撞到其他物体的呢？鱼又是怎样辨别方向，怎样觅取食物的呢？其实，靠的就是侧线的触觉作用。

鱼的听觉细胞是和鱼侧线上的网状细沟相连接的，这一结构对低频率振动极为敏感。当人们将钓饵和坠子投入水中时，便立刻形成水的压力波，这种压力波推动附近的水，造成连锁反应，形成一圈圈向外扩散的水波纹，当波纹接触到鱼的侧线结构时，鱼就能感知到有物体投入水中，并能感知它的方位和距离。

由此可知，鱼借助它的内耳和侧线的交互作用，可以感受出水中的哪怕是很细微的动静。但是，池塘或溪流边钓鱼者的谈话声如果比较轻，不超过 20 分贝，则对鱼不会产生影响，因为水面会把绝大部分的声音反射回空中。如果发出喊叫声或大声说话，或者是高大的人体移动，鱼就会产生警觉甚至逃避，对钓鱼造成不利影响。

（二）鱼的食性

11. 何谓鱼的食性

鱼的食性，简单明了地说，就是指鱼一般喜欢吃什么？哪种鱼喜欢吃哪类食物？鱼类有哪些摄食的特点？在什么季节、什么气候条件下，它的食物品种会有所改变？掌握这些基本知识，对正确选用钓饵并及时改变钓饵是很重要的。

12. 什么是滤食性鱼类

这类鱼吃食浮游生物，一般都是用它们细而长的密集鳃耙去滤取食物，随着嘴的张闭和吸吮，食物即和水一起进入口腔，新鲜的氧气通过鳃丝的毛细血管进入血液，同时水中的浮游生物便被鳃耙滤住。所食用的浮游生物种类很多，常见的有枝角类、桡足类、轮虫以及无节动物的幼体。浮游生物还包括许多浮游植物，主要是水生植物中的藻类，如绿藻、黄藻、平藻、硅藻、裸藻、黑藻等。此外，这类鱼还主动摄食菌团等，在人工饲养环境下，也食人工饵料，而且特别喜欢吃经过发酵后带有酸臭和酸甜味道的食物。

喜食浮游生物的鱼类中最具代表性的有鲢鱼、鳙鱼和近年已很少见的鲥鱼等。

13. 什么是草食性鱼类

这类鱼以摄食植物为主，如水草、丝状藻类以及生长在水中的其他各种植物，如黑藻、浮萍、狗尾草、狼尾草、马来眼子菜、蟋蟀草、菹草、稗草，以及豆科植物的种子和茎、叶，菊科植物的蒲公英、野莴苣等。草食性鱼类中，有的以浮游生物、腐屑、微生物菌团为主要食物，但也吃幼嫩的水草，如银鲫、板鲫等。也有的以着生藻类、腐屑为主要食物，也兼食幼嫩的水草，如鲮鱼、银鱼等。还有以水生维管束植物为主要食物，如草鱼、鲂鱼等。再就是以周丛植物、水生物维管束植物为主要的鱼类，如鳊鱼等。

草食性鱼类以草鱼、鳊鱼为代表。尤其是草鱼，它正是由于专食草类食物而得名的。草鱼对微酸性食物较敏感，在自然环境中以浮萍、轮叶黑藻、苦草、小茨藻等野生水草为食，也吃水生昆虫、蝇蛆等；人工饲养条件下爱吃带有微酸味的发酵饲料。特别爱吃带有酸甜味的瓜果，诸如桑葚果、西瓜、菠萝、南瓜、茭白等，有时也吃韭菜等带有特殊气味的食物。

14. 什么是杂食性鱼类

杂食性的鱼，是指它的食物范围很广。这类鱼对动物性食物和植物性食物都能接受，如甲壳类小动物、昆虫的幼虫、蠕虫、贝类等小生物，以及植物性的米饭屑、面包屑、粟类、豆类食物的碎屑、植物的残屑等，它都来者不拒。不过，在不同的季节，它还是会以吃食某种食物为主。在食物来源丰富的季节，对一些并不喜爱的食物，它有时也会拒绝接受。常见的杂食性鱼如鲫鱼、鲤鱼、罗非鱼等。

15. 什么是肉食性鱼类

这类鱼一般属于生性比较凶猛的鱼类，这是由于它需要以捕捉其他鱼类为食，甚至要捕杀比它自身体积更大的动物为食，所以它必须有尖利的牙齿、强健的体质和快速游动的本能。根据肉食性鱼类摄食特点，可将其分为以下 4 类。

一是，以小鱼、小虾为主要食物。如乌鳢、鲶鱼、鳜鱼、鳡鱼等。

二是，这类鱼中有些鱼从小生长在水体的底层或中、下层，它们比较容易获得的食物是水中的环节动物和贝类等。因此，以螺、蚬、蚌等软体动物为主要食物，如青鱼等。

三是，以虾、水生昆虫为主要食物的鱼类。如黄鳝等。

四是，以肉食性为主的杂食性鱼类。如加州鲈鱼、虹鳟鱼等。

16. 什么是鱼的吸入式摄食方式

鱼类的摄食方式和陆地上生活的各种动物都不相同，这可能是生活环境的不同而产生的差异。鱼类的摄食方式有多种，但大多数都用吸入式和啮碎式两种方式摄食。

用吸入式方式摄食的鱼类一般比较平和温顺，而且以杂食性鱼居多。它们一般借助于呼吸运动来摄食浮游于水面的饵料,即把嘴张开,让水流和饵料一起吞入口中,然后让水由鳃盖下面流出,而把饵料滤留摄食。像鲤鱼、鲫鱼等鱼类就是用这种方式摄食的。

图5　鱼摄饵的形式

①吸入式(试探型):如鲫鱼、鲤鱼等,它们靠鳃呼吸和吸饵时,发觉有异味马上吐出。②啮碎式(前冲型):如鲶鱼、鳜鱼、黑鱼、狗鱼等,它们牙齿坚固,摄饵时像要连饵带钩一起咬碎一样。

钓鱼爱好者了解这一点是很重要的,因为如果你想要钓这类杂食性的鱼,最好把钓线上的坠子固定得与鱼钩稍有距离,不要让装了饵的带铅坠的鱼钩沉于水中太深,否则,就不容易引诱这类杂食性的鱼儿上钩。

17. 什么是鱼的啮碎式摄食方式

用啮碎式方式摄食的鱼类一般是性情比较凶猛的肉食性鱼类,具有攻击性,游动能力强,速度快,体力充沛,牙齿锋利而发达,动作灵敏,具有较强的杀伤力。它们是专靠捕食水中生活的各种小动物而生存的,不仅捕食水中的小动物,而且还要捕食较小型的鱼类,甚至捕食螺蛳、小蟹类,连它们坚硬的外壳一并咬嚼后吞入腹中。

这类鱼常常在发现前方有摄食的对象时,即以极快的速度冲上去,一口就把对方咬死或咬伤,然后从容地吞而食之。

这类鱼在海洋中有鲨鱼、狗鱼、哲罗鱼、带鱼等;淡水中有马鲛鱼、鲶鱼、乌鳢等。

18. 鱼类觅食有哪些特点

关于鱼类的觅食,有一个很少被人了解的秘密,那就是鱼类在觅食时,非常珍惜鱼体的活动量,它不会轻易地为了一点营养价值不高的食物而作活动量过大的游动去消耗体力的。因为觅食的游动,对鱼的体力是巨大的消耗。

鱼类为了维持其生存和成长,在觅食中所耗费的能量,必须从获取的食物中加以补充,所以它必须尽量使获得的食物中所具有的能量,超出游动时所耗费的能量。否则,它就会让自己的体力逐渐衰竭而死亡，或是被其他生物所吞食。

这个秘密告诉我们，鱼类是十分注重安静地休息的，因为安静地休息，可以使它的体力得到恢复。在没有了解这个秘密以前，我们总以为鱼类是整天不息地游来游去觅食的。

对于钓鱼者来说，了解这一点十分重要，这就要求下钩处不能离鱼群太远，否则，它们不会愿意游动较远的距离来吞钩。钓鱼者要避免一种错误的认识：下钩处离鱼远一些没有关系，只要鱼儿见了鱼饵，它就会从较远的地方游过来的。

（三）鱼类的生活环境

19. 鱼类喜欢怎样的生活环境

鱼类喜欢的生活环境，和具体水域的水温是否适合它的要求、水体所含的盐度、水流的速度、水体中所溶有的氧气是否充足、周围是否有它所喜爱的适量的水草，以及这个水域是否有适度的光照等，都有密切的关系。

了解这一点对钓鱼者也很重要。有经验的钓鱼者都知道，选择好适当的垂钓水域，对于垂钓的收获有着重要的关系。

有经验的钓鱼者在到达目的地垂钓之前，总要花上不少时间在溪河或池塘岸边进行观察，选择一个适当的垂钓地点，凭他们的经验，能看出什么样的水域适合垂钓，什么样的水域则是不适宜的。

一般来说，水流湍急之处是不适合鱼类停留的，鱼儿喜欢栖身于河塘沿岸转角，有微微的回旋水流之处；鱼儿不喜欢阳光直射，因为光照过强鱼儿反而看不见周围的物体，而且阳光直晒处的水温一般也都过高，不适合鱼儿的要求；水体过分清澈见底或水体过分浑浊的环境，也不适合鱼儿栖息，鱼儿适宜停留于稍有浑浊度的水体。

垂钓老手常在岸边长有柳树或其他树的树荫下面的水域中下钩放饵，因为这样的地方有稀疏的阳光照射，光照的强度正适合鱼儿的需要。另外，这样的地方有微微的水流，水温也合适。更重要的是，水中的许多浮游动物也喜欢生活在这样的环境中，鱼儿在这里可以比较容易地得到食物，所以鱼类喜欢在这样的水域中栖息。在这类水域垂钓一般都能获得较好的收获。

20. 鱼类和水的温度有怎样的关系

许多生物学家都认为，温度是影响鱼类活动最重要的因素。水温的变化对鱼类的各种生理活动会产生非常强烈的影响。在初春和深秋季节，水温还较低的时期，鱼的活动范围不大，摄食量一般，一旦气温上升到 10 ~15℃时，鱼类的摄食量就会增加，活动的范围也会扩大。

反过来说，如果在正常温度下，气候突然发生变化，气温骤然下降达到 5℃左右时（水温是随着气温的变化而变化的，通常气温和水温的差距不超过 0. 5℃），鱼类的食欲就会明显下降，活动量也大大减少。

在淡水鱼中，常见的鱼种是鲫鱼、草鱼、鲤鱼、青鱼、鳊鱼、鲂鱼等几种，这些鱼最适宜的水温为 25℃左右；在 19 ~29℃之间它们的活动较为活跃，食欲也最为旺盛；在水温降至 8℃以下或上升至 32℃以上时，它们的食欲就大大下降，甚至停止摄食。

钓鱼者了解鱼在什么温度之下食欲最为旺盛，就可以知道在什么水温下，鱼儿最需要食物，最容易吞饵上钩。

21. “春钓滩、夏钓潭、秋钓阴、冬钓阳”与温度有关吗

“春钓滩、夏钓潭、秋钓阴、冬钓阳”是钓鱼前辈们根据钓鱼的经验总结出来的 12 字谚语。这就是指各个季节适宜钓鱼的温度条件。

“春钓滩”，是说春天尚有一些寒意，在晴天有太阳的时候，浅滩的水温适中，这样的地方容易钓到鱼。

“夏钓潭”，是指夏季天气炎热，鱼儿常栖身于较深的水中，因为上层的水温太高，不适合鱼的生活需要，而水深处比较凉爽，在这样的水域下钩较有收获。

“秋钓阴”，是指秋天已稍为凉爽，但仍较暖热，阴天则温度最为适中，宜于垂钓。

“冬钓阳”，是指冬天寒冷，只有在阳光照耀下水温提高了，鱼儿才会出来觅食，造成垂钓的时机。由此可见，钓鱼前辈们对鱼类和温度的关系是非常了解的。

22. 什么叫冷水性鱼类

根据各种鱼的适温能力的不同，通常将鱼类分为冷水性鱼类、温水性鱼类和热带性鱼类 3 种适温类型。

冷水性鱼类喜在温度低的环境下生活，无论生殖和栖息都要求较低的水温，它们在 0 ~18℃的范围内都能正常生活，在入春以后冰雪刚融化的 3 ~4 月份和冬季出现冰冻前的 10 月份，对水温都会感到称心如意，游动活跃，食欲正常。

生长在我国新疆北部和黑龙江流域的狗鱼、细鳞鱼、哲罗鱼、冷水鱼、江鳕鱼等，都属于这类冷水性鱼类。其中哲罗鱼还特别不畏寒冷，它不但沉入冰水层中避寒，还喜欢在冰层下面活动觅食。

23. 什么叫温水性鱼类

在淡水鱼和海水鱼中，有很多品种在水温较高或较低的情况下都能适应，也就是说，在水温低至5℃或高至28℃时，它们都能生活，不会受到太大的影响，这种对水温适应性很强的鱼类，即为温水性鱼类。

这类鱼相当多，在淡水鱼中，最常见的草鱼、鲤鱼、鲫鱼、鳊鱼等都属于这个类型，在海水鱼中，大黄鱼、小黄鱼、真鲷、黑鲷、银昌鱼、带鱼等，也属于这个类型。

24. 什么叫热带性鱼类

热带性鱼类的原产地是在热带，所以它们从小就习惯于在水温较高的条件下生活，一旦遇到较冷的水温，这类鱼就不适应。它们只适应在水温20～30℃的范围内生活，若水温降至15℃时，它们便停止活动，而且没有了食欲；若水温继续下降至10℃时，它们就会被冻死。

25. 鱼类生活与水中的溶氧量有怎样的关系

大家都知道，鱼是依靠鱼鳃来呼吸的。当水与鳃接触时，水中的氧，就有一部分被鳃吸收进鱼的机体，鱼就是靠这样的方式吸收溶解于水中的氧来维持生命的。

水中所能溶解的氧是很少的，空气中所含的氧约为18%，而水中所含的氧只有6/100万，如果再低于这个含量，鱼就会很不舒服，出现神经麻痹、身体失去平衡的现象，再加重一些就会死亡。

当夏天天气闷热时，在地势较低的小鱼塘里就会看到不少鱼把头浮出水面来呼吸，这种现象俗称“浮头”。出现这种现象，说明这个塘里的溶氧量不够，鱼儿只好把头浮上水面来吸取空气中的氧以维持生命。

那么，有哪些外部的条件可以促使水中的溶氧量发生变化呢？

首先，水温的高低可使水中的溶氧量发生变化。水温高，溶氧量就低，反之，水温低，水中溶氧量就高。正是因为这个原因，出现池塘里的鱼儿浮头的现象一般都在夏天。而且，水温高时，鱼类的耗氧量就增大，若水温提高5℃，则鱼在水中的耗氧量将增加3～4倍。下面可以举鲤鱼的例子来说明：当水温为10℃时，耗氧量是每千克鱼每昼夜10～20毫升；当温度升高到15℃时，其耗氧量就要增大到70～80毫升。由此可以看出水温的升降，对于鱼类的耗氧量有多么大的影响。

其次，水中含盐分的多少也和溶氧量的高低有关系。含盐分低的水中，溶氧量较高；反之，含盐分高的水，其溶氧量就低。这可以用海水作为例子来说明问题：由于海水含有较高的含盐量，所以海水中的溶氧量只有淡水的80%左右。

另外，水中有没有水草之类的水生植物以及水是否流动，也和水中的溶氧量有关系：若水中生长有水草等水生植物，则水的溶氧量就比较高；没有水生植物的水域，其溶氧量就较低。池塘中的水，如果附近有山水不断流入，哪怕分量很少，都会使水中的溶氧量提高；池水若有些微流动着，水中的溶氧量也会比死水的池塘高。

了解这些知识钓鱼者就可以避免到那些缺氧的水域中去垂钓，因为缺氧的水域中，鱼儿根本没有食欲，不会觅食。在夏天闷热的天气中，钓了半天甚至一天也一无所获，除去别的原因，垂钓的水域水中溶氧量太少，鱼儿没有食欲，恐怕是个主要原因。

26. 鱼类在水中怎样分布

按鱼在水域中栖息、游动、觅食的不同深度，大体可把鱼分为下层鱼、中下层鱼和上层鱼3种。

鱼类的生活层次并不是一成不变的。随着季节的转换、气候的异常以及水情变化等现象的出现，鱼类的游动、觅食和栖息的层次，也会发生不同程度的改变。如鲫鱼、鲤鱼属底层鱼，平时都是在水的底层活动，但在天气闷热或是连续阴天等异常情况下，由于气压低水中溶氧不足，鱼儿难以忍受，便会纷纷从水底游向中上层或水面来；又如鳊鱼，春夏季多在水体中上层活动，深秋以后，则转入水体中下层活动；再如鲶鱼，平时总是栖息于深水底层或洞穴之中，但在涨水之时便纷纷游向浅水域寻找食物。

常见淡水鱼的生活层次与食性

种 类	层 次	食 性	种 类	层 次	食 性
鲤鱼	下层	杂食性	罗非鱼	下层	杂食性
鲫鱼	下层	杂食性	黑鱼	下层	肉食性
草鱼、青鱼	中下层	草食性	甲鱼	下层	肉食性
鲢鱼	中上层	浮游生物食性	鳊鱼	中层	草食性
白条鱼	上层	杂食性	鳜鱼	下层	肉食性
白	中上层	浮游生物食性	河蟹	下层	杂食性
鲶鱼	下层	肉食性			

以垂钓的淡水鱼来看，一般生活在中上层的鱼类有鲢鱼、鳙鱼、(鳘)鲦鱼、翘嘴红(鲌)、鳡鱼等，它们的视觉强于其他鱼；属于中下层鱼的主要有：草鱼、青鱼、鳊鱼、黑鱼、鲂鱼等，它们的视觉、听觉都很灵敏；鲤鱼、鲫鱼、乌鳢、鲶鱼、鳜鱼、黄鳝、甲鱼等，生活在水域底层，它们的触觉要比中、上层鱼更敏感。

二、钓鱼用具

（一）钓　竿

27. 何谓钓竿

钓竿是垂钓用具的重要组成部分。其重量、长度、弹性、韧性和强度，直接关系到垂钓者技能的发挥和垂钓的成果。

钓竿可自制或到市场上购买现成的，现在市场上各种质料和型号的钓竿品种很多，可供垂钓爱好者随意挑选。

自制钓竿一般采用芦苇或竹子制作。

芦苇钓竿，质地轻便、弹性好，一直为广大垂钓者所喜爱。它的选材和制作方法是，于每年霜降或小雪后，选择一些竿直、成色老的芦苇，把它原封不动地放在屋檐下或晒台上过冬收浆，待来年春天，芦竿干硬结实后再动手制作。

制作步骤：首先剥去芦苇的外皮，再用刀轻轻把芦苇节上的疙瘩刮平磨净，注意不要损伤芦苇的外皮。然后将芦苇的弯曲部分放在小火上烤，边烤边转动芦苇秆，使其烘烤部位受热均匀，趁热将弯曲处慢慢调直，再用冷水毛巾使之冷却。头节竿子的梢要细，节越密越好。这种芦苇秆比较实，弹性也好。其他各节竿根部（粗的一头）要修成退拔型，头部（细的一头）内孔要用刀绞几下，使各节竿可按顺序相插紧密、牢固。此后再在第二节竿后的各节竿的两头用胶布缠几圈，以避免竿口开裂。为防钓竿虫蛀腐蚀，再用清漆涂一下，一根美观实用的芦苇钓竿便制成了。一般每节竿长以 130 厘米为宜，3 ~4 节竿子即可组合成一副钓竿。

竹子钓竿，比芦苇钓竿更结实，弹性也好，就是重量方面较之芦苇秆要重一些。竹子钓竿一般选用紫竹、剑竹、淡竹或 3 月竹制作。竹龄必须是 3 年以上的老竹子，一二年竹龄的竹子还比较嫩，不宜用来制作钓竿。

竹子钓竿的制作方法基本上与芦苇钓竿相同。竹子质地较芦苇硬，制作时要费力一些。竹子钓竿的第三节竿，可打通其中的竹节，这样可将头节竿放入其中，保护头节竿，以免受损。竹子钓竿也可像芦苇钓竿一样，做成 3 ~4 节，组合而成，便于携带。

28. 钓竿应具备哪些要求

一是钓竿应具备弹性好、韧性强的功能。如果钓竿僵硬、毫无弹性，垂钓者就很难利用钓竿的弹性使钓钩钩牢鱼嘴；当上钩后的鱼奋力挣脱时，钓竿的弹性和韧性还可起到缓冲作用，避免断线或钩豁鱼嘴使其逃脱。垂钓者甩竿下钩时，钓竿的弹性可减小钓饵入水的振动，避免水中鱼群受惊游离窝区。

二是要具备防水性和坚固性。钓竿难免要接触水，短时间遇水要求不膨胀、不变形。同时钓竿要有一定的坚固性，在钓到鱼进行遛鱼时，竿子不坚固就容易折断。

三是要竿直、重量轻。垂钓时间一般都比较长，常常都要进行半天甚至一整天时间，钓竿轻，垂钓不累人。竿直，垂钓时容易掌握平衡，便于操作和观察，携带时也比较方便。

29. 钓竿有哪些种类

钓竿的种类很多，按结构形式可分为独竿和多节竿；按材质可分为竹子竿、芦苇秆、玻璃钢竿和碳素纤维竿等；按用途可分为手竿和海竿；按竿梢的软硬程度又可分为软竿、中硬竿和硬竿 3 种。

30. 何谓独竿

一般选用 3 年以上的挺直、节密、根粗、尖细的鼠尾竹自制。也可采用 3 年以上的罗汉竹、石竹等制作。因为是一竿到底，没有接头，因此这种钓竿的优点是强度高、弹性好、灵敏度高，鱼儿上钩后，细微的动作就能传递到手中，提竿时鱼儿不容易脱钩；缺点是竿长，携带不方便。

31. 何谓多节竿

顾名思义，由多节竿子相接而组成的一副钓竿，叫多节竿。因其长度可调节，携带起来也方便，深受广大垂钓者的喜爱，是目前使用最广泛的一种钓竿。多节竿按其材质，有竹子竿、芦苇秆、玻璃钢竿和碳素纤维竿等。

多节竿的节数，可从 2~20 节不等。多节竿分插接式和抽出式两种。插接式钓竿安装时，是由细到粗一节节相插组合起来的。抽出式钓竿，也称振出式或拉杆天线式钓竿，大多采用玻璃钢和碳素纤维制作而成。使用时，从竿尖一节节拉出，收竿时从底柄一节节退入。

玻璃钢竿的竿体有空心和实心的两种。空心竿分量轻，携带方便，但经不起碰撞；实心竿较坚固，全竿性能好，但分量较重，携带不太方便。

32. 何谓手竿

主要是指不装绕线轮的钓竿，多用于溪、河、塘、小型水库等淡水水域中垂钓。这种钓竿配用的钓线长度一般与钓竿等长，或略短于钓竿。

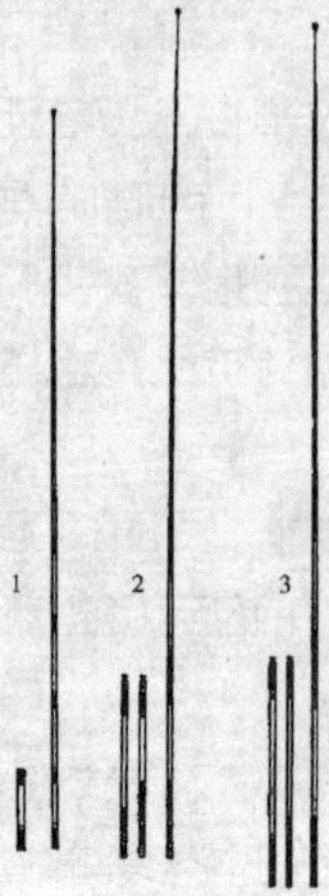

图6 常用的手竿

1. 袖珍旅行钓竿（节长35～50厘米），2. 软梢五节钓竿（节长60～100厘米），3. 硬梢大四节钓竿（节长120～200厘米）。

33. 何谓海竿

又称投竿、抛竿或轮竿。海竿比手竿要短一些，一般为1.5～2.5米，多为两节，也有稍长一些的。每节竿上装有1～2个瓷眼，鱼线从瓷眼穿过，固定在绕线轮上。垂钓时可将钓钩抛出很远，以钓取大鱼。海竿既可用于海水钓，也可用于淡水钓。

34. 何谓两用竿

也称手海两用竿，它综合了手竿和海竿的特点。竿柄处安装有绕线轮，每节竿上安有金属或陶瓷的导线眼。这种竿既具有手竿的灵活性，又具备远投和收线放线的功能。当钓上大鱼时，可通过放线起到缓冲鱼挣扎用力的作用，以免发生断线或逃鱼情况。

两用竿一般较长，有4.5米、5.1米、5.3米、5.4米、6.1米、6.3米和7.1米等多种。

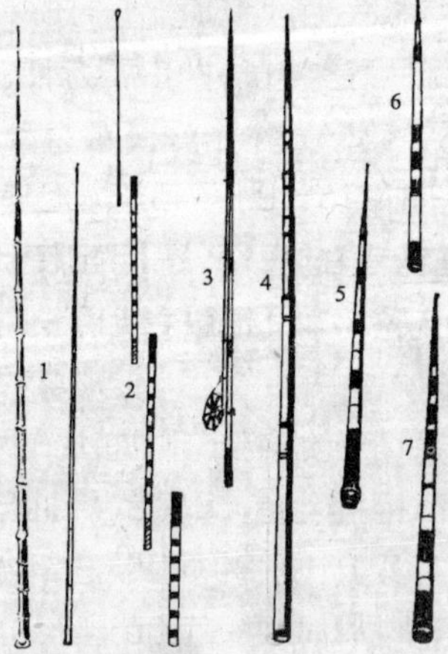

图7 各类钓竿

1. 竹制独节手竿，2. 芦苇插接式手竿，3. 竹制插接式投竿，4、5. 玻璃纤维空心抽出式投竿，6. 碳素纤维竿，7. 玻璃纤维空心抽出式两用竿。

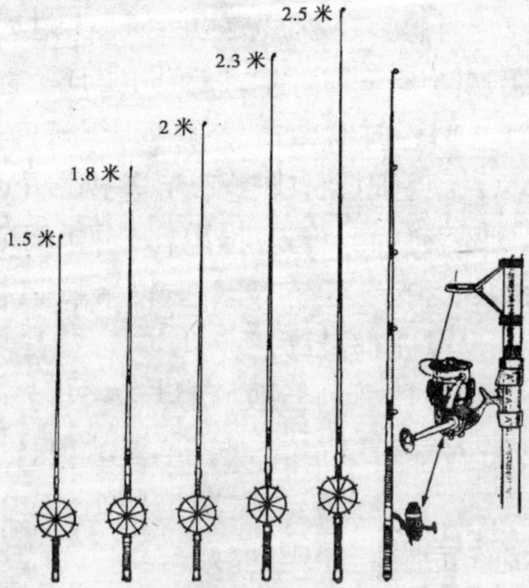

图8 各种规格的海竿

35. **何谓软竿**

软梢占竿长4/10的钓竿称软竿，也称“四六竿”。竿体可变形量大，弹性好，灵敏度强，鱼上钩后，手感好，可增加垂钓者的情趣，鱼儿也不易脱钩，但不适合钓大鱼，也不适宜在水草茂密处垂钓。

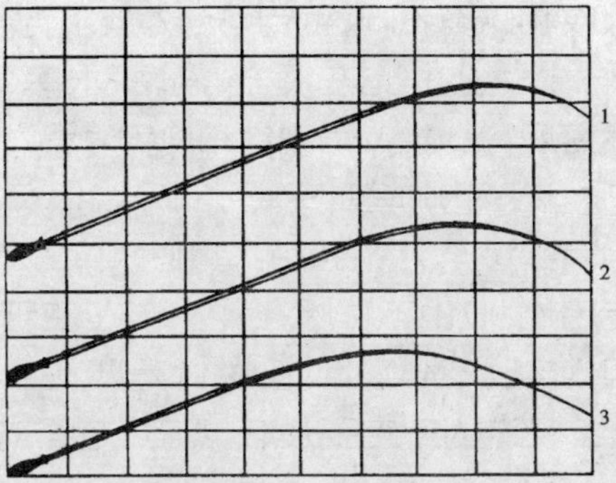

图9 钓竿的弯曲特性

1. 硬调竿（竿梢振动），2. 中调竿（竿中间振动），3. 软调竿（竿体振动）。

36. **何谓中硬竿**

软梢占竿长3/10的钓竿称中硬竿，也称“三七竿”。竿体软硬适度，强度亦好，是一种兼用型钓竿，适宜在水草处垂钓。

37. **何谓硬竿**

软梢占竿长2/10的钓竿称硬竿，也称“二八竿”。竿体强度大，弹性较前两种钓竿差，钓到鱼时仅竿尖弯曲，抖竿时易于将钓钩钩牢鱼唇，适于钓大鱼。

38. **钓竿各部分应怎样称呼**

多节钓竿的最顶尖一节称“尖子”，也称“梢子”、“苗子”。和尖子相接的一节称“小二节”，它是整个钓竿的“生命节”，是最为重要的一节，要求韧性好、强度高。如果是六节竿，其他各节依次称为“上三节”、“上四节”、“底二节”，最后一节称“底把”。

39. **怎样装竿与拔竿**

垂钓使用鱼竿时，总免不了要装竿与拔竿。装竿一般从尖子开始，先将尖子插入小二节，然后再依次一节一节相插，直到底把为止。注意各节之间的插头与插口一定要插到位，否则在钓到大鱼或提竿过猛时，接头处容易折断或使插口破裂。另外，不可从底把开始向尖子方向安装，这样安装容易将尖子折断或使插口损坏。拔竿时的顺序与装竿时相反，一定要从底把开始拔竿，一节一节拔下。用力要均衡，以免损伤插口。

图10 拔竿用力平衡示意

40. **怎样选择钓竿**

选择钓竿应根据垂钓的水域、鱼种和方法进行选择。由于垂钓水域和环境不同，垂钓可分为淡水钓和海水钓两大类。

淡水钓是指在溪流、湖塘、水库、河川中进行垂钓。海水钓则包括堤坝钓、滩钓、岩礁钓和舟钓等。

按所钓的鱼种来分，品种就很多了，就主要的鱼种来说，钓鲤鱼的有鲤鱼竿，钓鲫鱼的有鲫鱼竿，等等。虽然各种专用竿具有一定的专用性，但也不排除各种鱼竿在使用上有相对的通用性。所以在选用钓竿时不必太拘谨，关键是要在各种钓竿的质量上进行仔细地挑选。挑选时一定要注意以下几方面。

（1）竿体。竿体要笔直、光滑、匀称。竹制钓竿不应有虫眼、裂纹和烤焦的痕迹。接口处的缠线要均匀、牢固。玻璃钢、碳素纤维竿竿体不能有裂纹和损伤，竿壁厚度，玻璃钢竿为0.7毫米左右，碳素纤维竿为0.4毫米左右。竿体过厚弹性差；过薄，接口处易变形、断裂。

（2）插接。钓竿各节的插接深度各不相同，原则上不应过浅也不宜过深，前端的可浅一些，后面的宜深一些。

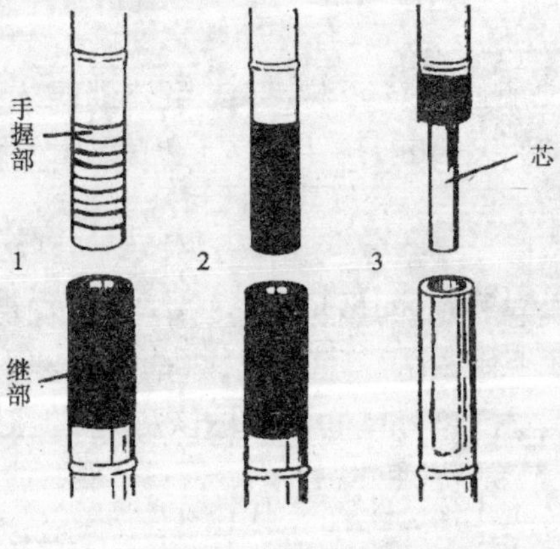

图11　钓竿接续方法示意

1. 追续接式，2. 差续接式，3. 盒续接式。

检查玻璃钢、碳素纤维竿时，应先将底把下的后盖旋下，将各节竿倒出仔细察看。再将每节竿插进、拔出试一试。竿插进后，应严丝合缝；拔出时应不感太吃劲，同时能发出“嘭”的声音者为好。全竿插好后，查看竿体是否挺直，轻轻抖一下，看一看竿体上下摆幅是否相同，摆幅相同者为好。

（3）受力。将各节竿相插连接为一体后，在竿尖顶端系上2米长左右的钓线，再扣上1个250克左右的重物，慢慢将竿提起，使重物离地0.5米左右（见图12），如果竿体弯曲自然，没有死弯，说明竿体受力均匀、弹性好。此时再将竿体举着重物缓缓旋转180度，若整个竿体受力均匀、没有异变，则说明整个钓竿性能良好。

41. 应怎样保养钓竿

钓竿使用寿命的长短，与平时的使用和保养有着密切的关系。

使用抽拉式钓竿时，应将钓竿大头稍微朝上倾斜，让竿梢滑出，抓住第一节后，再将钓竿大头向下，一节一节地顺序将钓竿向外拉出，接头处应拉紧，但也不能过紧，以免收竿时困难。

垂钓时，不要让竿梢浸泡在水中，以免钓竿表面涂料吸水膨胀，造成起泡脱落。鱼上钩特别是钓到大鱼时，不要猛力提竿，要充分利用遛鱼方法，以免竿体折断。

钓竿用过后，应及时用布擦干净每一节竿体，并在每节竿的接口部分涂一层薄蜡。竹制、芦苇制的钓竿长期不用时，内壁可用核桃油等植物油擦拭后，再放入布套内保存，垂直或平放在阴凉干燥处，上面不可压重物。玻璃钢及碳素纤维竿用后，应逐节洗净、擦干，不宜放在太阳光下暴晒，也不宜存放在火炉及暖气旁。如长期不用，应在竿体上涂上一层植物油保存，更为可靠。

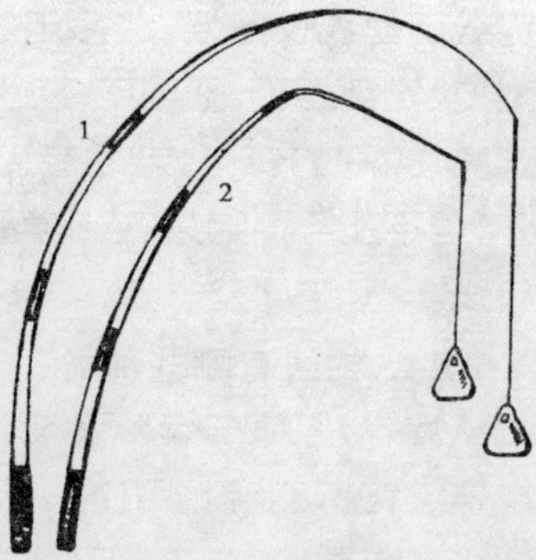

图 12
1. 好竿，2. 差竿。

42. 怎样使用海竿

海竿较之普通钓竿结构复杂一些，使用起来必须讲究方法。一般说来，可遵循下列步骤进行。

首先将海竿逐节拉开，使各过线圈在一条直线上对齐，并对准绕线轮的卡座。将绕线轮安在卡座上，把绕线轮上的逆止开关拨向反转位置，将钓线拉出，并逐个穿过过线圈，直到竿尖头，再用连接环挂上坠子和炸弹饵。然后把逆止开关拨回正转位置，调整好拽线装置，使出线不紧不松。旋转绕线轮，使饵团离竿尖 30～40 厘米远。再用右手握住绕线轮处，以中指和无名指夹于绕线轮连接背，示指第一关节钩住钓线，翻转出线环，即可甩竿投钓。

投钓后，待坠子落水，立即拨回出线环，再摇动绕线轮手柄，收回部分线，当线仍处于松弛状态时，将海竿放在支架上支好，使其仰角大一些，这样灵敏度比较高。随即在竿尖上夹一小铃，就可静观反应了。鱼上钩时会引起竿尖摆动、铃儿作响，这时即可持竿向后用力扬竿，跟着快速收线，收几米后，再一次扬竿，如此重复数次，钓钩即可牢牢钩住鱼，使其难以逃脱。

（二）钓 鱼 线

43. 何谓钓线

钓鱼用的线，称为钓线。我国古代称钓鱼用的线为“纶”。过去钓线用丝线较多，现在多用尼龙丝（线）了。这种线，纤细柔软、坚韧耐拉、无色透明、久用不霉、出水不湿，有多种优点。缺点是，因光照、温度、时间的变化，容易老化变脆，所以一定要避免曝晒及放在高温处，也不能与樟脑丸等化学品放在一起。一般使用 1 年左右最好换新线。

44. 钓线有哪些种类

钓线，包括主线和支线两种。主线是连接钓竿或绕线轮的线，支线是绑钓钩的线。用作主线的钓线，通常比支线要略粗一些，而支线要比主线更柔软，透明度更高一些。一般有色透明线多用作主线，无色透明线可兼作主线和支线。钓线的种类主要有锦纶线、尼龙线、多股尼龙线、金属线等。

45. 什么是锦纶线

这种线又称降落伞线，有白色和草绿色两种。其拉力强、柔软性好，入水后不弯曲，非常适宜冬天使用，缺点是淋水性差、目标大，灵敏度不如尼龙线。线的规格多以股来表示，一般 3 ×1、3 ×2 的为细 3 股；3 ×3、3 ×4、3 ×5、3 ×6 的为粗 3 股。3 ×1 代表 3 股，每股 1 丝；3 ×2 代表 3 股，每股 2 丝；3 ×3 代表 3 股，每股 3 丝，依此类推。股数越多，线就越粗，越结实，负荷就越大。不过作为钓线，应以细、目标小、拉力大为好。如选择锦纶线作为钓线，首先应考虑所钓鱼的品种、钓竿的软硬度和水域等情况。如以钓一般的鲫鱼为主，选用 3 ×1 或 3 ×2 的就足够了。

46. 什么是尼龙线

尼龙线是垂钓的主要钓线，有无色和多种单色的。其主要特点是拉力强，韧性好，性能稳定，不吸水，不易卷曲，重量轻，透明性好，隐蔽性强。但是它伸缩性较大，伸缩率为 2%~5%，随气温的下降而变硬，打结后强度会降低，受硬物挤压后会变形或出现硬伤，易折断，使用时间长了会产生老化，变黄变脆。

47. 什么是多股尼龙线

这种线由多根尼龙线捻合而成，其优点是强度大、耐磨、伸缩性小、柔韧性好。缺点是不透明，在水中阻力大。

48. 什么是金属线

由铜丝或不锈钢丝制成。有单股的或多股捻合而成的，用作拴钓钩和连接钓线，其长度一般为 30 ~ 40 厘米。多用于垂钓凶猛鱼类之用，如带鱼、鲨鱼等。

49. 什么是贝克力火线

贝克力火线是采用目前世界上最强的 Micro Dyneema 纤维，以贝克力公司独有的融合技术多股合成的钓线。它的优点是不吸水，不伸缩，有相同线径尼龙线 3 倍的超强拉力和 10 倍的耐磨性，具有超低记忆性，即使缠结，只需轻轻一扯，即可恢复原状。它的缺点是价格贵，同时由于没有伸缩性，上鱼时不可用力提竿，否则会伤及鱼竿。

50. 钓线有哪些规格

（1） 按线径大小分。我国生产的尼龙线多按线径大小表示。如线径 0. 2 毫米，俗称 0. 2；线径 0. 4 毫米，俗称 0. 4，依此类推。线径不同，拉力不同，相同线径，产地不同，拉力也不同。它们并不是准确的一一对应关系。表 1 所示为国产尼龙线的线径与抗拉强度的大致对应表。

表 1　尼龙线的线号、直径及拉力对照表

线号数	直径（毫米）	拉力		线号数	直径（毫米）	拉力	
		磅	千克			磅	千克
0.4	0.104	1.46	0.66	10	0.522	36.67	16.65
0.6	0.127	2.17	0.98	12	0.571	43.88	19.92
0.8	0.147	2.90	1.32	14	0.616	51.07	23.18
1	0.162	3.50	1.60	16	0.658	58.27	26.45
1.5	0.202	5.49	2.49	18	0.698	65.58	29.77
2	0.234	7.37	3.34	20	0.736	72.91	33.10
3	0.284	10.85	4.92	22	0.772	80.22	36.42
4	0.392	14.45	6.56	24	0.806	87.44	36.69
5	0.368	18.22	8.27	26	0.840	94.97	43.12
6	0.403	24.88	11.29	28	0.871	102.11	46.36
7	0.435	25.47	11.56	30	0.903	109.76	49.8
8	0.472	29.98	13.61	40	1.045	146.99	66.73

（2） 按号数分。现在市场上有大量日本进口钓线，它粗细均匀，光滑透明，特别是抗拉强度大，比国产相同直径钓线的抗拉强度高 50%~80%，是目前普通钓者最喜欢用的钓线。

（3） 按所承受的拉力分。这种拉力大小习惯上用磅（1 磅 = 0. 453 6 千克）来表示，能承受 2 磅拉力的钓线称 2 磅线，能承受 5 磅拉力的钓线称 5 磅线，依此类推。

表2　日本钓线耐力表

线号数	直径（毫米）	检测值（千克）	截面积（平方毫米）	线号数	直径（毫米）	检测值（千克）	截面积（平方毫米）
0.1	0.052	0.36	0.002	2.0	0.235	2.68	0.043
0.2	0.074	0.51	0.004	2.5	0.260	2.86	0.053
0.3	0.090	0.62	0.006	3.0	0.285	3.20	0.064
0.4	0.104	0.72	0.008	4.0	0.329	3.97	0.085
0.5	0.117	0.91	0.011	5.0	0.368	4.78	0.106
0.6	0.128	1.14	0.013	10.0	0.522	8.41	0.214
0.8	0.148	1.36	0.017	16.0	0.658	12.93	0.340
1.0	0.165	1.68	0.021	20.0	0.736	18.28	0.425
1.2	0.185	1.84	0.027	30.0	0.903	25.36	0.679
1.5	0.205	2.53	0.033				

表3　欧美钓线耐力的表示

强度（磅*）	直径（毫米）	强度（磅*）	直径（毫米）
2	0.119	14	0.450
3	0.147	17	0.500
4	0.180	20	0.551
5	0.218	28	0.599
6	0.249	37	0.701
7	0.279	45	0.800
8.5	0.320	56	0.899
10	0.351	67	1.001
12	0.399		

*1 磅=454 克

51. 怎样选用钓线

钓线的选用，主要是看钓力的大小和线径的粗细，这和垂钓水域和鱼的大小有着直接的关系。线径的粗细，应根据钓竿的种类、垂钓季节等因素选择，原则是宜细不宜粗。细线的优点多于粗线，细线阻力小、灵敏度高。在小河沟或池塘垂钓，选用0.6~1.5号尼龙线作钓线较好，在大的养鱼池或河道、湖、海垂钓，选用3~5号尼龙线较适宜。淡水钓一般选用20号以内的尼龙线，海钓可选用20号以上的尼龙线作钓线。

钓线的长短，可根据自己的需要而定，钓大鱼线要长一些，4~5米左右即可。而钓一般鲫鱼，钓线长有2.5米就够用了。

52. 应怎样保护和保养钓线

这儿讲的钓线是现在普遍使用的尼龙线，它是一种化学纤维。这种线受光照、温度、时间的变化，容易老化变脆，所以一定要避免放在阳光下暴晒及放在高温处，也不能与樟脑丸、蚊香及其他化学品、腐蚀性药品放在一起。一般使用1年左右最好换新线。

平时垂钓时，注意不要践踏钓线或让硬物砸压钓线，以免造成硬伤，使其断裂。钓线在拴钩、拴连接环时，要注意拴扣方法，否则拴接处容易断裂。另外，垂钓完毕要把黏在钓线上的脏物擦干净，最好将其卸下后缠在线板上保存。安有绕线轮的海竿，每次垂钓后要放松钓线，因为在甩投和鱼上钩收线时，线轮内的钓线均被拉得很紧，如不使其放松一些就会缩短钓线的使用寿命。

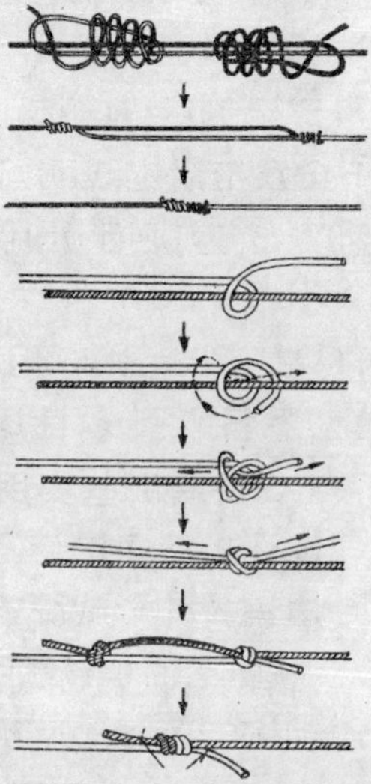

图13　钓线接法示意

53. 钓线断了怎样相连接

垂钓过程中，钓线部分碰伤或折断是难免的，有时也不必全部更换，只要接上一段线便可继续使用，接钓线的方法很有讲究，不是随便接一接就行的。这里介绍几种接法，供垂钓者参考。

54. 有哪些实用的活扣方法

垂钓者掌握几种正确而实用的缚扣方法很有必要，否则在垂钓时会遇到很多麻烦。下面介绍活扣法的3种形式。

活扣特点是具有弹性，可以随时解开。如8字扣、拴牛扣和螺旋扣。

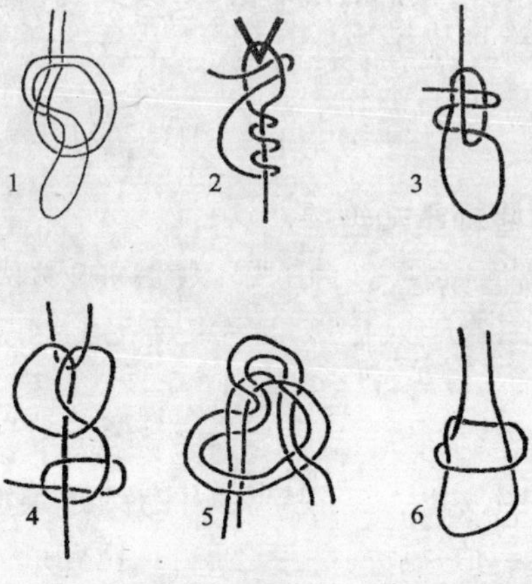

图14　几种缚扣示意

1. 8字扣，2. 螺旋扣，3. 拴牛扣，4. 猪蹄扣，5. 重复扣（双套死扣），6. 单套插头扣。

①8字扣：是用于钓线和组钩相连接的扣。方法是：将钓线头从组钩环套穿过去，然后拉出，要超过拴8字扣长度，用其双线拴成8字扣，再拉紧即成。

② 拴牛扣：是钓线和组钩相连接的扣。方法是：只要把钓线头穿过钩环或钩套，一手捏住钓线头，用另一只手把钓线绕线头缠一圈，从穿环的钓线中拉出来，再穿入这个圈中，最后从穿入方向返回来留1个套拉紧钓线即可。

③ 螺旋扣：是用于钓线和组钩相连接的扣。方法是：将钓线头穿入组钩环内拉出2~3厘米，用线头绕8~9圈，然后把余线头拉向钩环处，在线与钩环相连接的套中把线头抽出，再折回一定距离，成1个套，然后拉紧线，使这个套紧紧夹在里面。

55. 有哪些实用的死扣方法

死扣特点是结好扣后，越拉越紧，不会因扣结受力而回松。死扣方法有3种形式。如猪蹄扣、重复扣、单套插头扣。

① 猪蹄扣：是用于钓线和组钩相连接的扣。方法是：将钓线头穿过组钩的环，连续绕2圈，将线头在两圈中间和线的另一端互相交叉成十字形，将线头在线上结1个普通套扣，拉紧即可。

② 重复扣：是用于线与线的连接的扣。方法是：将两根线的线头相向平行，绕成普通扣再重复穿2~3次，拉紧两端的长线和短线头即可。

③ 单套插头扣：是用于缚砣上钩的扣。方法是：将钓线折成1个圆圈，用另一端在圆圈内通过1个小圈成普通扣，再把手指伸入小圈内，另一手拉紧两条线，最后把缚好的单钩头线（有死结头的）穿入小圈中，用力拉紧即可。

（三）钓鱼钩

56. 钓钩有哪些种类和型号

钓钩的种类、型号很多。有的是以钓钩的形状定名的，有的则以所钓鱼种定名，还有的用人名或地名来定名。目前，钓钩的名称尚无统一标准。

我国江苏、浙江、山东及辽宁均有鱼钩生产厂家。以江苏无锡绿波渔具厂生产的钓钩为例，它依钩形将钓钩分为10个类型，分别用0~9十个数字代表钩的名称：0-芦江形；1-鹤嘴形；2-胡弓形；3-袖形；4-环形；5-伊斯尼形；6-江芦形；7-丸袖形；8-龟形；9-丸形。再用两位数字标在1~10的后面来表示钩的大小。如314号钩，其中3代表袖形钩，14（读么四）是钩的大小标号。国内市场还有不少日本生产的钓钩销售，这些钩有的是按所要钓的鱼种命名，如鲤鱼钩、鲫鱼钩等，也有按地名或人名命名的。

一般地说，标号越大，钓钩越大，但也有的标号越大，钓钩越小的，这是少数。

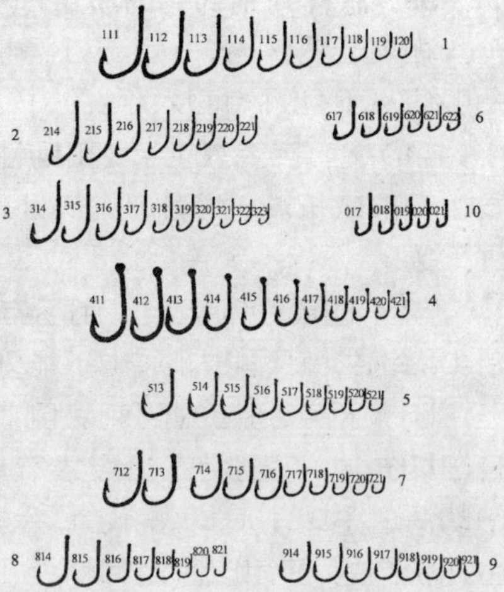

图15　国产的部分钓钩

1. 鹤嘴形，2. 胡弓形，3. 袖形，4. 环形，5. 伊斯尼形，6. 江芦形，7. 丸袖形，8. 龟形，9. 丸形，10. 芦江形。

57. 钓钩各部位应怎样称呼

钓钩的种类、型号很多，但其构造大致相同。一般可分为下列组成部分：

（1）钩尖。钩的最尖端部分，用来刺入鱼嘴，因而越尖锐越好。钩尖有内弯、外弯、扭弯和平行4种之分。

（2）倒刺。它是钩尖之下开衩部分，大多数钓钩都有，其作用是防止上钩之鱼逃脱和饵料的脱落。倒刺的长度和张角以适中为好。

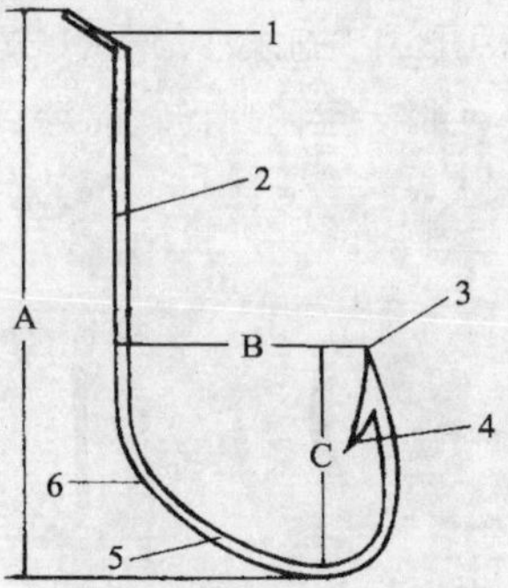

图16　钓钩各部位的名称

1. 钩耳，2. 钩柄，3. 钩尖，4. 倒刺，5. 钩底，6. 钩背。

A. 轴长，B. 钩宽，C. 钩深。

（3）钩腹。也称钩门、钩宽，指的是钩尖至钩把内缘间的距离。钩腹有宽、窄之分，宽者适宜钓大鱼，窄者适宜钓小鱼。

（4）钩柄。也称钩轴，其形状有圆形、平板形、撞木形、矛尖形、倒钩形、钩形、锯齿形、圆环形8种。其作用是防止绑钩线脱落。

（5）钩深。也称尖高，指的是钩尖至钩底上缘的高度。钩深大，适宜钓大鱼，反之，适宜钓小鱼。

58. 钓钩的形状与钓饵有何关系

钓钩的形状、钩条的粗细与装钓饵有着直接的关系。一般地说，长轴钩适宜装细长的天然饵料，如蚯蚓、虾、沙蚕等。短轴钩适宜装短粗的天然饵料，如蛆虫、水龟虫、柳虫等。短轴钩也适宜装人工饵料，如各种面食饵料。

59. 怎样判别钓钩的质量

在挑选钓钩时，一定要注意检查、判别钓钩的制造工艺和质量。一般可从下列几方面入手：

（1）检查钓钩的强度和韧性。用手捏住钩尖部分向外拉，若钩发生变形或折断，说明钩的热处理工艺未做好。热处理好的钓钩既硬又韧。

（2）检查钓钩钩尖。用示指摸试钩尖，钩尖应圆正、锋利，没有断尖。钩尖既不能内倾，也不能外倾。

（3）检查钓钩的倒刺。倒刺的大小、角度取决于开口的深度。开口切得过深，倒刺就会过大或是过翘，开口处受力时容易断裂；开口切得过小或角度切得不当，会影响倒刺的作用。倒刺是为了防止鱼儿脱钩的，还可以固定饵料，所以倒刺不合标准的钓钩，不能选用。

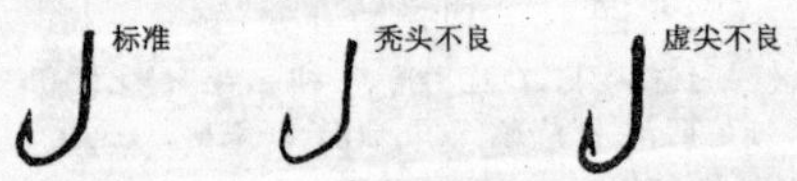

图17　钓尖质量示意

图18　倒刺质量示意

（4）检查钓钩钩条的粗细。钩条粗细应与钩的大小相称，大钩钩条要粗一些，小钩钩条要细一些。在相同拉力的情况下，钩条越细钩越好。

（5）检查钩柄。常见的钓钩钩柄为平板形，它的大小、厚薄要适当。钩柄过大、过厚，容易磨损绑钩线；过小，绑线容易松动、脱落；过薄，刃口锋利，则容易切断绑钩线。

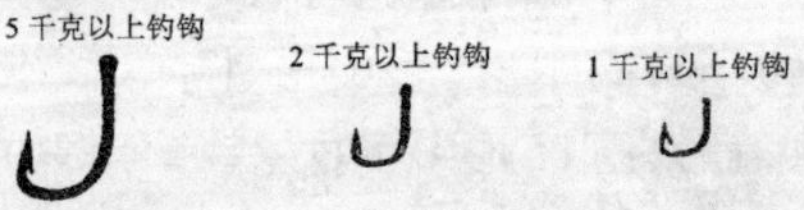

图19　钓条粗细情况

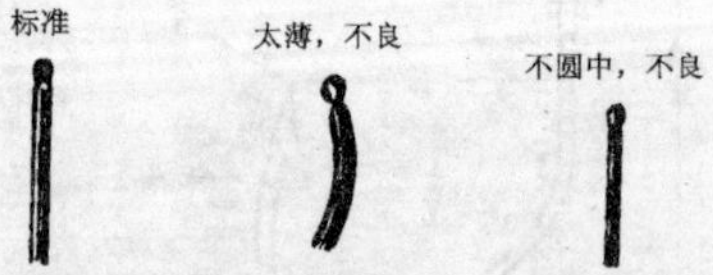

图20　钓柄质量示意

60. 怎样拴绑钓钩和选择拴钩线

钓钩虽小，但要拴绑得结实、扣结小，才能有利于垂钓。下列几种方法可作参考。

拴钩线属于支线的一种，选择拴钩线时，其直径要小于主线，也要软于主线。鱼类（除肉食性鱼类外）摄食时是用嘴去吸，将钓饵和线一起吸入，若脑线（此一段拴钩线也称脑线）粗硬，鱼吸进钓饵时，

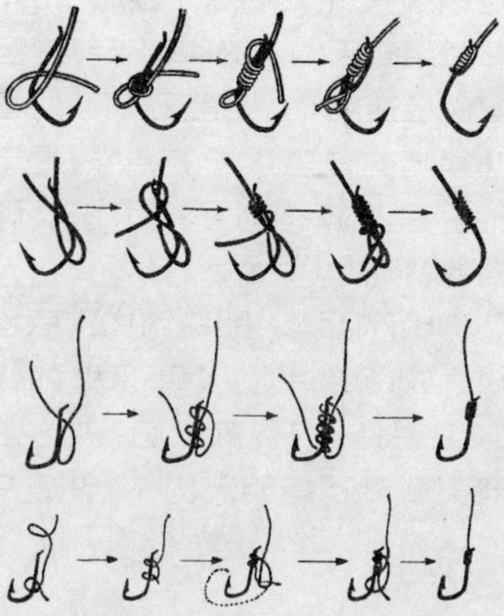

图21　4种拴钓钩方法示意

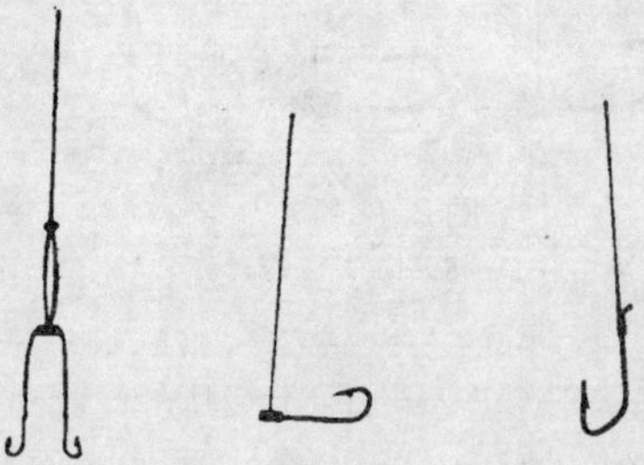

图22　手竿3种拴钩式样

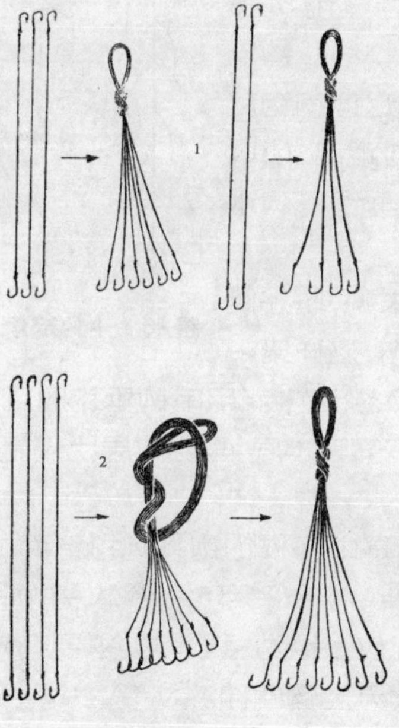

图23　海竿拴钩式样

1. 4、6枚钩拴法，2. 8枚钩拴法。

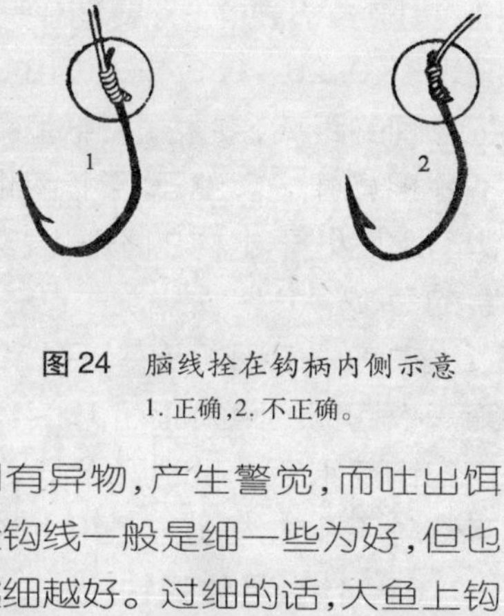

图24　脑线拴在钩柄内侧示意

1. 正确，2. 不正确。

会感到有异物，产生警觉，而吐出饵钩。拴钩线一般是细一些为好，但也不是越细越好。过细的话，大鱼上钩易拉断，所以必须根据垂钓的具体情况进行选择，一般线径在0.3毫米以下为宜。

拴钩时还应注意的是，应把脑线拴在钩柄的内侧，而不是拴在外侧。

61. 什么是朝天钩和卧钩

按使用方法，钓钩又有朝天钩和卧钩之分。

朝天钩，也称立钩，它是将铅坠直接焊在钓钩柄上，钓钩入水后，铅坠平立，钩尖朝上，故得名朝天钩。这种钩不易被水草、淤泥掩盖，

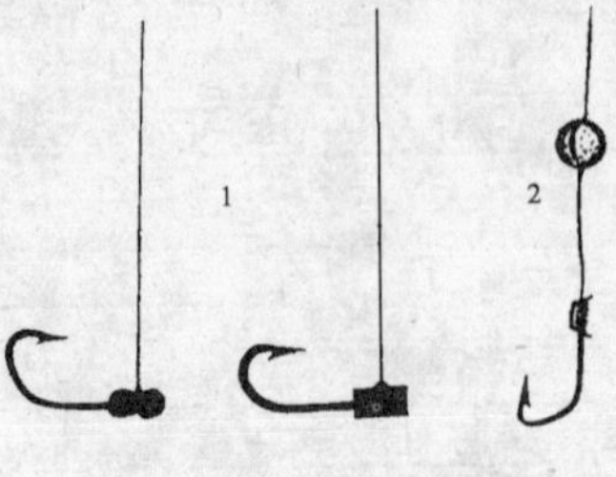

图25　钓钩
1. 朝天钩，2. 卧钩。

钓饵容易被鱼儿发现。江、浙一带垂钓者多使用朝天钩。这种朝天钩一般与浮漂配合使用，特点是反应灵敏，垂钓时必须随时注意浮漂的动静，提竿要及时。鱼儿咬钩时多被钩在上腭上，不易脱钩。

卧钩也称困钩。即在钓钩钩柄拴上钓线后，在距钓钩约4厘米处的钓线上装上铅坠，钓钩沉水后，横卧水底。卧钩较稳，鱼上钩后不易逃脱，但灵敏度不如朝天钩，一般适合于年纪较大、动作较迟缓者使用。

62. 什么是串钩

串钩，也称蜈蚣钩、葡萄钩。拴串钩一般用3～5枚为宜。串钩入水后要使各钩能展开，不与主线缠绕，其脑线不要太长，要稍硬一些，因此可选用5～8厘米长、0.25～0.3毫米粗的尼龙线作脑线。钩与钩之间的距离，要大于两根脑线的长度，这样钓钩就不会相互缠绕。由于各个钩相隔一定的距离，所以钩落水后处于水体的不同层次中，可以垂钓不同水层的鱼类。

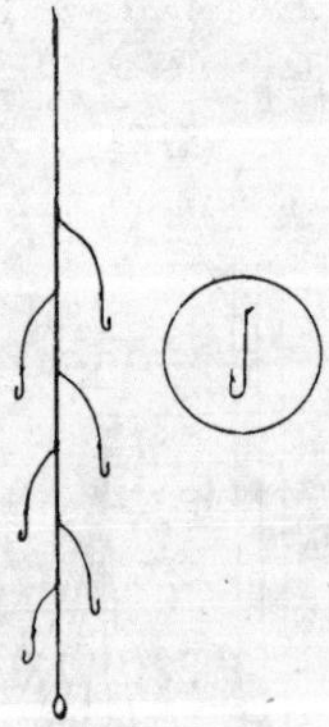

图26　串钩示意

串钩一般用死坠，坠子拴结于钓线末端，坠子距第一枚钓钩的距离应在10～15厘米左右，这样第一枚钓钩落水后一般刚好挨底，不至于埋入淤泥中。用串钩垂钓时，钓竿仰角不要太大，这样可使钓线上的钓钩靠近水底，垂钓效果比较好。

63. 什么是炸弹钩

炸弹钩，也称组钩、爆炸钩、集团钩，是由多枚钓钩并列拴结而成的一组钓钩。炸弹钩多采用8～16枚钩为一组，其中以6～8枚一组为多。种类主要有带簧有尾钩和无簧无尾钩两种。

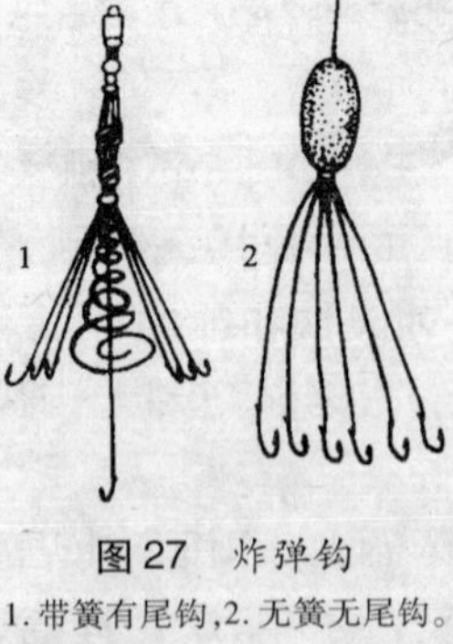

图27　炸弹钩
1. 带簧有尾钩，2. 无簧无尾钩。

带簧有尾钩的炸弹钩由日本进口，目前国内广为使用。这种弹簧钩的中间系有1个金属弹簧，既可以固定和承托饵料，起到稳固作用，使饵料不致松散掉，又可以在弹簧圈内装填增味剂，增强诱鱼作用。当饵料处钓钩因刮风或线过紧而前移时，其尾钩往往进入饵料里，鱼儿循味前来吸食，即把尾钩吸入。若其他钩钩住鱼，鱼儿挣扎时，尾钩很容易钩住鱼身体的其他部位，使鱼不易脱逃。

无簧无尾钩炸弹钩，其多枚钓钩脑线容易并列在一起，因此对饵料软硬度要求比较高，要求饵料不软不硬，否则易黏在一起，或在甩竿时散落。

炸弹钩以其适宜远钓、善钓大鱼而赢得广大垂钓者的青睐。

64. 钓钩怎样保养

垂钓时要尽量避免拖挂水草、沙石，以免磨钝钩尖。鱼若吞钩太深时，要用退钩器摘钩，切忌生拉硬拽。使用时间长后发现钩尖钝化，可用细颗粒的油石磨尖后再用。每次垂钓结束后，应擦净、擦干钓钩。若长期不用时，应涂上少量植物油，将钩包好置于阴凉干燥处保存。

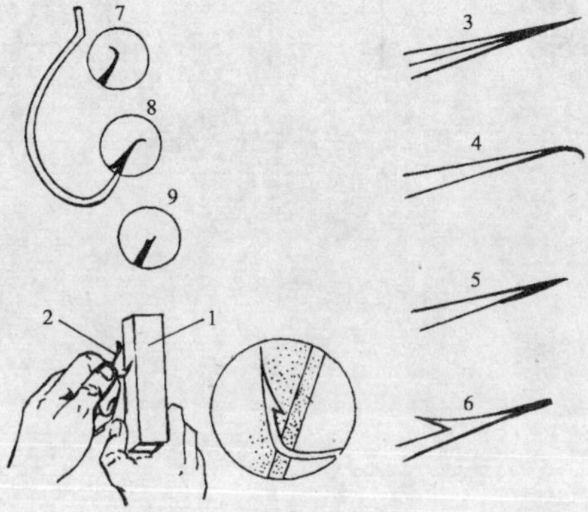

图28 鱼钩修整示意

1. 油石，2. 鱼钩，3. 磨好的钩尖，4. 钩尖卷了，需磨掉多余部分，5. 钩尖两侧不直，6. 钩尖部钝，7. 钩尖向内卷，8. 钩尖向外卷，9. 钩尖折断。

（四）钓鱼坠

65. 坠子有哪些功能

坠子，也称沉子、铅坠、鱼坠、千斤、垂砣等。一般多用铅、锡等重金属制作而成。

坠子有多种功能。利用坠子的重量，可把饵钩投向较远的钓点，并稳定于钓点。前面在介绍浮漂功能时已提到，坠子和浮漂配比适当，可使饵钩悬垂于不同水层，便于浮钓或沉钓。坠子还可拉直、绷紧水线，使鱼咬钩时，传递信息更灵敏。坠子和浮漂配合使用，还可用来探测水的深浅。在流水中垂钓时，可固定饵钩不致被水冲走。此外，坠子可使水变浑，起到诱鱼的作用。

66. 什么是手竿坠

手竿坠是配合浮漂使用的坠子。常见的有球形、枣形、板状形。球形坠和枣形坠上有V型开口，故又称开口坠。安装时，将绑钩线放入开口底部，用手按压一下或用钳子夹一下，坠子即可固定于钓线上。板状形坠子实际上是一条板状铅片。安装时，只要将铅片卷在

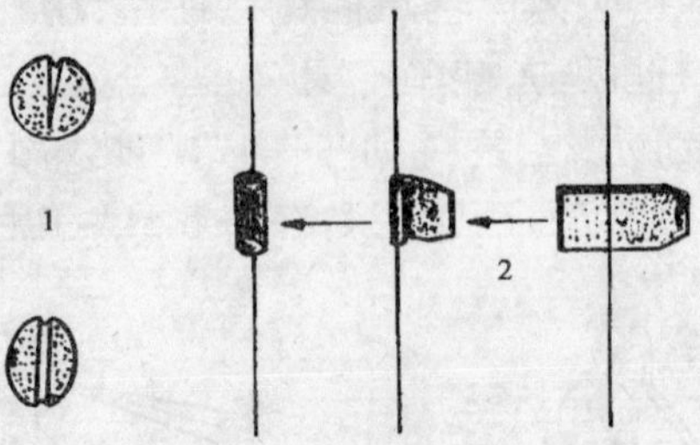

图29　手竿铅坠式样

1. 球形铅坠，2. 扁形铅坠。

绑钩线上，用力压紧即可固定在钓线上。

67. 什么是海竿坠

海竿坠一般用于远投垂钓。按其结构可分为两种：一种是空心坠，又叫活坠；另一种是实心坠，也叫固定坠或死坠。

活坠中间有通心孔，坠子可以在钓线上滑动。为避免坠子滑到钓钩上，可在钓线与绑钩线的连接处固定1个小开口坠，或通过连接器具连接钓线与绑钩线。

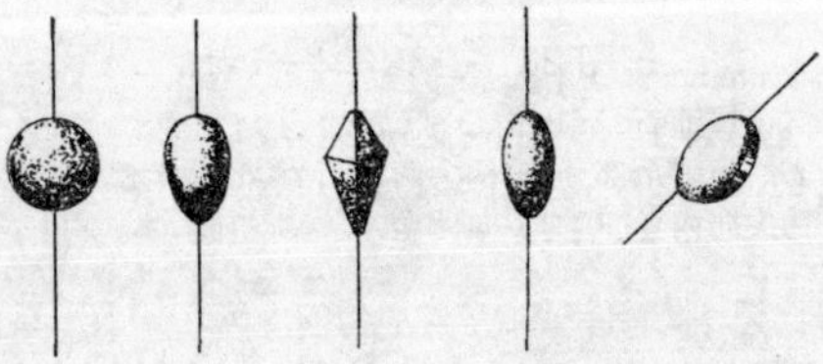

图30　海竿铅坠式样

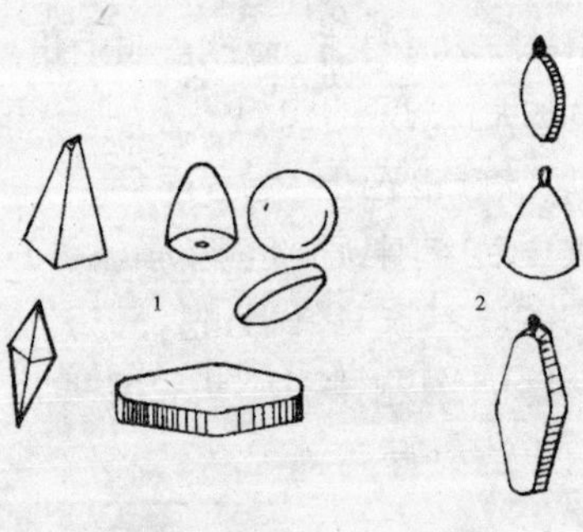

图31　死坠与活坠示意

1. 活坠，2. 死坠。

活坠适宜配合组钩进行底钓，鱼咬钩时，拉动钓线，不受力于坠子，信息直接通过钓线反映到竿尖。死坠适宜在坠子上方的钓线上连接串钩等组钩垂钓，既可进行底钓，也可配上浮力大的浮漂进行浮钓。使用死坠垂钓，鱼咬钩时，受力于坠子。

（五）钓鱼浮漂

68. 何谓浮漂

浮漂，也称浮子、鱼浮、鱼漂。垂钓过程中，鱼是否咬钩了，全靠浮漂来传递信息，所以说浮漂是进行垂钓时用以传递鱼类上钩信息、控制钓钩在水中位置的重要渔具配件之一，是一种信号标志。

69. 浮漂有哪些功能

浮漂是渔具中必不可少的配件。其功能如下：

（1）传递鱼儿咬钩信息。浮漂反应十分灵敏，鱼未上钩时，浮漂平静地浮在水面，一旦有鱼触及、吞食饵钩时，浮漂迅速反应，或向上浮起，或向下坠落，此时即可提竿了。

（2）随意钓不同水层的鱼类。通过调整浮漂与坠子的比重关系，缩短由浮漂到饵钩之间的钓线长度（俗称水线），饵钩即可悬于不同深度的水层，以垂钓不同的鱼类。

（3）探视水的深度。钓鱼者初到一新的水域垂钓，不知其深度，这时可调节浮漂在钓线上的位置，然后将钓钩投入水中，所见到的浮漂到钓钩间的钓线长度即为水深。

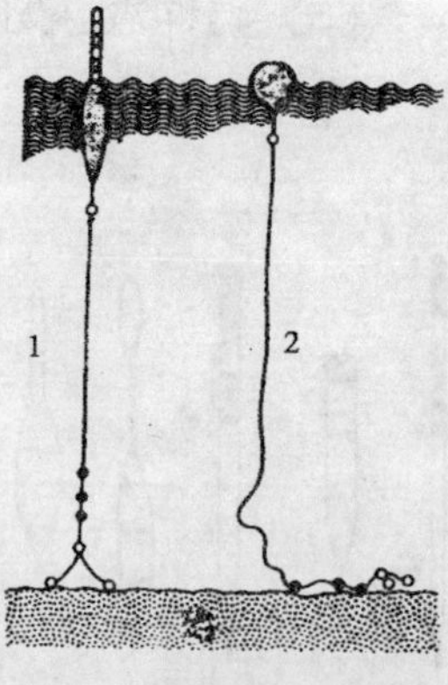

图 32 用浮漂测水深示意

1. 棒状浮漂能正确反映摄饵层的深浅，2. 球形浮漂不能正确反映摄饵层的深浅。

（4）显示何种鱼咬钩。由于鱼类习性各异，吞饵方法和习惯也不相同，浮漂会因此作出不同反应，垂钓者可以此判断出何种鱼咬钩。如鲫鱼咬钩多半是先碰碰饵钩，然后吞饵钩，浮漂的表现往往是微微动一下，再向下坠两个浮子，然后又将浮子送上来，俗称送浮，这时提竿正适时，不致使鱼儿脱钩。

（5）显示饵钩的位置。饵钩入水后处于哪个位置，浮标会很醒目地表现出来，便于垂钓者判断饵料是否被抛投在窝点。

70. 浮漂有哪些种类和形状

根据不同的垂钓方法，垂钓者可以选用不同形状、质地、大小的浮漂。浮漂的形状多种多样，大致可分为立式浮漂、卧式浮漂、球形浮漂和线浮漂 4 类。

（1）立式浮漂。形状最多，有辣椒形、纺锤形、棒形、陀螺形、伞形、吸入形等。这类浮漂灵敏度高。

（2）卧式浮漂。多为椭圆形，使用时呈横卧状，不怕风浪。鱼咬钩时，浮漂即斜立或直立起来。

（3）球形浮漂。有圆形和枣形两种，其特点是浮力大，常用于垂钓中上层水域的鱼类，适宜水流缓慢的水面。

（4）线浮漂。也称多体漂、七星漂、蜈蚣漂等。七星漂是我国南方垂钓者常用的一种鱼漂，制作方法简单也很实用。一般选用未经开水烫过的白色羽毛梗，剪成 0.5～1 厘米的小段，串联在钓线上即可。也有用大蒜头梗子或椭圆形小塑料球串联而成的。这种浮漂主要用在水草繁茂、有礁石、沉桩等障碍物的小河或静水池塘中。使用这种浮漂，根据水的深浅配漂很方便。

（5）特种漂。如适用于夜钓的夜光漂，鱼吞钩时能改变漂体颜色的电子感应漂等。

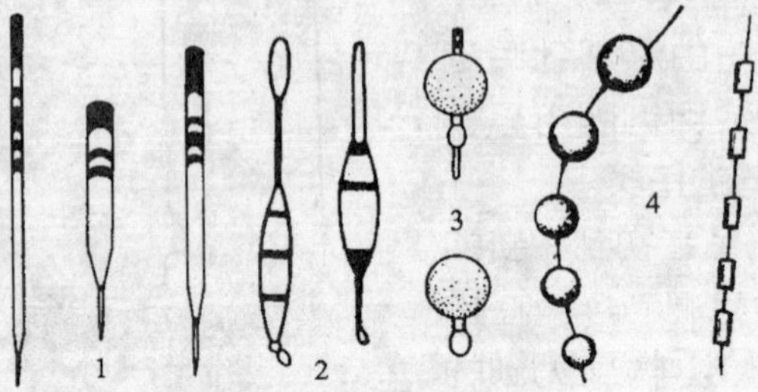

图33　各种浮漂示意

1. 立式浮漂，2. 卧式浮漂，3. 球形浮漂，4. 线浮漂。

图34　夜光浮漂

71. 怎样选择浮漂

浮漂的形状、种类较多，垂钓者在选择浮漂时，要根据所垂钓的鱼的种类、水体深度、水流速度和配用的坠子重量而定。还要考虑到垂钓者的视力、鱼竿长度和近钓还是远钓等情况。

在深水域进行底钓时，应选用大浮漂配大坠子，使饵钩入水后能迅速落底，以免饵料被中上层小鱼抢食；如钓小鱼，应选用浮力较小的浮漂；水流湍急水域不宜使用小型浮漂；风力较大情况下，可使用漂体长、顶端较细的浮漂。

浮漂的浮力应与坠子（包括钓饵）的重量搭配得当：浮钓时，浮漂的浮力应大于坠子和饵钩的重量，这样饵钩才能悬浮于水体的不同层次；底钓时，浮漂的浮力应与坠子和饵钩的重量基本相等，使水中钓线保持垂直状态，鱼咬钩时浮漂才能反应灵敏。

其次，浮漂的色泽应该鲜明，不论天晴天阴、光线强弱，都应便于垂钓者观察。一般情况下，早晚用白色或黄色浮漂较好；中午用荧光红色、橙色者为宜。垂钓水域的水多呈绿色和海蓝色，因而不宜使用绿色和蓝色的浮漂。

（六）连 接 件

72. 何谓连接件

所谓连接件，是能起连接作用的一种器件，它是近年来随着垂钓活动广泛开展新开发生产出来的产品。这种连接件很小巧，是用以连接钓竿、钓线、钓钩、钓坠等整套钓组的一种工具。

过去没有连接件时，垂钓者基本上都是用钓线把各种钓具串联起来，拆装很麻烦，现在用连接件连接钓组，既方便又牢靠，已受到越来越多的垂钓者的欢迎。

73. 常用有哪些连接件

目前市场上渔具商店里出售的连接件品种很多，这里介绍一些常用品种。

（1）卡扣（也称别针）。这是使用最广泛的一种连接件。它可以与其他返捻环配合使用，便于安装或更换支线、坠子、天平等。

（2）樽形返捻环。它主要用以连接主线与支线，也可连接浮漂，使浮漂能沿主线滑动。它自身有一定的重量，甩竿时可增加坠子的重量，使饵钩甩得更远。樽形返捻环上下两环还可自由转动，是一种用途广泛的返捻环。

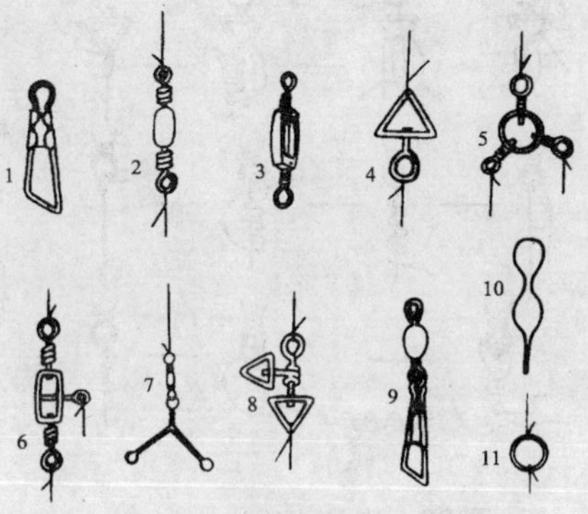

图35　各种连接件

1. 卡扣，2. 樽形返捻环，3. 箱形返捻环，4. 松针形返捻环，5. 三叉返捻环，6. 封箱形返捻环，7. 双杆返捻环，8. 松叶形返捻环，9. 带卡扣返捻环，10. 钓线卡，11. 轮环。

（3）箱形返捻环。其用途和性能与樽形返捻环相同，因其个体较大，比较坚固，适用于垂钓中、大型鱼类。

（4）松针形返捻环。它主要用以连接主线与支线，较前两种返捻环个体大，也更坚固，多在海钓中使用。

（5）三叉返捻环。它有 3 个可转动的小环，其中 1 个小环用以连接主线，其余 2 个小环分别连接支线和坠子，在坠子上方连接钓钩。它多在海钓中使用。

（6）封箱形返捻环。其用途、性能与三叉返捻环相同，只是连接支线的旋转轴通过箱形体上的两个孔转动。

（7）双杆返捻环。它可连接两枚钓钩，钓钩接在坠子下方，不易乱线。在流水中进行浮钓时，钓饵可以转动，可起到诱鱼吞饵的作用。

（8）松叶形母子返捻环。其用途、性能与封箱形返捻环相同，但比封箱形返捻环更牢固，主要用于海钓。

（9）带卡扣返捻环。它由 1 个卡扣和 1 个樽形返捻环组成，卡扣用以连接支线或坠子等。

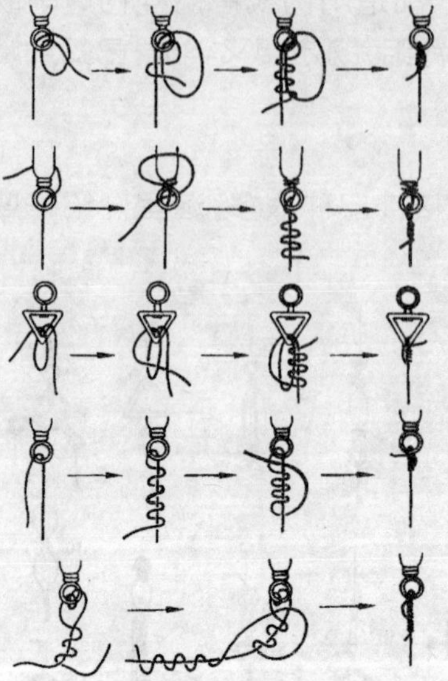

图36 连接件的拴结法

（10）钩线卡。它主要用以连接主线和支线，利用卡具的弹性夹住钩线，使更换钓钩十分方便。

（11）轮环。它用以连接主线与支线，适宜垂钓鲫鱼等小型鱼类时使用。

74. 怎样选择和拴扣连接件

前面介绍了很多连接件的品种，使用时一定要根据自己的需要和实际情况，即根据垂钓水域、垂钓鱼类和垂钓方法来选用连接件。拴扣方法可见图示。

（七）绕线器

75. 什么是绕线板

绕线板是储存钓钩和钓线的一种器具，多由竹、木制作而成，也有用泡沫塑料制成的，除可自己动手制作外，现在渔具商店一般都有现成的卖。垂钓后将钓钩连钓线卸下绕在绕线板上储存，可保护钩、线不受伤害，携带、使用起来也很方便。

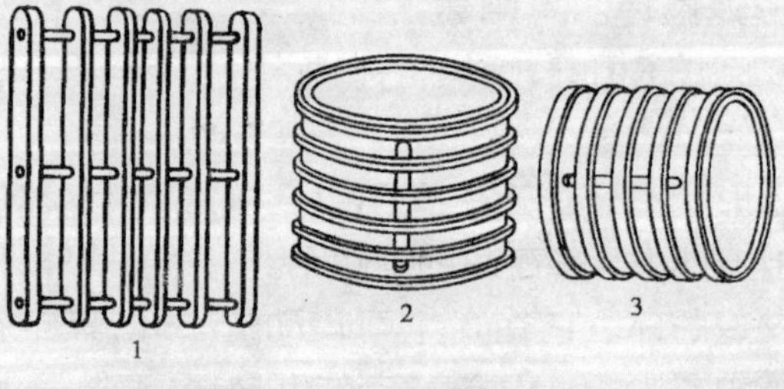

图37 绕钓线工具

1. 长方形绕线板，2. 简易圆筒形绕线板，3. 圆筒形绕线板。

76. 什么是放线器

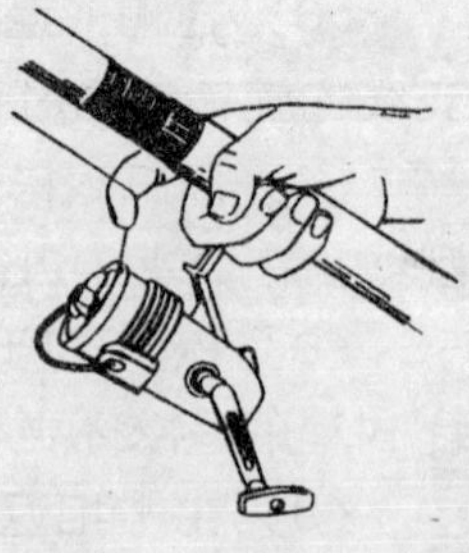

图38 绕线轮的使用

放线器也叫绕线轮，有几十个品种。一般海竿和两用竿上必配1个绕线轮。绕线轮可储线，一般可储几十米甚至数百米，可使钓线收放自如，便于“放长线，钓大鱼”。钓竿上使用绕线轮，最早见于我国宋代马远的钓竿上。所以说绕线轮是我们祖先创造的。随着科技的发展，现在绕线轮从简单的到复杂的，从低级的到高级的，品种很多。

77. 什么是叉形齿槽式手拨轮

这是一种最简单的绕线轮。其结构简单、重量轻、储线量大，用手指拨动、控制齿轮的转动，垂钓者可直接感受到鱼的抗力，随意掌握收放线的速度。但操作不熟练时，投竿时容易乱线，甚至手指被转动的轮齿击伤。

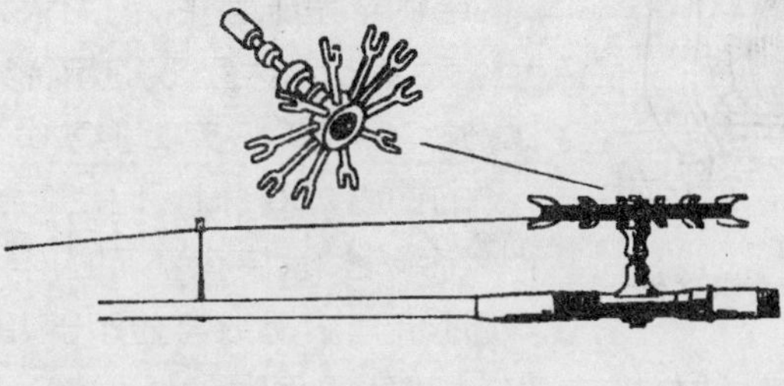

图39　叉形齿槽式手拨轮

78. 什么是旋压式绕线轮

使用这种绕线轮甩投时，出线阻力小、速度快、不易乱线。轮上还标有齿轮传动比，传动比越小，缠线速度越慢，反之则缠绕速度快。这种绕线轮上有1个曳力装置，也称逆转缓冲器，可调整出线的阻力，当大鱼上钩时，它能随鱼的拉力自动放线，起到缓冲作用。收线时，即使大鱼突然逆向猛力挣脱，也能自动放线，不致拉断钓线。

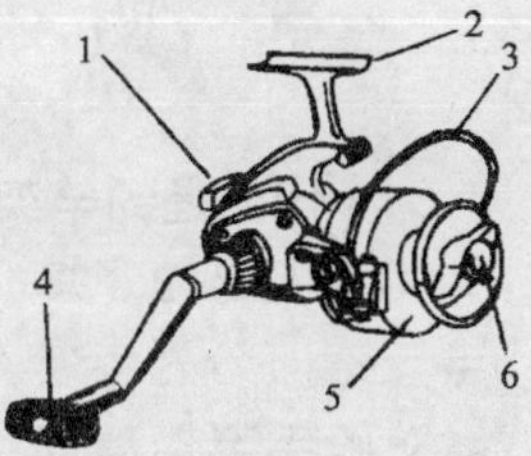

图40　旋压式绕线轮
1. 止轮钮，2. 轮脚，3. 拔线架，4. 摇柄，5. 绕线轴，6. 曳力旋钮。

根据曳力旋钮安装的位置不同，又分前曳力式和后曳力式。前者旋钮位于卷线盘前端，结构较简单，控制出线阻力不够精确；后者旋钮位于轮体后部，旋钮上标有放线时施加给鱼的负重力的刻度，可精确调整出线阻力，使用起来更为方便，但价格较高。

旋压式绕线轮是目前广大垂钓者最普遍使用的一种绕线轮。

79. 什么是封闭式绕线轮

封闭式绕线轮与旋压式绕线轮的结构基本相同。不同的是，封闭式绕线轮的绕线盘外有1个护罩罩着，钓线经由护罩孔进出，垂钓者按键控制收放线。

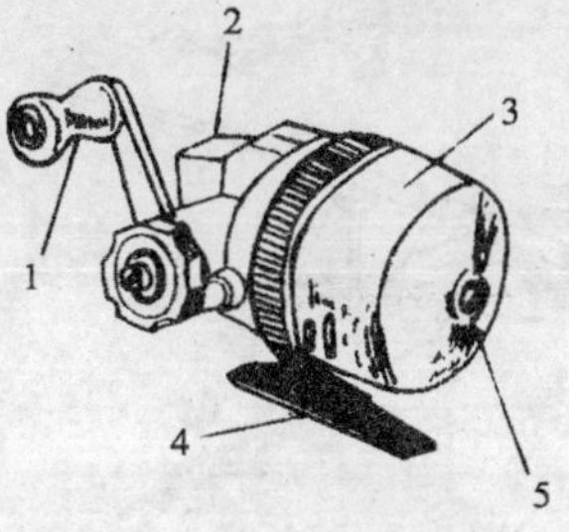

图41　封闭式绕线轮
1. 把手，2. 止转杆，3. 卷轴盖，4. 支脚，5. 出线口。

这种绕线轮，体积小、重量轻、不易乱线。但这种绕线轮储线量少、钓力小，不宜投远和钓大鱼。

图 42　鼓形绕线轮

80. 什么是鼓形绕线轮

也称双轴承绕线轮。这种绕线轮的轴心两侧均装有轴承，两侧固定有轴心盘，类似鼓形。其结构精密，绕线轴与钓竿呈十字形，钓力大，一般都在 20 千克以上，大型双轴承绕线轮的钓力可达 70～80 千克，可缠 0.75 毫米直径的钓线 150 米以上。最新式的双轴承绕线轮，除装有精巧的平行缠线器外，还装有液晶数字显示器，能显示出钓钩入水深度、出线长度、轮内存线长度、鱼吞饵的信号等。船钓时，接上船上的蓄电池，可驱动绕线轮自动收线。

（八）辅助用具

81. 什么是钓竿架

钓竿架是为了减少垂钓者的疲劳，用来支撑钓竿的一种支架。钓竿支架可分为手竿架和海竿架，有竹制横搁式，也有金属制斜插式。一般手竿架稍长，海竿架稍短。支架的高矮可视钓竿的长短而定，一般高度在 0.8～1.5 米，个别也有超过 2 米的，钓竿越长，支架相应越高。为携带方便，高支架多为多节活动式的。

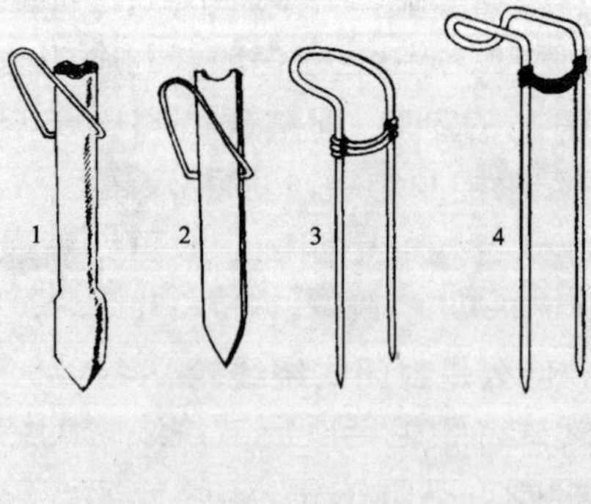

图 43－1　钓竿支架

1. 塑料管制，2. 竹质，3、4. 不锈钢质。

图 43－2　钓竿支架应用

82. 什么是抄网

垂钓者钓上大鱼后不可直接将其甩上岸，一般在水中遛鱼后，慢慢拖至岸边再用抄网兜住提上岸。抄网多以尼龙网和金属网圈组合而成。网径在 30～35 厘米，网长 40～50 厘米，把长1.5 米左右。网口有圆形、椭圆形、三角形或梯形等。

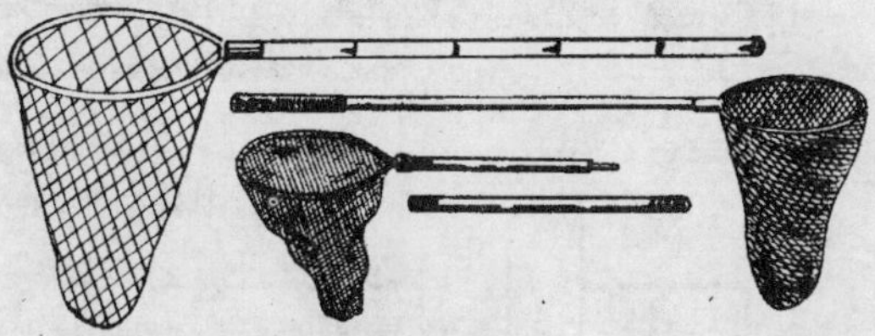

图44　抄网

83. 什么是退钩器

所谓退钩器，就是用于从鱼嘴中取出钓钩的工具。一般情况下，人们钓到鱼时，钓钩多数是钩住鱼唇，用手直接取下钓钩即可。但有时有的鱼咬钩较深，甚至把钩吞入喉管中，因钓钩上有倒刺，硬拽是拽不出来的，这时必须用退钩器来帮忙。

退钩器一般可用不锈钢丝、竹、木等材料自制，结构简单，为 8～12 厘米长。退钩器尽管形状多种多样，其共同特点是顶端都有一小豁口，使用时一手持退钩器，另一手握住鱼头，并用拇指和示指捏住钓线，将退钩器豁口顺钓线往鱼嘴里移动，直至钓钩钩弯处，然后拉紧钓线使钓钩紧贴退钩器豁口，退钩器向鱼嘴内缓缓推动，直到把钓钩推出鱼体组织。同时退钩器不要离开钓钩，再向左或右摆动，一同拉出钓钩和退钩器。

使用退钩器取钩，除可保护钓钩、钩线不受伤，同时也可保护鱼

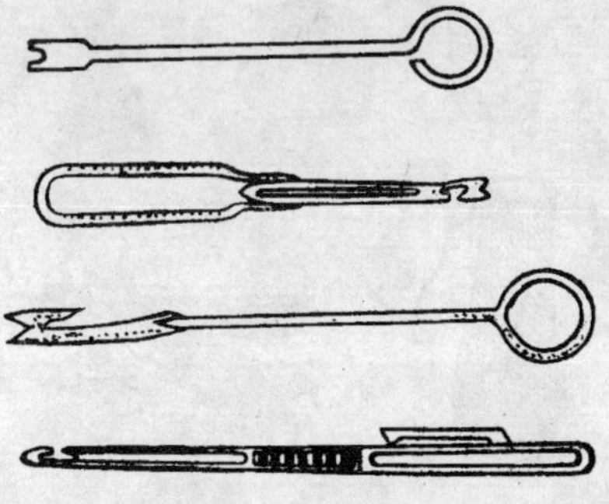

图45　退钩器

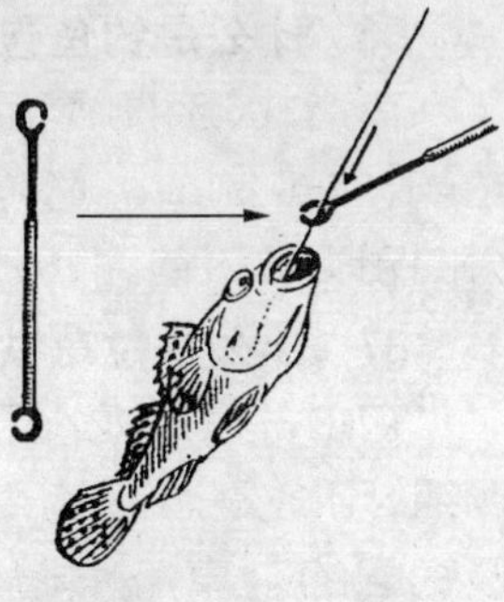

图46　退钩方法

体不受大伤或者死亡。

84. 什么是撒饵器和诱饵笼

撒饵器也称窝子罐、打窝桶等。为能准确地将诱饵撒在选定的钓点上，使用撒饵器最为方便。撒饵器一般用金属皮自制，其形状为圆锥形，口端有提手，下端有小孔，系有尼龙绳。投撒前将诱饵装入撒饵器内，挂在钓钩上，用钓竿递出，到垂钓点处入水，沉底后撒饵器翻倒，诱饵撒出后提钓竿取下撒饵器即可。撒饵器一般用手竿在河塘垂钓时使用。能做撒饵工具的材料很多，如乒乓球、火柴盒、直径4厘米左右的竹筒、塑料罐等。

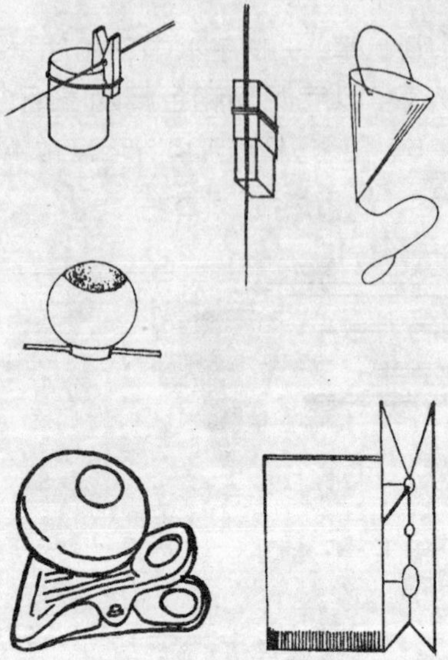

图47　各种撒饵器

诱饵笼主要用于海钓，它固定在钓钩上方，是钓组的一个组成部分，入水后抖动钓竿，诱饵即缓缓漏出，落在饵钩附近。

85. 什么是鱼护

过去垂钓者钓上来的鱼都是存养在鱼篓中，因鱼篓体积大，携带不方便，现已很少有人使用。鱼护是一种用尼龙网制作的、可伸缩的储鱼工具，所钓之鱼放入其中，置水中养护，可保鱼成活。渔具商店有现成的鱼护出售。

86. 什么是钓鱼包

有背式、手提式，用帆布或人造革、皮革制成。可将各种渔具分门别类放入包内，极为方便。

87. 什么是拉草铁锚

它由一根尼龙绳系住一铁锚钩组，用途是清除钓点周围水面及底层的杂草等障碍物，以利于垂钓者下钩。

图48　各种鱼护

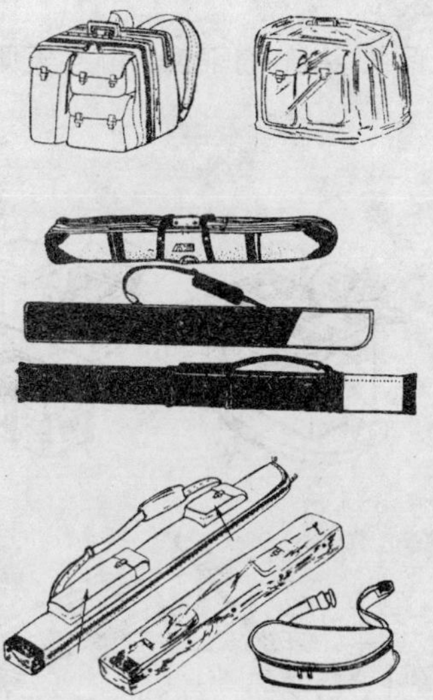

图49　各种钓鱼包

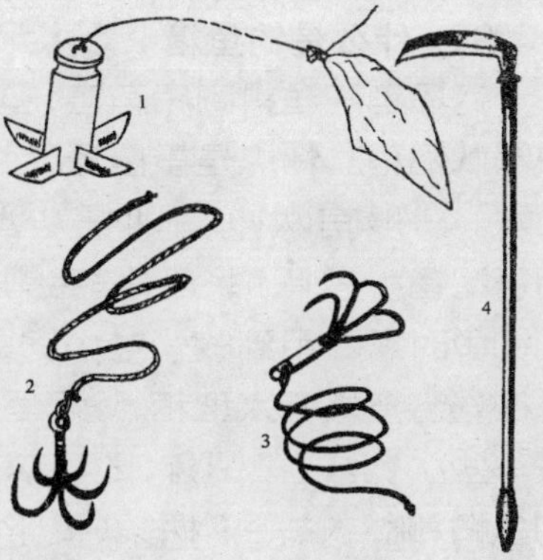

图50　拉草工具

1. 割草钩，2、3. 拉草锚钩，4. 镰刀。

88. 什么是钓鱼用折叠椅

此椅重量轻，折叠方便，供垂钓时坐在河边，减轻久站后双腿的疲劳。

图51　折叠椅

89. 什么是钓鱼用遮阳用具

钓鱼遮阳用具主要有遮阳伞、帽子、防护镜等。

遮阳伞外形构造和一般雨伞相同，只是伞盖大，伞骨粗壮，伞柄粗长，可以伸缩而且能调整角度。遮阳伞主要用于遮阳，也可用于避雨。

防护镜即偏光太阳镜，主要用于保护眼睛和消除水面的反光，有助于你在清澈的水中更容易发现

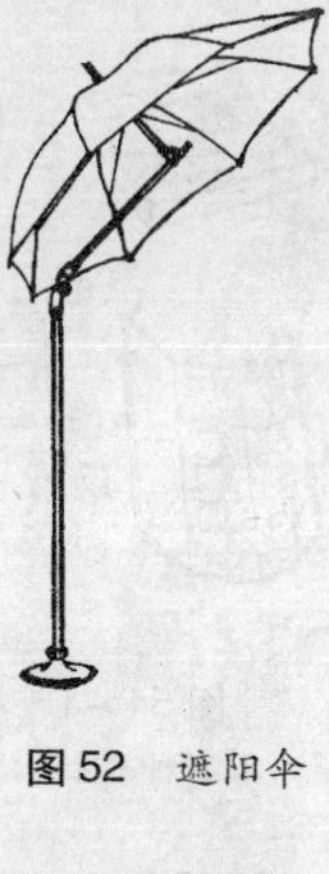

图52　遮阳伞

鱼的踪迹。

帽子用于夏天保持头部凉爽，雨天保护头部的干燥，而冬天则可使头部温暖。

90. 什么是钓鱼箱

钓鱼箱在渔具商店有售，多为塑胶箱或铝箱。特点是重量轻，且坚固防水。一般有两种：一种是小型箱，用于配备一些假饵、浮标、毛钩或其他钓鱼时需要用到的一些小钓具；另一种是容量大的大型箱，除了里面存放一些小钓具、鱼饵外，还可以放置钓鱼帽、靴、衣裤、伞柄架、支竿架等渔具。此外，高级钓鱼箱的最下层还有冰箱，可存放5 000克鲜活鱼，冰箱旁还设有蓄电池。此箱可替代折叠椅让钓者骑坐在上面钓鱼。

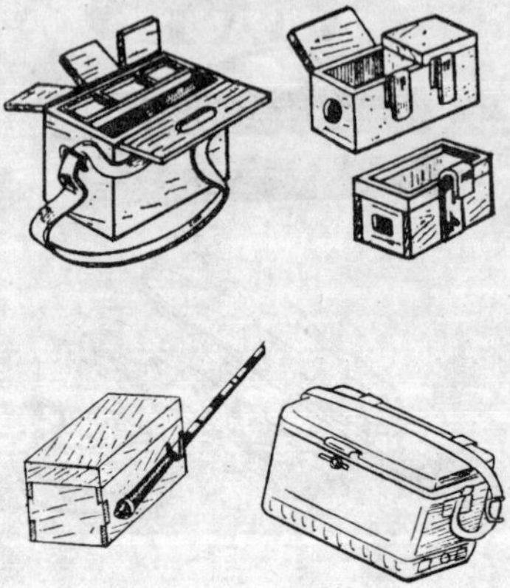

图53　各种钓鱼箱

91. 垂钓中有哪些小的钓鱼用品

除了以上用具外，还有其他许多辅助用具，如钓水草塘用的三角铁锚，饵料盒、搭钩、立漂筒、水壶、药品、电筒等，可视具体情况配备。

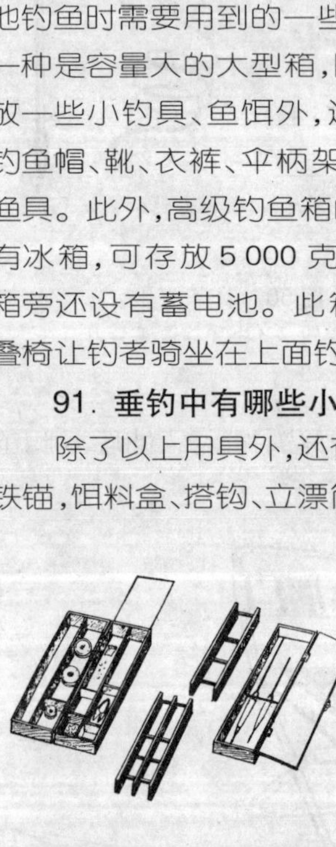

图54－1　钓鱼用品

1. 各种小件渔具盒、鱼钩夹，

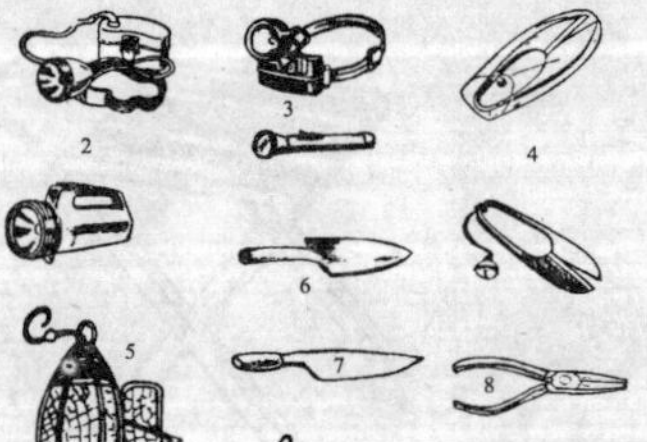

图54－2　钓鱼用品

2、3. 夜钓照明器，4. 剪刀，5. 诱饵笼，6. 小锹，7. 小刀，8. 工具钳，9. 油石，10. 绳子，11. 夹鱼钳，12. 太阳镜，13、14. 暖水壶，15. 小型连接件，16. 浮漂筒。

三、钓具的组合及连接

92. 什么是钓具组合

在选择备齐了竿、线、漂、坠和钩以后，只是完成了垂钓工具置备的一半，而更重要的一半是对它们的组装。只有将它们科学、合理地组装在一起，一套可以钓鱼的工具才算完成。

钓具的组合，即竿、线、钩、漂、坠之间的组合关系，是垂钓技巧的核心，历来为垂钓行家们所重视。科学、合理地好钓具，垂钓使用起来就能得心应手，就有希望获取良好的钓绩和极大的乐趣，反之就只能望鱼兴叹了。

钓具的组合没有固定的模式，实际应用中多种多样，千变万化。但万变不离其宗，基本上是围绕着对象鱼而变化。也就是说，钓什么鱼，选什么钓具，用什么样的组合方式。当然组合方式还要根据垂钓的水域环境、季节、天气、垂钓方法以及个人习惯等进行综合考虑，选取最佳的组合方案。使竿、线、钩、漂、坠等各部件组合恰到好处，充分发挥各自的优势。这样鱼咬钩后，浮漂的反应才会灵敏，才能取得好的垂钓效果。

93. 钓竿与鱼线应怎样搭配

如传统钓鲫法，视不同的钓区环境，常用长竿短线或长竿长线两种搭配方式。如在芦塘和草滩钓鲫，可用长竿短线，线长一般不超过水深 1 米。这种搭配法，可在远点垂直下钩，钓鲫效果特佳。如改配长竿长线垂钓，钓饵就难到位，上鱼肯定少。如在无草水域钓鲫，一般竿、线长度配比为 1∶1 或线稍短些，这样便于装钩、脱鱼，远近都可投钩，对提高上

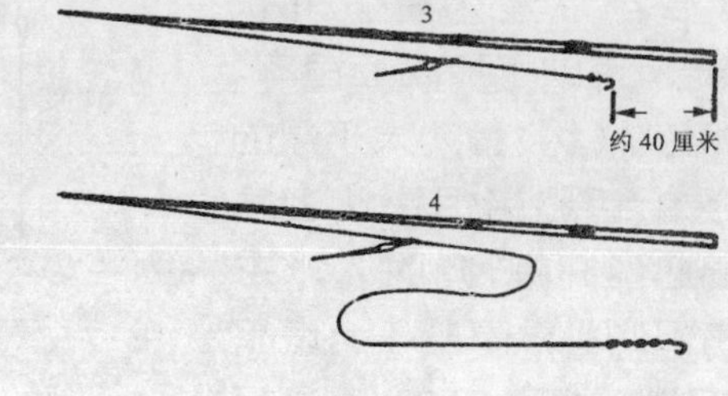

图 55　钓竿与钓线搭配情况

1. 适用于钓草窝、芦苇塘。2. 适用于立足点狭窄、周围有障碍、不宜甩竿的钓点。3. 为标准长度钓线，一般的湖、河、塘、沼均适用。4. 适用于水较深的水库、湖泊等。

鱼率有好处。如果钓大鱼，应采用软调中长竿，齐竿线或线长超过竿，利于上鱼后遛鱼。

94. 钓钩与鱼线粗细应怎样匹配

用粗线、大钩垂钓鲫鱼是不合适的。同样，用细线、小钩钓大鱼也是不适宜的。一般野塘钓鲫的线径不能超过 0. 18 毫米，钩宜用日本产伊势尼型 3 号以下。如在精养塘钓条重在 250 克以上的大鲫鱼时，可选用 0. 20 毫米线与伊势尼型 5 号钩相配。如专钓青、草、鲤等大鱼时，应选用 0. 3 毫米以上线挂 7 号以上的钩。

95. 浮标与坠应怎样调配

漂坠搭配至关重要，它直接影响鱼咬钩时浮漂反应的灵敏度，因而也是垂钓成败的关键一环。漂坠配比得当，灵敏度高，中钩率也高，只要鱼儿一吞钩，浮漂立即反应；如果漂坠配比不当，或者漂大坠轻，或者漂小坠重，浮漂的反应都不可能及时和准确。前者饵钩不能沉底，浮动于水中难以固定；后者当鱼咬钩时，浮漂不能作出及时而准确的反应，造成提竿时机的贻误，从而影响垂钓效果。

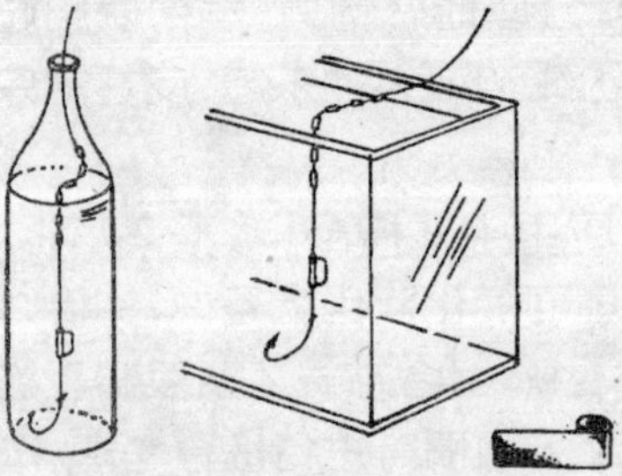

图 56　坠、浮漂搭配验证法

理想状态的漂坠配比应当是：坠（钩）重力等于漂的浮力，或略微小于漂的浮力。这样使饵钩刚好立于水底。这时一是浮漂的灵敏度最高，只要鱼儿吞饵，浮漂立即反应，及时提竿，必有所获；二是这样调整好的漂、坠在挂饵下沉时，会受漂的浮力作用呈较自然漂荡着下沉状态，将有助于提高上鱼率。如若坠（钩）重力大于漂的浮力，重坠带饵快速沉底易把鱼吓跑，同时入水之后饵钩必然是躺于水底呈卧钩状，鱼儿咬钩，浮漂反应就会出现滞后现象，贻误提竿时机。还有一种情况，由于坠子的重力，鱼吸食饵钩感到费力和困难，很可能弃饵游去，失掉上钩机会。

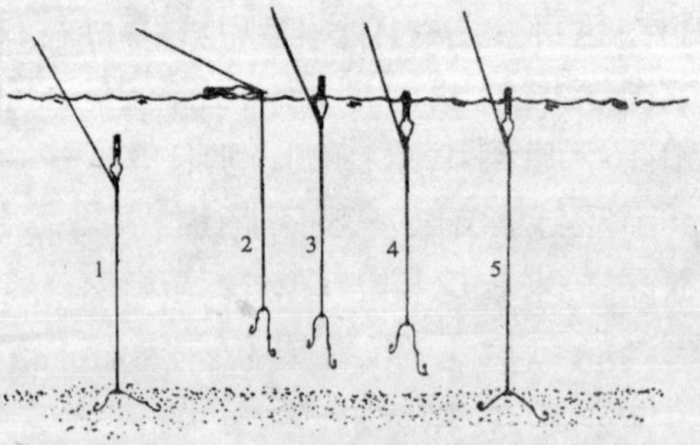

图 57　坠、浮漂搭配情况
1. 坠过重，2. 坠过轻，3. 坠稍轻，4. 坠搭配合理。

96. 海竿与钓线应怎样连接

钓线与海竿、两用竿的连接很简单，只要将绕线轮安在钓竿上，再将钓线按顺序一一穿过竿体上的导线眼即可。

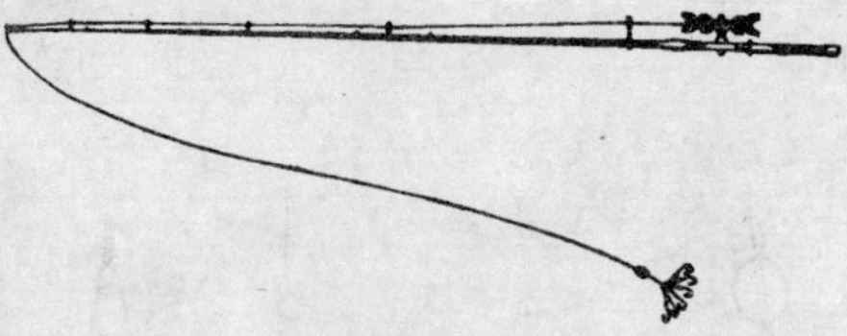

图 58　海竿

97. 插接式竹制手竿与钓线应怎样连接

这种手竿尖端一般都有 1 个绳套，钓线可与绳套直接连接。也可将钓线穿过绳套后，转动钓竿，使钓线长度的 1/4 缠绕在竿体上，最后再将线固定在竿体上即可。如果钓竿尖端没有绳套，可将钓线用活节扣在竿尖上，再用一节 2 厘米长的自行车气门芯套上，将钓线固定在竿尖处。

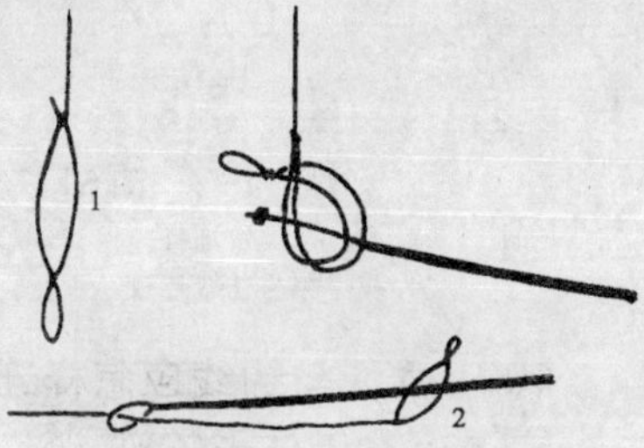

图 59　钓线与钓竿的连接
1. 活扣连接，2. 圈套连接。

98. 玻璃钢或碳素纤维手竿与钓线应怎样连接

这种钓竿竿尖上一般带有钢丝圈或绳套，若用连接件来连接，既简单又方便。也可采用活扣连接法，即先将钓线末端系出 1 个 5 厘米长的死线圈，将这个线圈穿过钢丝圈或绳套，再挽 1 个活扣与之套扣住即可。为便于卸线，可在钓线死圈上再系 1 个小线圈，卸线时拉动这个小线圈，活扣便可松开。圈套连接时的拴扣方法基本上与活扣相同，只是要将竿尖插入死圈中，再将线的另一端穿过竿尖的钢丝圈或绳套，然后拉紧即可。卸线方法与活扣连接法相同。

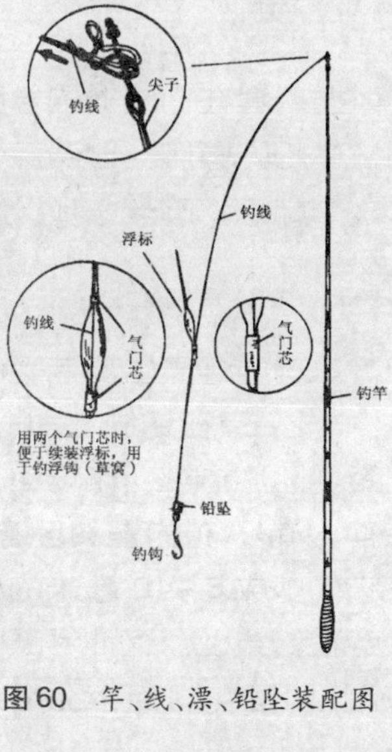

图 60　竿、线、漂、铅坠装配图

现在市场上有一种小绕线轮出售，里面可缠绕 10～20 米长的钓线，利用螺丝的松紧调节出线阻力。绕线轮可套装在钓竿的前面几节上，竿尖上安一过线圈。装线时，将线端从过线圈中穿出，根据垂钓的需要长度放出钓线。垂钓后将线卷入轮中，卸下保管也很方便。

99. 浮标与钓线应怎样连接

浮漂有多种，其形态、大小各有特点，因此与钓线的连接方法也不同。

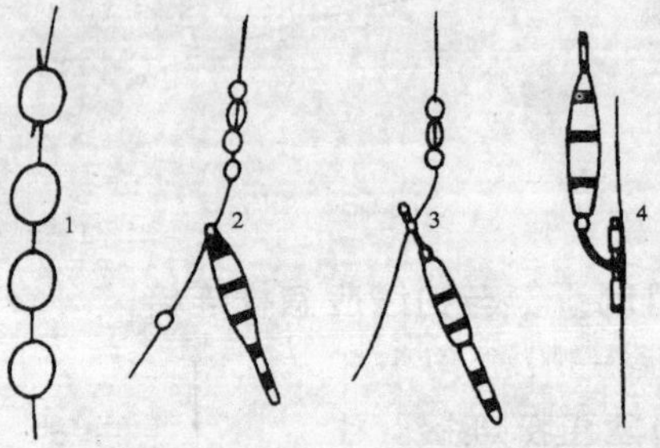

图61　浮漂与钓线的连接

1. 双胶管插扦连接，2. 双环活结连接，3. 浮漂与钓线的活动连接，4. 线浮漂与钓线连接。

100. 立漂与钓线应怎样连接

立漂多为单体形的辣椒漂、棒形漂、球形漂。立漂漂体下端都较细，呈圆锥形或连接有插接杆。使用时，只要将漂尾或插接杆插入套在钓线上的橡胶套或一小段气门芯（约 1.5 厘米长）中即可。如要调整浮漂位置，可沿钓线上下移动橡胶管或气门芯，浮漂即可随之移动到所需位置。

101. 球漂与钓线应怎样连接

有的球漂与立漂一样，连接有锥形脚，可插入套在钓线上的橡胶套或气门芯中即可。有的球漂中用一小圆柱体与弹簧用一截两头带钩的铁丝相连接，用时顶住圆柱体压缩弹簧，露出铁丝的一头挂在钓线上就可以了。

102. 多漂体与钓线应怎样连接

多漂体指的是线浮漂、七星漂、蜈蚣漂等。这些浮漂由羽毛翎的小段段或椭圆形塑料通心球组成，漂体碎小，直接穿在钓线上即可，漂体间距一般约 1 厘米，也可并在一起，间距可随意调整。市场上有一种内有小孔的塑料卧漂，把它们剪成 8～10 毫米的小段穿在钓线上。这种浮漂比较醒目，但中间的小孔相对

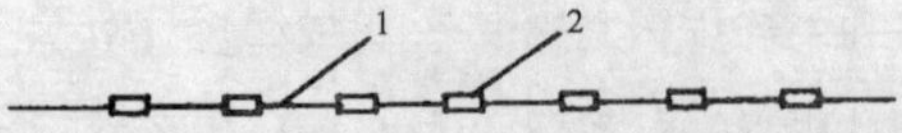

图62　线浮漂

1. 钓线，2. 浮子。

较大，使用时，需插入细竹或木屑加以固定。

103. 鱼钩与钓线应怎样连接

拴接方法很多，拴接牢固程度除与钩、线的质量有直接关系外，最关键的是打结扣结的方法正确与否。钓线都有一定的伸缩性，在扣结时用力一定要适当，太松了容易脱钩，太紧了又会将线抻长，从而减弱钓线的抗拉强度，于垂钓不利。

① 扁钩拴结法。将线的一头在钩柄上绕 5～6 圈，把线头穿入线圈，再将另一头拉紧，剪去多余部分或用火柴烧一下断头即成。要注意的是上出线的打结点，必须在钩柄的内侧。

② 朝天钩拴结法。朝天钩就是将鱼坠焊接在鱼钩钩柄的末端，上留有穿线孔或环柄。采用带鼻子扣钩法和在钩环内绕缠结法。具体扣见图 22、图 25。

104. 鱼坠与钓线应怎样连接

鱼坠与钓线的连接有死坠和活坠两种。

活坠只需将主线从坠的通心孔中或坠上方的金属环中穿过即可。

安装死坠，如果是铅皮坠，需将铅皮卷压在脑线上，用钳夹紧即可；如果是开口式坠子，可直接按压在脑线上并扣紧；如若是有一金属小环的固定式坠子，可用线穿过环孔再进行连接，也可用联结器具来进行连接。

105. 什么是坠下钩组合

坠下钩组合中可用单钩、双钩和多钩（如炸弹钩），拴钓钩的支线系在坠子下方，故名坠下钩。这种钩组适用于手竿带浮漂进行底钓和浮钓，也适用于投竿配活坠远投底钓或配固定坠带漂浮钓。

106. 什么是坠上钩组合

坠上钩也可用单钩、双钩和多钩，视具体情况而定。它的拴钓钩的支线系在固定坠的上方，故名坠上钩。这种钩组适用于在水底杂物

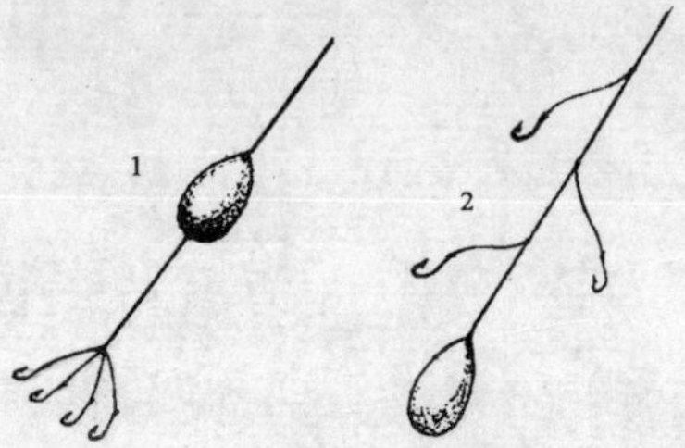

图 63　铅坠与钓钩的组合

1. 坠下钩组合（活坠），2. 坠上钩组合（死坠）。

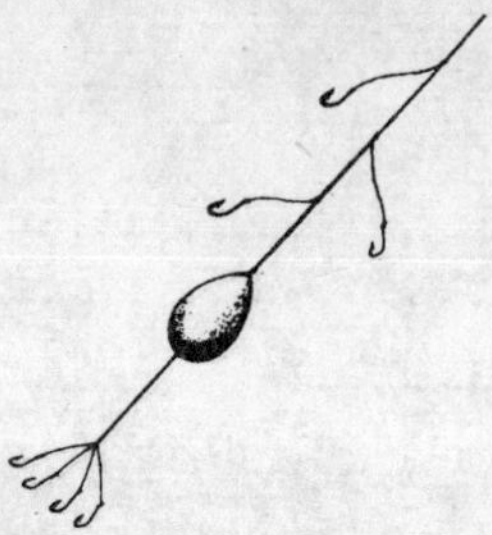

图 64　坠上钩与坠下钩的组合

多或淤泥厚的水体中进行底钓，也适用于在浅水水体中装活饵进行浮钓。

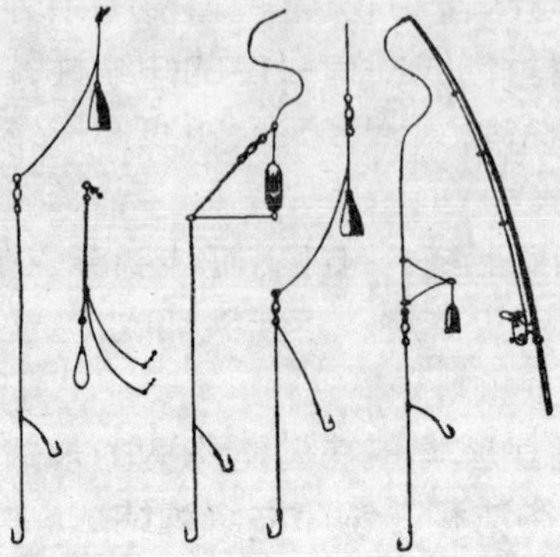

图65　坠子与天平的钩组装配组合

107. 什么是坠下钩与坠上钩组合

将坠下钩与坠上钩组合在一起，形成一种混合钩组。这种混合钩组适合于水底有障碍物的水体，也适合于船钓和堤坝钓。

108. 什么是坠子与天平的钩组组合

这种钩组组合，坠下可连接单钩、双钩及多钩钩组，适合使用海竿和两用竿，有不少人喜欢采用。

109. 什么是手感钓的钩组组合

这种钓组组合可用单钩、双钩和多钩安装活饵或假饵，进行中、上水层垂钓。垂钓时需抖动竿尖，以引诱鱼儿咬钩。该钩组适合于不带浮漂的手竿在流水中垂钓，如图93－1、图93－2所示。

四、钓鱼饵料

（一）基础知识

110. 何谓鱼饵

所谓鱼饵，广义上讲，就是鱼类的食料。这些食料，有天然的和人工加工生产的；有动物性的，也有植物性的。而这里所讲的鱼饵，则是垂钓活动中所使用的钓饵和诱饵的统称。

111. 诱饵有哪些品种

诱饵是用在垂钓下钩之前撒入预定的钓点，以引诱鱼群来到窝点周围聚集，便于将其钓获的一种饵料。它的名称既然称为诱饵，可见它的作用只是在于“诱”，而并非作为供鱼食用的。因此制作诱饵，必须注重诱饵的颜色和香味。

由于鱼类的视力有一定的局限，通常的视程只有 1 米左右，而且只有黄、白、红 3 种颜色才易于接收，所以诱饵的颜色要使其具有红、白、黄的色彩。

诱饵除了必须注重颜色以外，还应具有香味。因为只有让鱼闻到诱饵的香味，激发它的食欲之后，鱼儿才能被诱到窝点附近来。

诱饵一般都以很细碎的粉状和较大的颗粒形式投入水中，用细碎的饵，是使鱼儿不能吃饱，如果吃饱了，鱼儿就游走了，达不到钓获的目的；用较大的颗粒或固体诱饵，也是让鱼吞食不进，只能闻闻香味，却吃不着，但食物对鱼确实是有诱惑力的，尽管吃不到，鱼却舍不得离开，只能在窝点的周围徘徊游弋，这就达到了不让鱼游走的目的。当鱼儿正由于吃不到爱吃的鱼食而焦急烦躁的时候，若垂钓者将钓饵放入水中，出现在窝点附近时，鱼儿就会迫不及待地扑上去大口咬饵而上钩。

作为打窝用的诱饵，必须根据不同的水域、不同鱼种的食性特点来选择，不能随便乱用，否则，就不会收到良好的效果。例如，垂钓者目标是钓鲤鱼，那么，诱饵中就应多用些玉米粉和豆饼粉。如果是以钓鲫鱼为主，就要考虑到鲫鱼喜好有香味和甜味的食物，应以浓香型诱饵来引诱，诱饵的组成应以黄豆粉和蚕豆粉、芝麻粉为主要原料。若是以钓草鱼为主要目标，就应该用淡酸味的糟食投放作窝，而且还可用鲜嫩的青草扎成1 个把子，下面挂一块石头，将它沉到窝子中去。

如果以诱钓鲢鱼和鳙鱼为主，诱饵中就应含有酸臭味，以投其所好，有的放矢，才能有好的收获。

诱饵的种类很多，依形状可分为散饵、黏饵和团饵3种。如果按诱饵颗粒的大小可分为颗粒诱饵、粉末诱饵、混合诱饵、合成诱饵、干撒饵、湿撒饵、酿制诱饵、色味诱饵、腥撒饵、蘸饵、光诱饵等多种，但不论哪种诱饵，都是为了诱鱼前来摄食，以达到最好的诱鱼效果。

112. 什么是“粉末诱饵”

粉末诱饵的原料，都是各种粮食的粉末，如豆饼粉、菜子饼粉、花生饼粉、黄豆粉、山芋粉、麸皮粉、米粉、米糠粉、面粉、花生粉、芝麻粉、蚕豆粉、面包屑、饼干屑等。这些粉末类，价格低廉，取材容易，诱鱼的效果却很不错。但对有些特别喜欢香味或甜味的鱼类进行诱集时，还需加些白酒、香油、糖等，效果会更好。

有丰富钓鱼经验的垂钓者认为，诱饵一般要由2～4种粉末配合而成，而且都要加些水进去调和，这种水最好不要用其他地方的水，而应该用垂钓水域中的水，效果才会更好。

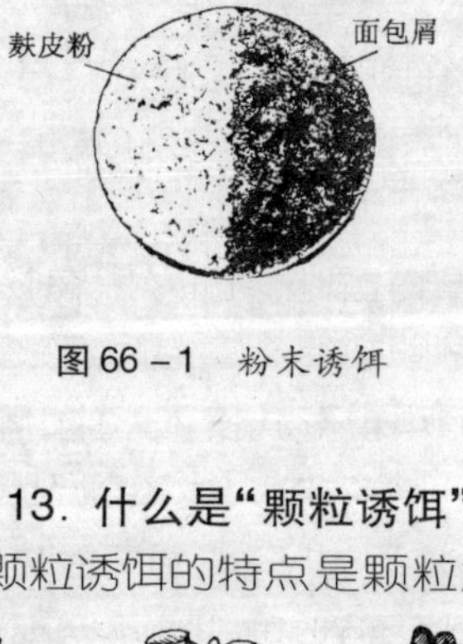

图66－1　粉末诱饵

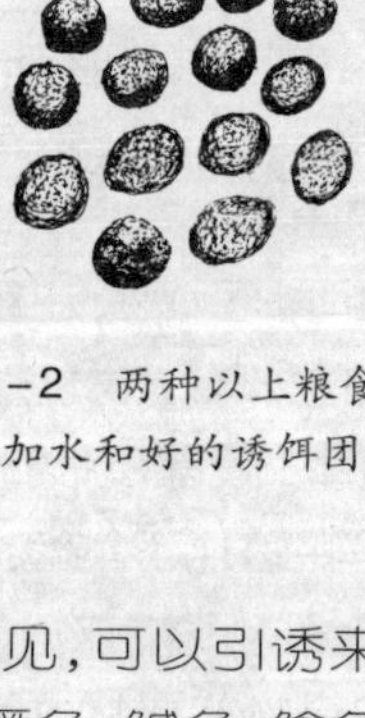

图66－2　两种以上粮食粉末加水和好的诱饵团

113. 什么是“颗粒诱饵”

颗粒诱饵的特点是颗粒大，容易被鱼儿看见，可以引诱来草鱼、鲤鱼、青鱼、鳜鱼、鳡鱼、鲶鱼、鲌鱼等较大型的鱼类。其原料除玉米、饭粒、熟山芋等粮食性食物及南瓜等瓜果类素食外，还加入鱼、虾、螺蛳、蚬、蚌的肉和其他动物的肉类碎屑等荤食性饵料制作，所以对肉食性的鱼类有很大的诱惑力。

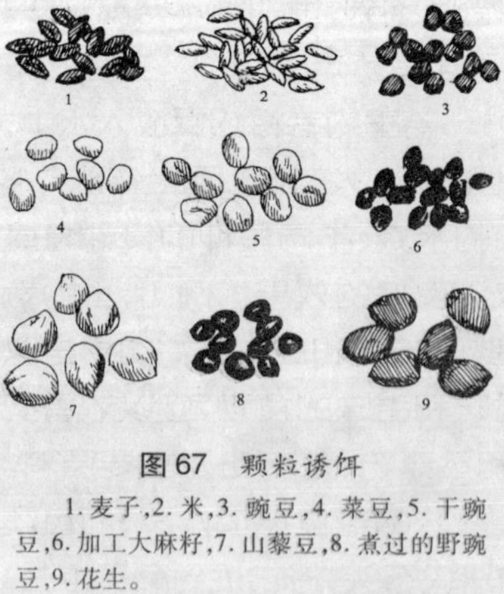

图67　颗粒诱饵

1. 麦子，2. 米，3. 豌豆，4. 菜豆，5. 干豌豆，6. 加工大麻籽，7. 山藜豆，8. 煮过的野豌豆，9. 花生。

若在家养的小型池塘内垂钓，可以直接用单一的粮食颗粒作诱饵，如将麦粒在水中浸泡，涨鼓后作诱饵，素食性的鱼类都能贪婪地聚集而至。若在麦粒外面拌些带腥味的动物肉粉，如虾米屑、鱼粉等，则更能引来肉食性鱼类。

在秋季水果收获的时候，若用枸杞子、桑葚和切成小粒的菠萝作诱饵，可引来多种鱼类，效果很好。

114. 什么是"合成诱饵"

根据不同鱼类的摄食喜好，将几种类型的饵料合制成的诱饵，称为合成诱饵。合成诱饵的品种很多，一般是根据所钓的具体鱼种，选择该鱼种所喜食的2~4种原料配合制成的，有的还要加入些辅料、添加剂，如香油、水果或奶油香精、曲酒或酒曲、鱼肝油或糖类。例如垂钓者所要钓的鱼种是鲫鱼，其诱饵所用的原料应该是鲫鱼所喜欢吃的浓香型诱饵，它用黄豆粉、蚕豆粉、豆饼粉为主料，再加点白酒，以增添香味。这样有针对性地选配合成诱饵的原料，可以提高诱鱼的效果。

115. 什么是"混合诱饵"

混合诱饵从表面上看，是由几种原料混合而成的诱饵。实际上，这"混合"两字，在这里可说是具有多种的含意：

一是指由多种原料合成，可以是3~4种，也可以是5~6种，甚至7~8种原料，加上辅料混合制成。二是指在这种混合诱饵中，不仅有几种素饵料，而且还可以有几种荤饵料加在一起混合制成。三是指混合诱饵所要引诱的不只是某种单一的鱼种，而是各种鱼类的混合体。四是指混合诱饵中不仅可以包含鱼类爱吃的饵料，还可以将含有不同气味的添加剂混合进去，以引诱喜欢某种气味的鱼种前来摄食。五是指混合诱饵既可引诱小鱼，也能引诱中型鱼和大鱼。

116. 有哪些"干撒诱饵"

干撒诱饵有粉末型、颗粒型、油粕3种：

① 粉末型：主要是粮食的粉末或粮食加工后产生的下脚料的粉末。可直接用单一的粮食投撒作为诱饵，或将几种饵料用水掺和后调制成小团子作为诱饵，不论是单撒还是制成小球状，投入水底后都容易散开，其气味很快就会传播开来，吸引觅食的鱼儿进入窝的诱惑力很强。但干撒诱饵有个缺点，就是持续性较差，一般入水1~2小时后就会失去引诱作用，所以一般经过2小时左右就需重新补撒。

干撒诱饵的原料有米粉、面粉、玉米粉、麸皮粉、山芋粉、芝麻粉、豆饼末、花生饼末、菜子饼末等。这些原料，可以炒香后干撒，也可以用2~3种拌和后干撒；还可以制成带酸味的、带甜味的、有浓烈的酒香味的。

② 颗粒型：是用浸胀后的麦粒、玉米、粳米或小米，有的加点添加剂，也有的不加添加剂直接干撒进水打窝。一般是把饵料带到钓点，若窝点靠岸较近，可直接用手抓起来投撒，若窝点离岸较远，可在竿梢上装撒饵器投撒诱饵。这种饵料撒入水中后，在水中荡荡漾漾地往下沉，很容易被鱼儿发现，用不了多长时间就能把不少鱼引进窝点。

③ 油粕：油粕是指榨过油后的黄豆、菜子、芝麻、花生渣子，俗称豆饼、菜子饼、芝麻饼、花生饼。将它碾碎、炒香后即可用作干撒诱饵。这种饼类的碎屑一经炒香，香味浓烈，可单纯用这种粉末，也可掺入一些面粉或玉米粉后使用。这种饼类干撒诱饵，常被垂钓者作为备用的应急诱饵，由于这种诱饵的香气特别强烈，常能将较远处的鱼儿引来，所以垂钓者在将一般诱饵撒下去后作用不明显，几乎钓不到鱼的情况下，才把这种香味强烈的诱饵拿出来应急使用。

另外，这种榨油后的饼粕，如果不加碾碎，切成像肥皂块大小的方块，可作为长效诱饵使用。由于这种饼粕是经过高压挤榨过的，非常结实，投入水中浸泡，可以过 10 余小时不分裂散开，又因它是整块的，鱼儿不能把它吞食进口，所以只要放 1～2 块在窝点中，可以一整天地起到引诱鱼的作用，免去总要补饵的麻烦。

117. 有哪些“湿撒诱饵”

① 酸性湿撒诱饵。用菜子饼或花生饼的粉末，在水中浸泡一夜，再捞起加点豆腐渣，拌和后用塑料袋装好，夏天密封 1～2 天，冬天用热水袋装入热水置于塑料袋旁，用破棉衣包裹起来不让热量散失，焐上 2～3 天后即发酵成为酸性湿撒诱饵，是引诱草鱼、鲤鱼、鳊鱼的好诱饵。

② 馊味湿撒诱饵。用豆饼、麸皮粉等粮食类粉末，加入吃剩的馊粥或米汤拌和，再加点面粉增加黏性，将其捏成团粒作馊味湿撒诱饵，对草鱼、鲤鱼、鳊鱼、鳙鱼都有很大的吸引力。

③ 酒香湿撒诱饵。酒香湿撒诱饵是用黄豆粉、芝麻饼加少量面粉和酒糟混合制成的，这几种原料都是鱼儿喜欢吃的，再加上有酒糟的香味，可吸引素食性鱼类和杂食性鱼类进窝，效果很好。

④ 清香湿撒诱饵。这种诱饵由几种新鲜原料混合制成，其原料有新鲜豌豆、新鲜嫩玉米和嫩茭白，将它们放在一起磨成浆，再加入麸皮粉末和匀，捏成团块，入水打窝。它带有几种原料固有的清香气味，对素食性的几种鱼引诱效果很好。

118. 什么是“腥撒诱饵”

腥撒诱饵是一种具有强烈腥气的诱饵，当然，只有动物性的饵料才能有腥味，这是用来引诱肉食性鱼类的。其原料是小鱼、虾、青蛙、蚯蚓、螺蛳、蚌和蛤类的肉，以及狗、猪、羊、鸡、鸭、鹅的内脏等，这些东西都有强烈的腥味。值得注意的是，作为诱饵使用的这类脏器，不能切得太碎，因为如果切得太小投入水中，虽然能把肉食性鱼类引来，但会被它吃光，当鱼吃饱了以后，鱼儿就不会再咬钩了。所以，用作诱饵的动物性饵料，只能投入大块的，使鱼儿只能看看闻闻而无法吃进口中。如果切成碎块，就需用纱布袋装好，封好口，才能作为诱饵投入水中。

用腥撒诱饵在内河或池塘等静水水域引鱼时，可引来鳜鱼、鲌鱼和黑鱼等。在大水域和江河水急处引钓，还可引来凶猛的肉食性鱼类，如狗鱼、大马哈鱼和鳡鱼等。但在水急的江河处下诱饵，动物内脏等饵料须用较重的石块扎牢，使其沉在水底，否则会被水流冲走。

119. 什么是“蘸饵”

蘸饵是将钓钩用水蘸湿，然后在有香气的粮食粉末上蘸上些粉末饵料作垂钓的饵料。粮食粉末如玉米粉、黄豆粉、芝麻粉、豌豆粉、面粉等，用法是：将这些混合粉末预先炒香后，用铁皮盒装好带到钓点去，垂钓时，将钓钩放入水中蘸湿，再在炒香的粉末中滚蘸一下，使钩上黏满有香味的粉后再放入钓点中垂钓。粉末遇水后纷纷撒落在水中，可立即引得鱼儿前来抢食，钓者用空钩就可以将鱼钓上岸。

有些钓者还在钩上装挂蚯蚓、蚌肉、虾仁或螺蛳肉，再蘸上粮食粉末下钩，黏在荤饵上的粉末料在水底沉积起来，蘸的次数越多，水下的粉末料也随之增多，成为自然的窝子。

120. 什么是“酿制诱饵”

酿制诱饵是指把粮食放在曲酒或有香味、甜味的药料汁水中浸泡后作为诱饵用。酿制诱饵大体可分3类：

①酒米。酒米是将粳米或碎米装进瓶内，再倒进白酒浸泡2~3天后取出，在垂钓前撒入窝点打窝。②药米。药米是将粳米或小米放进具有芬芳香气的中药药酒中浸泡成的饵料。常用的香味药料有丁香、郁金、桂皮、阿魏、山柰、冰片、麝香、桂花干等。但麝香价格极贵，一般不用。③曲制诱饵。曲制诱饵是用粮食粉末如玉米粉、豆饼粉、麦粒、小米、麸皮粉等粮食饵料放入酒曲液中浸泡后制成的。这种诱饵香味浓郁，可引诱来鲫鱼、鳊鱼、鲂鱼和草鱼，对钓获这些鱼类有很好的效果。

酿制诱饵有其特别的优点：一是效果好，二是使用分量少，只需撒上一两把，不必像其他诱饵那样需带很多，显得累赘。

121. 什么是"色味诱饵"

色味诱饵是在制作诱饵时，依据鱼的视觉容易发现的颜色，以及鱼对味的不同需求而调制的诱饵。如果诱饵的颜色不能使鱼容易看见，则诱饵就不会产生诱鱼的作用。人们已经知道，鱼的视觉对红、白、黄色的反应比较灵敏，而对其他颜色反应迟钝甚至看不见。又据研究知道，北方鱼类用黄色的诱饵效果较好，南方的鱼类则容易看见白色和褐色。

除诱饵的颜色有一定的要求外，味的问题也必须加以注意，因为鱼除了视觉稍差些外，味觉和嗅觉都是很灵敏的。许多鱼类对于食物只要闻一下或用嘴碰一下，就能了解食物是什么滋味，是否合乎它的口味。所以，不论钓饵还是诱饵，都应该考虑到各种鱼类不同的味觉嗜好。

122. 制作常用诱饵有哪些要求

一是要香，二是要亮。香可使鱼闻到，亮是让鱼看到。二是合理选择香味，酒香、药香、花香、油香、糟香等均可选用。三是诱饵要粗细合适，易成团，入水易散开。四是调制湿料要用所垂钓塘里的水。

123. 常用诱饵应怎样制作

（1）麝香米诱饵。这种诱饵是鲫鱼、草鱼、鲤鱼等最喜吃的诱饵。其特点是：耐水泡、不变形、不变色、不变质、用量少，1 个窝子撒 20 粒左右即可。制作方法：将粳米装入玻璃瓶，用纱布包一点麝香再放入玻璃瓶内，封好瓶口，半个月后瓶中的米即可作诱饵使用。

（2）药米诱饵。药米也是鲫鱼、草鱼、鲤鱼喜吃的诱饵。制作方法：将灵草、排草、香松、小茴香、滑石、大黄研碎后加入白酒密封玻璃瓶中，浸泡 2 个月即可启用。也可用香松、丁香、广香、小茴香、桂皮、八角、滑石研碎后加入白酒密封玻璃瓶中，浸泡 2 个月即可启用。垂钓前取以上任意一种药酒，倒入 1 个小瓶内，再放入一些粳米淹没其中，密封好。撒窝时 1 个钓点撒上 10 余粒药米即可。

（3）酒米诱饵。制作方法：将粳米装入玻璃瓶中用白酒浸泡，夏秋季需 3 天以上，春冬季需 1 周左右即可启用。垂钓时用小瓶取一些酒米带上，每窝撒上 20~30 粒足够。

（4）豆渣诱饵。白鲦、鲢鱼、鲤鱼、草鱼均喜豆渣。豆渣取之易得，制作简单，许多垂钓者乐于使用。制作方法：将豆渣放在日光下晒几天，让其受热发酵备用。使用时直接将发酵后的豆渣撒在窝子里即可。

（5）米饭诱饵。米饭色白，软硬适中，鱼儿容易识别，喜食。制作方法：将米饭放入坛子里，加入白酒密封，可长期保存，随时取用。垂钓时取出部分米饭，再加入面粉、混合饲料、胡豆粉等，捏成团，撒在窝内即可。

（6）青草诱饵。草鱼喜食青草，青草也可作诱饵。制作方法：割取青草，扎成把，夏天将其抛在水面，可作浮钓诱饵；其他季节可在青草把中捆入石块，加大重量，抛入水中使其沉底，可作底钓诱饵。

（7）牛屎诱饵：前面讲到，有的鱼儿喜欢逐臭，牛屎气味浓，鲤鱼喜食。用牛屎制作诱饵，正是废物利用。制作方法：取新鲜牛屎1 000 克加切碎的青草 250 克，以及少量粳米、湿泥、稻壳等，混合后捏成团备用。撒窝时将牛屎团抛入钓点，待牛屎团解体，青草、稻壳浮出水面，周围塘水呈浑浊状态时，即可下钩垂钓。

（8）菜子饼、酒糟诱饵。菜子饼、酒糟是鲤鱼、草鱼、鲫鱼喜食的饵料。制作方法：将菜子饼、麦麸、粳米混合在一起，碾碎，垂钓时取塘水和之，捏成团即可作诱饵撒窝。酒糟作诱饵，可直接取用撒窝。

124. 怎样制作素长效诱饵

素长效诱饵，系用粮食类制作而成，一般有下面几种制法：

① 麸皮面团：用麦麸、糠末和面粉置锅中炒熟至金黄色，再用煮成糊状的糯米粥掺入，调拌均匀，搓成鸡蛋大小的圆团，置阴凉通风处晾干。这种诱饵投入水中后，可持续 3～4 小时才散开，能间隔 4～5 小时不用补饵，若在拌调时再加入少量鸡蛋，则诱饵的凝固度更强，入水后散开的时间可延续更长。这种诱饵的优点是，因其体积较大，鱼儿不能一口吞食，又因其香气四溢，使鱼儿不愿离开，长时间在饵食周围徘徊不去，对垂钓有利。另外，这种诱饵对多种鱼类都有较大的吸引力，在垂钓常见的鱼类时，大多能用得上。

② 各种饼渣：这种诱饵是制作最简便的长效诱饵。只要将榨油后的菜子饼、豆饼、花生饼、芝麻饼锯开成肥皂大小的块子，垂钓的当天在火上烘烤出浓烈的香味后就可以成为长效诱饵。这 4 种饼渣都比较坚硬，垂钓一整天只需补饵 1 次即可。在这 4 种饼渣诱饵中，诱鱼效果最好的首推芝麻饼，第二是花生饼，第三是黄豆饼，菜子饼稍差一些，但仍可起到较好的诱鱼效果。

③ 纱袋面。这种诱饵是将麦麸末、豆饼末、面粉等掺和后炒香，

再用纱布袋装起来缝合而成，每袋重约 100 克。这种诱饵对引诱鲫鱼等小型鱼类最为适宜，袋装诱饵沉入窝点后，可从袋内透出强烈的香味，吸引较多的鱼前来聚集，可由于有纱布隔开，鱼咬不到，只能在袋子的周围转来转去，或凑在袋上吸取一些渗出的汁液。鱼常常是既吃不到饵食，却又舍不得离去，这对垂钓者很有利。

125. 怎样制作荤长效诱饵

荤长效诱饵多用动物的内脏、骨头等制作而成，一般有下面几种制法：①动物内脏。凡猪、牛、羊、鸡、鸭的肝、肠、肺等都可以用，但花费较大，鸡、鹅、鸭的肠子价值较低，可以多用。用动物内脏作为诱饵用，不能切成小块小粒，否则很快就会被鱼儿吃掉或衔走，只能大块整条地投入，让鱼儿吃不进又拖不走。用动物内脏作诱饵的好处是，经过很长时间也不会化开。②动物骨类。动物骨类含有一种气味，对于鱼类有特别的吸引力，特别是羊的骨头，是鱼类和虾类、蟹类等最喜爱的。此外，鳝鱼的骨也是鱼类最喜接近的。③纱袋水丝蚓。从肥土中挖出的水丝蚓，连同污泥一起用纱布袋装起来，也是很好的长效诱饵。这种水丝蚓和污泥都有一种使鱼儿很感兴趣的气味，能引诱附近水域中的鱼前来觅食。在纱布袋中不断蠕动着的水丝蚓，能引起周围鱼儿的食欲。由于水丝蚓极为细小，纱布袋放入水底后，有些水丝蚓能从纱布小孔中慢慢地钻出袋外，而被较小的鱼儿吃掉，这就使得鱼儿围在纱袋的周围，久久不愿离去。如果水丝蚓不容易得到，将普通蚯蚓放在纱布袋中作为长效诱饵也有诱鱼的作用，虽然其引诱力稍微差于水丝蚓，但对鱼仍有较好的吸引力，而且很有长效，早上投一袋沉入水底后，一整天可以不必再补饵。

126. 钓饵可分哪些种类

钓饵也称鱼食，就是装在钓钩上让鱼儿吞食上钩的饵料。钓饵可以分为动物性钓饵、植物性钓饵、粮食性钓饵、模拟钓饵等四大类。

127. 什么是动物性钓饵

动物饵有人称之为荤饵，用小动物的躯体或动物身体上的某一部位的肉制成。更具体地说，动物性钓饵就是将某种小动物穿在钓钩上作诱鱼上钩的材料。

可以作为钓饵的小动物品种繁多，但各种鱼所喜食的小动物不尽相同，也有些小动物是多种鱼都喜欢摄食的。

128. 什么是蚯蚓(万能)钓饵

蚯蚓又称地龙、曲鳝，多生长在比较潮湿、肥沃的疏松黑泥中，其品种极多，仅从其体色区分，常见的就有红色、青灰色、褐色、浅黄绿色、白色、浅酱色等，其个体大小也差别很大，有的只有 3～5 厘米长，有的可长达 20～30 厘米，但多数为 10 厘米左右的浅酱色蚯蚓。较大的蚯蚓多为青灰色，可长达 20 厘米以上。

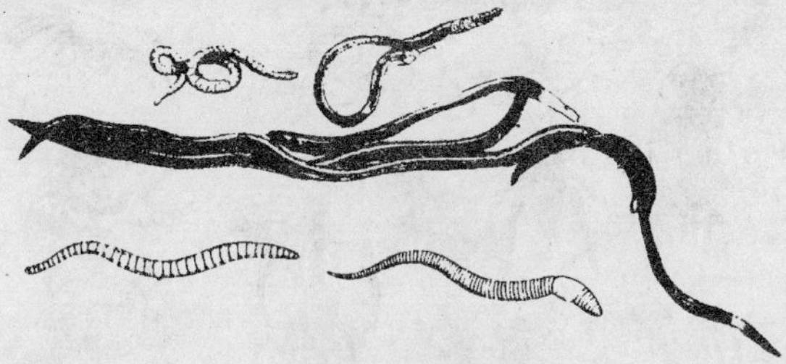

图 68　蚯蚓

蚯蚓是动物性钓饵中名列第一的钓饵，原因是大多数鱼类都喜欢吃它，被钓鱼界称为“万能”钓饵，不论是鲫鱼、鲶鱼、鲢鱼、鳜鱼、鳊鱼、鲤鱼甚至甲鱼、黄鳝都爱吃蚯蚓，所以，一提到钓饵，钓鱼者首先想到的就是蚯蚓。在所有蚯蚓中，又以红色小蚯蚓最受鱼儿喜爱。这种小蚯蚓为红色，体长仅 5～10 厘米，其特点是肉质嫩、蛋白质含量高，而且有一股特殊的腥香气味，鱼儿在较远处闻到这种腥香味，就会很快赶来。此外，有一种深绿色的蚯蚓，具有腥臭气味，对鳜鱼、鲶鱼、甲鱼等多种鱼类都有特殊的吸引力，也是作为钓饵的上佳品种。

129. 什么是昆虫类钓饵

昆虫是 1 个品种极多的庞大类群，包括许多细小的或稍大一些的昆虫，都是鱼类爱吃的食物，也是垂钓时可用的好钓饵，常见的有菜虫、米虫、螟蛾、苍蝇、红虫、油葫芦、蛴螬、面包虫、蟋蟀、蟑螂、蚱蜢、土蚕、蝗虫、蜻蜓、天牛以及各种蛆虫。不论哪种昆虫，也不论昆虫在哪个成长阶段，都是各种鱼类喜食的佳饵，属于上等钓饵。

130. 什么是鱼虾类钓饵

肉食性的各种鱼类，大多具有生性凶猛、个体较大、气力充足、行动敏捷等特点，它们的食物也大多以较小的鱼和虾等水生动物为主，如青鱼、鳜鱼、鳡鱼、狗鱼、乌鱼、鲶鱼、鲈鱼、哲罗鱼、大马哈鱼、翘嘴红鲌鱼等很多鱼种，都是见了较小些的鱼就去大口吞食的。

至于虾类，更是肉食性鱼类的美食佳肴，不论是白虾、米虾、青虾、毛虾、葛氏长臂虾、对虾还是龙虾，只要被这些鱼发现，就会拼命追逐，直到捕获吞食为止，所以用虾作钓饵是最有效的。

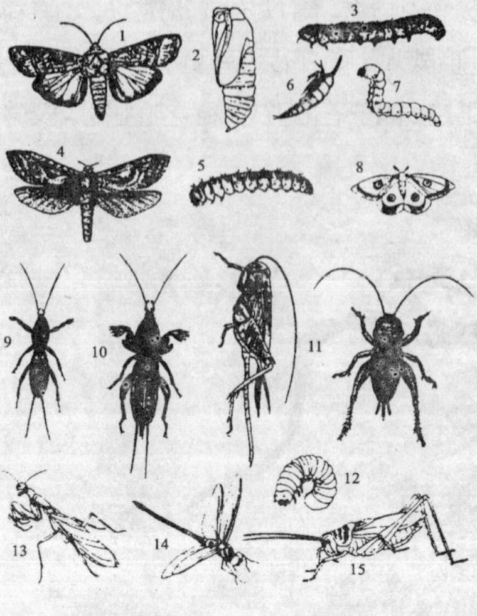

图69　各种昆虫钓饵

1. 小地老虎成虫，2. 小地老虎蛹，3. 小地老虎幼虫，4. 蝙蝠蛾成虫，5. 蝙蝠蛾幼虫，6. 黑皮虫，7. 蚕，8. 飞蛾，9. 蝼蛄若虫，10. 蝼蛄成虫，11. 蟋蟀，12. 蛴螬，13. 螳螂，14. 蜻蜓，15. 蚂蚱。

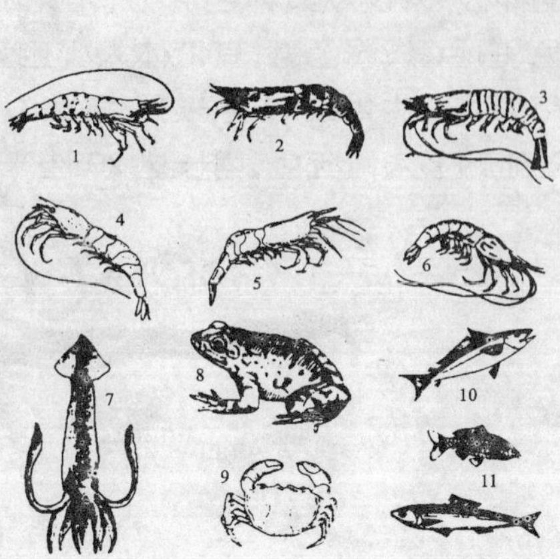

图70　各种鱼虾钓饵

1. 藻虾，2. 红虾，3. 对虾，4. 河虾，5. 沼虾，6. 青虾，7. 乌贼，8. 青蛙，9. 蟹，10、11. 各种小鱼。

131. 什么是蛤贝类钓饵

同是生长在水中的动物，除了鱼、虾之外，还有许多种带有硬壳的水生动物，也是鱼儿喜欢摄食的。这些水中生长的小动物，有一个共同的特点，就是有很重的腥气，所以鱼类特别喜欢摄食。这些动物有河蚌、河蟹、螺蛳、贻贝、蚶子、牡蛎、扇贝、青蚬、蛏子、文蛤、西施舌等。

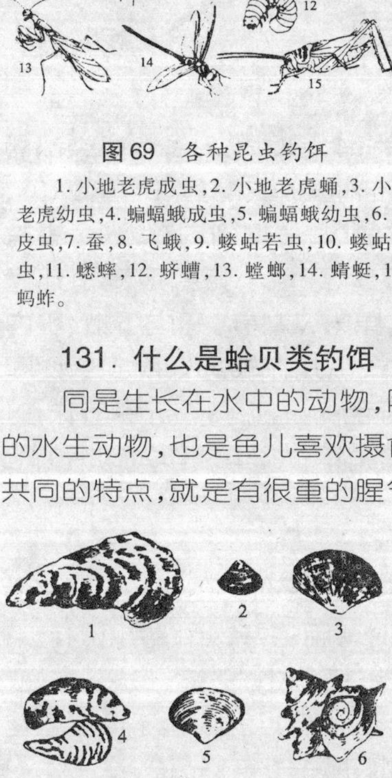

图71　蛤贝钓饵

1. 牡蛎，2. 蚬子，3. 蛤仔，4. 孔雀贝，5. 蛤蜊，6. 螺。

据使用过这些蛤贝类动物作钓饵的垂钓者称，用这些水生动物垂钓，上钩率很高，若将它们的外壳击碎，把它们的肉挂在钩上作沉底垂钓，可钓到青鱼、甲鱼、鲶鱼、鲤鱼和黄鳝等，尤其是青鱼和鲤鱼的上钩率最高。不过，如光用这类钓饵垂钓，花费较大，仍只能作为辅助性的钓饵使用。

132. 什么是蛋类钓饵

不论哪种禽类或鸟类的蛋，若加热烧熟后用作钓饵，鱼儿都爱吃。若将鸡蛋、鸭蛋、鹅蛋或鹌鹑蛋的蛋黄作为掺和剂，加入面粉内蒸熟作钓饵，由于有金黄的色泽和蛋黄的香味，垂钓效果很好。若能再加些白糖，加热蒸熟后再加些麻油，垂钓时将其捏成小圆团装钩，可钓取鳊鱼、鲫鱼、鲤鱼、草鱼等草食性、杂食性鱼类。

由于蛋黄有很强的黏性，这类钓饵可在水中经历很长时间不散开。将煮熟的鸡蛋白切成块，挂在钩上垂钓，钓鲫鱼、鲌鱼、草鱼、鳊鱼的效果都很好。

133. 什么是植物性钓饵

植物性钓饵，有人称之为素饵。只要是人能吃的瓜、果，蔬菜的根、茎、叶以及嫩青草等植物，都可作为钓饵。这些钓饵主要用于钓素食性和杂食性鱼类，这类植物容易取得，即使要去市场上买，价格也便宜，花费很少。植物性钓饵分成蔬菜类、粮食类和瓜果类。

134. 常用蔬菜类钓饵有哪些

① 青菜、大白菜、包菜。它们的菜心，是比较好的钓饵。它们不仅鲜嫩，而且有清香味，是草鱼很喜欢吃的钓饵。在水温适宜的夏秋两季，用粗线、大钩挂上菜心作浮钓和悬钓，可钓到草鱼和大鳊鱼。如果把菜心卷折起来挂钩作拖钓、悬钓或沉底钓，不仅能钓到草鱼和鳊鱼，而且还能钓到鲫鱼、鲤鱼和鲴鱼。在每年的4~9月份，用蔬菜的嫩叶挂在钩上垂钓，不论用手竿和抛竿钓草鱼和鳊鱼，效果都很好。

图72　蔬菜类钓饵

1. 大白菜，2. 青菜，3. 包菜，4. 山芋，5. 南瓜，6. 茭白，7. 菱角，8. 莲藕。

② 山芋。又称地瓜、番薯、红薯、白薯。夏天，用山芋的嫩茎和嫩叶作钓饵，很适合钓草鱼、鳊鱼。山芋的块根，含有丰富的淀粉和维生素，到了冬天，能分泌出糖分，鲜甜可口，可作为我国多数地区在秋冬两季垂钓淡水鱼的好钓饵，尤其是垂钓大、中型青鱼、草鱼、鲤鱼的上等钓饵。若选用红皮黄心山芋作钓饵，还可钓到鲫鱼、鳊鱼、鲴鱼、鲌鱼和鲮鱼。将山芋蒸至8~9成熟，用刀切成1厘米的方块，晾至半干，放进麻油或白酒中浸泡2~3小时后取出作钓饵，鲤鱼特别喜欢吃。另

外，还可将山芋煮熟后剥去外皮，放些面粉和白酒调和（若不用白酒，可用麻油调和），捏成大团块晾至半干，垂钓时摘下一些搓成圆团装钩后垂钓，可钓到鳊鱼、草鱼和鲫鱼。

③ 茭白。又名茭瓜，每年4～5月份和7～8月份从这种植物中间都会抽出茭瓜薹，草鱼最爱摄食。钓者只要用茭白的嫩尖或嫩叶挂在钓钩上作悬钓或浮钓，草鱼就会前来争相摄食，上钩率很高。

④ 莲藕。夏末初秋，鲜藕，鲜嫩可口，莲花中结出的莲子，剥去皮，剔除掉苦味的莲心后，都可作为钓饵垂钓，草鱼、鲤鱼、鳊鱼、鲫鱼等都会来咬钩，效果甚好。若将荷根部较老的藕煮熟，切成1厘米大小的方块，既香又糯，以这种藕块挂钩沉底垂钓，具有鲜藕和莲子的同样效果。

⑤ 南瓜。又称北瓜、番瓜。将老熟的南瓜切成1～2厘米的方块，用粗线、大钩和较硬的手竿，挂上这种南瓜方块在深水和缓缓的活水水域垂钓，可钓到较大的草鱼、青鱼和鲤鱼。南瓜鲜黄色的花冠，芳香鲜嫩，将其用作钓饵，以手竿或抛竿作浮钓，除可钓到草鱼外，还可钓到鲤鱼和鳊鱼等。

⑥ 芋头。又称芋艿。芋头有母芋和子芋之分；母芋僵硬缺乏糯性，不适于垂钓；子芋软糯，富胶质，有香味，将其煮熟后切成2厘米左右的方块，晾至半干（不晾至半干则太软滑，易脱钩）作为钓饵，效果甚好。长江、黄河流域沿岸各地所产芋艿香气较足，较适于作钓饵，其中又有称作香粳芋的，作钓饵更佳，可钓草鱼、鳊鱼、鲫鱼、鲴鱼、鲌鱼、鳡鱼等鱼类。

⑦ 菱。又称菱角、水栗，以产于江南地区的红菱最佳。将菱剥去外壳，取菱肉大者切成2块或4块，小的可以不切整用，以菱肉作钓饵，可钓取鲫鱼、鲌鱼、鲤鱼和鳊鱼。整个的较大菱肉，可用硬竿、粗线、大钩钓大草鱼。将剥去外壳的老菱肉煮熟，晾至半干后上钩垂钓，可钓取鲤鱼、草鱼、青鱼；将熟菱肉晒干碾成粉后，加上面粉揉合成团，再搓成小块，可钓青鱼、草鱼、鳊鱼、鲫鱼、鲤鱼、鲴鱼、罗非鱼、鲌鱼、鳘鲦鱼。

135. 常用粮食类钓饵有哪些，怎样使用

① 麦粒。不论大麦麦粒或小麦麦粒，将其置于水中浸泡，使其胀大后即可穿在钓钩上，垂钩引钓，可钓取鲫鱼、鲤鱼、鲌鱼、鳘鲦鱼、草鱼和鳊鱼等。

② 玉米粒。以黄色硬粒型的玉米作钓饵较适宜。以鲜嫩的玉米生粒挂上钩，可钓鳊鱼和草鱼；若用较老的玉米粒煮熟为钓饵，用手

竿或抛竿作沉底钓或悬钓，可钓到鳊鱼、鲤鱼、草鱼和青鱼等鱼类；如将玉米粒晒干后碾成粉，可作为很好的诱饵；用玉米粉和其他各种粮食粉末混合，可制成各种良好的钓饵。

③ 蚕豆。蚕豆花具有香气，可作钓饵。用于浮钓，可钓草鱼和鳊鱼。用新鲜的蚕豆粒作钓饵，用浮钓法可钓到草鱼和鳊鱼；干的蚕豆粒，放在水中浸1~2天，使其软化后将皮剥去，上钩垂钓，可钓青鱼、鲤鱼和草鱼，但从效果看，不如新鲜的蚕豆粒。

④ 粳米饭。作为钓鱼用的钓饵，以晚稻粳米煮成的饭粒较为适合。尤以新粳米更富香味，黏性好又有弹性，鱼儿较喜欢吃。这种新粳米的饭粒可用来钓鲫鱼、鲌鱼、鳊鱼和小鳌鲦鱼等小型鱼类，效果不错。若用新鲜粳米煮出的米饭搓成饭团，用硬粗的较长手竿、粗线、大钩，装上饭团垂钓，能钓上大青鱼、大草鱼和大鲤鱼。但更多的钓者是用软竿、细线、小型钩，垂钓小型鱼类。

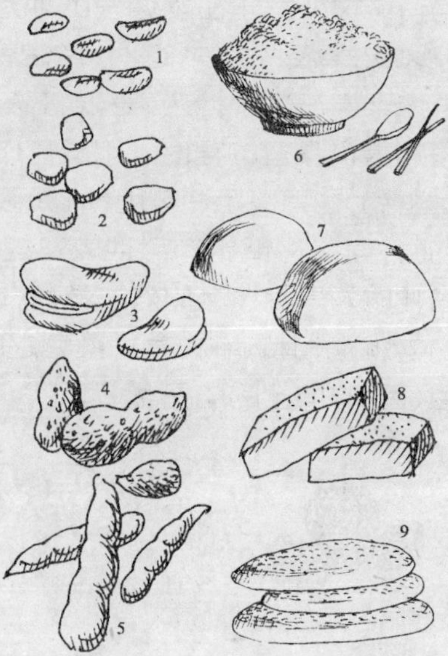

图73　粮食类钓饵

1. 麦粒，2. 玉米粒，3. 蚕豆，4. 花生，5. 豌豆，6. 粳米饭，7. 馒头，8. 米糕，9. 面饼。

⑤ 米糕。用细糯米粉或细粳米粉掺入少量面粉和白糖放蒸笼中蒸制而成。将刚蒸熟的米糕切成小块，搓成直径0.4~0.6厘米的小圆团，放在麻油中浸一下捞起，用小罐装好。垂钓时取1个装在钩上入水，可钓鲫鱼、鲌鱼、鳊鱼和小鳌鱼。若用稍大些的米糕团装在粗线、大钩上，可钓到青鱼、草鱼、鲤鱼和较大的鳊鱼，尤其在较浑浊的肥水中垂钓，上钩率更高。

⑥ 馒头。掰下一块将其捏实，将空气挤出去使之变成结实的面块上钩垂钓，可钓草鱼、鲮鱼、鲤鱼、鲴鱼和鲫鱼。但馒头有个缺点，由于它是疏松的，入水浸泡几分钟就碎化。有些钓者将馒头切成约1厘米见方的小块，放在麻油内煎成金黄色后再垂钓，这样在水中浸泡的时间可以持久些，由于麻油能散发出香气，对鱼有吸引力，上钩率自然会更高一些。

⑦ 面饼。是不用发酵剂而直接用水和面粉调和后加热制成的。

它是中间没有空隙的结实面块，能沉入水底作沉底钓。用面饼作钓饵的引鱼率虽比不上馒头，但它在水中可以经得起较长时间的浸泡不化开，若想增强对鱼的引诱力，可在面饼外涂上些麻油或在白酒中浸泡一会再用，就成为较好的粮食钓饵了。

136. 常用水果类钓饵有哪些

① 桑葚。紫红色桑葚是一种含维生素丰富的果品，其味甘甜而微酸，多种鱼类都十分喜欢吃这种佳果。在一些有桑树的水域，特别是有桑树枝斜伸在水塘里的地方，会有些成熟的桑葚或半熟的桑葚被风吹掉落入水中，这时，常常有很多草鱼、鲫鱼甚至鲤鱼、鳊鱼，成群地聚集在这个地方，等候着桑葚掉落下来。从这一点就可以看出鱼儿喜食桑葚的程度。用桑葚作饵垂钓，可以用手竿在湖泊、池塘边上垂钓，也可以用海竿甩抛到远处垂钓，尤其在有桑树的池塘边上垂钓时，可以将饵钩有意地较迅速地突然投入水中，让它发出声响，使鱼儿以为是从树上掉落的桑葚，这时常常会有鱼猛冲过来，将钩吞进口中就跑，上钩率极高。桑葚之所以受到鱼儿的欢迎，是因它是一种色、香、味俱全的佳品。

图74　水果类钓饵
1. 桑葚，2. 菠萝，3. 草莓，4. 香蕉。

② 菠萝。菠萝果肉色泽金黄，清香宜人，而且酸甜可口，用作钓饵，对鲤鱼、草鱼等素食性和杂食性鱼类有很大的吸引力。垂钓时，可将菠萝肉切成1厘米大小的方块，将钩穿入至微露钩尖，下钩垂钓，一般效果都很好。在非上市的季节，若用罐头中取出的糖水菠萝作钓饵垂钓，效果也很理想。

③ 草莓。草莓颜色鲜红、维生素C含量很高、口味酸甜，且具有清香气味，用作钓饵是垂钓草鱼、鲤鱼的上佳饵料。由于这种果品色、香、味俱美，对鱼儿有很强的吸引力。用草莓作钓饵有两种用法：一种是直接采摘半熟的草莓装钩垂钓；二是将熟透的草莓捣烂，加入少许面粉调和，成为浅红色、有香气、有酸甜味的钓饵，在鱼钩上也能挂得牢，鱼的上钩率不差于其他钓饵。

④ 香蕉。香蕉色彩鲜黄、香气清幽、滋味甜糯，不仅人类爱吃，鱼类也很爱食。用香蕉作钓饵有几种可以采用的方法：

一是以香蕉皮作钓饵：香蕉皮对人来说是不吃的，但能作为鱼的饵食。用它作钓饵，是废物利用的好方法，用不着花一点本钱，又容易获得，很值得提倡和推广。利用它作钓饵的具体做法是：将香蕉皮剪成1厘米左右的方片或长方条，用1~2片装挂在钩上，微露钩尖即可入水垂钓。

二是以香蕉肉作钓饵：用未熟透的香蕉肉（需稍有硬度和韧性，熟透的挂不住钩）切成1~1.5厘米大小的方块，将钩尖慢慢旋转刺入，只让钩尖微露出即成。

三是制成蕉肉面饼饵：用香蕉肉捣烂，掺入和蕉肉同量的面粉和芝麻粉，加少许水调和蒸熟，待凉后搓成直径约1厘米大小的圆粒后即可上钩垂钓。此饵香甜可口，鱼儿爱吃，上钩率不错。

⑤ 桂圆（龙眼）。将鲜桂圆剥去外壳和内核，直接挂在钩上垂钓。此外，也可用龙眼的干品——桂圆，将桂圆肉干挂在钩上垂钓。由于鲜龙眼肉质白嫩鲜甜、清香四溢，桂圆肉干紫红显眼、甘甜如蜜、香气浓郁，不仅草鱼、鲤鱼十分爱吃，其他杂食性鱼类，如鲫鱼、鳊鱼、鳌鲦鱼等也会在闻到其香甜气味后追寻而至，上钩率之高可想而知。但龙眼价格较高，用它作为钓饵不太上算。

137. 何谓糟食钓饵

以粮食为主要原料经过发酵而制成的糟食钓饵，可以在许多情况下发挥出动物性钓饵和植物性钓饵所起不到的作用，因而受到钓鱼者的青睐。

糟食钓饵是用多种粮食类原料混合配制而成的，具有色感好、气味香、松散易食的特点。糟食若按其气味分，可分为香糟食、酸糟食和腥糟食3大类。一般来说，用糟食只适宜钓素食性鱼类、杂食性鱼类和浮游生物食性鱼类，而不能用于垂钓凶猛的肉食性鱼类。更具体地说，香糟食主要用于垂钓草鱼、鲫鱼、鲤鱼、鳊鱼；酸糟食主要用于钓取鲢鱼和鳙鱼；腥糟食则对草鱼、鲤鱼、鲫鱼、鳊鱼都有很大的吸引力。这是因为糟食的制造原料都是豆饼粉、麦麸粉、青糠粉、玉米粉、菜子饼粉及面粉等粮食类，都是植物性饵料，所以很难激起肉食性鱼类的食欲。糟食钓饵不能用于手竿单钩或双钩钓，也不能用于抛竿葡萄钩钓，而只能用于抛竿炸弹钩（组钩）钓。

用糟食垂钓，先将配好的糟食捏成核桃大小的圆团，然后将其掰开，把炸弹钩和主线包裹紧后合拢，投入水中，待过3~5分钟，糟食吸进水分后即胀开撒落，形成了不透明的雾状，使鱼看不见钩，待鱼儿吸食雾状糟食时，即连钩一起吞入嘴中，无法挣脱。

138. 常用香糟食有哪些

① 豆饼粉钓饵。豆饼粉炒香后密封起来，临用前日，加少量开水拌和后用瓶或罐装好盖紧，垂钓时加入适量面粉将其调至黏度适中即成。

② 玉米粉钓饵。将玉米粉（约 2/3 量）、麦麸粉（约 1/3 量）两者合在一起，置小火中炒香，拌和装袋。用时再加些酒，并加面粉为黏合剂，揉成团，垂钓时捏取一小块作钓饵。

③ 豆饼粉、米糠粉钓饵。将豆饼粉（炒香）、米糠粉（各 1/3），面粉和米饭（共 1/3）合在一起，再加入少量曲酒和水调和，放置罐中密封 1～2 天后即可使用。

④ 糠饼粉钓饵。将糠饼粉炒至半熟，加约 1/3 量米饭和少量炒黄豆粉，再加少量曲酒和水调匀捏成团即可。

⑤ 豆饼粉、玉米粉钓饵。将豆饼粉炒香，再将玉米粉（约 1/3 量）和少量芝麻粉同时炒香，同黄豆粉、小米粉各少量一起装罐，倒入适量曲酒，封存 1～2 天后，再用少量面粉及酒糟同煮成面糊，与上述原料和成黏度适中的饵料，即可使用。

⑥ 菜子饼粉、玉米粉钓饵。将菜子饼粉、玉米粉各一半一同炒熟后，加入米酒、少量黄豆粉、微量芝麻粉共同和匀，再用玉米粉和面粉共同煮成的稀糊和成有适当黏度的饵料。

⑦ 玉米粉、豆饼粉钓饵。玉米粉、豆饼粉各 1/3，麦麸粉和面粉共占 1/3，用水和匀蒸熟，晾凉后加少量香油、曲酒揉匀使用。

以上仅是一些例子，还有五合一、六合一，以及多种原料加上不同香味料、甜味料组成的糟食，在此就不一一列举了。

139. 常用酸糟食有哪些

酸糟食大多以玉米粉为主料，约占总料的一半，再用豆饼粉、麸皮粉、面粉及少量酱渣、糕点、饼干渣混合后拌匀，放置在阳光下晒上 10 多天，吸收热量，以加快发酵进程。经发酵后，就成为既酸又甜、有香酸味的酸糟食的基料。这种基料的气味在水中散发极快，对鲢鱼、鳙鱼有很大的吸引力。即使相距很远，鱼闻到味后也会追寻而来。若在这种酸糟食基料上再添加一些香味剂如麻油等，对其他鱼种也有吸引力。酸糟食以酸见长，可分为微酸糟饵和浓酸糟饵两种，微酸糟饵可钓喜弱酸的草鱼、鲤鱼等鱼类；浓酸糟饵宜用于钓喜浓酸味的鲢鱼和鳙鱼。

140. 常用腥糟食有哪些

腥糟食含有较多的腥味料，许多鱼种喜欢摄食。尤其是在春天，带腥味的糟食对鲤鱼、草鱼、鲫鱼、鳊鱼、鲢鱼、鳙鱼都有极大的诱惑力。下面举几个腥糟食的合成配方：

① 以钓鲤鱼为主。豆饼粉 25%、蚕蛹粉 10%、混合饲料 30%、鱼粉 10%、玉米粉 10%、熟猪血 15%，把上述各种原料加在一起拌匀，再加些面粉作为黏合剂，调至黏度适宜即成。

② 以钓鲤鱼、草鱼为主。玉米粉 10%、麦麸粉 20%、糠饼粉 50%、鱼粉 20%，加入曲酒 200 毫升，把以上各种原料混合在一起拌匀，装在塑料袋内密封一昼夜。需要使用时再加些面粉和水将其揉搓均匀，使其黏性和干湿度适宜即成。

③ 以钓多种鱼类为主。玉米粉 40%、鱼粉 10%、虾粉 10%、炒熟的麦麸粉 40%、糖精少许、曲酒 100 毫升，加水调拌均匀，用适量面粉作为黏合剂，调至黏度适宜。

141. 什么叫蘸饵

蘸饵就是钓饵装上钩以后，在放入水中之前再黏上一层粉状或糊状的饵料，目的是加强钓饵的气味或滋味或色彩，以增加对鱼类的诱惑力，从而提高钓获率。

蘸饵必须要具有对鱼有强烈吸引力的性能，一般要具备香、甜、酸、腥、色中的一种或两种，才能对某种特定的鱼种有比较强烈的吸引力。蘸饵一般有粉末状和黏糊状两种形态，但采用粉末状蘸饵的钓者较多，其用法是：将玉米粉、豌豆粉、芝麻粉、米粉、奶粉、白糖、蚕豆粉、蚯蚓粉、麦面粉、虾粉、鱼粉中的 3~6 种混合，置锅中炒香，装在小盒子里。使用时，先把钓钩放进水里蘸湿，接着将湿钩放进干粉盒中蘸上干粉末，再把它投入钓点的水中，让这些带香味的粉末见水后立即散开，使水中鱼儿群集争抢。这时，钓者看准时机提竿，常常用空钩就能把鱼钓上来。

有的垂钓者在钩上先装上螺蛳肉、虾仁、蚌肉、猪肝或蚯蚓等钓饵，然后在香粉盒中滚蘸一下。这时蘸着的香粉较多，钓钩放入水中后，香粉散开成雾状下落水底，能吸引更多的鱼儿前来抢食。没有被鱼儿吃着的大部分香粉都纷纷落入窝点，仍具有引鱼的作用，而且垂钓者继续多次蘸饵入水，使香粉在窝点中越落越多，能招引到窝内来摄食的鱼儿也就越聚越多。糨糊状的蘸饵有它独特的优越性，因为每次垂钓只需蘸 1 次就够了，用不着像用粉状的那样需要多次反复蘸，操作起来简单省事，不过，它的缺点是剩下的蘸饵很快就会变质，会造成一些浪费。

这些带有香味、甜味的蘸饵落入窝点后，对鱼儿有很大的招引作用，但鱼儿只能尝到点滋味而不能吃饱，又舍不得走开便较长时间地聚集在窝点中，所以很多钓者都喜欢使用蘸饵垂钓。

142. 何谓炸弹饵

所谓炸弹饵，就是装在炸弹钩上垂钓的钓饵。炸弹饵又称糟食或糟饵，系由多种粮食的粉末调和配制而成。它的主要原料有麦麸、豆饼末、糠皮粉、面粉、玉米粉、菜子饼粉、黄豆粉、豆饼粉、花生饼粉、米饭以及混合饲料等。一般都是用其中的3~4种或5~6种原料，再加上一些增味剂或增香剂调和而成。增味剂和增香剂也是多种多样的，常用的有曲酒、药酒、麻油、芝麻粉、炒香的各种豆粉、白糖、鲜果汁、鱼粉、蚯蚓粉、蚕蛹粉、杏仁粉、奶粉等。只要在粮食类混合饵料中添加上1种或两种增味剂或增香剂，就可成为更具吸引力的炸弹饵。根据各种鱼类对饵料的不同喜好，炸弹饵可分成香、甜、酸、臭4种。

143. 什么是香炸弹饵

香炸弹饵是在混合粮食饵中加进1种或两种增香剂，使这种钓饵具有较浓郁的香味，适合垂钓一部分草食性和杂食性鱼类，如鲤鱼、草鱼、鲫鱼、鳊鱼等鱼类。

144. 什么是甜炸弹饵

甜炸弹饵是在由上述几种粮食粉末合成的饵食中，再加入少量的白糖拌和而成。多种喜食甜饵的鱼类，如鲤鱼、草鱼、鲫鱼都很喜食这种带甜味的饵食。

145. 什么是酸炸弹饵

酸炸弹饵是以发酸的糟料加入粮食粉末合成的饵料。其中根据所含酸度的强弱，又分成弱酸性炸弹饵和强酸性炸弹饵两种。弱酸性炸弹饵对草鱼和鲤鱼有较强的吸引力。强酸性炸弹饵中除有较多的酸饵外，还加有一些发酵过度的臭味物，如臭豆腐乳汁或臭菜汁，使这种钓饵不仅有酸味，而且含有臭味，对鲢鱼和鳙鱼具有特别强的吸引力。

146. 什么是腥炸弹饵

腥炸弹饵是在粮食粉末合成的饵料中加入具有强烈腥臭味的添加物制成，如鱼鳞片和鱼脏器发酵后的臭液汁等物。这种腥炸弹饵对鲤鱼、草鱼、鳊鱼、鳙鱼、鲢鱼等多种鱼来说，都是很爱吃的食物，容易被吸引上钩。

147. 炸弹饵有哪些特点

炸弹饵不同于其他单钩上使用的钓饵，它一般是装挂在海竿的钓钩上，甩向较远的水域诱鱼上钩时使用的，所以必须具有下面几个特点：一是有较浓郁的气味。二是复合饵料。三是用量多。四是要有适度的黏合力。

148．何谓模拟饵

模拟饵又称假饵，之所以称为假饵，是因为它根本不是鱼儿可以吃的饵料，是假的。它是模仿各种鱼类喜欢吃的小动物的外形，如小鱼、小虾、苍蝇、蚯蚓以及水生小动物，用人工方法制作而成。其原理就是利用鱼类视觉、触觉上的缺陷，引诱其上钩。

模拟饵的品种很多，有数百种，其中绝大部分由天然或人造的羽毛、皮毛、塑料薄膜、碎布片、金属、软木料、泡沫塑料颗粒等材料制成。一般可以制成虾形、鱼形、泥鳅形、苍蝇形、青蛙形、毛虫形、蚯蚓形、鼠形、蛆形等形状，以引诱那些以肉食为主的鱼类上钩。因为生性凶猛的肉食性鱼类大多有一种共同的习性，那就是见到它所爱吃的小动物饵食后，不会去识别真假、好坏，就像饿虎吞羊似的猛然冲上去，大口地将饵食吞食进去，这就正好满足了设计使用模拟饵的垂钓者的愿望。

人们正是了解到这些凶猛鱼类的摄食特性，才精心制作了各种各样的模拟饵，将钓钩隐藏在模拟动物的腹部或尾部，以诱使鱼儿上钩。人工制成的模拟饵，并不要求做得和真动物一模一样，但它在水

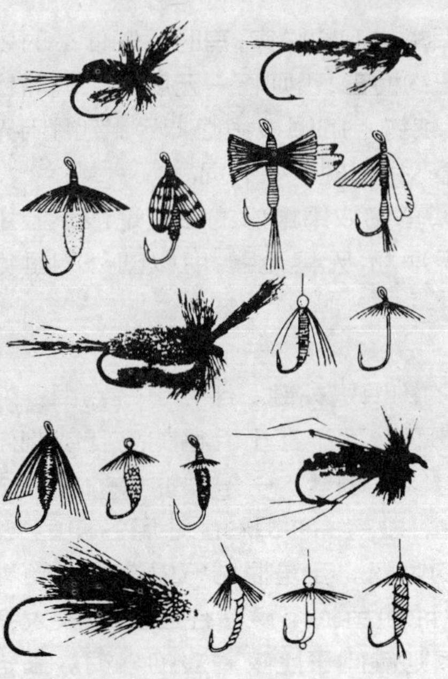

图75　常见模拟饵钩

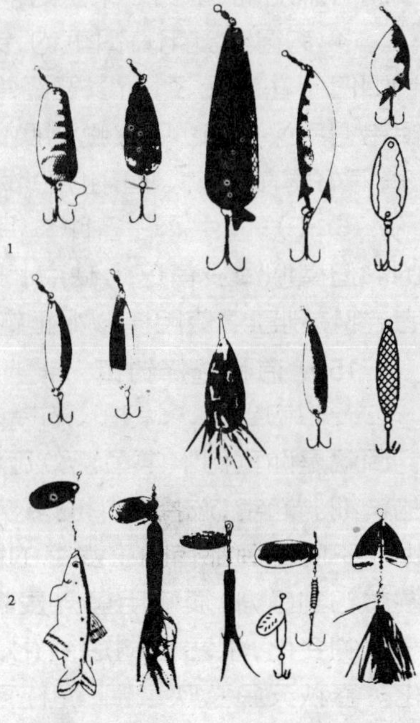

图76　匙形、旋转形模拟饵钩

1. 匙形模拟饵钩，2. 旋转形模拟饵钩。

中的动态，应类似于某种动物，鱼儿才可能以为是真饵而扑上去大口捕食。所以模拟饵在入水以后，垂钓者必须挥动钓竿或靠绕线轮来控制模拟饵做相应的模仿运动。例如青蛙的跳动、鱼虾的游动以及苍蝇、飞蛾的水面飞行动作等，才能使鱼儿误认为是活的动物，从而上当被钓。

149. 用模拟饵有哪些好处

为什么人们有了真饵，还要用假饵呢？用模拟饵有什么好处呢？

① 方便省事。钓饵的取得是垂钓者最伤脑筋的一件事，出发垂钓前，经常要费很多的时间去张罗钓饵。就以“万能”钓饵蚯蚓来说吧，有时要寻找多处才能找到，而且常常要花上半天时间，才能完成这项麻烦的工作。而且头一天用不完的蚯蚓，第二天就不新鲜了，又得重新去张罗，而用模拟饵就没有这些烦心的事。

② 效果好。在钓一些肉食性的凶猛鱼类时，只要模拟饵制作得像个样子，在水中的形态能够酷似这些鱼所爱吃的动物的模样，垂钓的效果不会比真饵差。

③ 经久耐用。模拟饵不像真饵那样需要天天找、天天换，它用过以后，只要不严重损坏，可以使用较长时间。如果能在外表涂点麻油或酒等添加剂，垂钓效果更好。

④ 钩得牢。用真饵垂钓，钓饵常常容易脱钩，有时不知什么时候钓饵已不在钩上了，所以要经常起钩检查，否则将一无所获。有时钓饵带得不多，经过几次脱钩换饵，或钩上的饵被鱼吃掉了，钓饵用光了，只好提前回家。但用模拟饵就不会出现这些情况。

⑤ 干净卫生。在各种真饵中，垂钓效果最好的往往是最不卫生的。但模拟饵没有这个缺点，干干净净、无臭无腥，所以国外的垂钓者，都特别喜爱使用模拟饵垂钓。

150. 怎样选择钓饵

要想钓到鱼、多钓鱼，选择好的钓饵是关键。什么是好钓饵？好钓饵就是你垂钓水中鱼喜欢吃的饵料，而不在于价格的高低或制作的精细。通常，选择钓饵时要考虑以下因素。一是根据鱼的食性选饵。不同的鱼都有自己爱吃的饵料，没有一种饵料能适用各种鱼类。要想钓到鱼，必须使用鱼儿爱吃的饵料。二是根据气候选饵。随着气候的变化，水温也随之变化，从而使鱼的摄食特性也发生很大变化。春秋天鱼喜欢荤饵，而在夏季则偏向于比较清淡的素饵。三是根据鱼的摄食习惯选饵。鱼的食性也不是一成不变的，往往随着食物来源不同而变化。但一旦习惯形成，就很难改变。如常吃豆饼的鱼类，若用别的饵料做钓饵，就很难钓到；若多用猪粪、牛粪喂鱼，则鱼对这些饵料最感兴趣；若多用鸡、鸭粪喂鱼，那鱼类对鸡、鸭粪情有独钟等。因此，有经验的钓者每到钓场后总不急于抛饵下钩，首先是向当地百姓请教塘中鱼的种类、大小和喂食的鱼饲料等，然后再有的放矢进行垂钓。

151. 蚯蚓饵料应怎样装钩

垂钓以有光泽的红色小蚯蚓为好，装钩时，可将蚯蚓截成小段来装，这样可节约钓饵；也可整条装，其优点是便于蚯蚓在水中蠕动，以吸引鱼类；还可多条一道装，这样钓饵目标大，适宜吸引嘴大、视力较差的鱼类，如鲶鱼、乌鱼等。

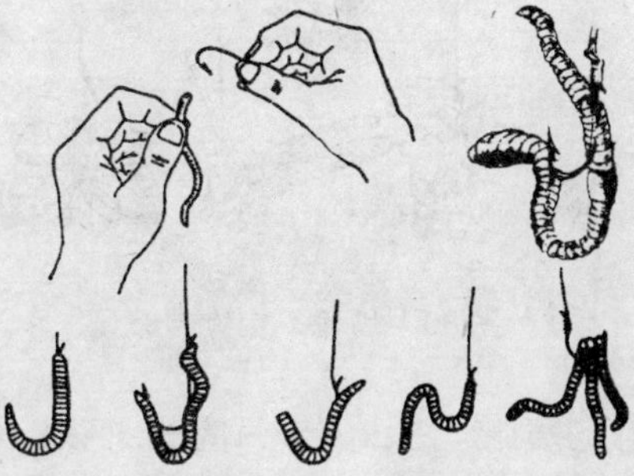

图77　蚯蚓装钩示意

152. 蝇蛆饵料应怎样装钩

蝇蛆含蛋白质多，气味浓烈，诱鱼力强，且颜色洁白，目标明显，易被鱼儿发现，是垂钓者喜爱用的一种钓饵。

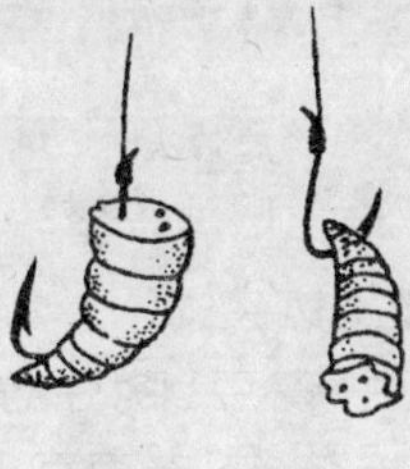

图78　蝇蛆装钩示意

用蝇蛆装钩，不必截断，可整条使用。装钩方法一是尾部刺入法，蝇蛆尾部粗大、平坦，上有3个小孔，钩尖可从一孔刺入，经腹部自头部透出；二是头部刺入法，蝇蛆头部尖细，钩尖横穿头部，露出倒刺即可。也可一钩装多条蝇蛆。用蝇蛆装钩，一般应使钩尖裸露，因为蝇蛆皮质坚韧难以刺透，否则鱼咬钩时容易逃脱，如裸露钩尖，则易于使钩尖刺入鱼唇，垂钓效果更好。

153. 面包虫饵料应怎样装钩

面包虫：面包虫，色黄白，似蛆非蛆，故也称干蛆。其身长2厘米左右，为多种鱼类所喜食，是一种很好的钓饵。装钩时，应从其头部刺入，像装蚯蚓一样，要盖住钩尖；也可竖穿2~3条，再横穿1条，使其一半盖住钩尖，一半呈下垂状，用作钓大鱼。

154. 青虫饵料应怎样装钩

青虫是吃绿色植物的害虫，也是一种好钓饵。青虫个体大小不一，装钩时，应从青虫肛门刺入，穿透虫体，使钩尖微露，也可将青

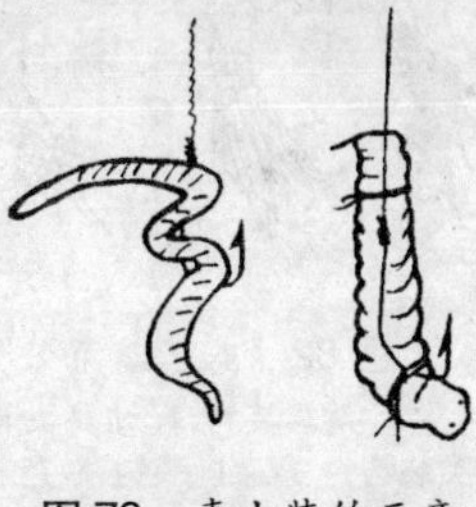

图79　青虫装钩示意

虫尾端横向钩住，悬于钩上。

155. 蚂蚱、蟋蟀饵料应怎样装钩

装钩时，应先将其翅膀和大腿等去掉，钩尖从颈项部刺入，直至尾部，不使钩尖外露即可。

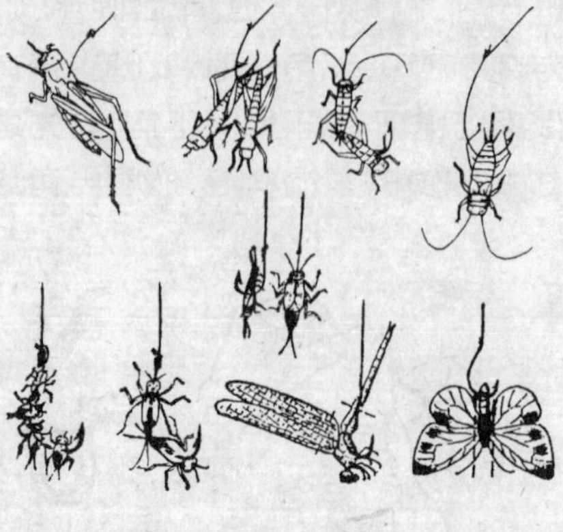

图80　蚂蚱等装钩示意

156. 饭粒、麦粒等饵料应怎样装钩

饭粒，色洁白，味清香，大小适中，鲫鱼、鲤鱼、鳊鱼、草鱼等均爱吃。饭粒钓饵应选粳米、糯米饭粒，因其有一定黏性，能较牢固地附着在钩上。装钩时，钩尖从饭粒长度方向慢慢刺入，注意不让饭粒开裂，使钩尖微露即可。

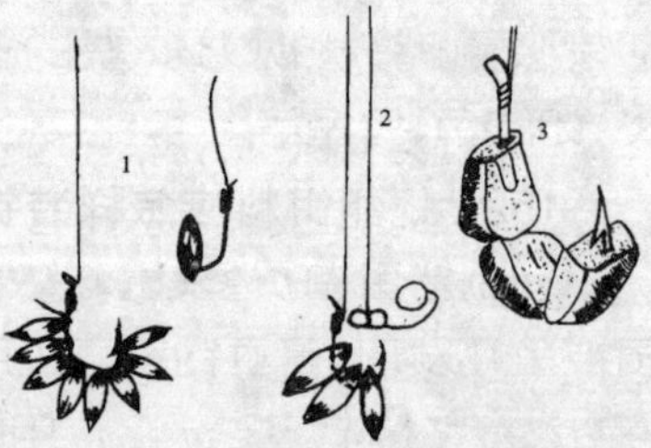

图81　粮食装钩法

1. 麦粒装钩，2. 饭粒装钩，3. 玉米粒装钩。

麦粒饵，可用富含浆汁的未成熟的青麦粒直接装钩，也可先将青麦粒用白酒泡过后再用，其味更清香。还可将成熟的麦粒先浸泡，煮熟后再用。装钩时，钩尖从麦粒的中部横向穿透，微露钩尖即可。

豆粒一般用黄豆、青豆、豌豆等。未成熟的嫩豆可直接装钩；老豆可蒸熟或煮熟，再用白酒浸泡，效果更好。装钩时，钩尖横向穿透豆粒的腹部，略露钩尖即可。

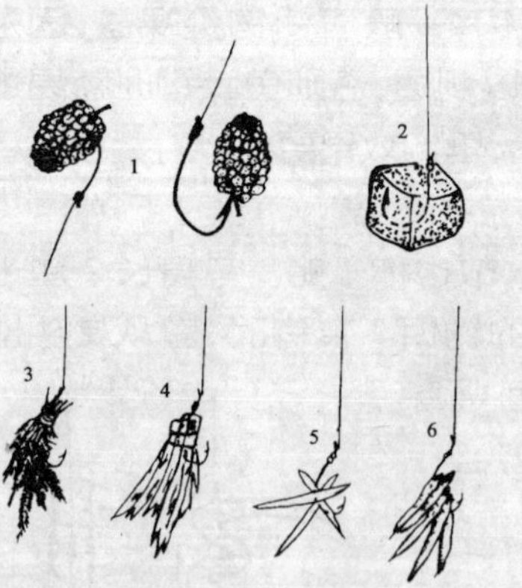

图82　瓜果蔬菜装钩法

1. 桑葚装钩，2. 红薯块装钩，3. 藻类装钩，4. 蔬菜叶装钩，5. 芦苇芯装钩，6. 茭白芽装钩。

157. 瓜果类饵料应怎样装钩

香蕉、草莓、桑葚、菠萝、南瓜、甘薯、马铃薯等均可用作钓饵。草莓和桑葚等个体较小，可直接装钩。香蕉及香蕉皮可切成小块备用。南瓜、甘薯、马铃薯等均要烤或煮得半熟，然后切成小块，再装钩使用。

158. 面食饵料应怎样装钩

面食饵有“素饵之王”之称，为多

种鱼所喜食，特别是在夏季使用，效果更好。制作面食的原料多为玉米粉、小麦粉，或用两者的混合粉。

装钩时，取少许面团，搓成绿豆或黄豆大的小粒，直接装在钩上垂钓 。手竿面食单钩挂饵（图 83 –1）、手竿面食双钩挂饵（83 –2）、手竿双钩、四钩大饵团挂饵（83 –3）、投竿组钩面食挂饵（83 –4）。

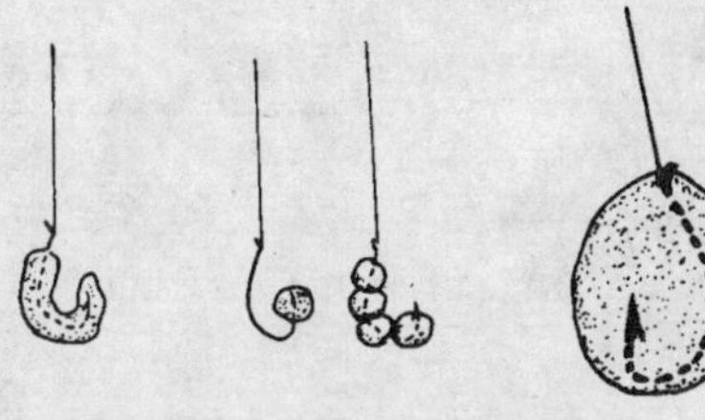

图 83 –1　面食单钩装饵

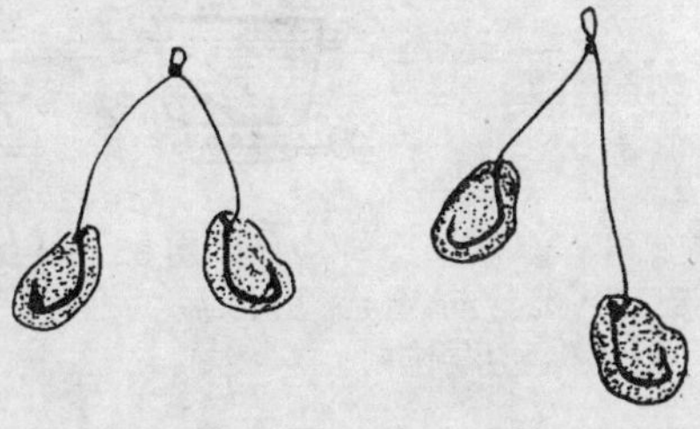

图 83 –2　面食双钩装饵

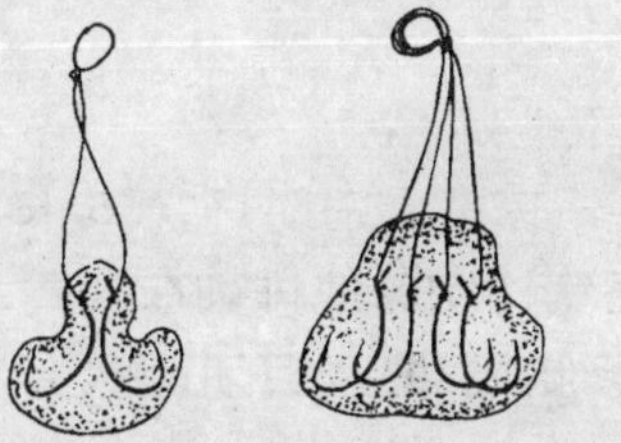

图 83 –3　面食双钩、四钩装饵

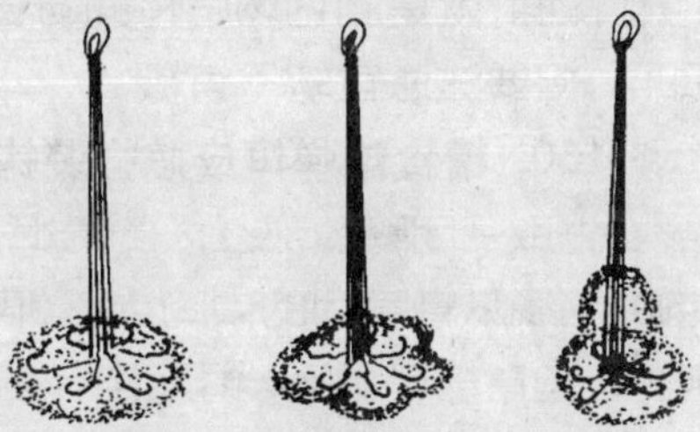

图 83 –4　投竿组钩面食装饵

159. 怎样制备面食饵料

制作方法，一是蒸，二是煮，还有就是揉。

先介绍蒸面食，将玉米粉（或混合粉）用细筛过一下，再用开水冲烫，做成窝窝头状，入锅用大火蒸 15 分钟，出锅冷至不烫手时，用手反复揉搓，使之有弹性不黏手即可。如果在其中加入一些麻油或适量白酒，掺少许“食红”、“食黄”颜料（商店有售），则效果更佳。

图 84　面食制作过程（蒸）

1. 玉米面过 80 目以上筛，2. 加开水，3. 搅拌，4. 做成窝头，5. 窝头放锅内蒸，6. 反复揉搓，7. 装瓶（袋）密封。

煮面食制作原料同蒸面

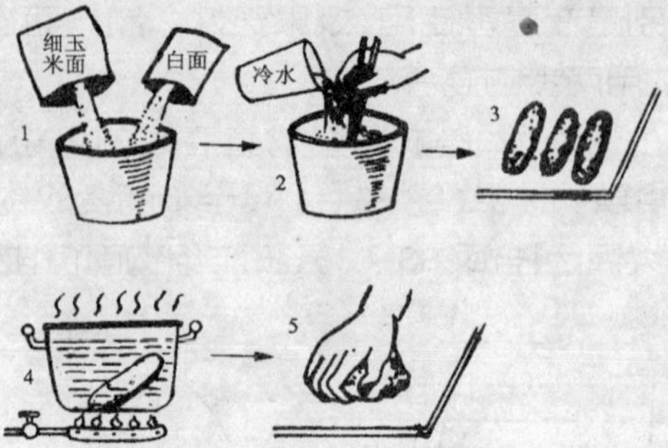

图85　面食制作过程(煮)

1. 用70%细玉米面加30%白面混合,2. 加冷水拌和,3. 做成长条饼状,4. 放入沸水锅内煮熟,5. 用手揉搓。

食,将粉料用冷水和之,做成饼条状入沸水锅中煮熟,然后取出晾凉,用手揉搓成形备用。

揉面,就是到钓场后将面粉直接用塘水和好,反复搓揉至不黏手即可,但要注意宜软不宜硬。

160. 糟食炸弹饵应怎样装钩

先取一团鸭蛋那么大的糟饵,用手将其攥紧后掰开,将6~8只组钩的脑线从糟食团的中间嵌入,再把各钓钩均匀地排列在四周,钩尖向内,钩背朝外,嵌入饵团中,然后拉紧脑线,攥紧饵团,把钓钩藏在饵团中即成。

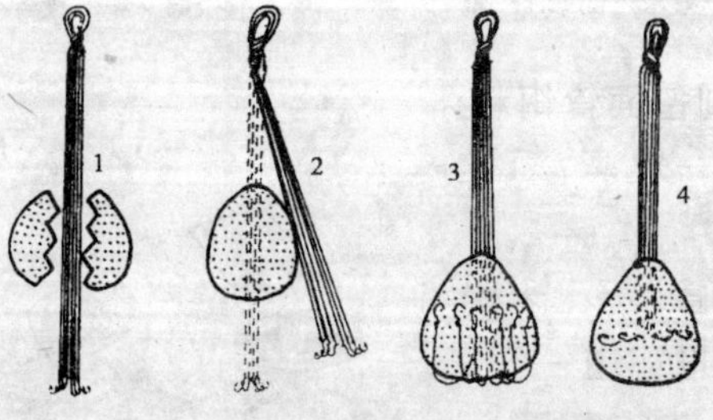

图86　糟食装钩法

1. 用手攥紧后再掰开,2. 嵌入脑线,3. 钩背朝外嵌入,4. 拉紧脑线藏钩于饵团中。

(二) 实用诱饵配方及制作

161. 酒米诱饵应怎样制作

(1) 配方:早籼米400克,优质曲酒500毫升。

(2) 制作方法:①将早籼米用适量水浸泡12小时,取出晾干,用擀面棍将米擀碎、晒干。②将晒干的碎米放入曲酒中封好口,浸泡约

48 小时即成。冬春季节可多泡 1 ~2 天。

（3） 说明:①该酒米是一种非常普通的诱饵,不但鲫鱼、鲤鱼喜欢吃,草鱼、鲂鱼、鳊鱼等也很感兴趣。②该诱饵用粮食酿的曲酒制作最好,而且是曲酒质量越好,酒米的诱鱼效果就越好。③制作酒米时,还可添加玫瑰红、橙子黄及绿色等食用色素,以在特殊的水域、气候、时间里使用。如天色昏暗水中透明度不高时应用红色;水比较混浊时用黄色;含黄泥特别多的水中则可用绿色。这些都可提高鱼的上钩率。

162. 酒米麸诱饵应怎样制作

（1） 配方:粳米 20%,麸皮 60%,小米 20%,优质曲酒 50 毫升。

（2） 制作方法:将粳米、小米、麸皮混合均匀备用。

（3） 说明:钓鱼撒窝之前,用钓鱼塘之水将上述饵料调湿,再按 500 克诱饵加 50 毫升曲酒的比例拌匀,使诱饵酒香味浓郁,捏成饵团即可投放钓点。

163. 奇效诱鱼饵应怎样制作

（1） 配方:灵草 50 克,大黄 50 克,香松 50 克,碎米 500 克,小茴香 50 克,曲酒 750 毫升,滑石 50 克。

（2） 制作方法:①将上述各原料切碎放入曲酒中浸泡,制成香味浓郁的药酒。②钓鱼前将碎米放入上述药酒中浸泡 24 小时即成。

（3） 说明:该诱饵对诱钓鲫鱼、鲤鱼、草鱼等有奇效,且小杂鱼不闹窝。

164. 民间诱饵秘方应怎样制作

（1） 配方:阿魏粉 1 克,花生米 25 克,八角 2 克,食母生 3 片,甜杏仁 2 克,蜂蜜 2 克,小茴香 2 克,活蚯蚓 8 克。

（2） 制作方法:将上述原料除阿魏外均分别炒熟,研成粉末,分瓶包装备用。

（3） 说明:①该诱饵香味独特,用其打窝后鱼之即来,且久久不愿离去,效果奇特。②使用时将各种粉末混合在一起,加入蜂蜜、活蚯蚓(捣成糊状),混拌均匀后,用纱布包好,投入施钓水域。③该秘方中若阿魏买不到,可用大葱、韭菜的发酵水代替。其制法是:取大葱、韭菜各 1/2,洗净,捣成糊状,装入瓶内,加 50%净水,使其自然发酵;若急用,也可置强光下暴晒一周,酵味发出时即可使用。

自制发酵水的味道与阿魏味无异,且储存时间越久,其味道越浓,诱鱼效果越好。

165. 中药酒米诱饵应怎样制作

（1）配方：灵草50克，广香50克，排风藤50克，八角50克，香松50克，大黄25克，小茴香50克，优质曲酒700毫升，滑石50克，丁香50克，碎米400克。

（2）制作方法：①将中药灵草等分别切碎装入较大的广口玻璃瓶中，再加入曲酒淹没药物密封浸泡1个月。②将上述药酒去掉药渣，放入碎米浸泡48小时即可。冬春寒冷季节应多泡1~2天。

（3）说明：①该药酒米诱饵入水后特别香，鲫鱼、草鱼、鲤鱼最喜欢吃，鲂鱼、鳊鱼也感兴趣。②用药酒米做窝子，入水后很快就会引来鱼群，看见水面"鱼星"不断时下竿必有收获。③该药酒米诱饵还有排除小杂鱼"闹窝"的功效。

166. 中药诱饵应怎样制作

（1）配方1：公丁、母丁、桂丁、甘松、山柰、细辛、辛荑、冰片、独活、乳香、大茴、白芷、牙皂、川芎各15克，黄豆250克，米糠500克，麝香5克。

（2）制作方法：①将上述公丁、母丁、桂丁、甘松、山柰等16味中药晾干，研成粉末，装瓶备用。②将黄豆炒熟，压碎、研成粉末，米糠炒香，两者混匀。

（3）说明：①使用时，取中药粉1/10掺和在黄豆、米糠的混合粉中，加入适量净水搅拌均匀，攥成团，投入施钓水域打窝。②该诱饵虽制作较为复杂，价格较贵，但诱鱼效果十分理想。用该饵投入水域打窝，约15分钟后定会有鱼来。③上述药料，中药房均有出售。

（1）配方2：花生米250克，小茴香20克，阿魏10克，食母生5片，八角20克，甜杏仁20克，蜂蜜、碎蚯蚓各适量。

（2）制作方法：将上述原料炒熟，研成粉末，分别装瓶备用。

（3）说明：使用时将各种粉末混合在一起，并加入蜂蜜少量和碎蚯蚓，用纱布包好后投放到窝点。鱼闻其浓郁的香味便随之而来，效果特佳。

167. 废弃物诱饵应怎样制作

（1）配方：废弃虾皮、废弃鱼头、废弃蟹壳、废弃鱼刺各若干。

（2）制作方法：收集餐桌上的废弃虾皮、蟹壳、鱼头、鱼刺，稍加晾晒后，焙干、磨成粉末过筛。粗粒或碎片，可掺入豆腐渣、麦麸、酒糟中进行打窝诱鱼；细粉可揉入面饵中，捏成小丸装钩。

（3）说明：用细粉做成的钓饵，适宜垂钓包括甲鱼在内的多种淡水鱼，效果很好。惟钓精养鱼塘的鱼效果稍差些。

168. 丁香泡酒诱饵应怎样制作

（1）配方：丁香100克，曲酒500毫升。

（2）制作方法：将丁香放入曲酒中浸泡7～10天。

（3）说明：①在钓鱼前，用上述浸泡液将小米或面饵拌入，用其撒入水中即可诱鱼。②此饵诱鱼速度快，但时间稍长，酒味和丁香味会逐渐变淡，应适时再添加撒入一些，以增加垂钓效果。

169. 桂花酒米诱饵应怎样制作

（1）配方：桂花（干品）40克，优质曲酒500毫升，早籼米400克。

（2）制作方法：①将干桂花放入曲酒密封浸泡15～20天，即制成气味芳香浓郁的"桂花酒"。②将早籼米用适量水浸泡12小时，取出晾干，用擀面棍将米擀碎、晒干。③将晒干的碎米放入上述桂花酒中封好瓶口，浸泡约24小时即成。冬春季节可多泡1～2天。

（3）说明：该诱饵气味芳香，能吸引在很远地方的鲫鱼和鲤鱼竞相游来，并徘徊在窝点周围，久久不愿离去。

170. 郁金香酒米诱饵应怎样制作

（1）配方：郁金香花（干品）40克，优质曲酒500毫升，早籼米400克。

（2）说明：①该诱饵制法同桂花酒米诱饵，用于诱钓鲤鱼上钩率高。②钓饵最好用上述药酒，滴数滴在面食里反复揉捏，再加入少许蜂蜜揉匀，效果将会更好。

171. 茴香草药酒米诱饵应怎样制作

（1）配方：早稻米400克，香松50克，灵草50克，小茴香50克，排风藤50克，大茴香25克，滑石20克，桂皮10克，优质曲酒700毫升。

（2）制作方法：①将中药香松、桂皮、排风藤、滑石、灵草、小茴香、大茴香分别切碎装入较大的广口玻璃瓶中，加入曲酒淹没药物密封浸泡1个月。②将早稻米用适量水浸泡12小时，取出晾干，用擀面棍将米擀碎、晒干。③将上述药酒去掉药渣，放入碎米浸泡48小时即可。冬春寒冷季节应多泡1～2天。

（3）说明：①该诱饵对鲫鱼有特殊的吸引力，特别是在饵料丰富的肥水塘和鲫鱼被钓"精"了的养鱼池中垂钓，效果特别明显。②使用该诱饵时，切记不要用接触过香烟的手去抓药酒米，否则会影响诱鱼效果。③撒窝时最好先用米糠粉和少量面粉加水和成团，然后将药酒米包在饵团内，再一起投放到窝点。需要掌握是每次只需投放约20颗酒米就足够了。④钓饵最好用与上述诱饵相同的药酒，滴数滴在面食里反复揉捏即可。

172. 甜酒米糠诱饵应怎样制作

（1）配方：甜酒250克，米糠500克，面粉100克，小米100克，味精5克。

（2）制作方法：①将米糠、面粉、小米混合后用文火炒出香味，然后加少量水拌匀，再上锅蒸20分钟取出，晾凉后待用。②在上述混合料中，加入味精和甜酒搅拌均匀，再装入广口玻璃瓶内密封5～6天即可使用。

173. 甜酒玉米粉诱饵应怎样制作

（1）配方：甜酒250克，玉米粉500克，蚕豆粉150克，面粉100克，味精5克。

（2）说明：①该诱饵制法同甜酒米糠诱饵，但原料不要下锅炒制，只要蒸熟就行。②该诱饵色泽金黄，味鲜略带甜酒味，最适合在用素饵钓鱼的池塘里钓鱼。

174. 甜酒米饭诱饵应怎样制作

（1）配方：甜酒药粉30克，粳米500克，米糠150克，蚕豆粉100克，优质曲酒100毫升，味精5克，食用色红少许。

（2）制作方法：①将粳米煮成稍硬的米饭，待其自然冷却至30℃左右时，加入甜酒药粉、曲酒、米糠、味精和食用色红拌匀，再装入大广口瓶中，瓶口封好，让其发酵8天左右，待其发出浓郁的酒香味即可。②使用时，掺入蚕豆粉拌匀，做成饵团投放钓点。

175. 曲香高粱米诱饵应怎样制作

（1）配方：高粱米1 000克，豆饼粉750克，麸皮250克，碎玉米500克，曲酒50毫升，酒曲50克。

（2）制作方法：①将高粱米、碎玉米用温水浸泡24小时，捞出沥干水分，与豆饼粉、麸皮拌和均匀，然后上锅蒸约30分钟，取出加少许凉开水搅和，摊开让其自然冷却至30℃左右。②将酒曲碾成粉末，拌入上述料中，再装入小口坛中，上面稍压实。③将曲酒全部均匀地撒在料的表面，密封坛口，放置室内阴凉处，让其发酵。夏季气温高，一般经3～4天即可使用。

（3）说明：①该诱饵的特点是颗粒细小，有浓郁的酒酿甜香和微酸味。刚制成时酸味小，用来诱钓鲫鱼、鲤鱼效果好；时间稍长一点发酵变酸，用来诱钓草鱼、鲂鱼效果理想；若气温高酸味很浓时，还可用来诱钓鲢鱼、鳙鱼。②制作该诱饵时，若无高粱米、豆饼粉、碎玉米，可以用碎米、菜子饼、米糠来代替，同样能达到理想的效果。

176. 菜子饼诱饵应怎样制作

（1）配方：菜子饼 300 克，麦子 200 克，麸皮 200 克，碎米 300 克。

（2）制作方法：将菜子饼、麦子碾碎，与麸皮、碎米一起放入锅内，炒至浅棕色有香味即可。

（3）说明：使用前，取垂钓水域的水将上述混合料拌至半干半湿，做成饵团投放钓点。

177. 曲香高粱诱饵应怎样制作

（1）配方：高粱 1 000 克，曲酒 100 毫升，红糖适量。

（2）制作方法：将高粱用适量水浸泡约 48 小时，取出稍沥干，再用曲酒和红糖拌匀即可。

178. 麸皮红薯诱饵应怎样制作

（1）配方：麸皮适量，碎米适量，红薯适量，曲酒少量。

（2）制作方法：①将麸皮、碎米放入曲酒中浸泡约 12 小时。②将红薯煮至七成熟，切成约 2 厘米见方的块（以鱼能吃着但不方便为宜），与上述酒浸料拌和在一起即成。

（3）说明：该诱饵用于诱钓鲤鱼效果较好。

179. 麦麸豆饼诱饵应怎样制作

（1）配方：玉米面 200 克，麦麸 500 克，豆饼 300 克，曲酒 100 毫升。

（2）制作方法：①将玉米面做成饼后，蒸熟、碾碎。②将麦麸、豆饼炒熟、碾碎，用温开水拌和，再掺入碎玉米面饼拌和至半干半湿时，加入曲酒拌匀即成。

180. 麸皮豆腐渣诱饵应怎样制作

（1）配方：麸皮 500 克，豆腐渣 350 克，碎米 50 克，蚯蚓粉 50 克，酒糟 50 克，香醋 50 毫升，面粉适量。

（2）制作方法：将麸皮、豆腐渣炒香，加入碎米、蚯蚓粉、酒糟、香醋、面粉充分混匀后，加入适量水拌成半干半湿的饵料，用手做成饵团投放到钓点。

（3）说明：该诱饵鲤鱼、草鱼均感兴趣。

181. 奶糕豆粉诱饵应怎样制作

（1）配方：婴儿奶糕 500 克，生蚕豆粉 200 克，味精 10 克。

（2）制作方法：将奶糕碾碎与生蚕豆粉、味精拌匀即可。

（3）说明：①使用时，取适量垂钓水域的水，将上述混合料调成半干半湿，用手揉捏成乒乓球大小的饵团投放钓点。②该诱饵与面食钓饵配合使用效果较好。

182. 熟红薯诱饵应怎样制作

（1）配方：红薯 500 克，细米糠 250 克，芝麻 50 克。

（2）制作方法：①将红薯隔水蒸熟捣成泥状待用。②将芝麻、细米糠炒出香味，加入红薯泥中搅拌均匀。装入容器内置于通风阴凉处备用。

（3）说明：该诱饵在深秋时使用效果较好。

183. 生红薯诱饵应怎样制作

（1）配方：生红薯 600 克，甜酒药粉 25 克。

（2）制作方法：选浆汁较多的红芯红薯洗净去皮，用刀切成石榴米大小，加入甜酒药粉拌匀，再装入广口瓶内密封保温约 2 天即成。

（3）说明：该诱饵制成后色黄味甜，略带酒味。初夏时使用效果最佳。

184. 马铃薯诱饵应怎样制作

（1）配方：马铃薯 500 克，麦麸 350 克，白糖 50 克，蜂蜜少许。

（2）制作方法：①将马铃薯洗净削皮后隔水蒸熟，用刀压成泥状。②用文火将麦麸炒香，加入马铃薯泥、白糖、蜂蜜充分拌匀即成。

（3）说明：①使用时，取垂钓水域的水少许，将上述马铃薯泥诱饵调和半干，做成比乒乓球稍大的饵团投入钓点。②该诱饵一般在春末夏初使用效果好。

185. 稻草灰诱饵应怎样制作

（1）配方：稻草灰 500 克，蚕豆粉 300 克，米糠 100 克，面粉 100 克，白糖适量，味精少量。

（2）制作方法：选取当年的新鲜稻草晒干再烧成灰，与蚕豆粉、米糠、面粉、白糖及味精充分混匀后装入塑料袋备用。

（3）说明：①使用时，取垂钓水域的水将上述饵料调成半干，做成饵团后投放钓点。②据有关资料报道，该诱饵在肥水塘中使用，有特殊的诱鱼效果。

186. 花生豆粉诱饵应怎样制作

（1）配方：蚕豆 500 克，花生米 150 克，细米糠 150 克，面粉 80 克，白糖 40 克。

（2）制作方法：分别将蚕豆、花生米炒熟磨碎并混合，再与细米糠、面粉、白糖充分拌匀即成。

（3）说明：使用时，取少量垂钓水域之水将上述混合饵料调至半干，用手捏成饵团投放钓点。

187．芋头诱饵应怎样制作

（1）配方：芋头 250 克，粳米 1 000 克，细米糠 250 克，红糖少量，香油少量。

（2）制作方法：①将芋头去皮后切成小块备用。②将粳米置锅内加水煮至半熟时倒出，滤去米汤。在锅底放入切好的芋头块，再将米覆盖其上，加少许水盖上锅盖，用文火焖出锅巴。③趁热将芋头米饭捣碎，加入细米糠、红糖和香油拌匀即成。

（3）说明：该诱饵在中秋前后使用效果甚佳。如能在芋头叶背面捉到一种小肉虫，用它作钓饵，配合诱饵使用效果将更好。

188．香米诱饵应怎样制作

（1）配方：泰国香米 300 克，米饭 250 克，玉米粉 200 克，白糖 50 克。

（2）制作方法：①将泰国香米炒熟磨成粉，装瓶备用。②米饭、玉米粉和白糖拌和均匀装塑料袋备用。

（3）说明：①使用时，将香米粉与米饭混合料充分拌匀，用手捏成乒乓球大小的团若干个，分别投放钓点。②该诱饵中的香米粉清香味浓郁，对鲫鱼极具诱惑力，特别是在肥水塘中诱钓鲫鱼效果最佳。

189．八角味诱饵应怎样制作

（1）配方：八角叶 50 克，水 1 000 毫升，粳米 250 克，小麦 250 克，甜酒 50 毫升。

（2）制作方法：①将八角叶放入水中用文火煮 30 分钟，将药渣滤出。②将粳米、小麦放入上述药汁中用小火焖至半熟，待晾凉后装入玻璃容器中，放入甜酒密封 3～4 天即成。

（3）说明：该诱饵可配合素钓饵在中秋前后使用。

190．麝香米诱饵应怎样制作

（1）配方：粳米 1 000 克，麝香 15 克。

（2）制作方法：将麝香用两层纱布包扎好，埋在装粳米的容器中，把口封严。每天将容器摇晃几下，让粳米充分吸收麝香的香味，7～8 天以后即可使用。

（3）说明：①该诱饵香味浓郁，一年四季均有效果。也适合在肥水塘中使用。②外出钓鱼只需带上一小瓶，用撒饵器每窝 1 次投放约 20 粒即可。

191．阿魏蚯蚓诱饵应怎样制作

（1）配方：阿魏 8 克，大茴香 40 克，小茴香 4 克，桂皮 3 克，芝麻

10 克，米糠 1 000 克，面粉 150 克，青蚯蚓 50 克。

（2）制作方法：①将阿魏、大茴香、小茴香、桂皮研成粉，混合后装入塑料袋待用。②将芝麻炒熟磨碎，米糠、面粉文火炒香，晾凉后分别用塑料袋装好待用。③把蚯蚓剁碎装瓶待用。

（3）说明：①使用时，取垂钓水域的水将所有的原料拌和在一起即成。②该诱饵在清水塘中与荤饵搭配使用，四季皆宜，效果甚好。

192. 多味香诱饵应怎样制作

（1）配方：麦麸 600 克，巴豆 12 克，公丁 12 克，母丁 12 克，桂丁 12 克，大茴香 12 克，小茴香 12 克，乳香 6 克，细辛 6 克，白芷 6 克，白糖 60 克，味精 6 克。

（2）制作方法：①将上述中药全部研成粉末，混合均匀后装瓶密封备用。②将麦麸用文火炒香，待稍凉后加入约 1/5 的混合药末和白糖、味精，一起拌匀即成。

（3）说明：①使用时，取少量垂钓水域的水将饵料拌和后，捏成乒乓球大小的团投放钓点。首次每窝可投放 2～3 个，续窝只需投放 1 个。②该诱饵与素钓饵在秋冬季节配合使用效果好。如钓饵中掺入少量的药末，则钓鱼上钩率高。

193. 白紫砂诱饵应怎样制作

（1）配方：玉米粉 600 克，面粉 120 克，白芷 15 克，紫蔻 15 克，砂仁 15 克，紫河车 6 克，木头回 6 克，冰片 6 克，阿魏 6 克，白酒 50 毫升，味精 6 克，白糖、米糠适量。

（2）制作方法：①将白芷、紫蔻、砂仁、紫河车、木头回、冰片、阿魏等全部研成粉末，再加入白酒、白糖和味精充分拌匀，制成药糊密封备用。②将玉米粉和面粉混合，用温开水拌和揉透，加入上述药糊再揉透后上笼蒸熟，稍凉后用米糠调节面团的松紧，以捏成团后入水即散为好。

（3）说明：该诱饵适合在盛夏钓鱼时使用。若能将药末掺在面食钓饵中使用，效果将会更好。

194. 维生素诱饵应怎样制作

（1）配方：复合维生素 B 30 粒，白酒 200 毫升，玉米粉 150 克，黄豆粉 150 克，粳米粉 150 克，面粉 100 克，米糠 200 克，白糖 30 克，味精 20 克。

（2）制作方法：①将复合维生素 B 研碎，用酒调匀。②用温开水将玉米粉、黄豆粉、粳米粉、面粉、米糠拌匀，再上锅蒸熟，待稍凉后加入白糖和味精再拌匀，装入塑料袋中待用。

（3）说明：①使用时，将维生素 B 药酒倒入混合饵料中拌匀，做成团即可打窝。②该诱饵在春末初夏时用于诱钓鲫鱼、鲤鱼有特殊的效果。

195. 蚯蚓混合诱饵应怎样制作

（1）配方：1 活蚯蚓 300 克，米糠 200 克，面粉 90 克。

（2）制作方法：将米糠和面粉混合均匀装袋备用；活蚯蚓带至垂钓水边待用；

（3）说明：①打窝前先将蚯蚓剁碎，再放入米糠、面粉混合料，加入少许水拌成湿料，做成团投放钓点即可。②所用蚯蚓品种不限，红蚯蚓、青蚯蚓均可以。

（1）配方：2 粳米 300 克，蚯蚓 250 克，曲酒 400 毫升。

（2）制作方法：①将粳米用清水浸泡 12 小时，取出晾干。用擀面棍将米擀碎、晒干。②将晒干的碎米放入曲酒中，封好口，浸泡 48 小时。③将蚯蚓剁碎，立即放入装酒米的容器中，搅匀后封口即成。

（3）说明：该诱饵不受水域、气温、季节和天气的影响，对诱钓鲫鱼效果比较理想。

196. 发酵诱鱼饵应怎样制作

（1）配方：高粱、青稞、小麦、碎玉米，用量自定。曲酒（或酿造白酒的酒药）适量。

（2）制作方法：①任选上述原料中的一种，淘洗后加水浸泡 1～2 天，以无硬心为准。②滤干浸料的水分，用旺火蒸熟。③将蒸熟的料取出放小盆内，用蒸锅水和散，晾至不烫手时，加入曲酒拌匀，再装入容器中，略微压实后密封。④将容器置于保温容器内，促其发酵，经过 3～4 天，打开观察，发现香味不浓，再继续发酵。发好后立即移至阴凉处存放。

（3）说明：①该诱饵酒曲香味浓郁，入水后经久不散，诱鱼效果很好。②注意不要发酵过头，否则饵料会变酸变苦。③随用随取，用完再做，存放 15 天以上会变质。

197. 酒香糟食诱饵应怎样制作

（1）配方：碎豆饼 600 克，鸡饲料 200 克，麦麸 100 克，玉米渣 60 克，酒泡玉米渣 40 克。

（2）制作方法：①将上述原料（除酒泡玉米渣）分别炒香备用。②将所有原料充分混合，用少量面粉做黏合剂，加入适量水拌和成半湿饵料。垂钓时做成饵团投放钓点。

（3）说明：①该诱饵香味大，酒味浓，色泽醒目，在春末、夏初使用效果颇佳。②该诱饵为酒香型，适用于诱钓鲤、鲫、鳊鱼等鱼类。

198. 香酸型糟食诱饵应怎样制作

（1）配方：碎豆饼 700 克，玉米渣 100 克，鸡饲料 100 克，发酵变酸豆饼 50 克，麦麸 50 克。

（2）制作方法：①将上述原料分别炒香。②将炒香的原料混合，用少量面粉做黏合剂，加入适量水拌和即成。

（3）说明：该诱饵香味和酸味浓厚，适合夏秋两季钓大鲤鱼、大草鱼等使用。

199. 鲫鱼植物诱饵应怎样制作

（1）配方：粳米、小米、玉米；麸皮 40%，米糠 40%，菜子饼 20%；麸皮、粗玉米粉、碎白米、玉米饼、豆饼、芝麻饼、向日葵子饼等。

（2）说明：取粳米、小米和玉米放入优质曲酒中浸泡 3～5 天即成。麸皮、米糠、菜子饼混合后用文火炒香，加少量面粉用水调和即成。麸皮、粗玉米粉、碎白米、玉米饼、豆饼等，任选一种用少量水调和后做成团投向窝点即可。

200. 鲫鱼动物诱饵应怎样制作

（1）配方：虾皮、鱼头、家禽内脏等。

（2）说明：虾皮、鱼头、家禽内脏中任选一种，煮熟切碎，用纱布包好，投入钓点即可。

201. 鲫鱼动植物混合诱饵应怎样制作

（1）配方：麸皮、豆饼、玉米粉各 30%，家禽内脏 10%，面粉少量；麸皮 60%，动物血粉 30%，玉米粉 10%；家禽内脏 60%、蚯蚓 20%、面粉 20%。

（2）说明：将麸皮、豆饼、玉米粉混合后炒香，家禽内脏煮熟剁碎，两者再混合拌匀，加入面粉作黏合剂拌和即成。麸皮、血粉、玉米粉加水拌匀即可。家禽内脏煮熟后切碎，再将蚯蚓剁碎，两者混合加入面粉拌匀即可。

202. 多味鲤鱼诱饵应怎样制作

（1）配方：野八角 150 克，黄花菜 200 克，闹羊花 50 克，臭鸡蛋 3 个，蚯蚓 30～50 条，粳米 1 000 克。

（2）制作方法：①将野八角、黄花菜和闹羊花捣烂，蚯蚓切碎，混合后密封 1 个小时左右，再与臭鸡蛋混合。②粳米用开水泡开花为止，然后与上述原料混合，密封约半小时即成。

203. 糟麦鲤鱼诱饵应怎样制作

（1）配方：大麦 500 克，酒糟 500 克。

（2）制作方法：①将大麦放入锅中加水大火煮开，小火煮至麦粒完全膨大但未破皮开花时，捞出沥干。②将煮好的大麦与酒糟掺和均匀即成。

（3）说明：该诱饵既可用于打窝诱鱼，又可将麦粒挂在钩上作为钓饵使用。

204. 天然鲤鱼诱饵应怎样制作

（1）配方：稻壳、碎稻草末、牛粪各适量。

（2）制作方法：将上述原料搅拌均匀即成。

（3）说明：①将诱饵投入施钓水域形成窝子，鱼越钓越多，收获颇丰。②该饵气味独特，不仅鲤鱼爱吃，鳊鱼等也爱吃。③如用海竿垂钓，可在牛粪中加入适量的麦麸和白面，制成糟食。

205. 蛋白鲤鱼诱饵应怎样制作

（1）配方：豆饼粉 200 克，麸皮 80 克，玉米面 80 克，鱼粉 150 克，面粉适量，曲酒适量。

（2）制作方法：将豆饼粉、麸皮、玉米面和鱼粉混合均匀，加入少量水拌成湿料，放入锅内蒸约 15 分钟，取出凉透后装入塑料袋备用。

（3）说明：使用时，将曲酒滴入上述混合料中，再加入适量面粉拌和，装在炸弹钩上使用。

206. 鲤鱼植物诱饵应怎样制作

（1）配方：粳米、小米、粗玉米粉；米糠、麦麸、玉米粉、啤酒糟、高粱酒糟、曲酒糟；豆饼、麦麸、碎米；菜子饼、麸皮、米糠、面粉、碎米。

（2）说明：将粳米、小米、粗玉米粉分别放入曲酒中浸泡后使用。米糠、麦麸、玉米粉、啤酒糟、高粱酒糟、曲酒糟都可直接用作诱饵。将豆饼、麦麸、碎米炒香，加入少量曲酒拌匀使用。菜子饼、麸皮、米糠炒香，加入少许面粉、碎米拌匀做诱饵。

上述诱饵在投放前若再加入少量白糖或蜂蜜拌和后使用，效果会更好。

207. 鲤鱼动物诱饵应怎样制作

（1）配方：煮熟的猪、羊、鸭、鸡、牛骨等；家禽内脏；

（2）说明：将煮熟的猪、羊、鸭、鸡、牛骨等敲碎，用纱布包好投入钓点。任意一种的家禽内脏煮熟切碎，用纱布包好做诱饵直接投放钓点。

208. 鲤鱼动植物混合诱饵应怎样制作

（1）配方：麸皮、玉米粉、豆饼、家禽内脏、面粉；玉米粉、糠饼、蚕蛹粉；家禽内脏、碎蚯蚓、面粉、米糠；玉米窝头、碎蚯蚓。

（2）说明：将麸皮、玉米粉、豆饼炒香，加入煮熟剁碎的家禽内脏混合拌匀，再用面粉作黏合剂，捏成饵团投放。将玉米粉、糠饼炒香，加入蚕蛹粉拌匀使用。家禽内脏煮熟切碎与碎蚯蚓混合，再加入少量面粉和米糠拌匀使用。将玉米窝头揉碎，加入碎蚯蚓拌匀使用。

上述诱饵在投放前若再加入少量白糖或蜂蜜拌和后使用，效果将会更佳。

209. 鳊鱼植物诱饵应怎样制作

（1）配方：玉米粉、麸皮、糠饼粉、豆饼粉、芝麻粉、蚕豆粉、香油；酒浸泡粳米、豆饼或菜子饼；米糠、麸皮、玉米粉、菜子饼等。

（2）说明：取玉米粉、麸皮、糠饼粉、豆饼粉中任何 1 种，与芝麻粉、蚕豆粉、香油充分混合至干湿适中，即可使用。酒浸泡粳米与豆饼或菜子饼碾碎、炒香，或米糠、麸皮、玉米粉、菜子饼等直接使用，其诱鱼效果都很好。

210. 鳊鱼动、植物混合诱饵应怎样制作

（1）配方：玉米粉 40%，面粉 20%，糠饼、蚕蛹粉各 20%；麦麸 60%，血粉 30%，玉米粉 10%；虾、蚯蚓、玉米窝头；家禽内脏、米糠、麸皮。

（2）说明：将玉米粉、面粉、糠饼、蚕蛹粉充分拌匀，加水调匀即可使用。麦麸、血粉、玉米粉充分混合后，加水拌匀即成。家禽内脏煮熟切碎，加米糠、麸皮拌匀即可。

211. 翘嘴鲌植物诱饵应怎样制作

（1）配方：玉米饼、豆饼、菜子饼、芝麻饼、麸皮、米糠等均可。

（2）说明：钓鱼时，取上述植物饵中任何 1 种打窝均可。

212. 翘嘴鲌动物诱饵怎样制作

（1）配方：虾皮、鱼头、家禽内脏等任何 1 种煮熟切碎，用纱布包裹。

（2）说明：钓鱼时，取上述动物饵中任何 1 种打窝均可。

213. 翘嘴鲌动、植物混合诱饵应怎样制作

（1）配方：剁碎的虾或蚯蚓 50%，玉米窝头 50%，混匀。取粗麦粉 40%，黄豆粉 40%，蚕蛹粉、鱼粉各 10%，拌匀加水揉成团即可。

（2）说明：钓鱼时，取上述动物植物混合饵任何 1 种打窝均可。

214. 草鱼植物诱饵应怎样制作

（1）配方：鲜嫩青草、芦苇叶、嫩玉米叶、蔬菜叶等；轻微发酵、略带酸味的豆饼、糠饼、麦麸、玉米粉、菜子饼、米粉、白酒；糠饼粉、碎米、曲酒；麸皮、黄豆粉、面粉、曲酒。

（2）说明：将鲜嫩青草绑在粗竹竿的一头，再绑上砖块或其他重物，沉入水中用作底钓，或将鲜嫩青草、芦苇、嫩玉米叶、菜叶投于水面用作浮钓，其效果都很好。将轻微发酵、略带酸味的豆饼、糠饼、麦麸、玉米粉、菜子饼或米粉，掺入少许白酒是钓草鱼的好诱饵。用糠饼粉与曲酒浸泡的碎米拌和可做诱饵。麸皮、黄豆粉与少许面粉混合，再加入曲酒拌匀使用。

215. 草鱼动物诱饵应怎样制作

（1）配方：家禽的肠子、碎蚯蚓等。

（2）说明：鸡、鸭、鹅的肠子煮熟切碎，与碎蚯蚓拌和后，可投放钓点做诱饵。

216. 草鱼动、植物混合诱饵应怎样制作

（1）配方：麸皮、血粉、玉米粉；玉米粉、米糠、蚕蛹粉；米糠、碎蚯蚓、面粉。

（2）说明：适量麸皮、血粉、玉米粉混合后，加水拌匀捏成团投入钓点。玉米粉、米糠与少量蚕蛹粉混合后，加适量水稍拌揉成团使用。米糠与少许碎蚯蚓、少量面粉拌和，加水揉成团后投放钓点。

217. 毛蟹诱饵应怎样制作

（1）配方：野生毛蟹 350 克，麦麸 120 克，面粉 120 克。

（2）制作方法：将野生毛蟹带壳捣碎，与麦麸、面粉混合后加少量水拌匀，做成饵团投放窝点。

（3）说明：该诱饵不仅对青鱼有很好的诱钓效果，鲤鱼也很感兴趣。

218. 青鱼糟食诱饵应怎样制作

（1）配方：菜子饼 250 克，蚕蛹粉 200 克，面粉 100 克，鱼粉 50 克。

（2）制作方法：将菜子饼粉碎炒香，加入蚕蛹粉、面粉、鱼粉混合均匀，再加入少量水拌成湿料，做成比乒乓球稍大的团即成。

（3）说明：该诱饵因为掺用了蚕蛹粉和鱼粉，所以香腥味浓郁，对诱钓青鱼有特殊的效果，特别是用海竿装炸弹钩钓青鱼，效果极佳。

219. 黄颡鱼诱饵应怎样制作

（1）配方：猪、牛、羊内脏，黄鳝，鸡肠或鸭肠、蚯蚓等均可。

（2）说明：将以上原料切碎（不需煮熟），用纱布包好打窝即可。

220. 鳜鱼诱饵应怎样制作

（1）配方：鸡肠或鸭肠 40%，麦麸 20%，羊肝或猪肺 40%，面粉适量。

(2) 制作方法：将鸡肠（或鸭肠）、羊肝（或猪肺）切碎，与麦麸拌匀，再放入面粉作黏合剂揉匀即可。

221. 甲鱼诱饵应怎样制作

(1) 配方：1 新鲜猪肝 50%，面粉 20%，血粉 30%。

(2) 制作方法：将猪肝剁碎与血粉、面粉拌匀即成。

(1)配方：2 蚯蚓 30%，新鲜猪肝 30%，米糠 20%，面粉 20%。

(2) 制作方法：将蚯蚓和猪肝切碎，与米糠拌匀，再掺入面粉拌匀即成。

（三）实用钓饵配方及制作

222. 果味广谱钓饵应怎样制作

(1) 配方：粳米 100 克，红小豆 25 克，小米 75 克，豆饼粉 100 克，麸子 100 克，玉米面 150 克，生蒜头 10 瓣，酒药适量，曲酒适量。

(2) 制作方法：①粳米做成饭，红小豆煮熟碾碎成豆沙。②将粳米饭、红豆沙拌匀，加入酒药，装入容器内密封盖好，置阴凉处发酵约 6 天，制成粳米甜酒酿备用。③将小米放入广口瓶内，加入曲酒拌匀，加盖焖一星期待用。④将豆饼粉、麸子分别用文火炒香。⑤将玉米面做成窝窝头，趁热掰开揉碎。⑥蒜头去皮，捣成蒜泥。

将上述各料备齐后，混合在一起，分装在几个塑料食品袋内，扎紧袋口，放置阴凉处，继续发酵 5~6 天便可使用。

223. 玉米面广谱钓饵应怎样制作

(1) 配方：玉米面 50 克，面粉 20 克，食品黄少许，曲酒少许。

(2) 制作方法：①将玉米面、面粉混合后用温开水和成面团，放入锅中蒸至八成熟时取出凉几分钟。②用手反复揉搓面团，再加入食品黄和曲酒，直揉到面团不散，又有黏性呈蛋黄色为止。

224. 阿魏钓饵应怎样制作

(1) 配方：面粉 250 克，阿魏粉 50 克，水适量。

(2) 制作方法：将面粉和阿魏粉混合加水拌和，揉制成面饵即可。

(3) 说明：钓鱼时，取该面饵捏成黄豆粒大小，装钩即可。该钓饵诱钓鱼效果极佳。

225. 阿魏茴香钓饵应怎样制作

(1) 配方：阿魏 10 克，茴香 50 克，八角 50 克，蚯蚓 50 克，面粉少许，水适量。

(2) 制作方法：①分别将阿魏、茴香、八角磨成粉末，蚯蚓焙干研粉。②将上述粉料与面粉混合均匀，加水和成面饵，即可用于垂钓。

226. 蚯蚓芝麻钓饵应怎样制作

（1）配方：鲜活红蚯蚓 20 条，芝麻 50 克，面饵适量。

（2）制作方法：将蚯蚓焙干研成粉，芝麻研碎，分别装于小瓶内。

（3）说明：钓鱼时，取上述两种粉与面饵揉合在一起即成。装钩时，取少许面饵，用手捏成黄豆粒大小装钩。该钓饵上钩率很高。

227. 胎盘钓饵应怎样制作

（1）配方：人胎盘 1 个，羊骨粉适量，阿魏、羊油、面粉各少许，水适量。

（2）制作方法：将胎盘用利刀切成小块，放瓦片上用微火焙干，研成末，装瓶备用。

（3）说明：钓鱼时，根据需要取适量的胎盘粉，加等量羊骨粉、少许阿魏、羊油、面粉拌匀，再加入少许水揉捏到软硬适中即可。

228. 胎盘羊骨粉钓饵应怎样制作

（1）配方：人或羊的胎盘 1 个，羊骨粉适量。

（2）制作方法：将人胎盘或羊胎盘焙干研粉，装瓶备用。

（3）说明：钓鱼时，将上述两种粉掺在面饵中即成。实践证明，鱼儿对这种饵料的味道反应特别灵敏。

229. 广谱钓饵应怎样制作

（1）配方 1：臭鸡蛋 1 个，桂枝粉 3 克，羊油 3 克，阿魏 3 克，面粉适量，水少许。

（2）制作方法：将臭鸡蛋、桂枝粉、羊油、阿魏、面粉放入容器内拌匀，加少许水揉合到软硬适中即可。

（3）说明：该钓饵适宜垂钓包括鲤鱼在内的各种底层鱼。

（1）配方 2：玉米面 100 克，面粉 30 克，优质曲酒 50 毫升，水少量。

（2）制作方法：将玉米面、面粉拌匀，用温开水和之，搓成大小均匀的颗粒状，随即入笼蒸约 5 分钟，出锅晾凉至不烫手时，加入曲酒并用力揉匀即成。

（3）说明：该钓饵黏性大，韧性好，耐水泡，具有酒香味浓、诱鱼效果好、制作简便、经济适用等特点，深受钓鱼爱好者的青睐。

230. 万能钓饵应怎样制作

（1）配方：鲜活红蚯蚓数条，食用丁香油少许，动物鲜血适量。

（2）制作方法：出钓前，将蚯蚓抖净泥土，拌在动物鲜血中即成。

（3）说明：①蚯蚓拌入动物血后能增加其腥味和色泽，对甲鱼、凶猛食肉性鱼类有较大的诱惑力。几乎各种鱼都能上钩；也适用于海钓。②将蚯蚓装钩后在丁香油中蘸一下，立即投入施钓水域，其上钩率比纯用蚯蚓钓鱼高约5倍。需要注意的是，只能在蚯蚓装钩后蘸丁香油，否则蚯蚓浸泡在丁香油中会很快死亡，影响诱鱼效果，降低上钩率。

231. 养鱼塘钓饵应怎样制作

（1）配方：玉米面100克，面粉30克，蜂蜜20克，山岱酒10毫升，水适量。

（2）制作方法：将玉米面、面粉放在容器里拌匀，倒入温水，边倒边搅拌，使其呈大小均匀的颗粒状，随即上锅蒸约5分钟，出锅晾凉至不烫手时，加入山岱酒并用力揉匀即成。

（3）说明：该钓饵黏性大，韧性好，耐水泡。塘养鲫鱼特别喜食这种饵料。

232. 豆粉钓饵应怎样制作

（1）配方：黄豆500克，蜂蜜适量。

（2）制作方法：将黄豆入锅用文火炒出香味，晾凉后磨碎过筛，筛出的细粉装瓶备用。

（3）说明：①下钩前，先把渔钩用水浸湿一下，然后放在盛有豆粉的瓶内滚黏一下，再湿1次渔钩，再滚黏一下豆粉，如此反复4～5次即可下钩垂钓。②该钓饵用量少，携带方便，装钩省事，每次出钓都可以带一些备用。③其他面团钓饵装钩后在豆粉中滚黏一层，也能增加鱼的咬钩率。④若用蜂蜜代替水与豆粉调制成蜜丸，用于养鱼塘钓鲤鱼，其效果甚佳。⑤该钓饵也是垂钓底层杂食性鱼的佳饵。

233. 枸杞子钓饵应怎样制作

（1）配方：干枸杞子100克，优质曲酒300毫升，白糖适量。

（2）制作方法：将枸杞子放入曲酒中泡软，再加入适量白糖搅匀，腌制20小时以上即成。

（3）说明：①钓大鱼时，用大钩横穿3～4粒枸杞子。钓小鱼时用小钩，顺穿1粒即可。②该钓饵适宜在各种淡水水域使用，但钓肉食性鱼时不宜用此饵。③该钓饵宜瓶装密封，四季皆用。夏天可存放2个月不会失效。

234. 优质混合素饵应怎样制作

（1）配方1：粳米面200克，玉米面300克，豆粉30克，食用香精少许，优质曲酒适量。

（2）制作方法：将粳米面、玉米面、豆粉混合拌匀，用温水和成团，上锅蒸20分钟，取出稍晾后掰开，加入少许食用香精、适量曲酒搓揉均匀即成。

（1）配方2：玉米粉300克，面粉200克，粳米粉100克，白糖适量，蛋清适量，食用香精少许。

（2）制作方法：将玉米粉、面粉、粳米粉、白糖、蛋清放入容器内拌匀，加入热水揉成团，再上锅蒸15分钟，取出晾凉，装袋封存。使用时滴入香精，揉捏均匀。

（3）说明：该钓饵软硬适中，附着力强，色泽淡黄，适宜水温较高时使用，上钩率较高，是垂钓鲫、鲤、鲂鱼等的上好钓饵。

235. 玉米糕钓饵应怎样制作

（1）配方：鲜嫩黄色玉米粒500克，面粉少许，诱鱼剂少许。

（2）制作方法：①将鲜玉米粒磨成浆，用纱布滤去渣。②面粉加入玉米浆拌匀并做成面饼，入锅蒸10分钟，取出稍晾，趁热用手揉捏，同时根据所钓鱼种加入少许诱鱼剂，揉搓均匀后，装进食品塑料袋中备用。

（3）说明：为提高垂钓效果，保持鲜嫩玉米的特有清香，玉米糕最好在出发前蒸制。

236. 嫩玉米粒钓饵应怎样制作

（1）配方：鲜嫩黄色玉米粒400克，优质高粱酒400毫升。

（2）制作方法：将鲜嫩玉米粒用刀切去根部，装进螺纹口瓶内，倒入高粱酒浸泡，拧紧瓶盖密封保存。

（3）说明：①该钓饵特点是能有效地防止小鱼闹饵捣乱。鲤鱼、草鱼对嫩玉米粒都很钟爱，鳊鱼和大鲫鱼也对其十分感兴趣。②该钓饵密封置冰箱保存数月不会变质，一年四季均可使用。

237. 酒酿玉米粒钓饵应怎样制作

（1）配方1：鲜嫩玉米粒500克，甜酒药半包。

（2）制作方法：①将鲜嫩玉粒放锅内加水用文火煮熟，捞起沥干。②将沥干的熟玉米粒装进质地较厚的食品塑料袋中，加入甜酒药，然后将塑料袋扎紧袋口使其发酵5～7天即成。

（3）说明：该钓饵钓鲤鱼、草鱼、鳊鱼、鲫鱼效果极佳。

（1）配方2：鲜嫩玉米粒500克，优质曲酒500毫升，山柰20克。

（2）制作方法：①将鲜嫩玉米粒入锅加水用文火煮熟，捞起沥干。②将沥干的熟玉米粒装进瓶中，加入山柰、曲酒，浸泡5～7天即成。

(3) 说明:该钓饵钓草鱼效果极佳。

238. 鲜奶玉米糕钓饵应怎样制作

(1) 配方:玉米面100克,蜂蜜3克,新鲜牛奶适量。

(2) 制作方法:将玉米面、蜂蜜拌匀,倒入温热鲜牛奶,调和成干稀适度的玉米糊,放锅里蒸约10分钟,取出稍晾,趁热用手揉软后,装进食品塑料袋备用。

(3) 说明:该钓饵既有玉米的香味,又有奶糖的香甜味,是诱钓鲤鱼、草鱼、鳊鱼、鲫鱼等上好的钓饵。

239. 茴香玉米粉钓饵应怎样制作

(1) 配方:玉米面200克,黄豆粉100克,面粉50克,茴香粉少许,香油少许。

(2) 制作方法:将玉米面、黄豆粉、面粉拌匀,加少量水和成面团,揉成面饼上锅蒸约10分钟,取出稍晾,趁热加入茴香粉和香油,反复揉捏即成。

(3) 说明:该钓饵适合钓鲫鱼等,效果非常好。

240. 几种面食钓饵应怎样制作

(1) 配方1:玉米粉65%,面粉20%,大豆粉10%,鱼粉5%,红糖少许,味精少许。

(2) 制作方法:先将玉米粉、面粉、大豆粉、鱼粉混合均匀,再加少许红糖、味精拌匀后,用开水调和,上锅蒸约10分钟取出即可。

(1) 配方2:玉米粉70%,粳米粉20%,面粉10%,臭豆腐1块,水适量。

(2) 制作方法:①将玉米粉、粳米粉、面粉混匀后加水调和,然后上锅蒸约15分钟,取出晾凉。②将臭豆腐拌入其中,搓揉均匀后,用食品塑料袋封存至有臭味即成。

(1) 配方3:面粉80%,白糖20%,香油少许,水适量。

(2) 制作方法:将面粉用白糖水拌和后揉成面团,再加少许香油,用力搓揉均匀,达到软硬适中即可。

(3) 说明:该钓饵看似很普通,实际是诱钓鲤鱼、鲫鱼、鲂鱼、草鱼的上好钓饵。

241. 虾肉钓饵应怎样制作

(1) 配方:小活虾50克,麻油少许。

(2) 制作方法:将小活虾去头、壳后,用少许麻油浸泡即成。

(3) 说明:该钓饵四季皆用,尤其用于冬季钓鱼,效果很好。使用时,将虾肉从尾部整个穿在鱼钩上。

242. 水蛭钓饵应怎样制作

（1） 配方:水蛭数条,食盐少许。

（2） 制作方法:在池沼水田中捕捉到水蛭后放在罐头瓶中,加入少许食盐拌匀。

（3） 说明:①水蛭虽外观难看,令人厌恶,但血腥味浓,不易被鱼咬烂和拉断,垂钓效果好;使用时间长,同时不怕闹小鱼。②小水蛭可以直接穿钩;大水蛭可用刀片切成小块穿钩。③该钓饵钓鲫鱼和甲鱼效果好。

243. 麦粒钓饵应怎样制作

（1） 配方1:麦粒300克,蜂蜜适量。

（2） 制作方法:①将颗粒饱满的麦粒用清水淘洗干净,再用温水浸泡,不要换水,泡至接近发芽时,捞出下锅,用文火煮至麦粒表皮略有裂纹时捞出。②将捞出的麦粒放入小盆内,趁热加入适量蜂蜜,搅拌均匀即成。

（1） 配方2:麦粒300克,曲酒200毫升。

（2） 制作方法:①将颗粒饱满的麦粒用清水淘洗干净后,用温水浸泡,不要换水,泡至接近发芽时,捞出下锅,用文火煮至麦粒表皮略有裂纹时捞出。②将捞出的麦粒装入罐头瓶内,加入曲酒,拌匀浸泡即成。

244. 蚕豆味鲫鱼钓饵应怎样制作

（1） 配方:蚕豆粉120克,麸皮180克,面粉少量,浓茶水适量。

（2） 制作方法:将蚕豆粉加麸皮、面粉混匀,用浓茶汁拌和成面团即成。

245. 丁香油鲫鱼钓饵应怎样制作

（1） 配方:蚯蚓若干条,丁香油适量。

（2） 制作方法:将蚯蚓剪成长约3厘米的段,垂钓前将蚯蚓与丁香油拌匀。

（3） 说明:该钓饵不仅可钓鲫鱼,还可钓其他各种鱼,且上钩率90%以上。

246. 几种鲫鱼钓饵应怎样制作

（1） 配方1:鲜红蚯蚓20条,食用香精少许,红糖10克,大蒜汁少许。

（2） 制作方法:将上述原料放在一起搅拌均匀即成。

（1） 配方2:糯米粉60%,白糖15%,淀粉17%,蜂蜜、食用香精、大蒜汁各少许。

（2）制作方法：将糯米粉、淀粉用糖水调和后上锅蒸熟，再加入香精、蜂蜜、大蒜汁揉搓均匀即成。

（1）配方3：净鲜大蛆虫50克，白糖30克，食用香精、大蒜汁、蜂蜜各少许。

（2）制作方法：将洁净鲜嫩的大蛆虫用开水烫死，再晒至八成干，与白糖、蜂蜜、香精、大蒜汁拌匀，然后放入罐头瓶中，浸泡1个星期即可使用。

（1）配方4：商品饵250克，玉米粉50克，面粉50克，草莓味香精少许，水约250毫升。

（2）制作方法：将商品饵、玉米粉、面粉、草莓味香精放入水中搅拌均匀，用手揉捏成团即成。

（3）说明：该钓饵没有腥味，有香味，适合在水库等大水体中钓大鲫鱼使用。

（1）配方5：虾粉150克，麦麸150克，面粉100克，鱼骨粉100克，食用香精少许，清水约400毫升。

（2）制作方法：将虾粉、麦麸、面粉、鱼骨粉、食用香精放入水中拌匀后用手揉捏成团即可。

（3）说明：该钓饵香味浓郁，可在冬、春两季用于大水域、急流处钓鱼。

（1）配方6：豆饼粉200克，小米粉150克，虾粉50克，面粉20克，水约400毫升。

（2）制作方法：将豆饼粉、小米粉、虾粉、面粉放入水中搅拌均匀后用手揉捏成团即可。

（3）说明：该钓饵一年四季均可使用。

247. 高粱酒糟鲫鱼钓饵应怎样制作

（1）配方：高粱酒糟250克。

（2）制作方法：高粱经酿酒后留下的酒糟。

（3）说明：①选好钓点后，先投放少量饵料诱鱼，等约半小时便可垂钓，钓饵选柔软一些的为好。②边钓鱼边撒酒糟，每隔约15分钟撒约20粒。可使浮漂的浮力稍大于坠钓饵的重量，这样既可底钓又可浮钓。若发现有草、鳊鱼进窝时，及时将浮漂向坠钩处下移20～30厘米进行垂钓。秋季使用，易钓上大鲤鱼、草鱼。③此饵效果特别好，集诱、钓饵为一体，使鱼失去警惕易上钩。

248. 水剂鲫鱼钓饵应怎样制作

（1）配方：山柰10克，山楂40克，红糖100克，优质曲酒350

毫升。

(2) 制作方法：将山柰、山楂切成小粒，与红糖、曲酒一起装入小瓶内，浸泡半个月待用。

(3) 说明：外出钓鱼时，用小瓶装入少许上述浸泡液，使用时滴几点在面食中做钓饵。

249. 鲫鱼动物钓饵应怎样制作

(1) 配方：蚯蚓、水蛭、蝇蛆、小虾或虾肉、生肉丁、蝗虫、竹叶虫、菜青虫、棉铃幼虫、蟋蟀、油葫芦等。

(2) 说明：上述蚯蚓是最常用的鲫鱼钓饵。其颜色有几种，以红蚯蚓钓鲫鱼为最佳，使用前几天以动物血拌食喂养，可增加蚯蚓的腥膻味，提高上钩率。其他水蛭、蝇蛆、小虾、菜青虫、蟋蟀等都是鲫鱼爱吃的饵料，可直接装钩垂钓。

250. 鲫鱼动、植物混合钓饵应怎样制作

(1) 配方：蚯蚓 30%，加入粳米饭 70%；面食、蛹粉、肝粉、炒芝麻混合在一起；面粉 50%，大豆粉 50%，再加少许蚕蛹粉和奶粉拌匀。

(2) 说明：蚯蚓加粳米饭可用臼捣烂，然后揉捏成软硬适中即可。3 个品种中任何一种做钓饵效果均很好。

251. 香味鲤鱼钓饵应怎样制作

(1) 配方：豆饼粉 300 克，麸子 50 克，芝麻 25 克，玉米面 50 克，黄豆粉 25 克，香油少许，玉米渣 50 克，曲酒适量。

(2) 制作方法：①将豆饼粉、麸子上锅炒至有香味；芝麻炒熟碾碎。②玉米面、黄豆粉用香油放锅里炒 2~3 分钟，使香味入料。③玉米渣装入广口瓶内，加入曲酒浸泡。④上述各料混合拌匀，装入食品塑料袋中，将袋口扎紧。

(3) 说明：钓鱼时，带些干面粉加入作黏合剂。该钓饵在气温比较高的夏秋季使用效果非常好。

252. 腥味鲤鱼钓饵应怎样制作

(1) 配方：豆饼粉 150 克，麸子 100 克，鱼骨粉 50 克，玉米面 200 克，曲酒 100 毫升。

(2) 制作方法：①将豆饼粉、麸子、鱼骨粉掺在一起拌匀装食品塑料袋待用。②使用前 6 小时将曲酒倒在上述塑料袋内并扎好口，使饵变软。③将玉米面做成熟窝头，趁热掰开揉碎，与变软的豆饼粉等揉合，做成很软的面饵。

(3) 说明：使用时将面饵捏成小面饼装钩。

253. 多味鲤鱼钓饵应怎样制作

（1）配方：桂皮20克，豆饼粉400克，面粉100克，香油、味精、曲酒各少许。

（2）制作方法：①将桂皮剪成小块，用水泡成酱色汁待用。②将豆饼粉炒香，淋上香油，拌入味精，出锅后再喷上曲酒密封待用。

（3）说明：钓鱼时，用桂皮汁将上述豆饼加面粉拌和均匀，揉捏成面团即成。

254. 水剂鲤鱼钓饵应怎样制作

（1）配方：郁金香花（干品）30克，白糖30克，香薷30克，优质曲酒400毫升。

（2）制作方法：将郁金香花、香薷粉碎，与白糖、曲酒一起装入小口瓶内，浸泡半个月待用。

（3）说明：外出钓鱼时，用小瓶装入少许上述浸泡液，使用时将其滴几点在面食上做钓饵。

255. 特效鲤鱼钓饵应怎样制作

（1）配方：黄豆粉适量，蜂蜜适量。

（2）制作方法：将黄豆粉上锅用文火炒出香味，晾凉后装瓶备用。

（3）说明：外出钓鱼时，用蜂蜜代水将豆粉调制成蜜丸，垂钓养鱼塘的鲤鱼，具有独特的效果。

256. 马铃薯鲤鱼钓饵应怎样制作

（1）配方：新鲜马铃薯100克，食用香蕉香精油少许。

（2）制作方法：将马铃薯煮熟，稍凉后切成约7毫米见方的小块装瓶，滴入少许食用香蕉香精油即成。

257. 玉米浆鲤鱼钓饵应怎样制作

（1）配方：鲜玉米粒、豆饼粉、麦麸各适量，面粉少许。

（2）制作方法：①将新鲜嫩玉米粒用家用榨汁机榨出浆，装入塑料瓶中备用。②分别将豆饼粉、麦麸炒出香味装瓶待用。

（3）说明：①外出钓鱼前，用玉米浆加入炒香的豆饼粉、麦麸中，再加少许面粉拌匀后，揉捏成面团即可。②该钓饵不仅鲤鱼爱吃，鲫鱼、草鱼等也很感兴趣。

258. 稻谷鲤鱼钓饵应怎样制作

（1）配方：发芽稻谷30%，细米糠20%，红酒糟20%，细麦麸20%，米粥10%。

（2）制作方法：①将米糠、麦麸混合，入锅炒出香味待用；把红酒糟用食用油煸炒片刻，待香味四溢时起锅；红薯蒸熟压成泥备用。②将上述原料混合拌匀，即可成海竿钓饵。

（3）说明：①配制此钓饵的方法和通常钓组钩或钓炸弹钩的糟食方法一样，关键是捏成饵团所用的黏合剂——米粥的用量要适中。②此饵钓鲤鱼效果特佳，既能钓鱼，也可诱鱼，饵团化开后色味俱佳，此饵也可用来钓草鱼。

259. 曲酒玉米鲤鱼钓饵应怎样制作

（1）配方：鲜嫩玉米粒 250 克，茴香 10 克，曲酒 200 毫升，细辛 10 克，丁香 10 克，八角 10 克。

（2）制作方法：将鲜嫩玉米粒、曲酒和 4 味中药置于洗净擦干的罐头瓶中，封严。每隔 1～2 天摇晃 1 次，使之均匀，1 周之后即可使用。

（3）说明：此饵适合海竿串钩远钓，在深水区域可钓到大鲤鱼，钓草鱼也有效。

260. 混合鲤鱼钓饵应怎样制作

（1）配方：玉米粉 50％，米粉 10％，面粉 20％，黄豆粉 10％，菜子饼粉 10％，食盐少许，白糖适量。

（2）制作方法：将上述原料放入碗内拌匀，再用开水冲泡，要边倒水边用筷子搅拌，稍凉后用手揉成团即可。

（3）说明：选好钓点打窝，待窝发后可根据该水域鱼的大小来取用混合饵料，一般只需取黄豆大小的量，将其捏成豆圆形装钩。

261. 麻子粉鲤鱼钓饵应怎样制作

（1）配方：玉米面 4 份，麻子粉 3 份，面粉 3 份。

（2）制作方法：①玉米面与面粉拌匀用温开水拌和，做成小窝头，上笼屉蒸熟后掰碎。②把麻子粉炒熟后掺在窝头里反复揉合即成。

（3）说明：①这种钓饵鲫、鲤鱼都很爱吃。②若把麻子粉掺入糟食中，可以代替芝麻酱和香油、曲酒等原料，做成糟食后用作海竿炸弹钩钓饵，效果颇佳。

262. 糟食鲤鱼面饵应怎样制作

（1）配方：碎豆饼 360 克，玉米面 240 克，曲酒适量。

（2）制作方法：①将碎豆饼炒出香味，然后加少许水和匀上锅蒸熟，同时，蒸上 1～2 个玉米面窝头。②出锅后，在豆饼上喷些酒，把豆饼和玉米面窝头搓碎混在一起揉捏成团即可。

（3）说明：①该饵适用于海竿、炸弹钩、拉砣钩等钓鱼。②使用时将饵团捏成乒乓球大小，将钓钩均匀地埋在饵团里呈炸弹状，投入水中后，糟食落底在几分钟内自行溶化开来，大鱼来吞饵时连同钓钩一起吞入嘴内，因此最宜钓大鲤鱼。③若在近水处用小钩钓鲫鱼，面饵可捏成绿豆粒大小；若草窝钓鱼，面饵可捏成黄豆大小；水深钓大鱼，面饵捏成如蚕豆大小；若甩大漂长线钓鱼，面饵做成如红枣大小；若钓青虾，面饵中加入少许羊油效果最好。

263. 咖啡味鲤鱼钓饵应怎样制作

（1）配方：咖啡粉 100 克，面粉 100 克，胡椒粉 50 克，5 个鸡蛋清。

（2）制作方法：将咖啡粉、面粉、胡椒粉一起放入容器内，倒入蛋清，搅拌均匀后用手揉捏成团即成。装钩时取黄豆般大小即可。

264. 鲤鱼钓饵应怎样制作

（1）配方：玉米面 60 克，面粉 20 克，蜂蜜 10 克，水少量，优质曲酒少许。

（2）制作方法：将玉米面、面粉放在容器里拌匀，用开水边倒边搅拌，使其呈大小均匀的颗粒状，随即上笼蒸约 5 分钟，出锅晾凉至不烫手，加入少许曲酒后揉捏成团即成。

（3）说明：该钓饵黏性大，韧性好，耐水泡。没有蜂蜜也可用白糖水代替。

265. 常见草鱼钓饵应怎样制作

（1）配方：稻谷 200 克，玉米粉、麸皮、面粉各 50 克。

（2）制作方法：将稻谷炒熟后磨成粉，加入玉米粉、面粉和麸皮，用热水拌和，揉捏成拳头大小的面团即可。

266. 淡香味草鱼钓饵应怎样制作

（1）配方：郁金香花（干品）20 克，醋精 20 毫升，香薷 20 克，曲酒 50 毫升，蔗糖 30 克，开水适量。

（2）制作方法：①分别将郁金香花、香薷粉碎并混合，连同蔗糖一起放进保温瓶内，用开水冲泡，加盖闷一夜。②将上述浸泡液去渣晾凉后，加入曲酒、醋精搅匀，分装在小口瓶内。

（3）说明：①钓鱼时，用 80% 麸皮，20% 豆饼和玉米面混合，加入上述混合液调拌成糟食，装炸弹钩可用于海竿垂钓。②此饵不仅草鱼爱吃，鳊鱼也爱吃。

267. 浮钩草鱼钓饵应怎样制作

（1）配方：厚西瓜皮 1 块。

（2）制作方法：将西瓜削掉外层硬皮，使瓜皮水分溢出，根据钓场鱼的大小，将西瓜皮切成约1厘米见方的小块。

（3）说明：该钓饵宜现用现做，时间不宜放长，否则影响垂钓的效果。

268. 马铃薯草鱼钓饵应怎样制作

（1）配方：新鲜马铃薯100克，优质高粱酒少量。

（2）制作方法：将马铃薯煮熟，稍凉后切成约7毫米见方的小块装瓶，倒入高粱酒即可。

269. 麦粒草鱼钓饵应怎样制作

（1）配方：嫩麦粒100克。

（2）说明：①在小麦灌浆后成熟前采摘，去掉外皮，即可直接装钩使用，不需任何加工，钓草鱼效果最好。②也可将成熟麦粒浸泡发胀，上锅煮至麦粒表皮稍裂开——手稍捏即扁为佳。煮好的麦粒用原汁浸泡待凉，再去掉原汁备用。③如果有嫩玉米粒与麦粒同煮，两种香甜味混为一体则效果更佳。④钓鲫鱼一钩装一粒，钓草鱼、鲤鱼应把钩身装满麦粒。

270. 玉米粒草鱼钓饵应怎样制作

（1）配方：老玉米粒500克，菜子饼50克，白醋25毫升，高度白酒100毫升。

（2）制作方法：①将玉米粒用水浸泡10小时，然后用文火煮约1小时，再放入菜子饼煮约半小时。②加入白醋，再煮至玉米粒用手捏感到既软又有弹性时为止，趁热加入高度白酒，待冷却即可。

（3）说明：①可根据所钓鱼的对象不同，调整醋或酒的用量。如以钓草鱼为主，应多加些醋；如以钓鲤鱼为主，可多放点酒。②装饵时，可用伊势尼7号钩，每钩最好挂两粒，钩尖要有隐有露。

271. 草鱼混合钓饵应怎样制作

（1）配方：1 豆饼300克，麸子150克，颗粒饵料150克，虾粉50克，面粉50克，食用香精少许，水约200毫升。

（2）制作方法：将豆饼、麸子、面粉、颗粒饵料、虾粉、食用香精一起放入容器内，加水拌匀、揉匀即成。

（3）说明：配制该钓饵前，需将豆饼用水泡至发胀方可使用。

（1）配方：2 虾粉100克，面粉50克，商品饵200克，麸子100克，鱼粉50克，水约150毫升。

（2）制作方法：将虾粉、商品饵、鱼粉、面粉、麸子加水拌匀、揉匀即成。

272. 草莓味草鱼钓饵应怎样制作

（1）配方：玉米面100克，面粉30克，草莓酱少许，水少量。

（2）制作方法：将玉米面、面粉放在容器里拌匀，用开水边倒边搅拌，使其呈大小均匀的颗粒状，随即放在锅内蒸约5分钟，出锅晾凉至不烫手时，加入草莓酱揉匀即成。

（3）说明：该钓饵黏性大，韧性好，耐水泡。不论底钓还是浮钓，草鱼、鳊鱼都爱吃。

273. 草鱼植物钓饵应怎样制作

（1）配方：嫩草、半熟马铃薯、嫩玉米粒、面团、粳米饭粒、玉米面、香蕉、苇芯、南瓜花、嫩青豆、桑椹、植物茎叶、嫩芽、菠菜、青菜绿叶。

（2）说明：以上植物均可直接装钩，用于浮钓效果较好。

274. 草鱼动物钓饵应怎样制作

（1）配方：蟋蟀、油葫芦、蝗虫、蚱蜢、蚕蛹、蟑螂、蚯蚓、青虫、蜻蜓、蛆虫等。

（2）说明：以上小动物均可直接装钩，不论用于底钓还是浮钓效果都好。

275. 草鱼动、植物混合钓饵应怎样制作

（1）配方：面包虫、面团；面粉、碎蛆、鱼粉；面团、碎蚯蚓、白糖。

（2）说明：将面包虫剁碎掺入面团中，揉捏后使用，效果不错。将面粉、碎蛆、鱼粉混在一起做诱饵，或用面团、碎蚯蚓、白糖混在一起做诱饵，其效果都很好。

276. 马铃薯鳊鱼钓饵应怎样制作

（1）配方：马铃薯250克。

（2）制作方法：将马铃薯洗净放锅内蒸熟，取出后放置约2小时，待质地变硬后，去皮切成约7毫米见方的丁，装入小瓶，淋入少许香油即成。

（3）说明：①使用时，将马铃薯丁装在钩上即可。②此饵适合大多数淡水鱼，钓鱼效果非常好。

277. 鳊鱼植物钓饵应怎样制作

（1）配方：玉米面、豆粉各50%，香精、酒、羊油少许；面粉80%、白糖20%、植物油少许；粳米饭、面粉、半熟地瓜、马铃薯块、嫩玉米粒；茎叶、嫩芽、菠菜、白菜、油菜、莴笋等蔬菜绿叶。

（2）说明：①将玉米面与豆粉混合后加水蒸约15分钟，取出晾凉，再加入香精、酒、羊油揉捏至软硬适中即可。面粉加白糖水拌和，上锅蒸熟后加少许油揉匀即成。②面粉与粳米饭混合后，拌入半熟的地瓜和马铃薯粒、嫩玉米粒即成。③植物的茎叶、嫩芽、菠菜、白菜、油菜、莴笋等蔬菜的绿叶均可直接装钩使用。

278. 鳊鱼动物钓饵应怎样制作

（1）配方：活虾、蚯蚓、蝇蛆、生肥肉丁、红虫、蚂蚱、蟋蟀、竹叶虫等。

（2）说明：活虾、蚯蚓、蝇蛆、生肥肉丁、红虫、蚂蚱、蟋蟀、竹叶虫等均是垂钓鳊鱼的好钓饵，可直接装钩使用。

279. 鳊鱼动、植物混合钓饵应怎样制作

（1）配方：面包虫、面粉；面粉、蜂蜜、碎蛆、蚕蛹粉；面粉 250 克、鸡蛋 1 个、蜂蜜、食用香草香精各少许；面粉、玉米面、黄豆粉各 30%、红蚯蚓数条。

（2）说明：①将面包虫剁碎揉于面团中即成。②面粉、蜂蜜、碎蛆、蚕蛹粉拌在一起即可。③面粉加入鸡蛋、蜂蜜调匀，上锅蒸约 15 分钟，取出晾凉后加几滴食用香草香精，揉捏成柔软适中的面团即可。④面粉、玉米面、炒熟的黄豆粉用开水调和后，加入捣成糊状的蚯蚓，上锅蒸约 10 分钟后使用，效果很好。

280. 罗非鱼钓饵应怎样制作

（1）配方 1：商品饵 100 克，虾粉 50 克，水约 150 毫升。

（2）制作方法：将商品饵、虾粉拌匀后，加水搅匀即可。

（3）说明：该钓饵宜随用随配。

（1）配方 2：冷冻猪肝粉 30 克，面粉 50 克，虾粉 20 克，水 100 毫升。

（2）制作方法：将猪肝粉、面粉、虾粉放入容器内，加水搅拌均匀，用手揉捏成团即成。

（3）说明：该钓饵宜随用随配。

281. 青鱼植物钓饵应怎样制作

（1）配方：半熟或熟的地瓜、马铃薯（均切成 1 厘米见方）；米饭、面团、混合饲料加面粉（用于炸弹钩）。

（2）说明：垂钓时，地瓜、马铃薯可直接挂钩。米饭、面团、混合饲料加面粉，适用于炸弹钩。

282. 青鱼动物钓饵应怎样制作

（1）配方：螺肉、河蚌肉、蚯蚓、虾肉、大青虫、油葫芦、蟋蟀、蜗牛、蚕蛹等各适量。

（2）说明：螺肉、河蚌肉等均可用作青鱼钓饵，其中螺肉是钓青鱼的最佳钓饵。如果垂钓水域有青鱼，用螺肉专门钓之，有立竿见影的效果。

283. 青鱼动、植物混合钓饵应怎样制作

（1）配方：碎蚯蚓加面团揉匀；黄豆粉、面粉各40%，加蚕蛹粉20%和适量水混合均匀。

（2）说明：根据具体情况选用或更换钓饵。

284. 鲢、鳙鱼钓饵应怎样制作

（1）配方：玉米面60克，面粉20克，阿魏粉少许，水少量。

（2）制作方法：将玉米面、面粉拌匀，用开水和之，使其呈大小均匀的颗粒状，随即上锅蒸约5分钟，出锅晾凉至不烫手时，加入阿魏粉揉匀即成。

（3）说明：该钓饵黏性大，韧性好，耐水泡。用于半浮钓时，能钓到鲢、鳙鱼。

285. 水剂鲢鱼钓饵应怎样制作

（1）配方：豆汁350毫升，醋精100毫升，蒜泥、红糖各25克，曲酒25毫升。

（2）制作方法：将上述原料混合均匀后，倒入小口瓶内，即成为具有浓酸、微甜、略有淡臭味的鲢鱼钓饵水剂。

（3）说明：①钓鱼前一天晚上，分别将豆饼、麸皮、玉米面做成窝窝头后揉碎，再将其充分混合。②使用时，约500克粉料用300毫升上述水剂拌成软硬适度的半糟食，装飞钩用于海竿垂钓。③豆汁可用煮沸的豆浆装入容器内，放阳台上晒几天，待其发酵变酸即成。

286. 水剂鳙鱼钓饵应怎样制作

（1）配方：豆汁400毫升，蒜泥约25克，醋精100毫升，红糖25克，曲酒20毫升，臭豆腐乳4块。

（2）制作方法：将上述原料混合后倒入小口瓶内，用力摇匀，使之成为具有浓酸、微甜、略有淡臭味的鳙鱼钓饵水剂。

（3）说明：①钓鱼前一天晚上，分别将豆饼、麸皮、玉米面做成窝窝头后揉碎，再将其充分混合。②使用时，约500克粉料用300毫升上述水剂拌成软硬适度的半糟食，装飞钩用于海竿垂钓。③豆汁可用煮沸豆浆经发酵制成。

287. 酸味鲢鱼钓饵应怎样制作

（1）配方：面粉250克，开水适量。

（2）制作方法：①将面粉用温开水拌和，做成馒头大小，上锅蒸20分钟，取出晾凉。②将蒸好的面团装入食品塑料袋内，把口扎紧，以不透气为准，置于阴凉处发酵 3～5 天即可（在气温 25～28℃时）。

（3）说明：这种发酵饵味道纯正，没有其他异味，鲢鱼爱吃。

288. 黄颡鱼钓饵应怎样制作

（1）配方：蚯蚓、蝗虫、蟋蟀、蚱蜢、油葫芦、小虾、蛙肉、红虫、小活鱼、鸡鸭肠、青虫等。

（2）说明：上述钓饵可直接挂钩，要求鲜活，垂钓效果好。

289. 翘嘴白钓饵应怎样制作

（1）配方：植物饵：面团、米饭、麦粒、嫩玉米粒、蚕豆粉等。

动物饵：地老虎、虾、蝗虫、菜青虫、玉米螟、蚯蚓、蚕蛹、蚱蜢、小鱼、蝼蛄、蝇蛆、蟑螂、油葫芦、蟋蟀、飞蛾。

（2）说明：①以上植物性钓饵的效果均不如动物性钓饵的效果好。②动物钓饵用鲜活的，效果会更好。

290. 黑鱼钓饵应怎样制作

（1）配方：蚯蚓、小鱼、小泥鳅、小餐鲦鱼、黄鳝段、小鲤鱼、小鲫鱼、河虾、小鼠等。

（2）说明：上述饵料可直接装钩，要鲜活，垂钓效果才好。

291. 甲鱼钓饵应怎样制作

（1）配方：猪肝、蚯蚓、蚱蜢、水蛙、黄鳝段、猪牛瘦肉、泥鳅段等。

（2）说明：上述原料可直接装钩，要新鲜，其中猪肝效果最好。

292. 鳜鱼钓饵应怎样制作

（1）配方：小鱼、小虾、大蚯蚓、小泥鳅、蚱蜢等，

（2）说明：以上钓饵均要用鲜活的，鳜鱼一般不吃死饵。

293. 杂鱼钓饵应怎样制作

（1）配方 1：优质粳米饭适量，穿山甲粉适量。

（2）制作方法：将粳米饭捣成糊状，掺入穿山甲粉，再加入少许水揉捏至软硬适度即可。

（3）说明：①该钓饵适合钓荤、素饵都吃的杂鱼。②原料中穿山甲粉中药店有售。

（1）配方 2：活麻雀 2 只，优质粳米饭适量。

（2）制作方法：①将麻雀拔毛，开膛除去肠，摘除苦胆，切成块，放在瓦片上用微火焙干，研成末，装瓶备用。②将粳米饭捣成糊状，掺入适量麻雀粉拌匀，再加入少许水揉捏到软硬适度即可。

（3）说明：该钓饵原料简单，制作容易。适合钓荤、素饵都吃的杂鱼。

（四）常用鲜活荤饵的人工捕捉与培育

294. 怎样培育蚯蚓

在钓鱼的饵料中，荤饵对鱼的吸引力最大，而在荤饵中，又以蚯蚓使用得最为普遍，它对于多种鱼类都有很强的吸引力。在垂钓界被誉为"万能钓饵"。尤其用鲜活蚯蚓作钓饵，其效果更为理想。

蚯蚓虽是比较容易取得的饵料，但如果需要的量较多而且大小适宜并不老化的鲜活蚯蚓，以便取得更好的钓鱼效果，就有必要进行人工培育。培育蚯蚓的方法和程序并不复杂，只要按照以下要求操作，就可得到质和量都较理想的活饵。

（1）培养基料。松软富含腐殖质的园土或发酵后颜色变黑的牛粪，或草类、土拌和发酵成的混合质，如掺拌些锯末屑使其疏松、湿润则更好。

（2）温度环境。培育的最适宜温度为 20～25℃，不低于 10℃和不高于 30℃就可正常生长繁殖。

（3）培育容器。可用木桶、木箱、瓦盆、泡沫塑料箱等比较容易渗水、透气的容器，不宜用塑料盒或铁皮箱、盒。

（4）饲料。腐烂瓜果、稀粥、米汤、淘米水、苹果、香蕉皮等带有甜味的果品废料。

（5）喂养操作。先将发酵好的基料铺在饲养容器内，再引入蚓种，按每平方米 1 000～2 000 条的比例推算密度。每隔 2～4 天将苹果皮屑发酵后的饲料或剩粥、面条等半稀物撒入容器，保持基质湿润，温度适中，不可过干过湿，从幼蚓养至成熟一般需 100～130 天，成熟后每月产卵 1 次，每次繁殖 10 条左右。若品种好，饲养恰当，每次可繁殖 15～20 条。培养期间应避免雨淋或日晒，注意保持基质湿润、疏松、透气性好，每隔 5～6 个月应清理排泄物 1 次，并添加部分新基料，除去等量旧料。

（6）保护措施。培养期间，要严防农药杀虫剂等有毒物质污染，防止老鼠、青蛙、蚂蚁、蛆虫等天敌危害。

（7）收集取用方法。在取用前 1～2 天，将 1 个苹果切成两半，以半个开始发酵的苹果平面朝下覆盖在养蚯蚓的基质上，即会有较多成熟的成蚓闻到苹果香味后聚集在苹果壳下取食。用时，只要将苹果皮掀开，即可取到足够 1 次垂钓用的鲜活蚯蚓。

295. 怎样培育摇蚊幼虫

摇蚊幼虫，钓界称作红虫，又名孑孓，是一种细小的线状虫体，多种鱼类如草鱼、鲤鱼、鳘鱼、白条鱼、黄颡鱼、鲶鱼等都喜爱食用，为钓饵中的良品。蚊虫的卵、幼虫、蛹都生活在水中，除可在有遮阳的死水沟、潭中捞捕外，不妨进行培育。

（1）培养基的制作。培育摇蚊幼虫培养基的制作有多种方法：一种是用琼脂和牛奶制成的培养溶液。这种培养基因成本高昂，太不合算，这里不作介绍；另一种是以水沟泥或鱼塘泥，比较经济可行：即从下水沟或鱼塘底挖出的半稀鲜泥，除去其中树干、石块等杂物，加进等量的水进行搅拌，经约 1 小时后，将上层的水倒掉，再加入等量的水加以搅拌、静置……如此反复进行 2~3 次，然后将稀泥在高温下消毒，待其冷却后，即可倒入培养器皿作为培养基。

（2）培养器皿。培养器皿的要求并不严格，最好是采用陶质的缸或盆，若用塑料或搪瓷盆也勉强可用，但不宜用白色的，以色调深者为好。

（3）培育方法。摇蚊幼虫的培养方法有多种，其中以静水培养法最为简便实用，操作容易。静水培养法只需用 1 个小碗口大小的、透气性好、无釉粗陶杯。若用深色塑料杯需不含毒素、无气味，不要用白色或其他浅色。装盛培养基后，将小幼虫放入培育既可。

（4）收集幼虫的工具。在每年的 5 月中旬至 11 月上旬这段时间内，是收集幼虫的时期。收集蚊子幼虫所需的工具主要是 1 个捞虫网兜。

网兜可以自制：用中等粗细（10~12 号）的铁丝，弯制成直径为 15~20 厘米的圆圈，用纱布沿圆圈缝拢上，做成长约 30 厘米上圆下尖的网兜。再用约 1.5 米长的细竹竿连接在铁丝圆圈上作为网兜的柄即成。

（5）收集幼虫方法。收集摇蚊幼虫时，可带上网兜和 1 个装盛小幼虫用的小纱布袋，到郊区或农村去寻找废弃的清水积肥池，这种池中一般都有大量的蚊子幼虫，只要用网兜去捞，就能捞到足够的蚊子幼虫。

将捞回幼虫的纱布袋下半部放入盛满清水的盆中轻轻漂洗，拣去杂物，但不能让幼虫漂出袋外，几分钟后，换一盆清水再漂洗 1 次，就可倒入培养基中。

（6）取用方法。待培养基中的摇蚊幼虫长至 3 毫米以上时，就可用网兜捞出待用。

垂钓前，将摇蚊幼虫捏成团，挤去水分放入碗内，加入适量炭灰拌成半干体，便可垂钓。

（7）注意事项。①培养器皿应放置在弱光处，不能让阳光直晒。②用于培养基中的水和清洗捞回幼虫的水，最好都要用池、河、塘、坑中的水，如实在不能取得而只能用自来水时，应先将自来水放入盆或桶内放置2~3天后再取用上层水。因城市自来水含漂白粉，对幼虫生长不利。③培养基放置处应严格防止鼠、鸡、鸭等家禽接近。④培养基放置处不可靠近煤炉，因煤燃烧时发出的煤气会杀死幼虫。

296. 怎样培育面包虫

面包虫又名黄粉虫。面包虫这个名称的来历是因为这种虫不仅是钓鱼的良好饵料，也可作为人类的食物。它产于各种粮食作物的库房内，其爬行速度较快，喜暗怕光，喜在夜间活动。此虫有集群性，其成虫有互相蚕食的习性。

（1）饲养容器。饲养此虫有大规模工厂化培育和小规模培育两种，作为钓饵用只需作小规模家庭饲养。家庭饲养的容器用纸箱、木箱、搪瓷面盆、塑料盒均可，其中以用小木箱最适宜，可放在阳台上或床下饲养。小木箱长宽为20厘米×12厘米，高6厘米。

（2）饲养环境。此虫生长繁殖的最适温度为25~30℃，最适湿度为65%~70%。

（3）喂养饲料。面包虫幼虫的成长有小幼虫、中幼虫、大幼虫3个阶段，其喂饲量也按不同阶段逐渐增加。幼虫时期要精养，以玉米面、麸皮为主，蔬菜叶屑为铺，每天早晚各投喂1次。每星期应调换新鲜饲料，及时添補米糠、麸皮、豆饼末、玉米粉、青菜叶或胡萝卜碎片，也可添加适量鱼粉。

（4）饲养要点。每星期要清理1次粪便。当出现部分老熟幼虫逐渐变蛹时，要及时挑出，以免幼虫啃食蛹体。在整个饲养过程中，都要防止大幼虫爬出外逃；饲养要配备2个箱，成虫和幼虫要分开饲养。

（5）禁忌。饲养室内不可抽烟；严防饲养室内有刺激性的农药和化学药物气味；防止鼠、猫、犬、蚂蚁、蟑螂等侵害。

（6）适时取用。此虫的幼虫成长期需连续蜕皮10余次，蜕1次长大1次，待幼虫长至20毫米长时，即可取来垂钓。

297. 怎样培育蝇蛆

蝇蛆即苍蝇的幼虫，其颜色洁白，蛋白质含量高，气味浓烈，很多鱼类都喜欢摄食，如翘嘴鲌鱼、鳊鱼、鳘鲦鱼、鲫鱼、鲤鱼、罗非鱼、甲鱼、鳝鱼等，甚至草食性的草鱼也喜食。不仅如此，蝇蛆还有皮质坚韧、便于装钩、不易脱钩、可多次使用等特点。可以说，蝇蛆是一种效果显著、在众多荤钓饵中仅次于蚯蚓的广谱钓饵，也是钓鱼爱好者最喜爱的钓饵之一。

（1）采集蝇蛆法。主要是从粪池中捞取，在敞开的粪池中常有大量蝇蛆，用纱网将其捞出，再用清水反复漂洗干净后装入罐头瓶中，放入豆腐渣喂养 2～3 天，使皮色更白，体更壮，肉更厚，用之垂钓效果更好。

（2）引蝇培养法。最好选择室外或庭院的一块向阳地，挖掘 1 个坑，埋入直径约 50 厘米的缸，缸口距离地面高约 10 厘米，四周用砖垫高或埋木桩作支架，上面用石棉瓦作盖。缸内放肉皮、鱼鳃、鱼肠及家禽内脏等物，任苍蝇自行产卵，在盛夏时节，蝇卵很快孵化，蝇蛆发育也很快，约 10 天即可用于垂钓，若不及时使用，很快会变成蛹。

（3）肉蛆的培养法。夏天，将钓来的小鱼放入干净的玻璃瓶内，任苍蝇产卵，然后用两层纱布将瓶口包起来，待肉蛆幼虫长到饭粒大小时，去掉污物，用清水漂洗蛆虫后，再将蛆虫放入较大的玻璃瓶中，并放入少量湿黄草纸或木屑进行养护，经过这样培养的蛆虫皮厚、体表黄白，一般 10 天之内不会变成蛹。

不管用什么方法培养蛆虫，为防止其很快变成蛹，一是采取将蛆虫捞出漂洗后装入较大的罐头瓶中，放入少量豆腐渣，撒入少许精盐，置于阴凉处，使其暂停发育。二是将洗净的蝇蛆装入玻璃瓶后，瓶内放少量豆腐渣和少许粉末饲料，再放入冰箱冷藏室中储存。三是用开水将蝇蛆烫死，晒至半干后装入玻璃瓶中，再放入白糖拌匀，最后拧紧瓶盖，置于阴凉通风处，白糖有防腐作用，而且可使蝇蛆的味道变得更好。四是将蝇蛆烫死后完全晒干装瓶保存，钓鱼前取出蝇蛆，再放入用白糖加食用香料的混合液中浸泡，待其膨胀后使用。

以上培养蝇蛆的废弃物不要随手扔掉，可以将它们收集起来装进小缸或雪碧瓶中，每次取少量加水稀释后可用于浇花。

298. 怎样饲养田螺

田螺是多种肉食性鱼如青鱼、乌鱼、鳡鱼、鳜鱼等喜食的活性饵料，是一种上佳的钓饵。若能作小型家庭培育，需要钓饵时可不用临时忙于张罗，使用起来十分方便。

（1）饲养容器。田螺饲养若系作商品性生产，则需在稻田或专门挖制的饲养池中饲养，作钓饵用的少量田螺，用陶瓷质的缸、盆、罐或木桶就能饲养。

若采用玻璃或塑料的长方形箱体，其体积不必太大，用 35 厘

米 ×20 厘米 ×25 厘米的即可。

（2） 幼螺来源。①自行捕取：可直接从池塘或河沟中用手捞取。②诱捕：用炒香的米糠和泥土混合起来，捏成团粒，投放在池塘或小溪边，幼螺闻到香味，就会前来取食，此时用手抄网捕捞即可。

（3） 喂养饲料。可用鲜嫩的菜叶和浮萍，并以少量的豆粉、细米糠、麦麸皮搭配喂饲，田螺食量很小，不必多喂，否则会污染饲养环境，不利其生长。

（4） 操作要点。饲养时，先在容器底部垫放 8 ~10 厘米厚、含较多腐殖质的园土，如有塘底挖出的肥污泥最好。上面再加 6 ~10 厘米深的河水或池塘水。若用自来水，需先将自来水放入盆或桶内停放 2 ~3天后再加入，不可用含有硫、铁等物质的泉水。

箱内可适当放些藻类或其他水草，再放几块较大的干净石块在底泥中，使其露出水面 5 ~8 厘米，供田螺爬在石块上休息。

小田螺经 30 ~40 天饲养，长成中螺后，体重已能达到 4 ~6 克，此时容器中水深应增加 3 ~5 厘米，并增养几棵浮萍或水浮莲，既可供其食用，又可供其作为隐蔽之需。投喂的饲料撒在水面上即可。

当长成大螺时，需每天投喂饲料两次，并要每天捞去水中残渣污物，每隔 2 ~3 天要换去一半老水，加入一半新的清水，夏天要天天换去一半老水，加入水温相同的新水。

水的酸碱度应以偏碱性为好，应保持 pH 为 7 ~8，并要使水中有一定的含氧量。

田螺很忌高温，当夏季气温升到 30℃时，应将其移到凉爽通风处饲养，冬天室温降到 10℃时，应设法为其保温，否则它难以存活。

五、钓鱼方法

（一）手竿底钩钓鱼方法

299．怎样使用手竿配长线底钩钓鱼

这种钓法选用的钓线一般与钓竿等长或稍长，线径宜用0.25毫米以上、拴伊斯尼型7号以上的鱼钩，宜配单体浮漂；饵钩落水沉底后，浮漂应呈直立状，露出水面2~3厘米为宜。

这种钓法适宜在无水草的水域垂钓。垂钓前要选好钓点，撒饵做窝，下钩时应使钓钩准确落入钓点。通常采用甩投方法（见钓鱼技巧篇中手竿的投竿技巧与方法）将钓钩抛向钓点，甩投时要把握好力度。装钩饵料，根据具体情况，选用荤饵、素饵均可。浮漂出现微微跳动或上升、再下沉情况，表明有鱼咬钩，应及时提竿，先快后慢，不要用力过猛，以免钩上大鱼挣扎断线脱逃。

手竿配长线进行底钓的优点：一是便于装钩、脱鱼，远近都可以投钩，对提高上鱼率有好处；二是落钩离岸可远一些，容易钓到大鱼，长线也可减缓大鱼挣扎时对钓线的拉力；再就是钓到大鱼时便于遛鱼。

300．怎样使用手竿配短线底钩钓鱼

这种钓法所用的钓线一般比钓竿稍短，线径宜用0.18~0.20毫米，拴伊斯尼型3~5号鱼钩，配单体漂或多体漂均可，适于不太深的淡水水域垂钓。

垂钓时不需甩竿，只要伸出钓竿至钓点上方，直接将饵钩落入水中即可。其优点：一是饵钩垂直入水，能准确落入钓点位置。二是垂钓者可随时轻轻上下提动饵钩，诱鱼咬钩。三是适于在芦苇塘、草滩及水草繁茂水域有水草空隙作为钓点，垂钓鲫鱼等小型鱼类，此法不适宜钓大鱼。

（二）浮钩钓鱼方法

301．怎样用手竿浮钓

所谓浮钓，就是饵钩不沉入水底，而是悬浮于水体的不同层次进行钓鱼的一种方法。当需要钓中上层鱼或遇闷热天气，鱼浮头，水底缺氧时，一般应进行浮钓。

用手竿浮钓，有用浮漂和不用浮漂两种。

图87　浮漂法浮钓示意

（1）用浮漂法。如果垂钓草鱼、(鳡)鱼或500克以上的鳊鱼时，宜用长竿长线，线径在0.35毫米以上，伊势尼7号以上大钩，塑料空心球漂或木质立漂。

垂钓时，在距钓钩上方20～30厘米处拴上大浮标，可根据垂钓对象的喜好选择适合的钓饵，如小鱼、菜青虫、菜叶、嫩草叶、蚂蚱等。当饵钩投入钓点后发现浮漂急速下沉时即可提竿。

（2）不用浮漂法。大部分垂钓者喜欢用有漂钓法，因为它直观，鱼是否咬钩很明显，并且垂钓深浅也容易控制。但有时受钓点的限制，则无需浮漂。

不用浮漂钓法，钓线不宜长，一般只是钓竿长度的一半即可。最适于有大片水草和浮萍的水面，此时如用大浮漂伸过去会把鱼吓跑。垂钓者要善于寻觅，发现鱼儿在水草下面吃食时所发出的唧唧声，以及水草被鱼儿拱动的表象，来判断鱼儿的所在位置，然后轻轻地将饵钩伸过去，使其沉入水中20～30厘米处，引鱼咬钩。

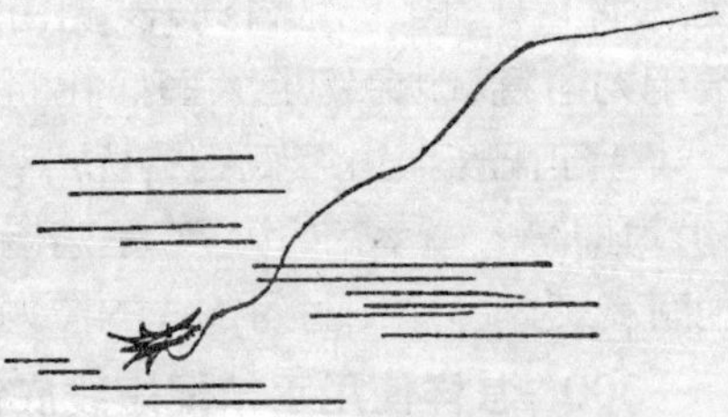

图88　不用浮漂法浮钓示意

尽管没有浮漂，垂钓者靠手感和观察钓线的动静，就能得知鱼已咬钩，立即提竿即可获鱼。如果饵钩伸过去后一时半会儿没有鱼咬钩，可将露出水面的钓线放在水草上面，待发现钓线被拉入水，就表明有鱼咬钩，应立即提竿拽鱼。

302. 怎样用投竿浮钓

使用投竿可进行远投浮钓，在水面广阔的静水水域，为能将饵钩甩投得更远一些，一般应选用重量稍重的坠子，并配以浮力相当的塑料或木制活动浮漂。饵钩甩投出去后，即可慢慢收线，饵钩随线在水中徐徐移动，以引鱼咬钩。或者在饵钩甩投后不收线，任凭风浪漂浮，等鱼咬钩后再收线。

在流水水域浮钓，一般不用甩投饵钩，只要在水域的上游下钩，让浮漂带动饵钩顺流而下漂到深水区即可。然后慢慢收线，同时有节奏地将钓竿提起、放下，使饵钩在水中波浪式地移动，以诱鱼咬钩，咬钩后立即收线。

图89　投竿浮钓法

（三）空钩钓鱼方法

垂钓者经常会碰上这样的事，在打好的鱼窝中明明有大鱼星往上冒，可任你绞尽脑汁，想尽办法，反复用各种各样的钓饵，这些大鱼却大模大样地在你投下的窝子里摄食，丝毫不光顾送上嘴边的钓饵。待窝中没有动静了，刚续好窝，大鱼星又冒上来了，再试遍各种钓饵，它还是不理你的茬。眼看着大团的鱼星，很是舍不得放弃但又很无奈。对付这些经验丰富的大鱼，有人总结出了空钩钓法。

空钩钓是专门用来钓青鱼、鲤鱼、草鱼等大型鱼类的一种特殊钓法。

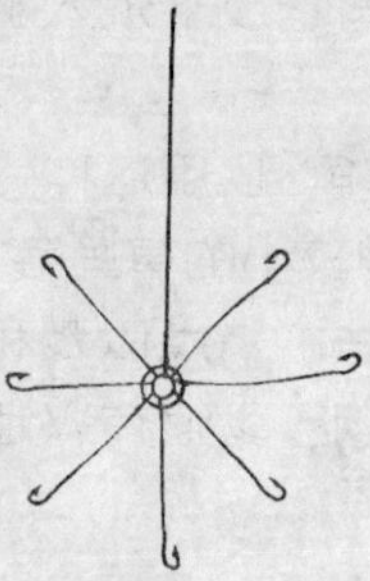

图90　空钩钓示意

303. 空钩钓鱼宜用怎样的钓具

钓竿为一般常用手竿，钓线宜粗，直径为0.35～0.4毫米，主线宜短，钩组较为特殊，选小型面宽的钓钩5～7枚，用5厘米长的钓线每线各拴一只钩子。再用直径1毫米的钢丝做一只直径1厘米的圆环，将拴钓钩的子线都系在圆环上，再用细线把子线分布均匀地固定在钢丝环上即可。

304. 空钩钓鱼宜用怎样的饵料

空钩钓仅用诱饵，不用钓饵。诱饵以炒香的玉米面、麸皮，拌以碎米、菜子饼、稻谷、玉米等，要注意掺和硬粒的稻谷、玉米、粳米等，它们的作用是在鱼嘴中掩护空钩使之不会被发觉。将这些饵料加水和成拳头大小的团打窝子，窝点范围不能大，1个点下2～3个团。下水后务必集中，不可撒成大片状。

305. 怎样进行空钩钓鱼

这种钓法与传统钓法一个最大的不同点是，传统钓法要等发窝后才下钩，而空钩钓法则是打完窝后立即下钩。

具体的操作方法是，将钩组下水，下钩的速度宜慢，要把环形空钩准确地放在饵团上方的中心部位，有如炸弹饵化开时的状态。大鲤鱼、草鱼、青鱼等在摄食时，总是大口大口地吸食诱饵，不经意间常常会把一两只小钩吸入口中。这时浮漂一般有3种动作：抖动、上顶或下沉，动作都较小，只要发现有其中一个动作，都可以立即抖竿起钩。因为这些大鱼比较狡猾，如果动作稍慢，当它发觉上当受骗吐出钓钩时就晚了。一旦吐出钓钩，在此窝就再也不会摄食了。

（四）提钩钓鱼方法

这种钓鱼方法是笔者在1次偶然的机会中发现的：1次外出看望朋友的途中，经过1个湖边时，看见有两位老人正在钓鱼，当我走近观看时，却发现他们竟采取一种我从来没有见过的奇特钓法——这两位垂钓者都是用无饵的空钩在钓鱼！

在钓者身后有1个竹编的鱼护，里面有5条大小不一的鲫鱼。过了约10分钟，其中一位垂钓者又钓上了1条活蹦乱跳的鲫鱼。

他们的钓法和普通的钓法不同：他们把钓钩放入水中后，让它沉下去，待到浮漂显示出钓钩已沉到底时，只略微抖动两下，就立即起钩。将钓钩拎起10～20厘米（距离湖底）后，又重新将它放下沉入水底，如此不断地反复进行着。

经过和这两位钓者的攀谈与请教，笔者进一步了解到：用这种钓法不仅可以钓到鲫鱼，还可以钓到鳊鱼、鲌鱼、鲶鱼和较小的草鱼等，很是神奇。在这里也将此种钓法的特点以及和传统钓法的异同点如实介绍如下，以飨有兴趣的钓鱼爱好者。

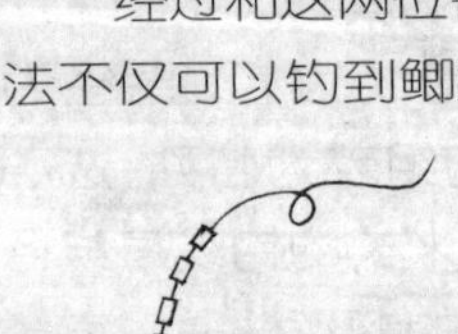

图91 提钩钓示意

306. 提钩钓鱼宜用怎样的钓具

这种钓法所用的钓竿和传统钓法所用的钓竿没有什么两样，竿的长度和粗细也都是相同的；钓线是普通的0.8～1号尼龙线，线的长度也和竿的长度差不多，为3.6～4.0米；钓钩也是普通常用的小型鱼钩。所不同的只是钩柄似乎比一般的长一些，在钩柄上靠近铅坠的下方，固定着1个比黄豆略小一些的白色塑料颗粒。

307. 提钩钓鱼宜用怎样的饵料

这种钓法虽不用钓饵，但和普通的钓法一样，也要用诱饵先打窝子。他们所用的诱饵是碾碎的小玉米粒，有酒香味。

308. 提钩钓鱼用什么样的浮漂和铅坠

他们所用的浮漂也和普通浮漂一样，用的是6颗1厘米长的羽毛梗制成的浮漂。铅坠也没有大的差别，只是比一般的稍重一些。

309. 怎样进行提钩钓鱼

显著的不同是在垂钓的操作上：他们先将钓钩放入水中，待沉底后抖动几下又立即提钩，不断地反复进行，就在这起钩的一刹那，会有鱼儿冲上来急匆匆地将钩吞入口中而被钓上岸来。

310. 提钩钓法鱼儿为何会上钩

鱼儿冲上来咬空钩的奥妙和假饵的道理是类似的。因为这种钓法在垂钓前也撒诱饵打窝，把周围的鱼儿都诱聚到窝点上来了。但由于诱饵是细碎的，一经沉落到水底后就混到污泥中，能看到且闻到香味，却无法吃到，使鱼儿处在焦急和烦躁之中。这时，钓者将空钩沉入水底，既饥饿又急躁的鱼儿突然看见钓钩上方那白色的塑料球（白色是鱼类最易看见的颜色之一）在抖动，就误认为是可口的食物，这时，白色钓钩又向上提了，鱼儿怕失去这个摄食的好机会，就追上来迫不及待地向白塑料球咬去，因而被钓个正着。

（五）无钩钓鱼

311. 什么是无钩钓鱼

这种钓法是将一根竹竿的竿梢上拴一根比钓鱼竿稍短的钓线，线的另一端不拴鱼钩，而是直接拴上蚯蚓、昆虫或植物性饵料。垂钓时，将钓饵抛入水中，人蹲在池塘边的草丛或树下，两眼注视着竿梢的动静。如无鱼咬饵时，可不断地将钓饵轻轻提放，一旦发现钓线被牵动或拉直，说明鱼儿咬饵，此时垂钓者应立即将鱼儿提上岸来。

这种钓鱼方法在我国云南、贵州等少数民族地区比较常见，所用的钓线是细麻绳。在江苏、浙江和安徽的农村也有采用此法进行垂钓的。他们经常垂钓于河溪、池塘、湖泊等，所不同是钓线末端拴的是土田鸡、小青蛙和大青黑蚯蚓。垂钓者将钓饵放于水草或水生植物的空隙处或河边的石洞中，并不停地轻提轻放，经常能钓到黑鱼、七星鱼、鳜鱼等。这些鱼一旦咬住饵料后一时不会松口。持竿者一旦手感沉重，即可用力将鱼提上岸来。

（六）引逗钓鱼方法

312. 什么是引逗钓，对钓具有哪些要求

这种钓法类似于钓黑鱼的方法。钓竿必须用坚韧的竹竿；钓线

图92　引逗钓鱼情景

宜用较粗的尼龙线，长度为钓鱼竿的1/2多一些；钓钩用有倒刺的圆形鱼钩或钓黑鱼用的专用鱼钩。

钓饵用鲜活的土田鸡或小青蛙。装钩时将钩从青蛙的背部(肛门上方)刺入，沿脊背钩至小青蛙上腭嘴尖处(不要钩到脊骨，否则会钩死青蛙)，使其腹部挺出，脊背弯曲于钩弯里，让两前足保持前伸，并将两后腿并拢，用黑色的细线扎牢在钩柄上端即可。

垂钓时间是每年的初夏至10月下旬这段时间，几乎全天都可垂钓，特别是早晚垂钓效果更好。

313. 怎样进行引逗钓鱼

垂钓时不用打窝子，也不必寻找固定的垂钓地点，持竿者只要钓竿下提着土田鸡活饵，沿着水体的岸边寻找水草或水生植物的小空隙处引逗诱钓。每到一处，将土田鸡饵钩放在水中，让它上下地抖动，速度不必太快，就像青蛙泅水一样；有时可将钓饵提出水面再抛入，使其在水面上发出响声；有时还可将钓饵沉至水下20～40厘米的深度，然后再慢慢地提出水面。总之要不断地使钓饵缓缓地运动着，以招引鱼儿上钩。

当鱼儿发现钓饵后，通常会突然窜出，一口将钓饵咬住，由于月鳢(七星鱼)、黑鱼等生性凶猛，它捕到食物后，一般不会再轻易地吐出来，所以这时不能立即起钩，因为鱼儿还只是咬住钓饵，并未吞入口中，此时垂钓者应将钓竿稍微放低一点，让钓线稍松一些，让鱼儿连饵带钩一起吞入口中，此时再拎钩，就适得其时了。但要注意的是，钓这类肉食性鱼类时拎钩方法应与钓其他鱼有所不同。钓这类鱼拎钩时必须一气呵成，不可慢条斯理，否则，让鱼儿缓过劲来，它会拼死挣扎，弄得不好就会让鱼逃脱掉。

用此法可钓到月鳢(俗称七星鱼、秤星鱼、花星鱼、放生鱼、点秤鱼等)、黑鱼等，有时还能钓到鳜鱼、鳡鱼。

(七) 溪涧钓鱼

314. 怎样进行溪涧钓鱼

溪涧大多在山脚下的低洼处，因山水顺流而下所形成，溪水一般皆流入大河、大江或大湖泊，因山势陡峭的程度不同而造成水流的流速的不同，有的溪水比较湍急，有的水流则较为平缓。水流湍急处不宜下钩，这样的地方很少有鱼上钩，因为快速水流的不允许鱼儿停留觅食，只有在水面较宽，水流平缓的浅水处，鱼儿才喜欢停留下栖息游弋和觅食。这样的水域就是较好的下钩处。

不过，水流平缓处并非都适宜下钩，还应该注意水的深度，溪涧中的水大多很浅，过浅的溪段也不适于钓鱼，一般都需要选择水深1~2米、水域宽阔些的溪段作为打窝点。此外，溪流沿岸靠水处长有树木，特别是有树根的以及有水草和浮游小生物的溪段，是鱼儿停留栖息和觅食的水域，是比较理想的打窝点和下钩处。还有，溪流的水一般最终都要流入湖泊或江河的。如果能找到溪流流入江河或湖泊进水口，这样的水域附近所形成的水湾回水处，水面较宽，水底比较平坦，水深较适于垂钓，是不可多得的下钩好地方。溪涧钓鱼所用的钓具，应和池塘、水库钓鱼有些不同。溪流中一般以中小型鱼为主，加上水有一定的流动性，所用的钓具应以轻、细、小些为宜。钓竿可用4~5米长的软竿，钓线可用0.6~0.8号的细线为好。

在溪流中，有多种野生鱼种，其中以鲦鱼、黄 鱼、鲇鱼、泥鳅为多，食性也很杂，有的爱吃素饵，有的爱吃荤饵，所以钓饵需要多备几种，可交替着试用。

必须注意的是深秋及冬季、初春，溪流中一般很难钓到鱼，每年只有夏季多雨季节，特别涨水时期，溪水旺涨，才能钓到较多的鱼。

（八）手感钓鱼

315. 什么是手感钓鱼

手竿配长线不带浮漂的垂钓方法叫手感钓，或叫“看竿尖”钓法。垂钓时如要看漂，必须在风平浪静的天气里才好看漂，如遇到风比较大的天气或是在急流水域，则采取“看竿尖”钓法比较适宜。

图93-1　手感钓示意

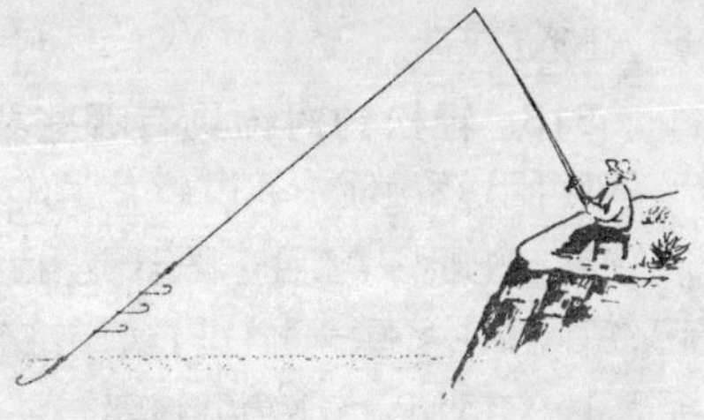

图93-2　串钩手感钓示意

这种钓法的钓线与钓竿等长或稍长，垂钓时将饵钩甩投到钓点内，将钓线绷紧，注视竿尖部分，发现尖部点动、拉动或钓线突然松回，即表示有鱼咬钩，应迅速提竿。

（九）“系气泡”钓鱼

316. 怎样进行“系气泡”

手竿配短线不带浮漂的垂钓方法也叫“系气泡”钓或“系沫”钓法。这种钓法钓线比钓竿略短，一般在饵钩落水沉底后，水上钓线部分有0.5米左右即可，垂钓时垂钓者要逐鱼星（气泡）下饵钩进行垂钓。发现水面不断有鱼星泛起，应及时将饵钩沉下去，然后不时地将饵钩轻轻提起、放下，诱鱼咬钩，当感到竿尖受力向下弯曲时，表明鱼已上钩，应立即提竿。采用此种钓法，垂钓者要善于观察鱼星的泛起，区别鱼星与沼气气泡的异同，方能取得好的垂钓效果。鱼觅食时泛起的气泡大小不均，密集成片，位置会缓缓移动，而沼气气泡则比较大，位置固定，气泡浮出后易炸裂。

（十）轻松钓鱼方法

317. 什么是轻松钓

轻松钓是在江河岸边于傍晚前将钓线的两端拴在两岸固定物上，将装好钓饵的钓钩投入钓点，不必看守，安排妥当后，钓者就可轻松地回家休息，第2天早上再来钓点察看上鱼的情况。不论是什么时候鱼儿吞了饵，一旦吞下就无法逃脱，只等钓者来收鱼。

这种钓法的有几种优点，一是钓者可以不必很辛苦地看守在河塘边，轻松地得到休息；二是用这种方法可以钓到多种鱼类，有时可以钓到较大的草鱼、鲤鱼或鲢鱼，甚至能钓到大甲鱼。三是不用漂，不必担心是否会误了起竿时机。

但这种钓法也有个缺点，那就收获量不确定：有时可以大量上鱼，喜获很大丰收，各种鱼样样齐全，令人欣喜不已；可有时收获寥寥，让人失望。

318. 轻松钓对钓具有哪些要求

使用这种钓法不仅钓者可以轻松舒服地得到休息，而且钓具也很简单，一般只需用一根长达上百米、粗约1毫米的尼龙线，从下端起，每隔20多厘米拴上1个带脑线的鱼钩，可拴上30~40只钩，像一条长长的钩链。钩链两端离线头约3米处各拴1块100克重的铁块作坠子，以便将钩沉入水中一定的深度。

岸边用1根铁钎，牢固地插在地上，把钩链的两端钓线拴牢在铁钎上（如岸上有树或大石块等物，也可不用铁钎）。

这种钓法比较麻烦的是要预先准备好相当数量的钓饵，钓饵可用蚯蚓或蝗虫、螳螂等类的昆虫，而且要在每个钩都装好饵，在天黑时将钩链投入水中，完成这些工作后即可回去休息。

（十一）浅滩钓鱼方法

319. 什么是浅滩钓鱼

浅滩钓法是在气温适中的季节，钓者站立在溪流、江河近岸浅水中垂钓一种钓法。此法在我国中部和南部采用者较多，北部采用者很少，其实，在夏季气温不低的季节，北方也可采用，它不仅可在溪流、江河近岸浅滩处垂钓，也可在池塘的较浅静水中进行，且效果都相当好。

此法在垂钓时，钓者挽起裤腿，光着脚站在浅水中下钩，由于双脚在水底踩动，使泥沙泛起，把清水搅浑，可使鱼认为是食物来临，以此引鱼上钩。而且，人在水中踩动，确实会搅动栖息于泥沙中的微生物；还能惊动闻到人身汗味而聚拢过来的小鱼、小虾等水生动物，引诱大鱼前来捕食，为钓者钓获大鱼创造出有利条件。

据常用浅滩钓法的老行家说：钓者腿脚踩在水里，能发出一种对鱼类吸引力很大的气味，可使许多鱼在钓点附近来回游弋，不肯离去，如在站立的水域前再打个诱窝，对鱼儿就有双重的吸引力，使其成群地集聚在钓点附近，使垂钓收到极好的效果。这也是为什么许多钓者乐于采用踩滩钓的原因所在。

320. 浅滩踩滩钓法需注意些什么

采用踩滩钓鱼的钓者总结出了几点经验：

① 踩滩钓者立在水中垂钓，还要手持钓竿聚精会神地观察水情和鱼情，体力和精力的消耗很大，易疲劳。为此垂钓时间不宜过长，应根据自身的体力和精神状态，及时收竿休息，避免损害健康。

② 踩滩钓法采用时期，以夏季最为适宜，若在春、秋季进行，不仅不利于身体健康，而且也因为水温低，鱼儿很少出来觅食，垂钓效果也不会好。这一点，北方钓者应特别注意。

③ 本钓法适宜在有水草的泥底浅滩进行，以便搅起泥沙，把水搞浑，以吸引鱼儿前来；但本钓法不适于在沙石滩或岩块、鹅卵石为底层的水域进行，因为它没有泥沙可搅浑水的底层，效果不好。

④ 用此法垂钓时，应在顺风一侧进行，因踩动泥底时，搅起的泥

浆水可受风浪推动，正好扩散至钓点上，起到引鱼觅食的作用，有利垂钓效果；若在逆风一侧下钩，则效果很差。

⑤ 在江南一带土地肥沃地区的浅水滩用此法钓鱼，因水中蚂蟥（水蛭）较多，宜穿戴高统靴或特制的橡皮连鞋裤以避免遭其叮咬。若已被蚂蟥叮上，不必惊慌，只需用手在被叮附近连续拍打，它会慢慢退出。切不可急用手去拔蚂蟥，否则，会将其拔断，比较麻烦。

（十二）草窝钓鱼方法

321．何谓草窝钓鱼

草窝钓就是利用鱼喜欢择草而居的习性，用人工制扎成整团整块的青叶植物群，放入水中的上层、中层或下层，以引鱼前来栖息和游弋、觅食，使垂钓者容易得到较好的收获。

322．制作草窝需哪些材料

利用人工制作草窝一年四季都可进行，不论在静水、流水中都可使用。制作草窝的材料很多，十分容易收集，可以就地取材。如生长在水中的水浮萍、青绿苔、水葫芦、荷叶、水芹、茭白皮、水花生等，生长在陆地上的杨树、柳树的嫩枝和叶、芦苇、带嫩枝的竹叶，以及稻草、麦秸，玉米秸、青菜、各种绿叶蔬菜等都可使用，当然，如果能使用鱼儿喜爱的各类水草，那就更理想了。

323．怎样制作草窝

草窝的形状以盘状和饼状最适合，面积以50～100 平方厘米为适宜，最大的可制成几平方米大，这种大型草窝，可以用树枝为骨干，制成后在底部扎上石块，增加重量将其沉入较深的水中。它可以较长时间招引各种鱼类在其周围停留、游弋和栖息，成为良好的钓点。

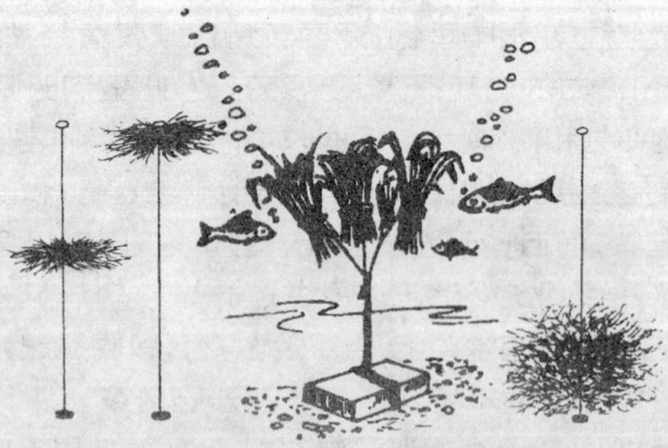

图94　几种草窝示意

中、小型的草窝多为 50 ~60 厘米大小,大多沉入水底,其余半浮在水体的中层,任其漂浮在水面。这要按照不同的季节,钓哪种鱼的需要而定。

沉入水底和半浮在水中层的都需加缚适量的石块或铁块,并用线系着,再系一块肥皂大小的塑料块作为标识。如沉在水底的草窝,水深为 2. 5 米,则在距草窝 2. 5 米处系泡沫塑料块,使其浮在水面,显示这下面是草窝,便于垂钓时能够识别位置。

利用草窝钓鱼虽然比较麻烦一些,但工夫不会白费,这样做要比不用草窝钓到的鱼多得多。

324. 用草窝钓法需注意些什么

使用草窝钓鱼需要注意以下几点:①草窝钓鱼最好是要和诱饵撒窝相配合,才能收到更好的效果,所以在下钩前,应在草窝范围及其附近水域撒些香味诱饵。②草窝钓法的水域,不宜太深或太浅,最好在水深1 ~1. 5米之间。③在水流较急处放草窝,应加重坠子,并将系线扎牢在岸上树木上或其他牢固物上。④投放草窝可用手抛投,也可用长竹竿挑送到离岸较远的水域中。⑤投放草窝宜选择附近没有障碍物及树根的水域,以免垂钓时遇到麻烦。

(十三) 系草钓鱼方法

325. 何谓系草钓法

系草钓鱼又称戳拱钓鱼,是在有水草的池塘、湖泊中诱钓鲫鱼的一种传统钓法。当夏季初期鲫鱼产卵后浮在水面拱食嫩草时,将饵钩送凑到鱼嘴附近,诱其吞钩,这种钓法较为巧妙,操作简便,见效快,常可得到很好的收获。

326. 何时适宜系草钓鱼

这种钓法的缺点是可以使用的时间很短,一般只有 5 月中旬至 6 月上旬这 20 多天的一段时间内能使用,过了这段时间,鲫鱼不再拱嫩草时,就不适宜使用了。而且在一天之中,只有在水温稍高的上午 9 时至下午 4 时才是最好的下钩时段,其他时间因水温较低,鲫鱼不大会浮上水面来拱草,垂钓效果很差。

327. 系草钓对钓具有哪些要求

系草钓可在岸边上钓,有小船的也可以在小船上钓。不同的是:在岸上钓竿最好有 5 ~6 米长的长竿;在小船上钓只需 2 ~3 米长的短竿,长了反而不便操作,且小船可以随心所欲地到有嫩水草的水域去下钩,不会有够不着的缺陷。但不论岸钓还是船钓,钓竿的竿稍都应较硬而富于弹性，以便在鲫鱼上钩时能快速利落地将其提出草缝。

钓线要求比较软，线径 0.2～0.25 毫米，钓线要短，末端拴上鱼钩。系草钓法用不着漂和坠，只要求使用较小、钩尖锋利的钓钩。

系草钓的钓饵，以小白虾和红蚯蚓为最好。

328. 怎样进行系草钓鱼

垂钓时，先要仔细观察水面浮着的水草有无动静，一旦发现水草有些抖动，即表明有鱼拱草了，此时便应将钓钩轻轻放落水中距抖动的水草不远处，入水 10～20 厘米，水草旁的鱼嗅到钓饵的气味后，就会快速循着气味前来吞钩。

鲫鱼吞钩时要立即放低竿头放线，让它吞下轻轻往水下拉，待它拉至 5～8 厘米时，立即起竿取鱼。若下钩未见有鱼咬钩时，可将竿梢微微抖动几下，以引起鱼儿注意。

用此法钓鱼，钓者需要下点工夫练习操作，主要的是必须在下钩时能使饵钩入水时悄然无声，不使拱草的鱼儿受惊扰，将它吓跑。

（十四）包钩钓鱼方法

329. 什么是包钩钓鱼

包钩钓是一种用各种粮食的面末调上米酒或香精等香料，生捏或熟捏制成花生米大小的颗粒作为钓饵，将整个鱼钩完全包裹起来垂钓的方法。

这种钓法主要适用于那些鱼的警觉性很高的水域，这种水域一般水质好，透明度很高，鱼儿看见钓钩就不肯上前吞钩，在这种情况下只能使用包钩钓法。

330. 包钩钓法有哪些优点

包钩钓法的优点有几方面：一是用素饵包裹起来可以避免警觉性高的鱼儿见钩生疑，不肯吞钩。二是这种用面粉制成的饵料，沉到水中后不久后会自行溶解，形成窝子，既可诱鱼来到窝子附近水域，又能在鱼吞钩时钓到鱼，起到诱、钓合一的作用。三是这种素饵香味足、适口性强。

331. 用包钩钓法需注意些什么

使用包钩钓的方法钓鱼，需要注意以下几点：①素饵制作时，必须加进米酒或香精等物，使钓饵有较强烈的香味，富于诱惑性。②垂钓时钓者必须专心关注浮漂动静和讯号，发现浮漂轻微抖动或微起微落时，就应立即起竿，不可误去时机。③使用包钩钓的水域，鱼的警觉性是特别高的，钓点附近要严格避免脚步声和说话声。④当太阳光从钓者的身后头顶上照射下来，不可让身影落入水中，否则，鱼儿看见水中人影，就不肯接近钓钩。

（十五）插竿钓鱼

332. 怎样进行插竿钓鱼

插竿钓是一种钓者不用手提钓竿，用多根竹竿拴上钓线、钓钩和钓饵投入水中后，将钓竿插在岸上的钓法。这种钓法的钓线上既不用坠子也不用漂浮，专门用来钓取肉食性的鱼类。垂钓前，先准备好15～20根1米多长的竹竿；15～20根1米多长的尼龙线和15～20个中号歪嘴鱼钩，以及相同数量的活的小泥鳅作钓饵，接着将所有竹竿的粗端用利刀削尖。

垂钓时，将每个钓钩尖各从泥鳅背部穿过，使所有钓竿上都有线和饵钩，然后将钓竿每隔10米在岸边插一根，并把钓钩投入水中。由于小泥鳅是活的，投入水中后，它会在水中不断游动，很容易招引肉食性鱼类前来吞食，吞钩后就无法逃脱。在插完所有的钓竿后，钓者不必守候，即可回家休息，到第二天早上前来逐竿查看和收鱼就行了。采用插竿钓法适宜的时间是每年的夏初至秋末，气温在25℃左右，收获最能令人满意。

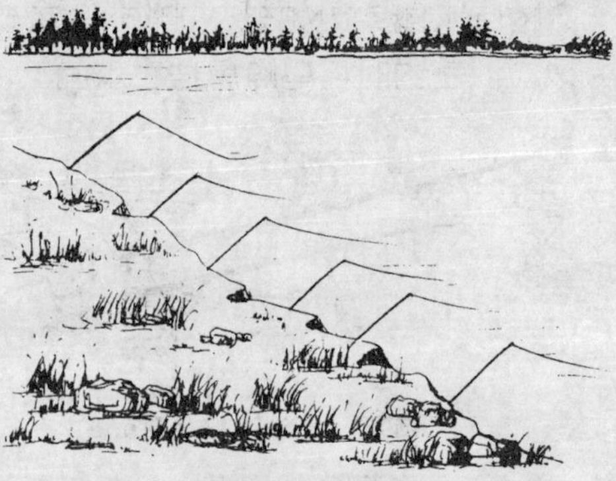

图95　插竿钓法示意

（十六）夜晚钓鱼方法

333. 什么是夜晚钓鱼

许多鱼类都具有趋光性，夜间爱到有光照射的水面去觅食，因此，使夜晚钓鱼成为可能。夏末秋初，水温在27℃左右，秋高气爽，微风习习，月朗星稀，是夜钓的黄金时刻。夜晚钓鱼如采用抛竿钓，不管是串钩还是炸弹钩，钓饵投入钓点后紧好钓线、挂上铃铛，听铃响提竿即可。如采用手竿钓，钓具与白天基本相同，只需将浮漂改为夜光漂。

334. 怎样借助灯光钓鱼

在一些岸边有路灯、探照灯等照射的水面，往往有各种趋光性的蚊虫等昆虫飞舞，昆虫不时落水，引来游鱼捕食，如在此处下钩，就能钓到游鱼，甚至钓到大鱼。

夜钓上层鱼时，可选用中型钓钩，不用砣，钓线负荷要大一些的，浮漂宜用大型鹅毛浮漂或用乒乓球作浮漂，浮漂距钩15厘米左右。垂钓时，多用蚱蜢、蝼蛄、飞蛾等昆虫作钓饵，不用撒诱饵做窝，只要在有灯光照射的水面，将饵钩抛向离岸稍远的水里，然后左右轻轻摆动向近岸处拖，重复此动作即可。有鱼咬钩时手感沉重，就可提竿取鱼。如遇大鱼也同白天一样要遛鱼，待鱼筋疲力尽方可取鱼。夜钓下层鱼时，要用白色的诱饵如米饭等打窝，且用量要大。钓具可用钓鲫鱼的普通钓竿。钓饵可根据鱼喜食情况选用。

335. 怎样利用马灯钓鱼

夜间水域岸边如无照明灯时，垂钓者可利用马灯人为地制造灯光效应。垂钓时将马灯悬挂于水面上15~20厘米的地方，这时，趋光性昆虫便接连飞来，在灯旁飞舞，不时有昆虫掉入水中，引得水下成群结队的鱼儿前来抢食。钓者可在马灯下用昆虫投钩垂钓，将饵钩在水面上下点击，作飞蛾扑水状。或投入水面下30~50厘米，拎起又放下，使鱼儿以为是活饵而窜过来吞食。这种钓法，不需要浮漂，凭手感提竿。

图96　人造光源垂钓示意

336. 怎样利用手电光钓鱼

方法是在傍晚提前选好钓点，打好窝子，窝子里要多撒一些饵料，钓点选在用水码头附近为佳。使用鲫鱼钓具，下饵钩后，手电筒光柱要照在浮漂前面一些，这样不反光，能看清浮漂。看漂、提竿同白天钓法。有的人不用手电筒，而是用一只小电珠安在钓竿的前端，用细电线连接，在钓竿基部接上干电池，以手控制电珠的明灭，进行照明垂钓。

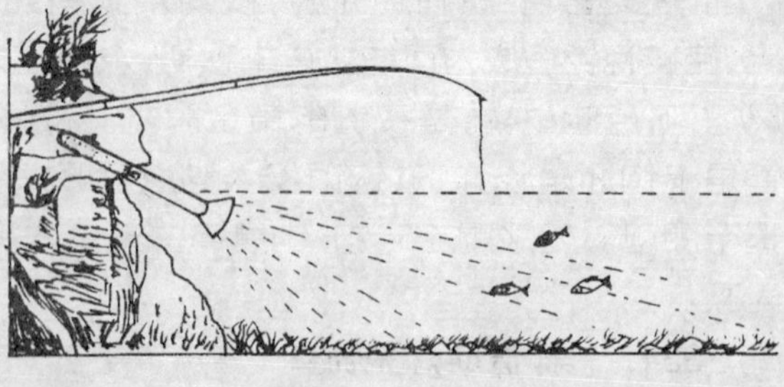

图97　手电光钓法示意

337. 怎样进行夜间无灯光钓鱼

这种夜钓宜在月光下进行，以便参照对岸固定物，确定所站位置，测出窝子离岸距离。宜采用发光浮漂和钓钩，要熟悉垂钓水域情况，打窝子也可于傍晚进行，并要做好标记。垂钓时，饵钩入水后，每隔3~5分钟向上提一提钓竿，以便诱鱼咬钩，凭手感可确定鱼是否咬钩，也可通过看浮漂沉浮，及时提竿取鱼。

夜钓环境远不如白天，要防蚊虫叮咬，注意安全，特别注意防蛇类、蜈蚣咬伤，最好结伴而行。尽量在傍晚天黑前到达钓场，选择较为平坦、无树少草的地方作为钓点，事先打好窝子，整理好钓具，带上照明用的手电等必备用具。

（十七）冰冻天气怎样钓鱼

我国地域广大，冬季钓鱼，在长江以南各省，特别是最南部各省，地处热带和亚热带，冬季气温一般只低至0℃左右，很少结冰，或仅结薄冰，像广东、广西、福建、台湾、海南、云南等。即使有时较难得地会结薄冰也会很快消融，在这些地区，冬天只要天气晴好就可在向阳处垂钓，只需找有水草处的下方深水层，特别是有热水流下泄的流水处下钓。无论使用手竿或抛竿，以软性竿，用小钩、细线垂钓，仍可有不错的收获。但在我国黄河以北各地，所谓冬钓实际上就是指“冰钓”。

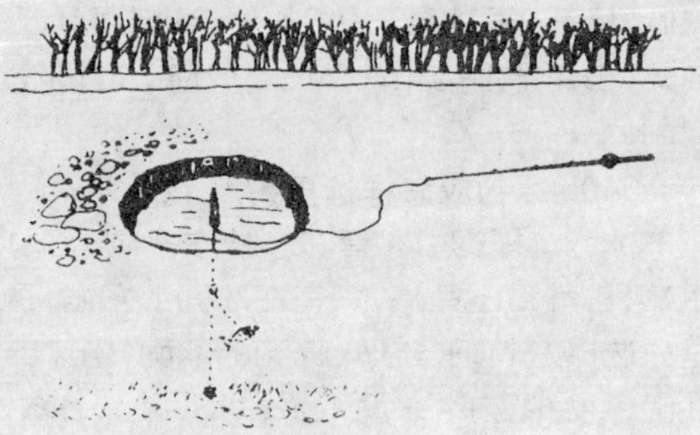

图98 冰钓示意

338. 怎样进行冰钓

为什么在冰天雪地的时候还能钓到鱼呢？一是少数冷水性鱼类，如狗鱼、哲罗鱼、细鳞鱼等，它们不惧寒冷，有一定的摄食要求；某些杂食性鱼类，如鲤鱼、鲫鱼、鳊鱼、鳜鱼也有少量摄食要求，只要有摄食要求，就有可能咬钩被钓起。二是冰钓时，必须凿开冰层，露出水面，这时，充足的氧气和水相接触，在冰洞处水中的溶氧量大增，如在冰洞处下了1个很好的窝子，便会吸引鱼类前来吸氧、觅食。三是水温与气温，水温与地温，水的上层、中层、下层温度之间皆有差异。

冬日水越深，底水温度越高。如 40 厘米水深时，水温为 2～2.4℃；1 米深处水温为 2.8～3.8℃；1.4 米水深处，水温为 3.6～3.9℃；3 米以上水深处水温可达 8～10℃。鲫鱼、鲤鱼乃至草鱼、鳊鱼，在 8～10℃的水温中还是进食的，均可钓到。

冰下垂直水温情况

冰下水层（厘米）	水 温（℃）	冰下水层（厘米）	水 温（℃）
表 层	0.4～0.8	100	2.8～3.8
20	1.0～1.4	120	3.4～3.8
40	2.0～2.4	140	3.6～3.9
60	2.3～3.5	300 以上	8～10
80	2.4～3.8		

339. 冰钓应怎样选择天气

冰钓应选择风和日丽的晴天，或是无风的暖和天，以白天气温不太低，接近 0℃或高于 0℃为好，这样可保证冰眼的水面不会很快结冰封死，也便于下钩和观察鱼漂反应。时间在上午 10 点至下午 3 点半以前。

340. 冰钓应怎样选择钓点

冰钓选择钓点和春、夏、秋季不同，因为水面被冰封住，既看不出水情，也难看出鱼情，只有在冰面上多凿几处冰孔来探测鱼情。做法是先选择好向阳、避风、暖和的冰面，用冰镩凿开直径 30～35 厘米的孔眼，并每隔约 1 米凿 1 个，凿 3～4 个，形成扇形或梯形排列，作为一组。可凿几组以便观测判断，选出较符合要求的一组作为入选的钓点。经过观察认为无鱼活动，不适合的孔眼则放弃不用。

341. 冰钓应怎样选择钓饵

冰钓的钓饵，荤饵、素饵都能采用，但从效果看，荤饵比素饵的效果好。荤饵可以用孑孓、红虫、蚯蚓、各种昆虫蛹、家畜肉和鱼肉，但以孑孓的效果最好，只是冬季的孑孓很不容易捞到，以蚯蚓最易取得。素饵可用小麦粉、黄豆粉、玉米面等配制而成的小团粒。

342. 冰钓需准备哪些工具

一是冰镩，又叫冰穿，是凿冰的工具。一种是手摇旋转式，很像钻床的钻头；另一种是三棱或四棱的冰镩，将冰戳碎，打出冰口。二是笊篱，是用来捞碎冰的工具。凿冰洞时，需要将碎冰捞走，由于天气冷，凿开的冰口会不断被冰封上，如果不及时捞出会影响垂钓，这时就要用笊篱及时将碎冰捞出。三是搭钩，当钓到个体较大的鱼时，由于冰洞小，又不能使用抄网，可用搭钩钩住鱼体，拖鱼上岸。

343. 冰钓需准备哪些钓具

①钓竿。冰钓竿多为玻璃纤维制品，常见的有2.1米、1.6米和1.2米3种，要根据水的深浅来选择竿的长短。一般是水深则竿长，水浅则竿短。一般每人用3~5副冰钓竿。②钓线。一般钓线直径为0.2~0.3毫米，若钓个体较大鱼类，线径应粗些。③钓钩。钓钩不用太大，因鱼体一般较小，可用伊势尼3~4号钩或类似大小的钓钩。④浮漂。采用较灵敏的10厘米左右细尾小风漂即可，也可用七星漂。⑤坠子。因鱼体一般较小，要求反应灵敏，可使用较小的颗粒铅坠。

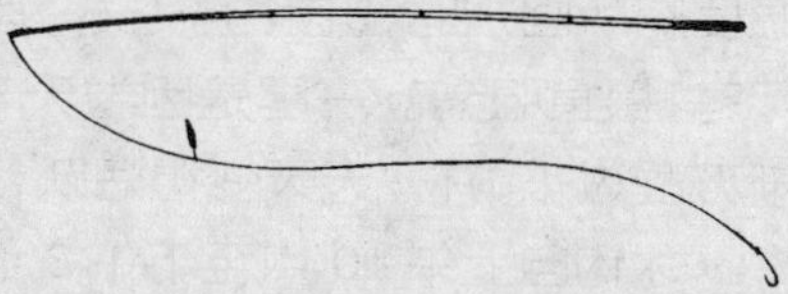

图99 钓具

钓组要搭配得当。既不能漂大坠轻，更不应漂小坠重。应使漂的浮力和坠的重量相等，或坠的重量略小于漂的浮力。这样的搭配，在鱼咬钩后漂的反应才会高度灵敏。

344. 冰钓有哪些方法

选定钓点后，即可在每个孔眼放一副钓竿，开始进行垂钓。

图100 冰钓情景

冰钓有两种方法：一种是底钓。这种钓法主要是钓鲫鱼、鳊鱼、鲤鱼、青鱼等鱼类，一般是用浮漂的方法在静水水域进行底钓。冬季由于水温低，鱼儿摄食动作缓慢，吞饵后浮漂的反应比较轻微，浮漂只是稍稍升起，微微地起落，发现这种动静就应立即提竿，常可应手而得。

另一种是浮钓，浮钓主要是钓哲罗鱼、狗鱼等凶猛肉食性鱼类。这种钓法须用小活鱼为钓饵，钓钩只悬在水体的中层或中下层，最好是能使小活鱼能在水层中不停地活动着，以引起那些肉食性鱼类的注意，下钩后如发现有轻微送漂或黑漂时，就立刻提竿，一般不会落空。

345. 何谓冰钓"钓两头"

对于冰钓，东北的钓友总结出"钓两头"和"四不"的方法。

所谓钓“两头”指的是冰钓时间从每年12月上旬到翌年2月中下旬约70天左右。在这70余天之内，一头一尾各有半个多月是鱼的摄食高峰期，俗称“冰钓两头”。在这两个高峰期，即使钓技差一些的人，也不会空手而归。一头是因为刚刚结冰不久，天气有所好转，温度有所回升时，饥饿了很长一段时间的鱼儿，为了积蓄营养以抵御严寒，摄食强烈。一尾是因为天气由冷转暖，鱼儿也从冬眠状态下逐渐苏醒过来，并一天天变得活跃，从而出现了吞饵上钩的第二个高峰。

冰钓自上午10点至下午3点半，是上鱼的较好时间。尤其是上午10~11时30分和下午2~3时30分更好。伴随这两个黄金时间是两次“炸冰”。上午“炸冰”是热胀所致，下午“炸冰”是冷缩所为。“炸冰”的响动会促使躲藏起来不爱活动的鱼儿受惊而四处窜动。一旦它们游进窝点，发现钩上的美味佳肴，张口就吞，绝不放过。因此，有冰钓经验的人只要一听到“炸冰”，就立刻聚精会神，双眼紧紧盯着冰洞中的浮漂，唯恐一错眼误漂失鱼。

346. 什么是冰钓中的“四不”

所谓“四不”指的是点不死守、钩不停逗、人不扎堆和钓不走神。

①“点不死守”说的是冬季进行冰钓，冰眼很难一下就砸在鱼的聚集点或鱼道上。由于冬天天寒水冷，鱼处在冬眠迟滞状态，即使你所凿的冰眼偏离鱼的聚集点或鱼道只有咫尺之遥，许多时候它们也不会游过来就餐。因此，砸开冰眼下钩后30分钟左右无鱼问津，就应另选它处重开冰眼。

在找不到好钓点的时候，可采用“追人”钓与“追鱼”钓。这两种方法是冰钓找鱼窝寻鱼道简捷有效的方法。“追人”钓是指在不熟悉的钓场，一时不知在哪里下钩时，如看见冰面人多密集或冰眼密布，必是近两三天上鱼情况较好的地方，在其附近凿洞下钩，定会有所钓获。“追鱼”钓是指冰钓时如出现左边或右边一两个冰洞上鱼不断，另一边冰洞的浮漂却纹丝不动时，连连上鱼一边的冰洞肯定接近鱼窝和鱼道，应及时在其近旁加凿一两个冰洞，将不上鱼一边的钓竿移过去，十有八九有效果。

②“钩不停逗”是指在垂钓时应不断提动饵钩引逗，让死饵变成“活”食和送“饭”上门，可大大提高鱼的上钩率。它可起到3个作用：一是可将下在杂草中的饵钩提出来，放在鱼儿易于发现的显眼位置。二是在鱼懒于摄食的情况下，提动饵钩在它眼前晃来晃去，诱使其开口吞钩。三是抬竿提线令饵钩在冰洞中前后左右不断变换位置。这是针对窝子周边有鱼，但与饵钩有段距离不愿游过来吞饵所采取的

一种措施。一旦将饵钩恰巧放在鱼儿的眼前或嘴边，它就会毫不犹豫地张口吞食。

③“人不扎堆”意思是在冰钓中某个地方出鱼了或个别人连连提鱼时，其他垂钓者不要争相往那儿集中，一是单位面积的冰面上承受的重量超过一定程度后容易出现冰面塌陷而发生危险。二是会惊走鱼群。

④“钓不走神”是垂钓者的基本素养，冰钓尤其如此。冰钓上鱼率的高低，很大程度上和垂钓者看漂是否专注有直接关系。数久寒天鱼本身吃饵就很勉强，反映到浮漂上的信号很小。如专注不走神，漂看得严，自然上鱼率就高。反之，精神不集中，东张西望，时常误漂，当然上钩率就低。

347. 冰钓需注意些什么

冰钓时一定要注意安全，初冬冰的厚度在 8 厘米以下时，不能上冰垂钓。冰钓效果在气温 –8～–10℃时为最好。低于 –20℃时，由于空中冷气不断通过冰层向水里渗透，鱼儿吃钩率差，人在冰上也冻得受不了，最好不要垂钓。冰钓时应多穿衣服，尤其关节部位要重点保暖，保暖鞋底要厚，且要防滑。冰洞靠近钓者一边应用碎冰筑一道低矮的“围墙”，防止因大鱼吃钩或站立不稳使人滑进冰洞里。冰钓时要戴手套，以免手被冻伤。开春冰溶时也不要轻易再上冰层垂钓，以免发生人身事故。

（十八）拉砣钓鱼

348. 什么是拉砣钓鱼

拉砣钓鱼也叫手线钓鱼，就是钓鱼时不用钓竿，仅用一根长钓线，一般在数十米至 100 米左右，其一端缠绕在竹筒、罐头筒等圆柱形的绕线器上，另一端系单钩、双钩及组钩均可，坠可置于钩的上方，也可以置于钩的下方。垂钓时，左手握绕线器，右手捏住钩、坠上方钓线 50 厘米左右处，作顺时针方向旋转，将钩、坠甩投出去，待钩落入水底后；拉紧钓线并固定在岸边的竹签上，拴上 1 个小铃铛作信号。当铃声响起时，要立即收线。

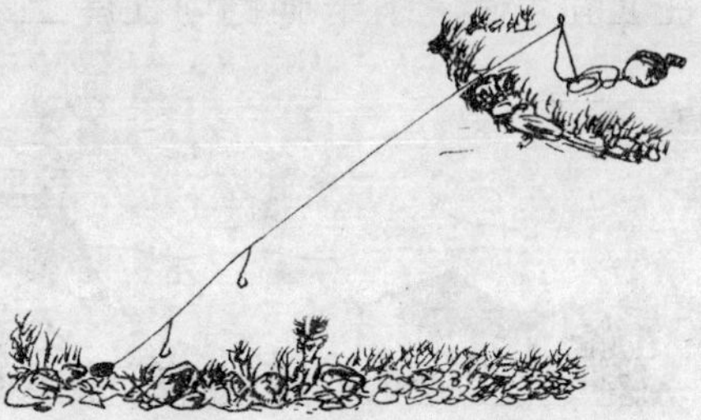

图 101　拉砣钓法示意

采用拉砣钓的优点是，一人可看管多副拉砣，增加鱼的上钩率。缺点是，钩上大鱼时，因手直接握钓线与鱼周旋，掌握不好容易出现拔河状态，易造成断线、脱钩等情况。

（十九）竹卡钓鱼

349. 什么是竹卡钓鱼

竹卡钓鱼方法，也叫下卡钓、弹弓钓等。这种垂钓方法不用钓竿，而是用一根长绳，上边每隔一段距离，用短线系 1 个竹卡子，再套上钓饵，放入水中进行垂钓。

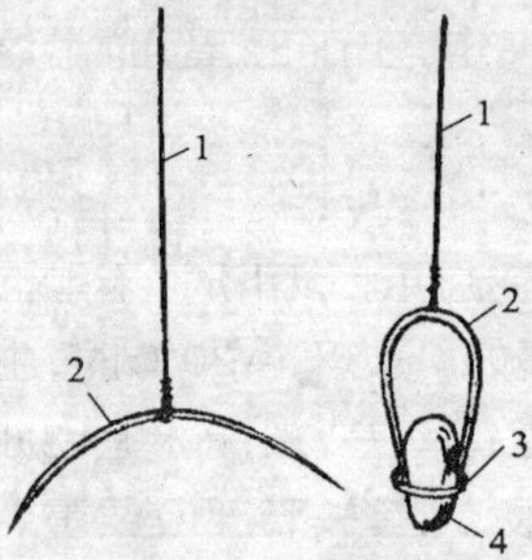

图 102　卡子示意

1. 支线，2. 竹卡，3. 卡圈，4. 饵。

长绳名叫纲绳，长可 10 余米至百米，视具体情况而定。卡子用富有弹性的竹篾制成，卡子的一头最好保留有竹节疤，这样可起到如钓钩的倒刺作用。

竹卡子大小可做成两种规格：大卡长为 50～70 毫米，直径为 3.3 毫米，中间卡臂呈直径 4 毫米的圆棒形，两头削尖；小卡长为 27～42 毫米，直径为 3.3 毫米，中间卡臂呈直径为 3 毫米的圆棒形，两头同样削尖。

图 103　卡串子示意

卡子作好后，用 30～40 厘米的钓线系于卡子中央（小卡用15～20厘米的钓线扣），然后在纲绳上每隔 50 厘米距离，系上这样 1 个竹卡子即可。装饵时先将卡子两端弯曲合并把饵料夹住，再用芦苇套套住。芦苇套系用嫩芦苇茎煮熟晒至半干剪成。如用嫩芦苇叶缚住竹卡子也可。当鱼吞食饵料时连同卡子一起进入口腔，芦苇套或芦苇叶断裂，竹卡子弹开就卡住了鱼的口腔，鱼一般不易逃掉。

系有多枚竹卡子的纲绳两端均应扣上卡串子，不用时纲绳就绕在上面存储。下卡施钓可在岸上或船上进行。在船上下卡简单易行。在岸上下卡，可一人或两人配合操作，沿着岸边，用带钩的长竹竿挑着纲绳，一段一段地放下。收卡时拉动纲绳，发现有鱼卡住，可轻轻收绳，再用抄网捞鱼。

图 104　竹卡钓示意

大卡一般用作钓下层鱼，纲绳全部沉入水底，所以不用浮漂，以漂浮在水面的卡串子作收卡标识即可。小卡钓下层鱼时也不用浮漂，钓上层鱼时可用浮漂。浮漂一般用长约 10 厘米的木棒或木板就行了。

（二十）抛钩钓鱼

350. 什么是抛钩钓鱼

抛钩钓鱼是一种不用钓竿、不要浮漂、放长线钓大鱼的方法。

具体方法是：备一根直径 0. 5 毫米、拉力在 12 千克以上的尼龙线作钓线，一端缆于岸上树木等物体上，另一端拴 1 个钩尖内倾、歪嘴大型钓钩，挂饵后抛入有大鱼活动的水底。

图 105　抛钩钓法示意

大鱼咬钩后，任其在游动中吞咽饵钩，因钩尖内倾容易入胃不易脱钩，钩嘴歪也不易被鱼吐出，当鱼感到不适时，会激烈游动不止，绷紧缆线 1 次，钓钩就会向腹内行刺一回，痛得鱼会猛烈乱窜，直至钓钩刺伤鱼的内脏，导致鱼死亡，再收线取鱼。为防鱼咬钩后挣扎断线，钓线可准备得长一些，盘在岸上以缓冲拉力。用此法钓大鱼，钓饵多用活鱼和青蛙等活饵。

（二十一）延绳钓鱼

351. 什么是延绳钓鱼

延绳钓鱼方法，也叫线浮钓，不用钓竿。延绳钓和竹卡钓相似，也需准备一根很长的纲绳，但它上面扣的不是竹卡，而是钓钩。在纲绳上每隔 30～50 厘米处，用 20 厘米长的支线扣 1 个钓钩，使钩尖朝外，以便于鱼类咬钩。

图 106　延绳钓法示意

延绳钓所用的浮子，用木制的球形或长棒形的

图 107　延绳钓起钓示意

均可，将其固定在纲绳的一端。饵料通常用多种钓饵为好，这样可吸引不同品种的鱼类咬钩。如在桥上或进水口附近下钓，可将钓线放入水中，顺水流而下。也可两个人配合，用带钩的长竹竿挑着纲绳一段一段地沿着岸边放下。如果纲绳较长，中间可用浮漂调节深浅。延绳钓也可在船上施钓。

（二十二）船 钓 鱼

352. 什么是船钓

这种在船上钓鱼的方法又称拖钓，是利用小船在湖泊、江河、溪流、溪涧、沿海垂钓的一种形式，一般可使用自备或租用停靠在岸边的小船在水上垂钓。

船钓比之岸钓有较多的好处。好处之一，是可以任意选择水域深度和鱼源较多最适于垂钓的钓点。其二是当 1 个钓点鱼源不多时，可以随时很方便地更换钓点。三是可以免得垂钓者为寻找良好的钓点而经受长途跋涉的劳累，大大降低劳动强度。

利用小船垂钓，同样可以根据水域的不同水情，采用手钓、竿钓、延绳钓、曳绳钓、多竿钓等方法钓鱼。船钓还特别适宜采用曳绳的钓法。

曳绳钓法是在一根钓线上连接数十个钓钩，装上假钓饵（也可用些真钓饵），装上浮漂放入水中，让其漂浮在适宜（有鱼群活动的深度）的水层中，然后拖曳着钓线缓缓行进，使饵钩在水流中自然漂动，引诱游鱼前来吞钩。

如果在岸上用曳绳钓法钓鱼，钓者必须在溪河或池塘边沿着岸边曳着钓绳缓缓走动，时间长了，比较劳累，但在船上进行，只要缓慢而轻柔地划动扣在船边的小桨，小船即能拖曳着绳钓线和一大串饵钩缓缓前进，如果在鱼多的水域中进行，就很可能收获不少。

在小船上进行曳绳作业，要比在岸上进行所收获的鱼多得多。这是因为在岸进行时，钓者是步行前进的，每走一步，钓线就要震动 1

次，钓钩在水中也会随着震动，警觉性较高的鱼就会产生一些犹疑，不肯贸然冲上去吞钩；而在小船上曳着钓绳和饵钩前进时，钓绳和众多饵钩是在水中平稳前进的，更像是鱼饵自然地在水中漂流，不会使鱼儿生疑，发现饵食后就会冲上去一口将饵吞下，因而其收获的鱼，会比岸上曳绳钓多得多。在鱼多的水域，一般 3～4 小时就可钓得 10～15千克中型和小型多种鱼类。

六、钓鱼的季节、天气和时间

353. 什么季节钓鱼好

水温的变化，直接影响鱼类的觅食活动。水温是随着季节变化而变化的，所以说不同的季节，垂钓效果也不同。一般说来，春秋两季是钓鱼的黄金季节；夏季和冬季为钓鱼的淡季。

鱼儿随季节活动的一般规律表

季节	活动规律
初春	一般在水的下层栖息，无食欲
春季	一般在中下游深水区附近的浅水处游动觅食
夏季	一般在中下游深水区的深水处游动觅食
秋季	一般在中下游深水区的岸边或水草处游动觅食
初冬	一般在下游的向阳面游动或觅食
冬季	一般在下游的深水区栖息

春季天气由冷逐渐转暖，鱼类由冬眠状态转入复苏期，活动量加大，食欲旺盛起来，而此时水中的天然饵料还较少，鱼儿饥不择食，同时鱼儿逐渐进入繁殖产卵期，更需大量食物来补养身体，以满足生长及生殖需要，所以此时正是垂钓的旺季。

夏季太热，人、鱼皆疲乏。经过一春的摄食，鱼已不是那么饥不择食了，表层水滚烫，可达40℃，除暖水性鱼类外，其他多种鱼儿皆避入深水，自然不宜垂钓。可在早晨和下午，选择多水草的浅滩和不太深的水域钓“底鱼”；而中午，宜钓上水层的“啪嘴子”鱼和浮钓草鱼、鳊鱼等；晚间还可进行夜钓。

秋季是一年中钓鱼的黄金季节。立秋之后，炎热的天气就变得早晚凉了。这个季节，可垂钓中、深水的底层鱼。秋季由于天气凉爽，温和，气候比较稳定，鱼群活跃，消化能力和摄食能力都比较强，它们要储藏丰富的养料准备过冬。因此，秋季的鱼比夏季好钓。

冬季鱼群都已潜入水体的最深处越冬，不太活动，摄食很少，一般仅靠它体内储存的养料和脂肪来维持生命。但越冬鱼类并不是绝对不活动、不觅食的，特别是一些个体较大的鱼，在基本适应寒冷以后，当风和日丽、水温尚未达到冰点的时候，仍然会游到向阳的深水处觅食、晒太阳。垂钓时间主要在中午前后。

354. 春季一天中什么时间钓鱼好

确定钓鱼时间是以水温是否适宜为标准的。早春时节，天气还较寒冷，尤其早晨和晚上气温更低，只有在阳光明媚的天气，上午 9 时以后至下午 4 时以前，气温稍高的这段时间可以垂钓，但还不能说是很好的钓鱼时间。春末、夏初，气温和水温都比较适中，此时全天都适宜垂钓。春季的中期，水温有所升高时，适钓时间上午可提前至 7 时；下午可延至 6 时左右。

春季钓鱼时间表

季节	天气情况	早晨（5～10 时）	中午（10～14 时）	下午（14～18 时）	夜间
春季	早春寒流	×	√	×	×
	晴天	√	√	√	√
	阴、有小雨	√	√	√	√
	小雨、中雨	√	√	√	×
	东风、东南风、东北风	√	√	√	√
	西南风、南风	√	×	×	√
	雾天	×	×	√	×
	闷热	√	×	×	√

355. 夏季何时垂钓最好

夏季天气炎热时期，从上午 9 时至下午 4 时气温很高，都不适于垂钓。因为鱼是不适应高温的，水体的上层被太阳晒得很烫，鱼儿都栖息在深水层比较荫凉之处，只有上午 9 时以前和下午 5 时以后才适于垂钓。

夏季钓鱼时间表

季节	天气情况	早晨（5～10 时）	中午（10～14 时）	下午（14～18 时）	夜间
夏季	晴天	√	×	√	√
	阴、小雨、梅雨	√	√	√	√
	中雨、大雨后	×	×	√	×
	暴雨、台风	×	×	×	×
	雾	×	×	√	×
	闷热	√	×	×	×
	阵雨之后	√	√	√	√
	东风、东南风、东北风	√	√	√	√
	南风、西南风	√	×	×	×

356. 秋季何时垂钓最好

夏末和中秋之时，又是1个水温适度的时期，此时，整天都适于垂钓，凌晨和黑夜也可放钓一搏。

秋季钓鱼时间表

季节	天气情况	早晨（5~10时）	中午（10~14时）	下午（14~18时）	夜间
秋季	晴天	√	√	√	√
	阴、有小雨	√	√	√	×
	中雨、大雨后	×	×	×	×
	连绵阴雨	×	×	×	×
	台风	×	×	×	×
	东风、东南风、东北风	√	√	√	√
	西南风、南风	√	×	√	√
	刮西风、北风、西北风	×	√	×	×
	雾天	×	√	√	×
	下霜	×	√	√	×
	寒流	×	×	×	×

357. 冬季何时垂钓最好

深秋至冬季，天气由偏冷渐入寒冷期，这个时期，要垂钓只能在晴天的上午10时至下午3时进行，其他时间，很少有鱼上钩。

当然，那些精于冬钓的行家，严冬季节采取破冰作深水冬钓，也可以获鱼而归，但那只能在我国北方有此可能，并非任何钓鱼爱好者随处都可进行。

冬季钓鱼时间表

季节	天气情况	早晨（5~10时）	中午（10~14时）	下午（14~18时）	夜间
冬季	晴天	×	√	√	×
	寒流、北风、西北风	×	×	×	×
	南风、西南风	×	√	√	×
	下雨	×	×	×	×
	下雪前	×	√	√	×
	下雪后	×	×	×	×
	冰封后	×	√	√	×

358. 怎样的天气垂钓最佳

鱼类是变温动物，对天气变化十分敏感，气压、风力、风向等对钓鱼的影响都很大，关系密切。天气反常，如骤冷、骤热、闷热、过冷、过热等，鱼类的摄食欲望大受抑制。因此，如得知天气不好，就不应外出垂钓。另外，如大雷雨前、强台风后、西南风起、大雾天等恶劣天气，鱼儿也是不爱咬钩的。若在野外发现天气突然变坏，一时难以好转，就应收竿回家。

观云识天气简表

云的类型	云的形状	云的颜色	可能出现的天气
卷云	丝条状、片状、羽毛状、钩状、砧状	白色	晴朗
卷层云	丝幕状、有晕	乳白	晴或多云，但在北方冬天可能下雪
卷积云	细鳞片状、排成行、或成群排列整齐；有时像微风吹拂水面形成的小波纹	白色	晴、有时阴雨，大风
高层云	均匀成层，如帐幕	灰白或灰色	阴、有时有小雨
高积云	云块较小，扁圆形，或瓦块状，或水波状排列	白或暗灰色	晴、多云或阴
层积云	云块较大，条状、片状或圆状，较松散；成群、成行或波状排列	灰白或深灰	晴、多云或阴、有时下小雨（或小雪）
层云	均匀成层，像雾，底不接地	鱼白	晴，有时下毛毛细雨或小雪
雨层云	底慢而无定形，如烟幕状，云底常伴有碎雨云	暗灰	连续性雨雪天气
积云	底平坦，顶凸起，如山峰	灰白色，浓淡分明	晴、少云或多云
积雨云	比积云浓厚，庞大，底高，云顶模糊，底很阴暗	乌黑	多云或阴，有雷阵雨，伴有大风，雷电，有时产生冰雹，或龙卷风

一般说来，春天气温还较低，时有寒流袭来，寒流来时，不宜外出垂钓，春天一般应选择风和日丽的天气垂钓。春末夏初的梅雨季节，气温适宜，水中氧气充足，也是垂钓的好时机。另外，春季下毛毛雨时，微雨入塘，水中溶氧增加，鱼儿活跃，故有"春雨满塘鱼"之说。

夏秋多雷雨，一般在雷雨后，水温清凉，氧气充足，饵料充足，鱼儿活跃，喜咬钩。连续阴雨转晴天气及多云天气，也是垂钓的好时机。此时光线忽明忽暗，水温由低转高，鱼儿活跃贪食。

359. 风力、风向对垂钓有何影响

风与垂钓也有密切的关系。刮风天气，风吹动水面，水体上下产生对流，水中溶氧量增加，鱼儿感觉舒服，显得异常活跃，食欲好，吃饵勤。风将陆地、空中的草叶、昆虫等吹入水中，使鱼类得到食物。但风力不能太大，以 3 级左右为最佳。"和风细雨，鱼儿欢喜。"如果风力很大，必然是风浪拍岸、波涛汹涌，不仅难以观察鱼汛反应，而且这时的鱼，由于感到不适和惊慌，大都伏于水底不动，无心觅食。

风力等级简表

风级	风名	风速(米/秒)	地面风吹情况
0	无风	0~0.2	炊烟直上，树梢都静止不动。
1	软风	0.3~1.5	炊烟向一个方向移动，树叶略有摇动。
2	轻风	1.6~3.3	脸上感觉有风，树叶微响，旗子轻轻飘扬。
3	微风	3.4~5.4	树上枝叶摇动不息，旗子招展。
4	和风	5.5~7.9	能刮起地面的灰尘和纸张，树枝摇动作响，茅草像波浪般起伏。
5	清风	8.0~10.7	有枝叶的小树摆动，江河上有小波。
6	强风	10.8~13.8	大树枝开始摇动，人撑伞困难，电线发出“呜呜”响声
7	疾风	13.9~17.1	全树摇动，人迎风步行感到困难。
8	大风	17.2~20.7	小树枝吹断，人步行阻力甚大。
9	烈风	20.8~24.4	普通房瓦被掀起，大树枝被折断。
10	狂风	24.5~28.4	树木被拔起，一般建筑物遭破坏。
11	暴风	28.5~32.6	大树被吹倒，建筑物受到严重破坏。
12	飓风	32.7~36.6	陆地上少见，其摧毁力极大。

一般刮东风、南风、西风、北风这4种正向风时，鱼吃钩率均较差；而刮东南风、东北风、西北风这3种偏向风时，鱼四季吃钩率皆较高；独有刮西南风时，鱼在春、夏、秋三季吃钩率均较差，甚至不吃钩，而冬季严寒季节吹西南风时，天气暖和，鱼吃钩率反而高。

360. 下雨对垂钓有哪些影响

毛毛细雨下到水面上，对鱼没有惊扰，又增加溶氧，鱼儿食欲大增，易于上钩；阵雨前因气压低，鱼浮头不食，不可垂钓；阵雨之后大量新水带着氧气和食物进入水中，使鱼活跃，食欲强，是垂钓的好时机。在刚下连续性雨时，鱼吃钩率低，需待几个小时以后，水里新水增多，使鱼活跃，皆趋近水边觅食，此时在雨中垂钓效果很好；当阵雨过后，钓鱼效果也不错。若是大雨、暴雨天气，鱼儿受到惊吓，一般鱼类不肯进食，垂钓者也看不清浮标，难以掌握提竿时机，且雨大身上穿的雨具多，不灵活，故不宜垂钓；但雨后如水色不太浑浊、水流速不太快，则可垂钓。下雷雨时易遭雷击，不宜垂钓；但雷雨一过，天晴气压高，水中溶氧丰富，鱼类食欲旺盛，倒是垂钓的好时机。雨季时，水温适宜鱼类生长，当雨停歇以及雨较小时，皆为垂钓的好时机。

361. 下雪对垂钓有何影响

雪前和下雪之初，阴云密布，微风，气温开始转冷，此时水温尚暖。当鱼儿感受到表层水开始降温时，它们会赶快进食，于是河塘中的鲫鱼、鲤鱼、鳊鱼，以致草鱼、青鱼等食欲旺盛，是钓鱼的好时机。

当大雪铺天盖地，落在地上，落入水中，使气温迅速下降，于是水温也迅速下降。待到大地皆白之时，水表层下 2 米以上的水温会迅速下降 5～10℃，于是，鱼儿纷纷游向别处更深的水域或较浅（如 2 米）水域的水底，不动不食。大雪之后，更加寒冷，冰雪在溶化过程中将空气、土壤、水流的热量大量吸收，鱼类更加不动不食，所以在大雪弥天之时或雪后，一般是无法钓到鱼的。

七、垂钓技巧

(一) 怎样根据水色判断鱼情

362. 根据水色判断鱼情有哪些技巧

大体上说,水色稍浑而不重浊,呈浅黄、澄黄、青黄、黄绿或黄白色的水体,表明肥瘦适中,这类水中含有较多鱼儿生活所需的食物,鱼儿在这样的水体中感觉舒适,比较活跃,食欲也较好。

在呈现以上几种颜色的水中,还含有较多的水生植物,如金藻、黄藻、绿藻、蓝藻、硅藻等低等植物,是鲤鱼、鲫鱼等较为喜爱的食物;呈青黄色的水体上,常有较多的草鱼;呈淡黄橙色的水体中,则鲤鱼较多。

水体呈现褐色或混有泥浆,过分浑浊,水中能见度太差,鱼儿不易发现食物。鱼儿大多不适应这样的生活环境,会游到其他较为适宜的水域去栖息,这样的水域不适于垂钓。即使有鱼,把钓饵放进水中后,鱼儿也很难看见钓饵,效果不会好。

水体若呈绿褐色,这是由于水体中有机物含量太高,浮游生物太多。尤其在有些养鱼塘中,饲养者会投入人畜粪,微生物大量繁殖,使水色变成墨绿或深褐绿色,甚至水面上还漂浮着一层黑糊糊的杂质,几乎隔断了空气中的氧溶进水中,使水中缺氧,这样的环境会使鱼弊闷难受,没有食欲,动作迟钝。这种水域俗称水质过肥,而且这样的水中食物很多,鱼儿不饿,即使看见钓饵在水中晃动,它也不太有兴趣来咬钩。这种水域垂钓,很难有好的效果。

不过,钓鱼行家在摸清某个水质过肥的水域某个鱼种最多时,利用"投其所好,供其所需"的方法,使用这个水域所缺乏的特殊钓饵垂钓,也能获得较好的效果。比如:了解到这个水塘中鲤鱼最多,就利用鲤鱼最爱吃香甜食物的特性,以熟马铃薯或熟山芋稍晒干后,放在曲酒、蜂蜜、香蕉香型的香精的混合液中浸泡一夜后的饵料作钓饵,白天作深水钓,夜间作浅水钓,往往有好的收获。

一般地说,呈淡褐色的水体比较适合垂钓,这种水体中含有各种藻类植物和微生物,但不过量,肥瘦适中,适合鱼类生活。这种水域常有较多的鲫鱼或鲤鱼。由于水中所含食物并不多,只要用些带有香甜味的钓饵，可以有好的收获。

此外，水体呈青黄色常表明这种水域可能栖存有较多的草鱼。

水体呈淡黄色，常表明这种水域可能栖存有较多的鲤鱼。

水体呈黑紫色，水面上漂浮着一层深色的油污等杂质，并散发出难闻的腥臭气味，这样的水域不适于下钩，因为这样的水质，表明受到了严重的污染，鱼儿不可能在这种水中生存。

但水色完全透明、清澈见底的水域也不适于垂钓。这种水体中藻类植物和微生物含量极少，不能对鱼儿提供足够的食物，即使有鱼生存也是数量极少的。不适于垂钓还有一种原因：在这种清澈的水中，鱼儿可以清楚地看见钓竿、钓线，而且，在这样的水中，鱼儿还能看见在岸上钓者的身影，它会躲避得远远的，结果可想而知。

（二）怎样根据水面情况判断鱼情

鱼类在水中活动与觅食，必然会在水面上产生各种反应，垂钓者可通过观察这些反应来判断水中的鱼情。

363. 怎样看水面气泡判断鱼情

水面气泡俗称沫子或鱼星子，是鱼在底层觅食时吐出的气泡浮到水面所致。鱼越大，气泡越大，上浮速度也越慢。鲫鱼是单泡或3~5个泡，黄豆大小；鳊鱼是单泡或连升两小泡，上升速度较快。草鱼、青鱼冒泡大小不一，数量较多，常连成片。鲤鱼吐泡多，连成串，形成泡团。总之，水面星子多说明水里鱼多。但要注意鱼泡与自然气泡的区别。自然气泡是沼气所致，一般出水即破，没有动感，有时成串冒出，持续时间长。而鱼泡冒出没有规律，不会立即破裂。

364. 怎样看水草表相判断鱼情

一眼看去，若水草叶片残缺不全或有的只剩茎秆而无叶，说明有鱼咬食，特别是草鱼和鳊鱼喜欢咬食水草。

365. 怎样看水面动静判断鱼情

一是看水面波纹。若有浮鱼游动，水面会起微波；底层鱼游动，有时会掀起涡旋波。二是看水面有无水花。有鱼的水面一般不会太平静，往往会有水花。水花多、水花大，说明鱼多且有大鱼；水花少、水花小，则说明鱼少且小。另外，还可通过嗅和听来判断鱼情。水中鱼多，走到水边就能随风闻到阵阵腥味；仔细听，有时能听到鱼在草丛中拱草或咬草的声音。

（三）水温与钓鱼

366. 水温对钓鱼有哪些影响

鱼类属冷血变温动物，其体温随生活水域的水温变化而变化，而水温的变化主要受季节及太阳辐射的影响而变化。在我国生长的鱼类，主要有温水性、冷水性和热带鱼类3 种，各种鱼类的活动、摄食、繁殖，都有一定的温度要求，适温范围也不相同。①温水性鱼类：主要包括鲫鱼、青鱼、草鱼、鳊鱼、鲢鱼、鳙鱼、鲤鱼、乌鱼、鳜鱼、鲶鱼、鲌鱼等。这是在我国分布最广的鱼类。其中多数鱼类生活的适宜温度在15~33℃之间，当水温低于 10℃、高于 33℃时，鱼即停止进食，而鲤鱼、鲫鱼在水温低于 4℃、高于 30℃时，才停止进食，是适温性较强的鱼类，几乎全年均可垂钓。②冷水性鱼类：主要包括狗鱼、雅罗、铜罗、法罗、胡罗、哲罗等鱼。它们主要生活在我国东北地区，适温范围是7~20℃，超过 30℃则会死亡。③热带鱼类：在我国生活的热带鱼主要包括罗非鱼、鲮鱼等，适温范围 25~35℃，水温低于 18℃时即停止摄食，水温低于 10℃时即会死亡。这些鱼类主要生活在我国南方。水温对垂钓有很大的影响，要想获得好的垂钓效果，应当考虑各种鱼的适温范围。

鱼的适水温度表

淡水鱼	水温(℃)	海水鱼	水温(℃)
香鱼	17~20	黑金枪鱼	14~18
嘉鱼	7~9		
虹鳟	11~14	鲈鱼	15~18
桃花鱼	13~16	黑鲷	18~26
鲫鱼	19~23	真鲷	18~26
鲤鱼	23~28	鲳鱼	12~16
鳟鱼	8~10	鲕鱼	15~18
鳗鱼	20~23	鲣鱼	20~22

（四）水的涨落与钓鱼

367. 水的涨落对钓鱼有哪些影响

水的涨落，对鱼的游动、觅食有很大的影响。鱼类的本性决定鱼对水位的变化异常敏感。当水位上涨时，水中溶氧增加，鱼儿显得活跃。而上涨的水淹没的浅滩、凹地、稻田、菜田中，植物的种子、小动物多，使鱼儿吃食活跃。当水位跌落时，鱼有一种“怕搁浅”的恐惧感，便纷纷游回深水区。“涨水应钓滩，落水则钓深”，说的就是这个道理。

（五）水流与钓鱼

368. 水流对钓鱼有哪些影响

鱼有顶流的天性。水流不仅有利于溶氧，使鱼类活跃，而且带来充足的饵料，利于垂钓，因此钓鱼多选流动水域。但是当水的流速过大，鱼想在原地保持不动都很费力时，它们往往会避开主流，躲入坑、潭之中。因此，流速大时钓点应避开主流，找水流的回弯处，水流相对平静，饵料丰富，在此垂钓，必有收获。流速小时则可以在主流中下钩。

在水体中，水库的入水口与上游河道的狭窄处流速大，宽阔处流速小，河道中间流速大，两岸流速小，主河道流速大，支流流速小，深水一侧流速大，浅水一侧流速小；转弯处正对水流的一岸流速大，对岸流速小；河底有深潭处上面流速大，深处流速小，如果水库进水处有岛屿，向水流面两侧流速大，背水流面流速小。

（六）怎样根据水面气泡（鱼星子）识别鱼类

369. 地星与鱼星有什么区别

鱼进食时为什么会形成气泡呢？我们知道，鱼不是通过肺呼吸的，是通过口腔不断地吸水，当水流经过鳃丝，由鳃小片上的毛细血管来摄取水中的氧气，并把体内的二氧化碳通过鳃小片排入水中，从而完成呼吸过程。

当鱼儿发现食物并准备摄食时，它必须把鳃盖关闭后再张开嘴，在张嘴时，口腔内就形成1 个含碳气体的空间，由于这种碳气比水轻，在水的压力下，就会从口中释放出来后形成气泡，缓缓地浮上水面，并自行破灭。这种气泡就是鱼星。

所谓地星，是由水底淤泥中的沼气释放而形成的，这种地星，小的如绿豆，中等的如珠子，有的比乒乓球还大，初学垂钓的钓者，很容易把地星与鱼星混淆起来，因此，有必要加以区别。地星和鱼星的主要区别如下。①地星上升至水面时会很快破裂，而鱼星在水面上会较长时间不破。②地星的大小差不多，冒出的位置固定，不移动，间隔时间相近。而“鱼星”有大有小，位置不固定，并朝某一方向移动，间隔时间也有长有短。③当有了外界干扰，如汽车路过、大声说笑、打击水面等，"地星"仍按原来状况冒个不停，而鱼星受干扰后会即刻停止。④由于淤泥中气体较多，当它们冲破淤泥层时，即会来一次爆发，形成间歇性喷泉状气泡，一串串冒出水面。而鱼星的数量则远不及地星。

鱼星与地星的区别表

状况	地星	鱼星
在水面破裂时间	快	慢
位置	固定	移动
间隔时间	相近	长短不一
受外界干扰后的反映	无反映	消失
数量	多，成串成团	少

370. 识别鱼星有哪些技巧

每种鱼都有各自不同的特点，它在摄食时所形成的鱼星也就会有所区别。因此，有经验的钓者通过长期实践，对各种鱼星都能识别出它属于哪种鱼，个体大概有多重。

识别鱼星时，应从鱼星的大小、上升速度，是否成团、成串或伴有其他物质等特点，来区别鱼种、鱼数、鱼的大小和栖息的深度等情况，从而考虑用什么钓饵、用哪种钓钩和钓线，下钩在什么深度最为有利。初学者可以参考本书所列举具体鱼种的鱼星描述，再通过自己的不断实践和总结加以掌握。需要说明的是，这些只是以往钓者的认识，会有一些误差，究竟有多少是正确的，还有待广大钓者继续实践加以证实。

371. 鲤鱼有怎样的鱼星

鲤鱼的鱼星细而密，有大有小，成团出现，在水面形成一片，并伴有浊水、杂屑，移动缓慢。

372. 鲫鱼有怎样的鱼星

鲫鱼的鱼星小而少，大小一致，三三两两，如同珠子，比绿豆小，大多数是单个的，悠悠上升，位置不固定。

373. 草鱼有怎样的鱼星

草鱼的鱼星较大，成串放出，大泡中夹杂小泡，比鲫鱼鱼星大而多，但不及鲤鱼鱼星多。

374. 鳊鱼有怎样的鱼星

鳊鱼的鱼星小而分散，一般呈黄豆大小，陆陆续续冒出水面。

375. 青鱼有怎样的鱼星

青鱼的鱼星位置变换没有规律，鱼星中除小碎星外，总有数个大泡掺杂着长短不齐的植物碎屑同时浮出水面，一般泛起一二片鱼星即消失了。

376. 乌鳢有怎样的鱼星

乌鳢的鱼星小而密，上升较快，呈长条形，消失也较快。

377. 鲶鱼有怎样的鱼星

鲶鱼的鱼星呈条状，密密麻麻，又细又多，不断移动。

378. 黄鳝有怎样的鱼星

黄鳝的鱼星是头伸出水面呼吸时产生的，每个鱼星如豌豆大，3～5个不等。

379. 甲鱼有怎样的鱼星

甲鱼的鱼星是其在水底爬行时产生的，鱼星密集，呈双行带状或圈状，大小不等，移动缓慢。

380. 翘嘴红鲌有怎样的鱼星

翘嘴红鲌的鱼星为单个小泡，约绿豆般大小，若窝里有多量小气泡不断泛冒，则表明窝里有小群翘嘴红鲌在觅食。

381. 鲢、鳙鱼有怎样的鱼星

鲢、鳙鱼的鱼星与鲤鱼鱼星有些相似，但它的气泡大小更加不均匀，大者如同乒乓球，且数量较多。

382. 泥鳅有怎样的鱼星

泥鳅的鱼星密而细，成串上升，呈泡沫状。

（七）怎样选择钓场

383. 何谓钓场中的“看一看”

宏观上选择的垂钓场所叫钓场。即经了解观察确定某江河、湖泊、池塘或溪渠、水库中有较多鱼类，且适于垂钓的较大面积的水域。选择钓场的目的是判断这里的鱼多不多，主要鱼类是哪些，以便从微观上选择钓点。选择淡水钓场时，应根据不同的水域情况来进行选择。选择的方法可以用“看一看、问一问、嗅一嗅、听一听、测一测”这一口诀来概括。

所谓“看一看”，是指全面勘察水域的地形、水面和水情 。先看垂钓水域的形状，是长、是方还是圆，还是其他什么形状；水面是宽阔还是狭窄，大致估计有多深；岸边有否突兀、曲折处，有没有伸向水中的小岛；四周有没有与之连接的水体、进出水口、沟汊等；有否水草地段，疏稠情况如何；水域中有否桥墩、码头或突出水面的土堆、大石等物；有没有养鱼网箱或增氧机以及岸边的树荫、土质结构等。接下来要看一看水草、浮萍是否有鱼吃食的痕迹，有没有鱼拉下的一条条黑绿色的粪便；再看一看水面有没有鱼星，水面有没有水纹和水波，这都是有没有鱼的依据。俗话说水清则无鱼，所以还要观察一下水的浊度，一般浊度大，表明鱼的数量也多。从水色分析，淡黄橙色，鲤鱼较多；青黄色，草鱼就可能多一些。但如果水色浑如泥浆或是深绿色水质过肥，黑紫色污染严重，均不宜垂钓。

384. 何谓钓场中的"嗅一嗅"

"嗅一嗅"也可说是闻一闻，是指钓者站在水域的下风口，停下来仔细用鼻子闻一下此处的气味，鱼多的水域，会有一股鱼腥味儿，鱼越多，腥味儿越浓。把钓位选在鱼腥味浓的地方，必有好的收获。

385. 何谓钓场中的"问一问"

"问一问"是要向当地群众打听，了解一下该水域最近是否干过塘，是否有鱼，有哪些种类，有没有人垂钓，钓鱼的人多不多，是否有人捕过鱼，水的深浅情况如何等。

386. 何谓钓场中的"听一听"

听一听意为善于聆听水中各种声响并加以分辩，例如有无鱼在觅吃食过程中发出的声音，如鱼咬草、拱草的"咂嘴"声，大鱼追捕小鱼的击水声等。

387. 何谓钓场中的"测一测"

"测一测"，是指测试钓场水域的深浅情况。可通过钓线以测试水的深浅，或者试钓一下，最终决定是否在这里垂钓。

（八）怎样选择最佳钓点

388. 什么是钓点

经观察后认定有较多鱼类生存、栖息，并适于垂钓者撒饵、落钩垂钓的具体位置的小范围水域叫作钓点。

钓场选好后还要精心选择好钓点。钓点选不好，即使有良好的钓技和适口的饵料，也难以取得理想的垂钓效果。

钓点的好坏，要受到鱼源、地形、季节、风向、水情、水温、流速等诸多因素的影响，所以选择钓点时要通盘考虑。一般应掌握以下几个原则：一是水域中有鱼；二是钓点附近有鱼游弋或聚集。前者是先决条件，后者是必要条件。

各种鱼类有不同的习性，在不同季节常聚集在一起，栖息在固定的水域中。如鲫鱼、鲤鱼等，喜欢聚集在水底有障碍物或水草处或有沟坎处，有的鱼喜在乱石堆及洞穴附近聚集；夏季气温高时，多数鱼喜聚集在深水处或阴凉处。如在鱼类聚集处下钩，当然是好钓点。鱼儿为了生存就得觅食，水草丛生处浮游生物多，活水流入的进水口，淘米、洗菜的码头处等，饵料充足，鱼儿常聚集在这些地方觅食，也是好钓点。

389. 哪些水域有好钓点

①在江、河、溪渠弯曲和沿岸凹凸而形成的水流放缓的洄水处。这样的地方常是鱼儿休憩、游弋和觅食的好去处；是较好钓点。②池塘、湖泊、水库中长有较多水草的沿岸水域。因为鱼儿不喜欢光线强烈的环境，喜欢比较隐蔽之处，水草可以遮挡阳光，而且，有水草处氧气充足，鱼儿食欲较强；各种微水物和植物碎屑、小昆虫等鱼的食物较多，因而是鱼儿喜欢栖留、觅食的水域，适于作为钓点。③桥夹水闸、涵洞出水口两旁洄水处。不仅水流回缓，适于鱼停留休憩觅食，而且有较多微生物和小昆虫尸体、植物碎屑等鱼类食物停滞，适于作为钓点。④有船舶、木排、竹排停泊的沿岸水域。常有鱼类栖息、游弋，也可作为钓点。⑤江河、湖泊、池塘、水库沿岸有树木或水中有木桩、成堆的石块，形成水底有较多坑洼和小洞穴，适于鱼类停留、栖息之处。可设钓点。⑥岸边有猪圈、牛棚、饲养鸡鸭等畜类的沿岸水域。有粪汁等污物渗入水中，为鱼类喜爱觅食之处，可设钓点。⑦沿岸有人家居住，并设有厕所、打谷场、粮仓、蓄粪池、菜地的水域，常有各种生活污水杂物流入的水域，是鱼类喜欢停留觅食的处所，是较好的钓点。⑧江河、湖泊、水塘沿岸有住户设有洗衣、淘米、洗菜埠头的水域。是鱼儿乐于游弋、觅食之处，也是垂钓的良好钓点。⑨在池塘、湖泊、水库中垂钓，应在进水口附近和有缓流的活水处寻找钓点。

钓点用图示表示如下，图中△处为钓点。

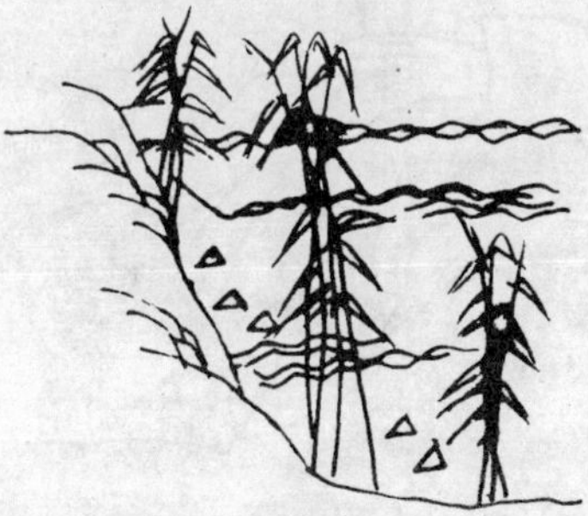

图 108－1 有水草的地方为钓点

图 108－2 有水草的地方为钓点

图108－3　有水草的地方为钓点

图109－1　木桩周围为钓点

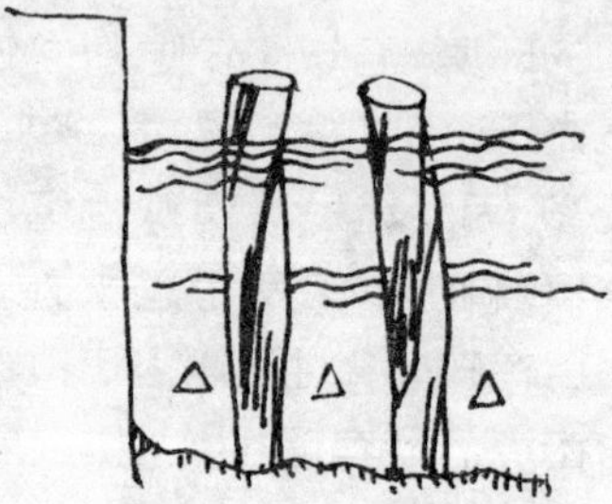

图109－2　木桩周围为钓点

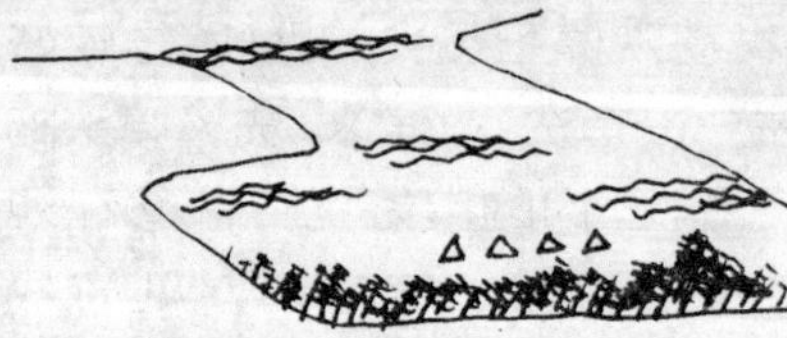

图110　长边为钓点

图111　乱石底为钓点

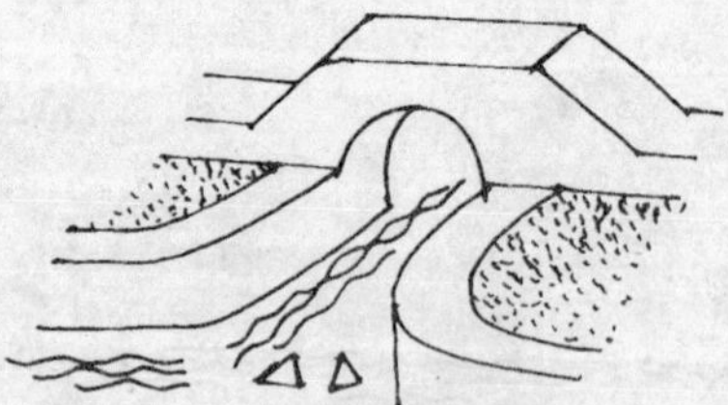

图112　水闸附近为钓点

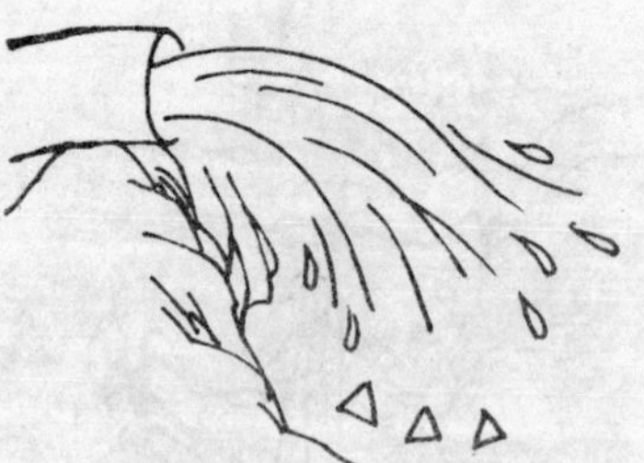

图113　入水口处为钓点

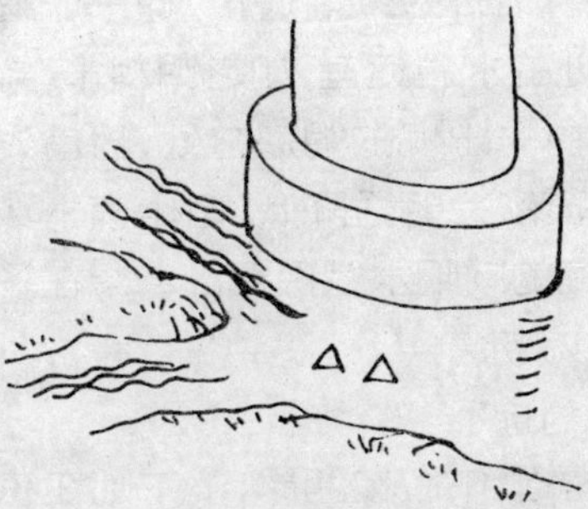

图114　桥墩旁为钓点

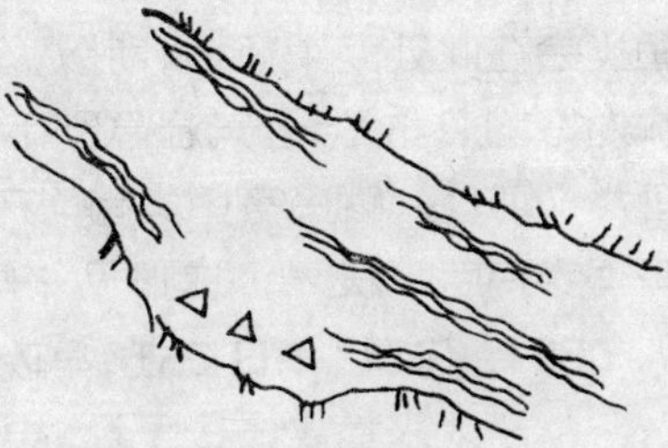

图115　弯道缓流处为钓点

图116　岩石旁为钓点

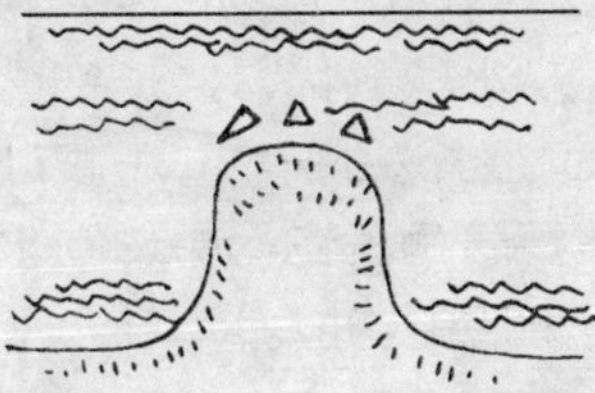

图117　水道凸起处为钓点

390. 何谓“春钓滩，夏钓潭，秋钓荫，冬钓阳”

从季节来看，“春钓滩，夏钓潭，秋钓荫，冬钓阳”。春天，天气转暖，万物复苏，鱼类经过一个冬天的蛰伏，纷纷开始活动。鱼类为了自身生长、繁殖的需要，需要补充能量，这就要大量摄食，因而春季是1个鱼类的摄食高峰期。由于严冬刚过，浅水区吸收太阳的能量较快，水温较高，水草也较早复苏、发芽，为浮游生物提供了很好的生长处所，也为鱼类繁殖提供了很好的场所。所以，在春天里，鱼类会大批游向浅滩，在那里寻觅食物，准备繁殖。因此，在春天里的钓点应选在水深1米以内向阳的浅滩。夏季来临，气温上升很快，三伏之时，气温可达35℃乃至更高。在此期间往往出现持续的高温闷热天气，这时，除鲢鱼、鳙鱼、草鱼、罗非鱼、翘嘴红鲌等少数鱼类尚能在酷热中自由活动外，其他鱼类则游向水域的最深处，也就是“潭”中避暑，这里指的“潭”实质上是指深水区。炎夏过去，秋高气爽。此时出现鱼类适

图118　春天钓滩示意

宜生长的水温，鱼类为了越冬催肥的需要，又开始大量进食，迎来了继春季以后的第二个摄食高峰。由于阴凉处的水温适宜，加之饵料丰富，鱼类会在此处聚集觅食，所以，在水域中首先出现的阴凉之处，将首先成为好钓点。冬天，气温急剧下降，鱼的食欲会明显降低；但也有少数鱼类，如鲤鱼、鲫鱼等鱼类尚可在温度稍高的向阳水域摄食。若想在冬季垂钓有所收获，背风向阳处的水域便是好钓点。

391．何谓"一日三迁，早晚钓边，午钓远"

从一天来看，"一日三迁，早晚钓边"。上午应在西岸，下午则在东岸，目的是避免人影、竿影投入水中，惊走鱼群。因为早晚鱼儿一般到浅水边活动，所以这些时候要垂钓近处，钓边。中午和下午，太阳暴晒日光强烈，水的反射率高，鱼儿大多集中在水域中间，所以午钓远。

从水域形状看，"长钓腰，方钓角"。长形的水域，鱼多沿长边游动，应沿长边的中部，于腰处钓；方形的水域，鱼来回游动必经四角，因此要居角垂钓。岸边向水突出的部位，人工投饵水域的投饵点，也都是理想的钓位。

392．什么是"窄钓宽，宽钓窄"

水面较宽的水域，应选择相对狭窄的入水口或通道，除前述提及的饵料原因外，窄处往往为鱼儿游经的咽喉要道，鱼的密度较大。相反整体窄的水域，应选择相对较宽处。窄处水体透明度高，鱼儿反应快，不易上钩。另外宽处沉淀物较多，是鱼儿嬉戏、休息和觅食的主要场所。

393．什么是"深找浅，浅钓深"

从水情来看，"深找浅，浅钓深"。水体普遍较深时，应选择在凸起处，这样的凸起处，水流迂回经过，存得住养分，鱼儿爱在此逗留觅食。相反整体水位较浅的水域，应选择水底低洼之处，这是食物饵料积存和鱼儿活动的最佳场所。

394．什么是"动钓静，静钓动"

鱼类喜欢流水，因为流水中氧气充足，饵料丰富。鱼类有顶水而上的习性，但若水流过急，流速过大，鱼儿在这样的水中难以稳住身体，给觅食带来困难，这时，水域中水流稍缓的地方就是钓点所在。而在诸如池塘、湖泊的静水中，鱼类也不喜欢，在这种静水中若有小股流水进入，这种地方将是垂钓的绝佳钓点。

395．什么是"水涨钓滩，水落钓深"

鱼类在水势大涨大落时，一般不爱摄食，这是由于鱼类受水势突然涨落的惊吓和水质浑浊的原因而致。但是情况也不尽如此。如原来长满草的地方或庄稼地被暴涨的洪水淹没后水流平缓，饵料丰富，有时竟可钓到大鲫鱼、鲶鱼、草鱼等。而在水落之时，水的透明度增加，鱼儿向深水区及水草窝移动，垂钓可选择深水处。

396. 什么是“清水找浑，浑水寻清”

如水体过清，清澈见底，说明在水体中鱼少，难以搅动水底的泥沙，在这种水体清澈的水域，应找水体较浑浊的地方垂钓。如水体过浑，缺氧严重，这样的水域很难钓到鱼。一般在这样浑浊的水域，应寻找稍清处垂钓。这种地方氧气较充足，鱼儿会向此处集中，应是好钓点。

397. 什么是“迎风钓大鱼”

从风向来看，“迎风钓大鱼”。刮风时，风把表层的浮游生物、藻类植物以及浮在水面的小昆虫、残屑、花粉等鱼类的天然饵料吹向下风口，趋食而往的鱼类自然会来到下风口觅食、嬉戏。因此，下风口是钓者下钩之处。

另外，江河钓场，应选择在弯道的缓流水域，或与湖泊连通的河口附近，或桥梁下、港湾、汇流处的回湾，都是垂钓的好处所。平直的河岸，若在某处有一凸起，这个凸起处的水流是鱼儿的必经之地，在这里下钩，必有所获。洄水湾处鱼儿多，这里水流平稳，水草多，浮游生物也多，是鱼儿觅食的好场所。地形复杂，如水底有乱石、树桩、沟坎等障碍物，鱼类最喜在此处隐蔽，特别是大鱼好在此处栖息。

398. 怎样根据季节变化选择钓点

在选择钓点时，不同的季节应有不同的要求。最重要的是应该考虑到水温的因素。鱼儿对于温度是比较敏感的，在水温过低或过高的情况下，鱼会停止活动，也没有进食的要求。鱼儿最为活跃的水温是在 16～25℃，在这样的水温下，鱼的食欲最为旺盛，是垂钓的理想水温。

季节的变化，水温也会随之相应变化，因而选择钓点也应随着水温的改变而有所不同。比如，初春时，尚有冬末的余寒，水温还比较低，鱼儿很少活动，且多在深水区生活，鱼的食欲差，此时不容易钓到鱼。要钓，也只能作深水钓；但到了春季后期，天气转暖，浅水处的水温比深水区升高快，而且水生植物和各种浮游生物较多，鱼儿喜爱在这样的水域活动，所以春季后期垂钓的钓点，应选择在 1 米左右深度的浅水区。

鱼儿不仅不耐寒冷，而且也不耐炎热，它不喜欢高水温和阳光直射，所以到了夏季水温较高时，它们便躲进深水区或草丛中，所以夏季炎热时期，钓点应设在深水区或草丛下面。

夏季时，雨水较多，常常连日下个不停，一旦雨后放晴之后，这时就是良好的垂钓时机，很容易上鱼；此外，在天气炎热多天之后，常常骤然下起大暴雨，此时水面会腾起一股热气，待热气过后，此时又是1个垂钓的大好时刻，不可轻易放过。

夏季的早晨或傍晚，常吹起2~3级的南风或东南风，若此时在迎风的岸边设钓点，会有较大的收获。因为此时水中含氧量较高，鱼儿游动活跃，水温适宜，鱼儿食欲大开，加上风把水面上的各种水生小虫及其尸体以及各种植物的碎屑等鱼儿喜食的杂物都吹到迎风的岸边集聚着，鱼儿也就向这样地方来觅食，此时投下饵钩，很容易被一口吞下。

此时若风力较强，达到4~5级时，会对垂钓造成困难，要继续垂钓，则需要采取一些措施：一是加大坠子的重量，避免连钩带线被风刮得飘飘荡荡，难入水和进入钓点。二是改用浮力大的浮漂，以免饵钩被刮进过深的无鱼水层。三是加大钓饵体质，并尽可能使钓饵有鲜明的颜色，使风浪中的鱼容易看见，以吸引其前来吞钩。

399. 怎样根据水的动、静、涨、落选择钓点

鱼类对水位的变化十分敏感，只要水体有些微流动和涨落，它就会有不同的反应。当水位上涨时，水中的溶氧量增加，鱼儿就显得非常活跃，并迫切求进食。在水上涨时新淹没的浅滩地带，如稻田、菜地、晒场、池塘、溪渠的边沿，会有许多细小昆虫的卵、尸体和植物的叶片及碎屑漂浮在水面上，这些都是鱼所喜吃的食物，所以此时它会在这些浅滩水域大吃大喝，在这些浅滩设钓点，可获得较好的上钩率。

但在水位回落时，敏感的鱼类察觉后，会很自然地产生一种害怕搁浅的危机感，就会迅速地向深水处退避，此时它根本没有了进食的兴趣，所以此时不宜寻找钓点下钓，否则多半要失望。

在池塘、湖泊或水库中，平时水体基本上是静止的，一旦有些微流动，鱼儿就察觉，并会迅速向流动处游来，它们知道这样的地方会有它们需要的可口食物。水流动处不仅会有它们需要的大量食物，而且此处水体中的含氧量也特别充足，鱼儿到了这里，食欲也会更旺盛。所以，在池塘、湖泊、水库静止水域垂钓时，应寻找其进水口，在进水口附近的洄水处设立钓点。

在大江、大河、大溪渠等水的流量较大的水域，因流速过大，鱼儿想要在原处停留都不容易，而且急流的水中也不会有可吃的食物，它更不会在激流中进食，故流速大处不宜作为钓点。江河一般是中间的水流湍激，靠近岸边水流较缓，深水一侧流速大，浅水一侧流速小，钓点应设在近岸处，因为鱼只有在流速小、较平缓处才能停留下来觅食。

大江、大河转弯的地方，正对着水流的一侧流速大，而在其对岸一侧则流速小，而且有洄水之处，这是适于鱼停留休憩、游弋和觅食的水域，适于作为钓点。

在池塘、湖泊静水水域，一般也有进水口、出水口或从旁边的水稻田、小溪流、小泉眼有少量的水缓缓流入，量虽不大，但能在静水之中有微小的流动，这附近也是上好的钓点。所以，钓鱼者从他们的钓鱼经验中总结出一名术语，叫作“动中钓静、静中钓动”，是很有道理的。

在大江、大河筑有拦水堤坝或浮桥的下游沿岸水岸，水流比较平缓，且会有一片洄水区，这里也是较好的钓点。这种河流上如有大中型石桥，其中部桥洞下急水的长期冲击，会产生较深的水潭，水潭的近岸处往往是很好的钓点。

大江、大河常有较多的支流，在支流汇合处的三岔口后，沿岸会有水势平稳的水域，水面上常会泛起白色或黄色的泡沫，其中还夹杂着一些有机物的碎屑和杂虫，是鱼类爱吃的食物，因而会有不少鱼聚集在这种洄水区内，以此作为钓点，常有上好的收获。

在有小山的地区，沿山脚下常会自然形成中小型的溪涧，其宽度一般 3 ~5 米，水流速度适中，可发出淙淙的水声。这样的溪流中大多有一些野生鱼类如鳘鱼、白条鱼、翘嘴鳇鱼和鲫鱼生存其中。在溪流的水底有较大石块的后面所形成的较深水潭旁设钓点，常可容易地钩到上述鱼类。这里的鱼一般咬钩毫不迟疑，下钩几秒钟就会被一口吞下，往往在 1 ~2 小时内就能钓上中小型鱼数十条。

400．怎样根据水文、风向、阴晴变化选择钓点

“阴雨钓鱼，越钓越喜，大雨过后好钓鱼”、“春雨鱼活跃，底钓改浮钓”、“涨水钓河口，落水钓深潭”、“急流钓边，缓流钓弯”、“宁钓下风，不钓平静”、“强风起，鱼伏底；大雨狂，鱼深藏”。有关水文、风向、阴晴变化与钓鱼方面谚语还有很多，这些谚语充分说明了我国民间老百姓根据水文、气象对钓鱼技艺的总结。从以上谚语可以看出，在微风吹拂、有毛毛细雨下到水面，对鱼没有惊扰，又增加溶氧，鱼儿食欲大增，易于上钩；特别是水涨、流水处，水中溶氧增加，而且因水涨淹没了浅滩、稻田和菜地等，植物的种子、小动物多，饵食丰富，因此是鱼儿最活跃的场所，钓点适宜选择在河口处和下风口。

风力、风向对钓鱼也有很大影响。刮风天气，风吹动水面，水体上下产生对流，水中溶氧增加，鱼儿感觉舒服，显得异常活跃，食欲好。一般 2 ~3 级风的天气可钓顶风，如果风力较大则很难观察浮漂的咬钩情况，只能找避风处下钩。当然，风力很大时则无法观察浮漂鱼迅的反应，再说鱼也会感到不适和惊慌，此时就不适宜再下钩垂钓了。

不同的天气不仅会影响鱼儿的摄食，而且还会改变其栖息和活动的水域。例如在仲春或仲秋，在同一水域同一钓点钓鱼，第一天天气晴好，风和日暖，因此喜获丰收，满载而归；第二天，因天气变阴且有小雨，气温偏低，再在同一处垂钓时，可能会收获甚微，甚至一无所获。其主要原因是，鱼为了避寒，游向其适宜栖息的深水处去了。

另外，随着工业污染的日益加重，观察水源是否受到污染也很重要。一旦发现垂钓水域被污染，应及时另择塘口钓鱼。

401. 怎样根据不同鱼种选择钓点

外出钓鱼要想有所收获，因根据各鱼种不同的生活习性、栖息地和活动水域来选择钓点。如在较冷的季节里，要想钓到黑鱼或鲶鱼，就应找水域较深、适宜栖息潜伏的石丛和洞穴等环境，并用小鱼、小虾等装钩作诱饵，伺机送到它的口边，诱其吞食。当夏秋季节来临，它们则游出石丛和洞穴，游到水域较浅、小杂鱼多的地方及近岸的草丛中觅食。

钓草鱼、鲫鱼等，要把钓点选在靠近草边的地方。钓鲤鱼，要把钓点选在有坑洼的地方。民间谚语就有："钓鲤找台阶，钓鲫找草边，钓鳜找石丛，钓鲶找阴暗"的说法。再如，在天热时钓鳊鱼，要找风口或找有流水的地方作钓点；翘嘴鲌鱼喜风浪、逆水捕食、喜光，根据这些特点，可于夏夜找有灯光、白天有风浪处作钓点；甲鱼机警又胆小，怕水凉，怕大风，怕惊吓，一有动静便逃跑。因此钓甲鱼要找非常安静，且背风向阳处作钓点；罗非鱼贪食视力弱，不怕水浅，就怕水凉，比较呆板胆子大，一般惊扰它不怕，是鱼类中比较容易钓的1个品种，可根据这些特点来选择钓点。

402. 怎样根据饵食来源选择钓点

寻找饵料丰富的地区作钓点是十分关键的。

池塘、湖泊等水域，多半有小流量的进水和出水。水流为静水带来了生机和活力，带来饵料和氧气，尤其是进水口，能带来丰富的饵料。所以，进水口和出水口都是好钓点。

能为鱼类提供食物的地点有很多，如鸡窝、猪圈、厕所、粉坊、磨坊、豆腐坊等处，淘米、洗菜的码头处等，饵料充足，鱼儿常聚集在这些地方觅食，也是极佳的钓点。

从水生植物来看，"钓鱼不钓草，等于是白跑"。水生植物本身是鱼类喜吃的饲料，同时在它的周围还有许许多多的虫、蛾类饵食，更是鱼儿的美味佳肴。水草等水生植物还是鱼类生育繁殖的“天然产床”。同时也是鱼儿的“避风港”；冷天到此取暖，热天来此“纳凉”；受到惊扰或袭击时，躲藏于此当掩护。此外，水生植物还有调节水温的作用，水草处昼夜温差相对要小一些，适合鱼类的需要。

食物多的水域虽然是很好的钓点，但在投放草料多的地方，一般不容易钓到鲫鱼，因为此处多有大草鱼、大鲤鱼前来光顾，而在其外围下钩，鲫鱼却频频吃钩。

（九）打窝子的技巧与方法

403. 打窝子有哪些技巧

打窝子的目的是把鱼儿引诱到钓点，以提高垂钓的效果。

窝子有固定窝和活动窝两种。

固定窝亦称死窝，即将诱饵投入到 1 个选定的钓点形成的窝子。这种窝子适合于池塘、水库等静水水域，诱饵 1 次不要投撒过多，每隔 1~2 小时可补撒 1 次。也可在预选的几个钓点分别撒几个窝子，轮番着垂钓。

活动窝也称活窝，即可以随意移动的窝子。制作这种窝子，只要将诱饵装进有孔的窗纱或纱布做成的小口袋里，再系在用一块硬泡沫塑料做的浮子下面，然后将小口袋投放到钓点上就行了。当然不要忘记在口袋上还要拴一根细绳，用于转移钓点或结束垂钓时，可将活窝收回。

另外，打窝子时还要按以下几点要求选好位置：

（1）有水草的地方。一些底层鱼如鲫鱼等，一般都喜欢栖息在水底草棵里及周围活动。有垂钓谚语说：“钓鱼无草，等于白跑。”

（2）靠近塘边和水沟边。这些地方往往有码头，人们常在此淘米、洗菜，鱼儿常聚拢来觅食。有的沟、塘里放养有鹅、鸭，鹅、鸭常在水边休息，粪便多，鱼儿会寻味游来寻食。当然，这儿便成了打窝子的理想之地。

（3）水流入口处或出口处。鱼儿喜嬉水，又有逆水而游的习惯，在这些地方聚拢的鱼儿往往较多。

（4）随水温的变化而变化。水温是随着季节的更替而变化的，打窝子也要根据不同的季节来选择不同的位置。初春温度低时，窝子应打在朝阳的浅水处，夏天温度高时，窝子则应打在阴凉浑水处或水草密集的地方。

（5）根据风向和风力的大小选位置。风力在 2~3 级时，多在下风头打窝；风力在4～5级时，多在上风头或微波处打窝。

404. 打窝子应注意哪些事项

一是必须根据季节、鱼情、气候、水情和风向等选定钓点的原则，在钓点中撒窝子。

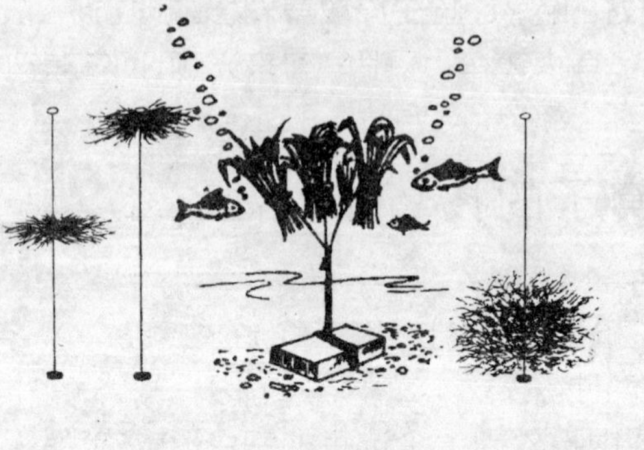

图119 几种草窝示意

二是在施投诱饵之前，要对窝口进行必要的探测，以便弄清楚水域的深浅，水底是否平坦，有无杂草、乱石或其他障碍物。探测的方法，一般是用钓线测出水的深浅，水线试好以后，将空钩抛入钓点附近1米左右见方内各处去试。根据浮漂的状况，即可判断出水底是否平坦；根据鱼钩挂没挂草或其他东西，可判断出水底有无杂草或别的什么障碍物。当确认水底较平整且无杂草等其他障碍物时，即可进行撒窝。

三是根据所钓鱼的食性选定适当的诱饵，如肉食性鱼类好吃荤腥，草鱼偏爱青草，草窝对它们有极大诱惑力，鳙鱼爱酸臭等。

四是尽量用撒饵器来打窝，以减少对鱼的惊扰。如用黏性饵料撒窝，可将诱饵捏成饼状，包在鱼钩或坠子上面，轻轻送到窝中。

图120－1 撒饵器打窝示意

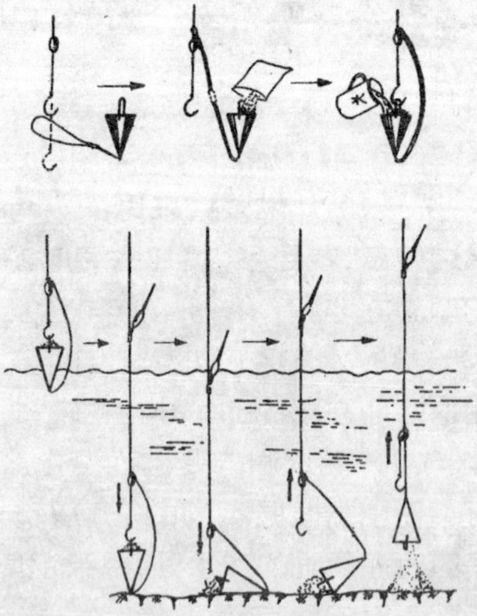

图120－2 倾覆式撒饵器撒饵示意

五是静水轻撒，流水重撒；水面大、水深时饵要撒得多些，水面小、水浅时可撒得少些；春天宜用粉饵，重香；夏秋宜用颗粒饵，重甜。

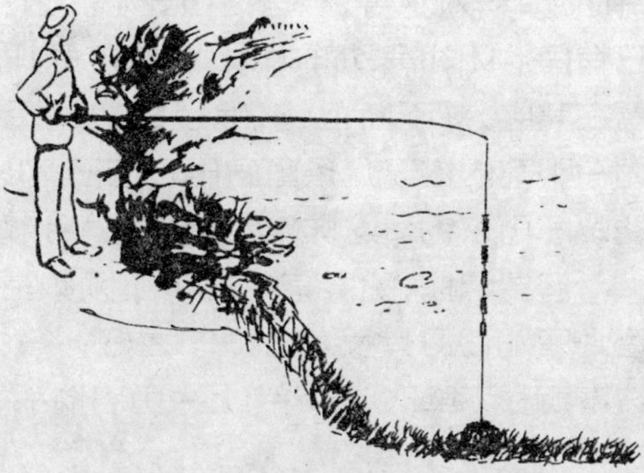

图121　黏性饵料撒窝示意

六是鱼头密的水域打1～2个窝就够了；如水域广鱼头稀，可打3～4个窝轮番垂钓，哪个窝子上鱼多，就钓哪个窝子，并续哪个窝子；而上鱼少或不上鱼的窝子，干脆不再补窝。

七是为保证准确下钩，打窝时，在窝点的前后做好记号，如在岸边用木棍或土块做一记号，并寻找对岸与之正对的方位物（山、石、草、树、电线杆或水中倒影均可），窝点在中间，使记号、钓点与方位物三者在一条直线上，同时用鱼竿测量出钓点与岸边的距离，并记住。

八是撒窝后不要急于下竿，要等到发窝时再下竿。“发窝”就是指鱼群已进入窝点开始吃饵，窝中有鱼星冒出。

图122　打窝时做窝点记号示意

图123　窝子发窝示意

九是及时添加诱饵，使已来的鱼儿不走，远处的鱼儿继续游来。

405．补窝子应注意哪些事项

垂钓中应及时根据鱼群摄食情况、饵料流失情况补撒诱饵，补撒诱饵应注意少、轻、勤。

所谓少，是指补撒的诱饵应相对比第一次下窝的数量少。因为有的鱼儿已在窝里吃了不少食，还有的已吃了半饱，如再多撒饵，鱼吃饱了肚子肯定不会再咬钩。若原窝子里本来就没鱼来吃过，那么再补饵便是浪费饵料。所谓轻，是指整个补窝过程要轻，包括走路、讲话、饵料入水等，声音尽量要小。因为补窝时很可能窝子里及周围已有鱼。如补窝动静太大，会惊走鱼儿。所谓勤，是指为了能使鱼儿留在窝区，并不断上钩，除了每次补饵不要太多外，还应注意勤补。如在甲窝内钓了几条鱼后再转钓乙窝时，应在甲窝轻轻追补些饵，以便以后再来钓。这样轮钓、勤补，可引诱鱼儿不断进窝，且不会离窝。

但要记住，如果某个窝中正频频上钩时，切忌画蛇添足去补窝，否则只能适得其反。必须掌握好补窝的时机，一是连连上鱼后上鱼速率明显下降时，二是钓上大鱼后搅乱了窝点时，都要及时补窝。

（十）手竿的投竿技巧与方法

投竿，有人叫作投钩，就是在垂钓开始时，把装好钓饵的钓钩投到钓点的水中去。在没有钓过鱼的人看来，把钓钩投到水中去十分简单，谁都能做到，殊不知会投的老手和不会投的新手投出的钩有很大的差别，能不能准确地投到预定的钓点，直接关系到能不能钓到鱼。所以，要想随心所欲地把饵钩投到自己想要投的水域中去，必须懂得要领，而且要多练习。

手竿的投钩方法通常有“弹甩法”、“荡送法”、“顶甩法”、“双手投送法”等。

406. 怎样使用“弹甩法”垂钓

弹甩法适用于手竿的竿子和钓线都比较长，铅坠有相当的重量，手竿有较好的弹性，钓点离岸边的距离较远的情况。如果缺乏一定的技巧，就不能将饵钩投到预定的较远钓点。

具体操作方法是：弹甩开始时，垂钓者面对钓点，右脚向前跨半步，右手握紧竿柄，左手则握住饵钩和铅坠，接着用握竿的右手将钓竿竿头向右拉开，使钓线拉直绷紧，直至将竿体弯成弓状，形成很大的弹射度。此时突然将左手松开，让饵钩和铅坠弹向正前方远处的预定钓点。

图124　弹送法示意

这种方法的优点是，能使钓饵的落点远而准确。当然，能否使落点完全符合垂钓者的要求，还需垂钓者平时经常操练，积累一定的经验，才能准确掌握好竿体的适当弯曲，做到得心应手。

407. 怎样使用“荡送法”垂钓

此法适用于无风的天气，若有4级以上的风，则较难投准。另外，当手竿和钓线都比较短，弹甩法无法使用时，需改用荡送法。此法与弹甩法有些相似，不同之处是由于竿和钓线都较短，甩出的力度稍小，且角度也有所不同。

图125 荡送法示意

具体操作方法是：扬竿开始时，垂钓者右脚向前跨半步，右手握牢竿柄，将竿与水面平行，再将竿向右侧移动30度，左手拿着饵钩和铅坠向左侧移动，将钓线拉牢，同时以右手将竿梢向右上方抬起，使竿梢弯成弓状绷紧。最后左手松开，右手乘势将饵钩向前方甩出，使其落入正前方的钓点水域。由于竿和钓线都较短，较易控制，一般都能落到所希望的水域。

408. 怎样使用“顶甩法”垂钓

顶甩法适用于有较强的逆风环境，钓点又较远的情况。

具体操作方法是：垂钓者面向左方侧移动45度，双脚分开站立，两脚相距约30厘米左右。

图126 顶甩法示意

左手握住饵钩、铅坠，伸向身后横拉开；右手紧握竿柄并高高举向头顶，使身体与手臂成一直线，然后将竿向钓点方向前倾，使钓线拉直，并逐渐绷紧，让钓竿弯成弓形，弓背朝向钓点。此时左手突然放开，右手同时向钓点方向甩动，使饵钩和铅坠从上方弹向远处钓点。此法因挥动幅度大，竿的弹力比较强，可以抵消4～5级的逆向风力而将饵钩甩达钓点。

409. 怎样使用“双手投送法”垂钓

双手甩投法适用于竿体粗长、重量大，或使用串钩、组钩，再加上

图 127　双手投送法示意

钓饵和铅坠的重量超出较多，单手难以甩出的情况。

具体操作方法是：垂钓者双脚分开，两脚距离 30～40 厘米（使用此法需特别注意站稳，与水域保持较大距离，以防闪失）。右手握牢竿柄根部，左手握在距右手约 25 厘米处的竿柄处，然后将竿提起，使饵钩和铅坠离开地面，接着轻轻晃动竿体，使钓线连同钓饵连续晃荡几次后再荡往身后，再从头顶后方用力向前挥竿，甩向正前方远处钓点水域。

此法的优点是投甩力度大，抛投的距离远，但使用此法必须是左、右、后 3 个方向的 5 米以内没有人或树木等障碍物，否则容易伤人，需特别注意。

（十一） 海竿的投竿技巧与方法

410. 怎样使用"后抛法"垂钓

此法适用于周围无障碍物、背后及左右两边没有钓友，且需要将饵钩投入较远的钓点。

具体操作方法是：垂钓者身体正对前方钓点，右脚后移半步，双手将竿举过右肩，使饵钩、铅坠都荡向身后，双手略偏向左方，全身的重心落在左脚。挥竿前，用手指扣压住绕线轮。以上动作到位后即向正前方挥动钓竿，当饵钩等从头顶划过时，及时放开扣压绕线轮的手指，让钓线甩出，同时将左手收至离右手约 30 厘米处压竿向前，使饵钩、铅坠平稳自然地抛投至远处钓点，以达到预期的垂钓效果。

图 128　后抛法示意

411. 怎样使用"侧抛法"垂钓

此法适用于需要将饵钩及铅坠抛到尽可能远的钓点，用此法必要时可将饵钩甩出百米以上。

具体操作方法是：垂钓者面对正前方的目标水域，右脚向后退半步，将钓竿握好放置在身体的右后侧，让竿梢向下倾斜至接近地面。

将身体重心移至左脚，左手捏住竿的根部，右手握在离左手 30～40 厘米的竿子处并发力将竿上举且压向前方，同时放开压线的手指，使饵钩等由头顶越过并向前快速抛出，平稳地落入远处水域之中，完成预期的抛钩要求。

图 129　侧抛法示意

412. 怎样使用“斜抛法”垂钓

此法是介于后抛法和侧抛法之间的一种投法。这种投法，钩、坠都能投得很远，且每次投出的距离比较容易控制，投甩动作也轻松自然。

图 130　斜抛法示意

具体操作方法是：投甩时，垂钓者随着身体的转动开始甩竿，当身体面对目标时，右手向前推送钓竿。其他要领与后抛法和侧抛法相同。

413. 怎样使用“前抛法”垂钓

此法适用于钓位周围狭小或钓友很多，不便采用其他投法，且钓点较近，不需要投得很远的情况。

具体操作方法是：垂钓者身体正对所想投达的水域，右手握住竿柄，将竿体置于身体前面，与水面平行，左手握住饵钩和铅坠，向左后方将线拉直，并进一步拉紧，使竿体弯成弓形，然后将钓竿向右上方挥提，同时松开左手，让竿尖将钩、坠弹向正前方的钓点水域。此法操作简单，是垂钓者采用较多的一种方法。

图 131　前抛法示意

414. 怎样使用“双手劈投法”垂钓

此法适合于钓点距离远，而且要求抛甩的落点很准确的情况。

用此法投钩需要注意的是，由于甩力较大，钓饵装在钩上要十分牢固，否则，钓饵甩丢后会成为空钩垂钓。

具体操作方法是：垂钓者双脚分开站立，两脚距离30厘米左右，双手握住海竿根部，并用手指压扣住绕线轮。双手将竿举过头顶，使饵钩和铅坠垂向身后，然后眼看前方远处的钓点，握竿的双手朝前劈下，就像双手举斧劈柴的姿势将竿向下挥，同时松开压住绕线轮的手指放线，使钓线和饵钩从身后腾起，沿上空划出180度轨迹向前方平落下去，直至竿体与水面平行，钓线平稳自然地落入正前方的远处水域。

这种投法比较容易掌握，而且落点一般都能符合要求，不会出现很大偏差。初次使用海竿的钓者可将此法作为投竿的基本方法，待多次使用积累经验后，再练其他投法。

使用这种投法需要注意的是，在双手向前劈挥时，切不可用力过猛，否则，很容易造成线断竿折。以往有不少钓友在初次使用劈投法时，由于用力过猛而遭到损失，影响了垂钓的进行。

不管用以上哪种方法抛投，要想抛投得远一些，手指松线的时机要掌握得当。过早，坠子向高处飞，投不远；过晚，坠子易向下栽入水中，也投不远；一般在竿甩至最高点前松线为最佳。

（十二）提竿技巧

提竿是垂钓技术中的关键环节。它直接关系到钓获量的多寡和垂钓情趣的浓淡。提竿的关键又在于准确判断鱼汛，恰到好处地把握提竿时机。提竿适时，不早不晚，动作得当，既轻柔又有力地把吞钩之鱼稳稳当当地提上岸来。如果把握不好，提竿过早或过迟，动作过小或过猛，就必定会出现空竿或者线断鱼逃。

415. 影响提竿有哪些因素

提竿的最佳时机，是鱼儿摄食入口将要游走的一刹那。因为这时钩在鱼口中，及时提竿，钓获的可能性最高。

第一，提竿时机与所钓鱼种有密切关系。比如鲫鱼，它吃食特点是发现食物后，慢慢游近，俯头抬尾将食物吸进嘴，然后抬头上浮，一边咀嚼，一边游走。如果吞进嘴的食物有异样，便将食物立即吐出来。这个过程表现在鱼漂先是上、下抖动，然后轻轻下沉，随即明显上浮，这就是在送漂，此时提竿，时机最好，命中率也最高。鲤鱼、草鱼等体形修长的鱼类，咬钩后在鱼漂上的反映是漂上下抖动，幅度较大，然后鱼漂成斜向运动，慢慢沉入水中，显得较沉重，此时提竿最佳。鲶鱼、黑鱼等凶猛鱼类，嘴馋，口裂大，一般吞钩都较狠，咬上一口拖着便走，鱼钩刺进喉部很少能吐出来，即使提竿稍迟也无妨。垂钓者应根据漂的信号，迅速判断出鱼的大致类型，针对此作出扯竿早晚的反应。

第二，提竿时机与钓饵软硬有关。饵料硬度较强时，提竿可晚一些；钓饵较软时，则应稍早一些提竿。

第三，提竿时机和季节也密切相关。早春、冬季宜早不宜迟；夏秋两季宜迟不宜早。冬去春来，万物复苏，早春水寒，鱼儿经过一冬休眠，开始活动时范围小，摄食动作也轻，咬食时很少出现大幅度沉浮，这时提竿不宜迟，以早为好。春夏季是鱼儿产卵、活动较为活跃的时期，鱼儿咬钩动作很大，可按常规提竿，送漂即提，不必过早。冬季鱼儿或在深水避寒，或进入冬眠状态，少有摄食，且动作微弱，一旦有浮漂移动信号，就应立即起竿。

图 132　鲫鱼吃钩和起钩的程序

第四，提竿时机与鱼坠的轻重有关。铅坠的轻重也会影响提竿时机，重坠反应慢，应早提竿；反之轻坠反应灵敏，可迟提竿。

第五，提竿时机与水的深浅有关。浅水垂钓或水表的浮钓等宜偏迟提竿，反之则应偏早提竿。浅水垂钓，因为水线短，漂反应灵活，鱼吞钩尚未牢，漂已送上来了，故提竿宜迟不宜早，提早了容易跑鱼。深水垂钓正相反，因水线长，漂的反应慢，提竿宜早不宜迟。

416. 怎样把握好提竿起钩的时机与力度

在垂钓过程的各项操作中，有一项是钓鱼新手不大容易掌握的环节，那就是提竿起钩的操作。初次钓鱼的新手，一般都是由有经验的垂钓老手带着学垂钓的。装上钓饵，把钓饵投入水中，等待着鱼来上钩的这几项操作没有多少技术性可言，一般都能学着钓鱼老手的样子进行。但一旦有鱼咬钩，发现浮漂抖动或下沉，就会慌了手脚，神情紧张地拼命用劲向上甩竿，把鱼钩弹向天空，等钩和鱼线落下来一看，并没有钓到鱼，钩上是空的，连钓饵也不见了。

初次钓鱼者出现这种情况，毫不奇怪，吃一堑，长一智，下一次发现鱼上钩时，就会沉着一些了。但光是沉着还是不够的，还需要懂点技术。有经验的垂钓者在发现浮漂有微小抖动时，并不急于提竿，一般都要耐心等候几秒钟，甚至 10～20 秒钟，待看到浮漂下沉一些或送出水面一粒浮子后，才适度用力地将手上的竿抖动一下，目的是使鱼钩倒刺进入鱼嘴，使鱼牢牢地被钩住。这时，最重要的是不能松线，并要凭手感来估量一下鱼的大小，用不同的方法来处理：若是小鱼，即从容不迫地将鱼提上岸来，手法要轻而迅速。若手感沉重，估计是较大的甚至超过 1 000 克的大鱼，就应缓慢地将大鱼牵离窝子（避免将窝子里的鱼惊跑），让钓竿适度绷紧，竿的上部弯成弓形，切不可松线，否则，鱼儿就会蹦跳，把线蹦断、钩拉直而逃掉。如旁边有水草丛，则要将鱼拉离草丛，然后开始遛鱼，鱼体越大，则遛鱼的时间越长，必须很耐心地与它周旋，直至它十分疲乏时将其拉到靠岸处，用抄网将其捞上岸来。

这里需要指出的是，在发现鱼上钩后的“抖动”动作有一定的技术性，需要垂钓者自己去认真琢磨，该用多大的内劲，抖动的幅度以多大为最恰当，不断积累经验，掌握要领。

417. 怎样掌握提竿的动作要领

当根据鱼漂的反映判断出鱼已咬钩后应及时提竿。正确的提竿姿势是：竿柄顶住持竿手的上肘部，肌肉自然放松。提竿时，肌肉突然收缩，同时肘部往下一顿，手腕发力向上挑，肘部往下压，小臂带动手腕往上一抖，摆幅小有爆发力，动作轻松利落。这个过程是靠手腕的顿提力，而不是手臂的机械上扬。

第一，应注意好肘部、小臂和腕部的爆发力，尤其是手腕顿一下。先顿一下是个规范动作，这一顿使得鱼钩刺进鱼嘴。顿的幅度不宜过大，但应简短有力。第二，用力要适度，不可过大过猛，也不能过小。用力过大过猛，极易钩豁鱼嘴，并可能将鱼线鱼钩绷断，造成鱼逃脱。如若用力过小，鱼钩未扎进鱼嘴，或刺的不深，鱼儿很容易脱钩。第三，鱼儿被钩住以后如是小鱼，可直接提出水面，如个体较大的鱼时应尽量遛鱼，待其疲乏后，再拉到岸边抄捞。第四，应尽快将鱼牵遛开鱼窝，以免惊走周围鱼群。

418. 什么是“点漂”

实际上在垂钓时，鱼儿的摄食过程，是看不到的。所以只能从观察鱼漂的反应来判断，确定提竿时机。

“点漂”即浮漂上下轻微跳动或轻微晃动。这是鱼在触碰钓饵的信号，表明鱼已发现钓饵并有可能要吃钩了，此时垂钓者应引起警觉，随时准备提竿。

419. 什么是“送漂”

“送漂”即上升 1 ~2 颗浮漂后即为送漂。浮漂先是上下抖动(点漂)，继而垂直上升，尔后停止不动或开始斜移下沉，说明鱼儿已咬钩，应及时提竿。一般情况下，抖动速度快但幅度小或移动速度快的，鱼不大；抖动速度缓慢，只轻轻几下，漂就被送起的，或移位速度慢，表明咬钩的鱼较大。

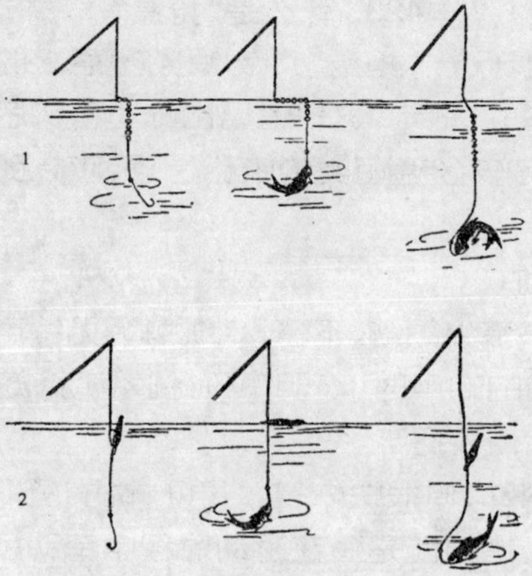

图 133 －1　鱼儿吃钩浮漂表现情况示意
1. 线漂表现情况，2. 立漂表现情况。

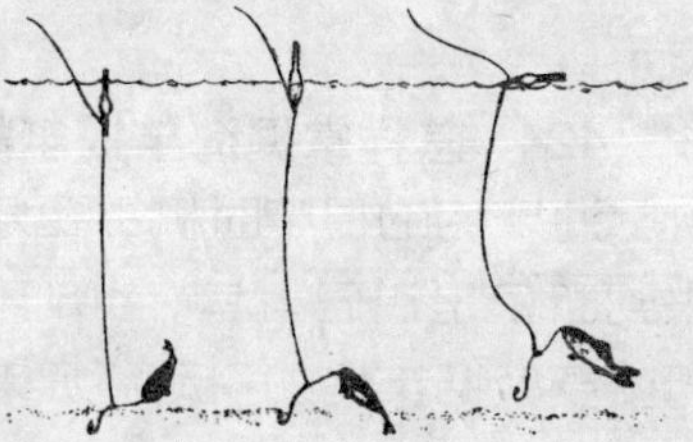

图 133 －2　鱼儿吃钩点漂、送漂，直至送出水面示意

420. 什么是“黑漂”

“黑漂”是浮漂先是上下点动，接着很快下沉，没于水中不再浮出。黑漂是提竿的最佳时机。一般鲶鱼、黑鱼、鲤鱼、黄颡鱼吞钩常出现黑漂现象，鲫鱼吞钩有时也出现黑漂。有时很可能是大鱼在水底觅食时身体擦到渔线，这时应快速扬竿，往往可挂住鱼身。

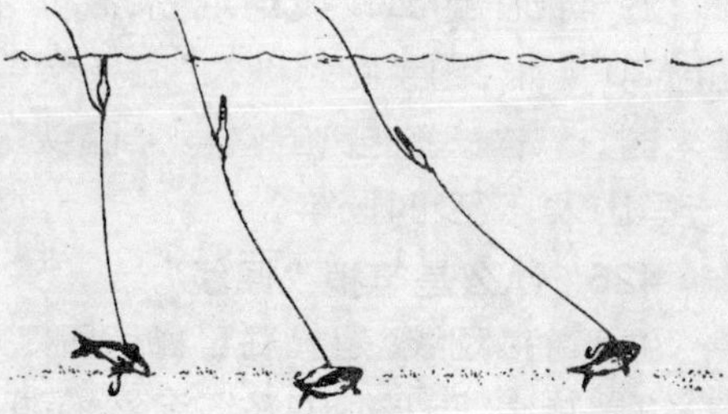

图 134　鱼儿吃钩拉黑漂或斜移漂示意

421. 什么是“斜移漂”

“斜移漂”即浮漂先呈点动状，紧接着沿水面一边倾斜移动，一边缓慢下沉，此时是提竿的极好时机。这种斜向移动漂，主要是草鱼、

青鱼所为。下沉速度慢，表明是个体较大的鱼在咬钩。

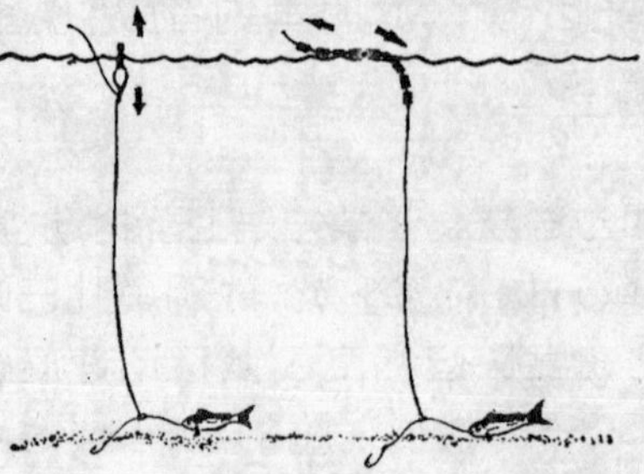

图135　大鱼吃钩示意

422. 什么是“平移漂”

“平移漂”即浮漂上下抖动之后，只是轻微平移，并时升、时降，幅度较小，这种情况表明鱼吞食饵钩后原地打转，或缓慢前后划行，应立即提竿。

423. 什么是“抢漂”

“抢漂”即钓饵刚一落水时就被鱼发现并咬走，浮漂转眼之间即被拖走，这是上层白鲦鱼吞钩后的浮漂反应，也可能是黑鱼、鳡鱼等较凶猛鱼类的咬钩信号，应立即提竿。

424. 怎样掌握海竿提竿的时机

海竿钓的提竿时机主要凭观察竿尖颤动、下弯、走线或听见铃声来判断鱼是否已上钩，当听到铃铛的响声时，表明鱼开始咬钩了，这时就要根据竿梢的抖动情况来决定何时提竿。

如果铃铛响时伴随竿梢急促抖动，但很快恢复了平静，说明鱼只是吃了一下饵，并未将钩吞入口中，也可能是鱼在游动过程中牵动鱼线，此时不应提竿；如竿梢有连续两次以上的“点头”信号，或轻微点了两下，过一会儿又连点几下，则说明有鲫鱼、小鲌鱼等已咬住饵钩，此时应扬竿收线。

425. 什么是竿梢“磕头”或“回湾”

海竿抛出钓饵收线稳定后，高架竿如发现竿梢上下不规则摆动超过30 厘米，钓手们俗称为“磕头”。当平卧竿竿梢左右晃动超过30厘米时，这是大鱼挂钩的信号，“磕头”或“回湾”的动作越慢、幅度越大，鱼也大，应及时扬竿。

426. 什么是竿梢“回线”

海竿梢“回线”是指海竿抛钩固定后，突然听到一阵（有时仅是一声）铃铛响声，原紧绷的渔线突然松弛，出现“回线”现象，竿梢也从原受拉力呈微弯状而恢复到自然伸直。这种鱼儿咬钩现象在海竿钓中经常发生。回线还有小回线和大回线之分。回线小的往往是小鱼挂钩，因其上钩后拖不动 80 克左右的铅砣，而仅能使之小有移动。回线大可能是大鱼上钩，钓者在扬竿时就应有思想准备，以防大鱼逃窜时措手不及。

427. 出现“回线”现象是否应马上扬竿

如何处置，应视团钩钓还是串钩钓而分别论处。团钩钓原则上一回线就应扬竿，因此钓法是靠铅坠将组钩稳定在远点化散的饵料中，鱼儿在吸饵同时便会误吸鱼钩，出现回线说明鱼可能已上钩，即使鱼没上钩，钩和砣也已离开原饵点，鱼不可能再来吸空钩。而串钩钓则不一样，一般串钩都装有5只，甚至更多的鱼钩，且都独立挂着钓饵，如有回线，应轻轻收紧渔线，看是否有鱼挂钩。若无鱼时，可将线收紧，再继续守钓。因为即使被吃掉1~2只钩上的钓饵，其余钩上的饵还会引鱼上钩。

（十三）巧破“大鱼打桩”的技巧

所谓“大鱼打桩”，就是当大鱼已经上钩后（一般是5 000克以上的大鱼），出现扬竿时提不起来，像是鱼挂在水底的乱石或杂草上，死拉不动的现象。事实是，并非鱼钩挂上了石块或杂物，而是大鱼把头钻入了河底或大石块中，尾巴向上摆动，像插桩子一样钉着不动。遇到这种情况怎么办呢？有经验的钓鱼者创造出了几种可行的解决办法。

428. 大鱼上钩后应怎样捞上岸来

垂钓时，如果了解到所钓水域有大鱼，特别是发现窝子里有大鱼活动的迹象时，思想上就要有所准备：大鱼上钩怎么办？大鱼上钩，不等于就能够钓得上来。大鱼在水中的力量都比较大，一般要大于体重的2~3倍之多，不用一定的技巧，很容易造成断线或脱钩，满心欢喜即刻化为无限遗憾。

遇上大鱼上钩，如果用的是手竿，可用双手握竿，一手在前，一手在后，把鱼竿仰起成70度左右，或向左右两侧牵遛，要始终使竿保持弓形，以充分发挥其弹性作用，切不可将竿子倒向鱼逃窜的方向，否则就要断线或断钩。如此稳住一段时间，再伺机遛鱼，可随着鱼向左右方向牵遛，悠悠地进行，不能猛拉硬扯地想把鱼拉出水面。一般要经过3个回合：第一次逃窜，鱼用力还不是最猛烈的。第二次逃窜，鱼的用力要比第一次大得多。第三次逃窜是鱼竭尽全身力气进行的，力量是最大的。如果第三个回合没有挣脱而逃离，问题就不大了。但也不能掉以轻心，一直要牵遛到鱼儿筋疲力尽，身体侧倒时再起鱼。如果鱼儿不太大，在1 000克左右，可将鱼头引出水面，让其吸进空气，喝几口水，它就会软下来。这时可用抄网或搭钩把鱼取上来。特别要注意的是，自始至终，直到此时，也不可用手拉线，因为手没有弹性，只要鱼稍微一跳动，就会断钩、断线。

如果垂钓时用的是带绕线轮的海竿，钓上大鱼时，一定要及时放线，以减少鱼逃窜时的拉力，这就是俗话说的“放长线，钓大鱼”的道理。同时要将竿子仰起成70度，保持弓形，增加弹性，以避免鱼拽脱头节竿。具体操作时，鱼用力逃窜时就放线，鱼不逃窜时就收线，这样要反复多次，直至鱼儿用尽力气，再采取和前面提到的同样的方法将鱼取上岸。

429. 大鱼上钩后应怎样采用“绷挺法”

垂钓者在发现可能是“大鱼打桩”的情况之后，应该着力将钓竿挺成弓状，让鱼线像开弓的弦似的绷紧，坚持挺住不能松劲。需要注意的是这时切不可将线放松一下，然后又猛力扬竿蛮干，这样很可能会造成折竿或断线，让鱼跑掉，而应该继续让竿像弓似的绷紧，经过几分钟甚至十多分钟后，鱼因被绷得很痛而受不了时，自然会离开水底，这时再看鱼还有多少力量，决定是否还需遛鱼，还是需要灌气，直到用抄网将鱼提上岸。

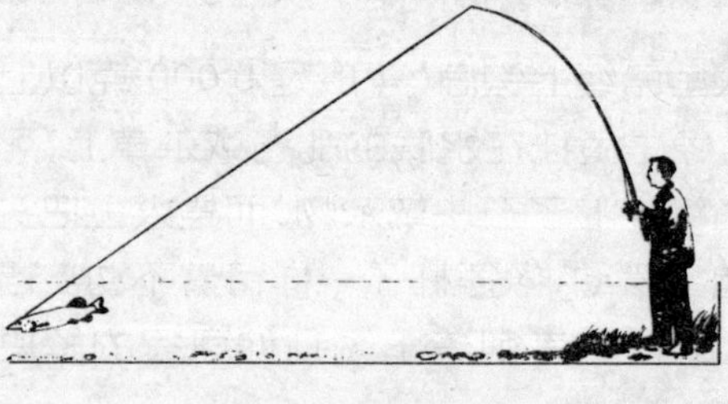

图136　绷挺法示意

430. 大鱼上钩后应怎样采用“绷弹法”

大鱼在深深地钻入池塘底的泥淖中后，一般不会很快自动出来，必须耐心地绷紧一段时间，经过10~20分钟若未见动静时，即说明钓钩太软，绷得不够紧，应加强刺激。这时，可用一手持竿拉紧钓线，另一手像弹琴似的将钓线一拉一放，使鱼儿在水底受到振动并因钩口伤部疼痛而蹿起来逃跑。当大鱼一开始游动时，就要立即握好钓竿，进行遛鱼。这时特别值得注意的是不可强拉，该放线时就放一段线，当鱼不拉时又收回来，耐心地作拉锯式的反复放线收线，直到大鱼筋

图137-1　绷弹法示意

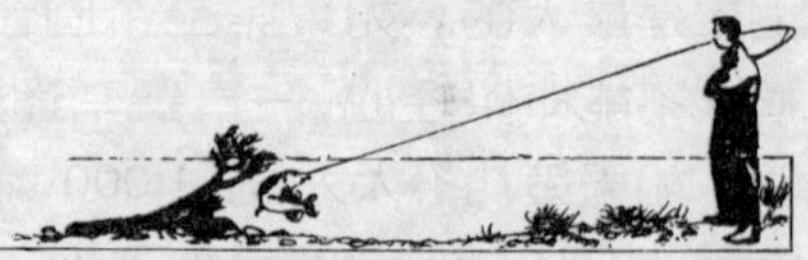

图137-2　绷弹法示意

疲力尽时将它拖近岸边，用抄网捞上来。

431. 大鱼上钩后应怎样采用“赶鱼法”

钓鱼的季节一般都选在水温适中的时候，不会选在寒冬腊月，所以当发现“大鱼打桩”时，可考虑下水去赶鱼。若垂钓者旁边有钓友，可请钓友在岸上继续挺住鱼竿，而垂钓者自己若会游泳的话，即可下水随着线的方向去赶动，一般只要到达离鱼2~3米处，鱼就会发觉而逃离水底。若水较浅，不必请人帮助，垂钓者自己可下水，一边绷着钓线，一边向大鱼靠近。鱼一听见有人下水，就会离开原处游出。此时应特别注意及时放线，然后一收一放进行遛鱼，直至拖鱼上岸。

432. 大鱼上钩后应怎样采用“辣环赶鱼法”

有经验的垂钓者知道在钓大草鱼、大青鱼和大鲤鱼时，很可能会遇到“大鱼打桩”。所以在出发钓鱼前就预先做好准备工作，他们的做法是：准备1个像戒指模样的金属环（稍细些），外面用细棉线一圈一圈地密密地扎绕好，然后选最辣的辣椒煮成浓液，将扎好的环放进去浸泡一阵后取出晾干备用，出去钓大鱼时随鱼饵一起带着。当遇到“大鱼打桩”时，就将环套入钓线，使金属环沿着钓线一直坠落到鱼钩处，含在环内的辣椒液被水一泡即析出，使鱼受不了，不得不立即逃离水底。

（十四）遛鱼技巧与方法

遛鱼是在钓到大鱼时钓者充分利用竿、线的弹性，来消耗鱼的体力，使其乖乖就范的一种手段。所以提竿时，要使钓线始终带着劲，提竿后要迅速使竿梢呈弓状，这样鱼挣扎的力可分散在整个钓竿上，靠钓线、鱼竿的柔韧的弹性，把鱼儿使出的劲化解掉。

433. 怎样掌握手竿遛鱼的技巧

手竿遛鱼要比海竿遛鱼难度大得多。手竿的钓线长度有限，既不能放，也不能收，只能在竿线所及的范围内遛鱼。这就要求钓者要有熟练的遛鱼技巧，方法必须得当，才能既不跑鱼又不折竿。

当判定鱼已咬钩时，应及时提竿。首先用腕力使劲抖竿，使钩深深地刺入鱼嘴，将鱼挂牢，然后及时提竿。如果提竿时感到很沉，判断鱼较大一下提不到水面时，应把鱼竿仰起成70度左右，绷紧钓线，不要硬拉，应先不动它，只可轻轻提拽鱼线，等大鱼动时，再趁机调整竿线方向。过不了多久鱼肯定要游动，起初多数是向前方深水逃窜，力量很大，往往折竿断线就发生在这个时候。正确的做法应当是在鱼逃窜时，迅速将竿偏向一侧，牵着鱼慢慢转弯。也可以抢先一步在鱼刚移动时就把竿先伸出去，钓线的速度快于鱼游速度，使鱼跟着线走，人牵着鱼游，然后再一点一点地改变方向，来一个椭圆形转身，沿“∞”字形游动，左右来回兜圈子，这样就使鱼儿在不知不觉之中改变了方向。要始终使竿保持弓形，以充分发挥其弹性作用，切不可将竿子倒向鱼逃窜的方向，否则就会形成“拔河”，造成断线跑鱼。当鱼见到强光和人时会翻身向深处逃窜，一般要经过3 个回合：第一次逃窜，鱼用力还不是最猛烈的；第二次逃窜，鱼的用力要比第一次大得多；第三次逃窜是鱼竭尽全身力气进行的，力量是最大的。钓者应充分利用自己竿、线、钩的最大承受力，充分发挥钓竿回弹力将鱼绷住。将竿线用力绷住的目的是不让鱼发力而轻松起动逃窜，而让大鱼满负荷起动，消耗其体力。如果这3 个回合没有挣脱而逃离，问题就不大了。在整个牵遛过程中，鱼可能使出多种“招数”，企图逃走，钓手必须自始至终主动领鱼，不要与鱼形成“拔河”，时刻坚持“鱼动人不动，鱼不动人动”的方针。不论大鱼向外逃窜，向岸边攻或是原地打转，或是跃出水面，或者左右冲刺，钓手都要顺势牵鱼，凭借钓竿的弹力，领着鱼游，直到将其遛乏，完全失去抵抗力为止，再拉至岸边抄鱼。这时可用抄网或搭钩把鱼取上来。特别要注意的是，自始至终，直到此时，也不可用手拉线，因为手没有弹性，只要鱼稍微一跳动，就会断钩、断线。

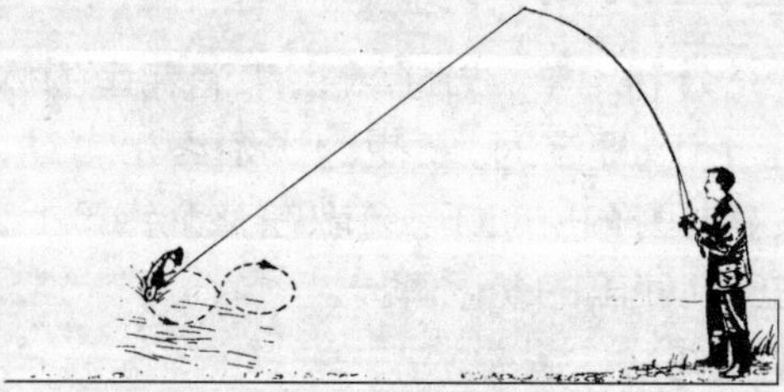

图138 “∞”字形遛鱼示意

5 000 克以上的大鱼因体大身重，靠钓竿的提力是无法让其出水的，而且在其第一次翻肚后，还要防止最后几次垂死挣扎的拼逃。钓者应继续靠钓竿将鱼绷弹住。待大鱼两次、三次翻白肚无力游动时，再用大口径抄网捞上岸。

青、草鱼力大，溜鱼的时间可稍长一些。大水库里的鱼比小水面的鱼劲大，夏、秋季的鱼比冬、春季的鱼劲大，同样大的鱼溜乏的时间长短不同，要做好思想准备。

434. 怎样掌握海竿遛鱼的技巧

海竿遛鱼，操作方便，跑鱼机会较少。垂钓前，要提前调好绕线轮拽力头的松紧度，拽力开关在钓竿能承受较大拉力的前提下，可以略微拧紧一点，这样既可减慢放线的速度，又可消耗鱼的体力。但是绝不能使线绷得太紧，否则放不出去线，就会形成拔河状态，造成钩折线断的后果。钓上大鱼时，要将竿子仰起成70度，保持弓形，增加弹性，以避免鱼拽脱头节竿。当鱼逃窜时，自动放线；鱼不拉线时，则摇轮收线。由于拽力头调得稍紧，鱼拉动钓线必然要费劲儿，消耗掉大量的体力。钓者将鱼控制在距岸边25米左右的距离，反复牵遛，鱼来则收，鱼走则放。这样经过几个回合之后，鱼的体力就会大减，在其无力冲刺的情况下，即可收线，拉鱼靠岸，在距岸六七米处，采用“∞”字形遛鱼法，如果它向前游动，你领着它顺势向左右两侧转弯，如鱼向左游，你就往前领；鱼向前游时，你向右领，就这样领着鱼来回划“∞”字。迫使它左右转弯，竿梢的指向始终应与鱼游动的方向相反。当把它遛得筋疲力尽，毫无抵抗能力时，再拉向岸边抄起。

435. 遛鱼时应注意些什么

一是，离开水草、障碍物或不利地形。二是，要自始至终绷紧鱼线，充分利用竿梢的弹性消耗鱼的体力，采用“∞”字形遛鱼法。三是，不要用手提线抓鱼上岸。四是，一定要有耐性，不要猛拉，不要急于收线，不要过早地提鱼出水。不到鱼被彻底制服时，不要拖到水面上来。五是，使用抛砣法手操线遛鱼时，应带上防护手套，以防手被钓线拉伤。六是，如果遇上根本抬不起竿的大鱼，只好伸平钓竿，制造“拔河”，使之拉断钓线，保护钓竿。

（十五）抄鱼技巧

抄鱼，在人们的想象中是件很简单的事，只要把鱼从水中抄上来就行了。但是，这里所说的抄鱼，不是抄死鱼，而是抄鲜活的鱼，在水中活蹦乱跳的鱼，如果抄得不得法，鱼就会逃之夭夭。所以，要做到很有把握地把鱼抄上岸来，是需要掌握一些技巧的。

有不少钓友，甚至是有些钓鱼经验的钓友，当大鱼上了钩时，都会由于担心鱼儿跑掉而心情紧张，手忙脚乱地想把鱼赶快提上岸，结果由于操作方法不适当，还是未能抄住而让鱼跑掉，令人十分遗憾。

436. 抄网为什么要大而结实

准备抄大鱼用的抄网，网圈要大一些，网圈用的金属要求比较粗硬结实，防止在抄进大鱼时，受到鱼的大力挣扎被挣弯挣断而跑鱼。另外，抄网的柄要结实；柄和网圈，要装得牢固可靠，防止在关键时刻柄被挣断或网圈和柄突然脱开而跑鱼。

437. 抄鱼时有哪些技巧

在准备垂钓大鱼之前，要事先将抄网打开，放在距离身边不远的位置，避免在将鱼遛到一定程度需要用网时，一只手要提着钓鱼的钓竿，而抄网又离得很远拿不着，或是拿到了抄网而网缠绕着一时打不开，结果因误了时间，忙乱中让鱼挣脱而逃走。

图 139　鱼翻白肚时抄鱼示意

438. 为什么要等到鱼肚翻白时再抄鱼

遛鱼必须把鱼遛得真正疲乏，直至肚子翻白，无力挣扎，浮在水面不能再蹦跳或窜动时才能开始抄鱼。在遛鱼时，不能先把抄网放在水里等鱼，因为鱼看见抄网，就会受到惊吓而乱跳乱蹦。在鱼还没有遛乏的时候先把抄网放入水中，容易造成鱼儿逃走。

439. 怎样把握时机顺势抄鱼

抄鱼时，必须看到鱼肚朝上时，再将抄网斜插入水中，以网口正对鱼头抄入，顺势使抄网向前推进，将鱼抄入网内。要做到 1 次成功，干净利落。因为拖着一条线的鱼钩，很容易挂住抄网，使鱼不能顺利抄入，误了时机，鱼会挣脱逃掉。用串钩钓到大鱼时，鱼钩向各个方向伸着，极容易牵钩在抄网上，影响将鱼顺利抄入网内，造成跑鱼，需特别注意。

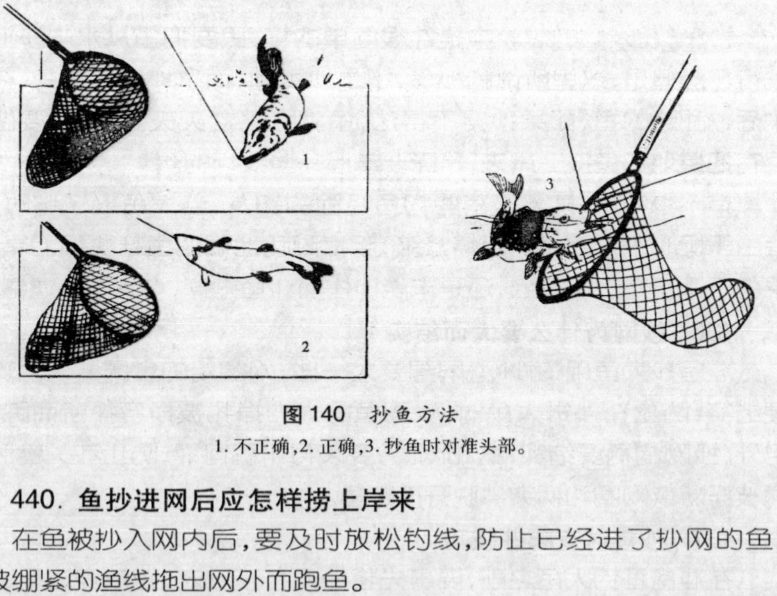

图 140　抄鱼方法

1. 不正确，2. 正确，3. 抄鱼时对准头部。

440. 鱼抄进网后应怎样捞上岸来

在鱼被抄入网内后，要及时放松钓线，防止已经进了抄网的鱼，又被绷紧的渔线拖出网外而跑鱼。

抄网将鱼抄入网中后，不要立即将鱼提离水面，应该借着水的浮力将鱼拖近岸边，再用手抓住网圈拎鱼上岸。因为大鱼体积大，重量也重，要从较远的水域离开水面将抄网连同鱼一起端上来，不但垂钓者没有那么大的手劲，即使有手劲，网柄也受不了那么大的分量，很可能会使网柄折断或使网、柄交接处脱离而跑鱼。

441. 为什么要从鱼头来抄鱼

抄鱼只能从鱼头一方抄，要避免从鱼尾处抄，否则，就等于催鱼向前逃窜。因为网在水中有很大的阻力，抄鱼时推进的速度很慢，而鱼在水中向前逃窜的速度要快上很多倍，所以从鱼尾抄鱼，十有八九要失败。而且从鱼尾抄鱼，即使鱼已很乏力，也很难顺利地将鱼抄入，因为鱼鳞和网接触时，鳞片会翻开，阻碍鱼顺利入网，促成鱼向前逃脱的机会。另外，从鱼尾抄鱼，鱼的背鳍、胸鳍、腹鳍都很容易挂在抄网上。

图 141　抄鱼情景

442. 使用搭勾拿鱼有哪些技巧

如果鱼太大（10 千克以上），用抄网就显得不够方便了，这时就要使用搭钩。搭钩要大，圆弧的直径达 15～20 厘米，钩尖向前挥出，形状如鹰吻。这样的尺寸与大小是为了搭的牢固，不然只能搭到鱼的表层。作钩子用的金属棍直径应在 6 毫米以上，且需结实、有弹性。

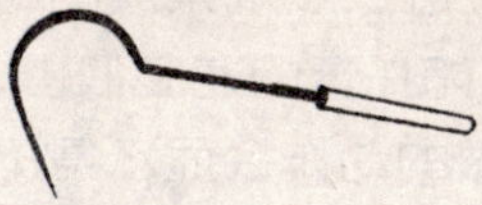

图 142　搭钩

搭鱼的姿势可以是挥刀一样向下砍，钩从外侧刺入鱼体，也可采用钩尖向外向上提搭，钩从鱼腹部刺入，再就是钩尖从鱼嘴中刺入向上提。

443. 钓倒大鱼时应怎样把鱼捞上岸来

在发现大鱼上钩时，要沉着冷静，不能心情紧张，过分担心鱼会跑掉，其实，越是担心，心情就越紧张，就越会手忙脚乱，导致遛鱼不得法，反而会造成跑鱼的结果。

当钓到大鱼时，千万不能因怕鱼跑掉而跳进水里去捉鱼，一是因为鱼在水中挣扎起来，其力量不小于人的力量，尚未疲乏而仍在活动着的鱼是抓不住的；二是鱼身上有一层溜滑的黏质层，既抓不牢也抱不住，若不用抄网和搭钩，并在鱼遛至十分疲乏之时去抄而下水去捉，很可能不但捉不住鱼，反而容易被挣扎的鱼碰伤，或被鱼鳍划破皮肤，弄得狼狈不堪。若使用串钩或组钩钓着大鱼时，下水去捉则更加危险，很可能会出现鱼没有捉住，而垂钓者自己反而被钩钩住或划破皮肉的情况。

在钓上大鱼时，若附近有其他钓友，应请钓友尤其是有丰富钓鱼经验的钓友前来帮助，垂钓者自己专心遛鱼，而请钓友持抄网帮助抄鱼，有两双手来操作，就更加有把握了。

在鱼未被彻底遛乏时抄鱼或搭鱼都要注意安全，因为大鱼很容易将人带入水中。技术不熟练者宁可待鱼无力挣扎后动手，也不要为节省时间而冒风险。不管用何种办法都要争取一次完成，做到眼明手快。不应犹豫不决。

（十六）怎样根据浮漂动静判断咬钩情况

444. 怎样从浮漂的动静中推测鱼儿咬钩

不论哪种鱼，当不同程度地接触到饵钩时，从浮漂的不同动静上都能反映出来，垂钓者可以从这些动静中了解到是哪种鱼咬钩，鱼的个头有多大，以及鱼儿只是碰撞钓饵作探测，还是已经咬进口中，或是已经吞咽进嘴里等情况。

在垂钓者中，对于鱼儿咬钩的各种表现和动作，有一些常用的习惯术语。

鱼漂慢慢从水中升起时，称之为“托漂”。托漂一般是鲫鱼上钩的反映（也有人称托漂为“送漂”）。在托漂时，应进一步观察漂的动静：如托漂的速度较快，咬钩的鱼很可能是鲢鱼；如托漂的速度很慢，咬钩的可能是草鱼；而鲫鱼和鲤鱼如果咬钩，托漂的动作会显示得不快不慢。

钓鱼老手把鱼漂被鱼拖入水中的现象称为“黑漂”，或者叫作“吃漂”。出现黑漂的现象，很可能是有比较大的鱼或比较凶猛的鱼咬钩，若黑漂入水的速度很快，咬钩的鱼很可能是肉食性鱼类中很凶猛的鱼种，如黑鱼或鳡鱼等，若是鲤鱼咬钩，鱼漂进水的速度就要慢得多。

有时，在钓钩放入窝点之后，浮漂不断地出现不规则的上下抖动，这种现象，钓鱼界称之为“闹漂”。这是被称为“打搅的”或“小混子”在捣乱，即一些令人讨厌的小虾、小泥鳅在抢吃钓钩上的饵食，它们的小嘴吞不下钩，却能把钩上的钓饵很快吃得精光，使垂钓者不得不总是补饵，影响大鱼来咬钩，让人十分恼火。遇到这样的情况，只得换个地方。

还有一种很可能会遇到的情况是，鱼漂出现极为缓慢的下落，过一会儿又慢慢地上升。再过一会，又出现鱼漂被移动了位置，移动3~5厘米之多，这种现象被称为“移漂”。这种情况的发生，很可能是河虾用大爪取走钓饵造成的。

（十七）鱼儿不上钩的原因

垂钓者有时会遇到垂钓很长时间也没见到有鱼上钩的情况，遇到这样的情况时，必须认真而细心地去查找原因，只有找到了主要原因，及时加以改正了，情况才会有所改变。那么，从哪些方面去找原因呢？可能造成这种情况的原因比较多，只能一个一个去考虑。

445. 怎样从水情方面找原因

先考虑一下想要钓的是哪种鱼？这种鱼常栖息在水体的哪个层次？如果这种鱼是底栖鱼类，把饵钩下在上层或中层，当然就不易和鱼群接触。若是这个原因，可立即移动浮漂位置，改变下钩的层次。

水质的肥瘦与鱼的食欲有很大的关系，此时应察看一下水体的颜色，水体若是呈绿褐色，说明水质太肥，这种水中浮游生物数量很多，且会在水面上浮罩着一层薄膜式的杂积层，阻隔了空气中的氧气溶于水体，使水中缺氧，在缺氧的情况下，鱼儿会憋闷难受，根本不想摄食。

若水色显得很清澈，透明度很高，一眼可望见水底，则说明此水域的水质太瘦。太瘦的水中，藻类植物和微生物难以生长，即使有鱼，也不会很多。而且这样的水域，在有人去垂钓时，鱼儿在水中能看得很清楚，早就吓跑了，当然没有鱼来上钩了。

有些鱼喜欢在水质较肥、有一定浑浊度的水中觅食。而另一些鱼种却厌恶浊水，喜欢在清洁透明的水中觅食，若发现这方面的问题，应立即更换钓点。

446. 怎样从水温方面找原因

鱼是变温动物，其体温随着水温的变化而变化，水温对鱼的活动和摄食有着极密切的关系。在夏季，若水温高达30℃以上时，除少数几种鱼类外，绝大多数鱼类都会停止摄食，而在严寒的冬季，水体上层的水温甚至会降至0℃，但水底的温度仍较高，鱼儿一般都躲入水底避寒，并处于冬眠状态，不再进食。

垂钓者可以估量一下，当时的水温情况如何，若该水域水温确实过高，可立即换到有遮阳的树下以及有凉风吹到的水域去垂钓；若水温较低，可改在向阳或背风的水域去垂钓。

447. 怎样从气候方面找原因

气候的变化对鱼类的活动和觅食影响很大。因为它会直接影响着气温、水温、气压的变化，也会影响到水中溶氧量的变化。若水中的溶氧量缺乏，鱼儿就会感觉难受，当然也就不想摄食了。

鱼儿有先于人感觉到气象因素对其威胁的本能，在气候即将产生急剧变化之前，如即将有暴风雨来临之时，或即将有大幅度的升温或降温之前，在人还没能感觉到的时候，鱼却能感觉到，这时鱼就会表现为烦躁不安，或处于惊恐状态，停止食欲。

在雷雨到来之前，出现闷热天气，气压降低，水中就会严重缺氧，使鱼在水中呼吸困难，鱼在难以忍受时，会把头浮出水面来吸氧，在这种情况下，当然谈不上咬钩摄食了。

在连续下了几天雨之后，地面大量的雨水都流进了江河或池塘、湖泊之中，导致泥沙增多，使水体浑浊不洁，也会影响鱼儿觅食的兴趣。此外，在大量的雨水流入之后，也同时带来了大量的食物，鱼儿随处都有食物可吃，对垂钓的饵物，当然就会不屑一顾。

448. 怎样从钓饵方面找原因

在不同的气候下，水温各不相同，因而鱼儿对摄食的喜好会有所改变，特别是在不同的水域中。即使是同 1 个鱼种，喜好的食物也可能是不同的，甚至在同1 个池塘或湖泊中，隔开一段距离，两处鱼儿的口味也会有所不同。因此，鱼不上钩的原因，很可能是所用的钓饵，对该水域的鱼儿毫无吸引力的缘故。

常有这样的情况，两位钓友相约着同时出去垂钓，到达垂钓地后，两人在同1 个水域下钩，距离也不是很远，一位垂钓者接二连三地得手，而另一位垂钓者却一无所获，使两位垂钓者都不懂是怎么回事。其实，这很可能就是钓饵的关系。比如两位垂钓者同样是用蚯蚓作钓饵，两人挖蚯蚓的地点不同，挖到的蚯蚓就不一定相同：甲钓友挖到的蚯蚓，在色泽和气味方面正好对上该水域鱼儿的口味，鱼儿就会接踵而来，上钩一尾后不多时间，又可上钩一尾；而乙钓友挖来的虽然同样是蚯蚓，其色泽和气味都可能不是该水域的鱼儿所喜欢的，自然就会冷冷清清，无鱼问津了。

为了避免这样的情况发生，垂钓者每次出发垂钓之前，都应多备1 ~2 个品种的钓饵，若在下钩后多时不见有鱼光顾，可采用其他品种的钓饵，采取这样的措施后，就很有可能改变局面，使冷冷清清变得热热闹闹。

449. 怎样从钓点上找原因

各种不同的鱼类，所栖息和活动的水层以及对环境的要求是不同的。它对觅食区域和出入的通道都有一定的喜好和习性，如果没有考虑到这方面的因素，随便找了个不适当的钓点，就不会有鱼儿来上钩。

在同1个池塘或湖泊的四周，究竟在哪处岸边设钓点最为有利，恐怕即使是钓鱼的行家，也不见得有十分的把握。因此，在确定钓点时，一是要依照选择钓点的原则和要求来选；二是在选定这个钓点之后，还应环绕这个钓点的周围，每隔5～10米的距离多打几个窝子。这样，在遇到鱼多但不上钩时，就可以及时转移阵地，到新钓点重新下钩。如果情况还是不妙，就再换钓点。

450. 怎样从其他可能的方面找原因

如果上述各种原因都被否定，就可能有别的原因，例如，有不少鱼是怕强光的，若在强光下垂钓，这种鱼就不会出来咬饵；有些鱼是忌风的，若在有风的水域下钩，它也不会光顾；有些鱼是爱静而害怕声音惊扰的，若在喧闹的地方也无法钓到它；有些鱼喜欢在比较隐蔽的地方摄食，若在没有水草或其他可以隐藏的水域是难以引鱼上钩的。还有，如果所选的钓点由于太阳的照射，使垂钓者的影子落入水中，水中的鱼就会吓得逃之夭夭。当然，还可能有其他意外的原因。

总之，只要找到原因，并立即采取有针对性的措施来改正，仍然是可以得到好的收获的。

（十八）春季钓鱼有哪些技巧

一季有3个月，3个月中，前后气候和气温有较大变化：初春时，气温还较低，鱼儿还很少活动和需要进食，所以2～3月上旬，还不是很适合钓鱼的时期，此时垂钓，在较深的水层中，虽然也有些鱼能上钩，但却为数甚少。

真正适于春钓要到春末的4月。此时树叶开始萌芽，万物复苏，气温逐渐上升，鱼儿开始缓缓游动，也开始有了食欲。及至4月下旬阳光明媚之际，鱼儿特别需要食物补充营养，以恢复体力和适应产卵繁殖后代，此时是垂钓的好时机。春钓时，选择适当的钓点是个重要的环节。

451. 水深垂钓有哪些要求

清明前，选1～1.5米深的浅水处作钓点，因为此时水深处水温还较低，鱼儿多喜欢在水温较高些的浅水处活动；清明后，可在水深2～

3米处放钩。因此时稍深的水域也已是鱼儿喜爱栖息地方。当然,这还应根据当时的天气来决定。

452. 钓点如何选择

钓点的选择对春季垂钓特别重要。在地势上,无论是在池塘、湖泊或江河垂钓,都宜选沿岸较弯曲的回水处,这种地方俗称"汊",是鱼儿最爱栖息、洄游、逗留觅食之处。如果汊内有水草,则更有利于鱼儿藏身和栖息。作为钓点更为合适。

水草也并非越多越好,密度过大处阳光被水草遮挡,水面阴暗,光秃无草的岸边也不是鱼儿喜欢栖息之处,它喜爱有适度的光亮,但又怕强光直射之处。所以春末气温已相当高时,背阴的地方容易钓得较多的鱼。行家们有句经验之谈,叫作"先阳后阴,先浅后深"。意思就是说:初春时应选阳光较充足的浅水处垂钓,而春末初夏时,则应选背阴的较深水域处下钩。

春季钓鱼选择钓点时还应照顾到风向问题:在初春时段,迎风处很难钓到鱼,而到了春末以后,在风和日暖的时候,迎着微风的水面可被吹成密层层的细浪,风还会把漂浮的微生物、植物的碎屑等浮游物吹移到岸边来,这就会引来很多的鱼前来觅食。因此,这个时段迎风的水域,尤其是有活水流入的入水口边,是极为理想的下钩处,常可获得丰收。

春季在池塘、湖泊或小江河钓鱼,落钩点离岸的远近也应根据时段有所改变:初春时气温较低,宜将钓钩落放在离岸较近的水域;而春末时期及此后一段时间气温较高,就应将钓钩甩放得离岸较远的水域中,因此时鱼儿喜欢在较深的水层中活动。

总之,根据气温的变化而决定下钩的深浅和垂钓的时间是不能忽视的,如上午9时以前和下午4时以后气温低,下钩点应离岸近些;上午9时至下午4时这段时间气温较高,下钩就应改在稍远些的水域中去垂钓。以上只是指有阳光的日子,如果在没有太阳的阴雨天,就都应在靠岸较近处下钩。

春钓使用的钓具,一般采用较软的手竿,长度以5~6米的为好,钓线不宜粗,可用细些的,钓钩也不宜大,可用小些的。浮漂宜用木质或塑料质的轻浮漂。

453. 钓饵如何选择

春季钓鱼饵料,最好有蚱蜢、蝼蛄等昆虫,如不易捉到,则用红虫、蚯蚓、猪瘦肉也很不错。总之,应以荤饵为主,也可用些有香味的粮食类素饵。

（十九）夏季钓鱼有哪些技巧

454. 夏季何时垂钓最佳

一般来说，夏季是钓鱼的淡季，其特别突出的特点是气温高，正常的气温都在30℃左右。

在垂钓的时间上，因此时天气炎热，应在比较凉爽的时候下钩：最好要起早贪黑进行。一般在上午9时之前和下午5时之后。这段时间气温较低，鱼儿会乘此凉爽时游弋觅食。此外，夏季的阴雨天，水面上有微风吹拂，此时也是鱼儿活动频繁、到处游动觅食的时刻，是垂钓的好时间。但要注意，夏季阴天钓鱼，在较浅的水域鱼多，较容易上钩，不宜像晴天那样作深水钓。

夏季钓鱼，在太阳高照的晴天，由于水面上层水温较高，鱼儿的活动只限于比较阴凉的深水层，所以应该把窝子打到较深层的水域，然后放钩作深水钓，钓到鱼的可能性就比较大。

455. 钓点如何选择

夏季钓鱼，选择适当的钓点也是很重要的一环。由于天气炎热，尤其是大晴天，阳光直射水面，从上午9时起水面就开始升温，鱼儿也和人一样是比较怕热的，它们都躲在大岩石、沿岸洞穴或树荫下乘凉觅食，所以钓点宜在池塘、湖泊、江河沿岸有枝杈伸进水面的阴凉水域。如果这些阴凉水域有水草或浮萍，则更是鱼儿最喜爱栖息的环境。

夏季选钓点还有几个要点必须掌握好：夏季雨天多，且常有大雨，因而常常可遇到涨水的时机，在涨水时，在江河、湖、库的入口处进行逆游的鱼特多，此时即可不失时机地下钩，常可获得极好的收获。此外，大湖、大江或水库在涨水时的进水口上，有大量的昆虫和小动物的尸体、卵和各种植物的种子、碎屑叶片、小果实等鱼类最爱吃的食物随水涌入，因而这样的进水口一带会聚集较多的鱼在此争抢食物，在此时此地下钩，可收到上佳的效果。

456. 钓饵如何选择

夏季因温度高，鱼的食欲不如春季那样旺盛，所用的钓饵应采用较能对鱼更有诱引性的，荤饵方面，可捉些蝗虫、蚱蜢、蟋蟀、土坡虫等，来源方便些的，可捞些红虫、孑孓或蚯蚓、小虾等；素饵方面，可用苹果、香蕉、芦苇心、桑葚、樱桃等果品或炒香的面米团粒，最好是香味浓、色彩较鲜艳的，且投量要大，这样对鱼才会有较强的吸引力。必要时，还可用些有酸味的和涂上香油的面粒和嫩玉米粒。

（二十）秋季钓鱼什么技巧

457. 秋季何时垂钓最佳

秋季是一年中钓鱼的又1个黄金季节。

秋季来临后，鱼儿的食欲远比夏季旺盛，因为它需要摄入充足养分，在体内储存足够的脂肪，以备漫长严冬的消耗，保证它安然过渡到来年，继续生儿育女，延续生命。

初秋时期，暑气尚未消尽，钓鱼的各项措施仍可按照夏季钓鱼的要求施钓。但在逐渐进入秋季的中期后，钓鱼时就应随着气温的下降采取一些新的措施。

出钓的时间，初秋最好在早晨6~9时和下午3~6时，深秋时应在水温较高的中午前后2~3小时。总之，应根据水温来调节出钓时间。

初秋时节，气温时高时低，常有雷阵雨，雷雨过后气温会降至20~28℃之间，此时，水中氧气的含量较高，雨水从岸上冲刷进河中，可带入大量适合鱼儿摄食的食物，引来各种鱼儿前来抢食，造成1个极好的上钩时机，不可错过。

中秋之后，因气温已经较低，出钓宜选晴好天气，在水面受到阳光照耀，水温有一定升高时下钩，比较容易钓到鱼。在有3级以上风力的日子，最好不要出钓，否则很难收到满意的效果。

458. 钓点如何选择

在选择钓点方面，初秋时水温仍然较高，鱼儿此时还不肯活动，以避免消耗体能，大多仍潜藏在深水中栖息，即使觅食也只在树荫下或水草较密处缓缓游动，垂钓只能在2~3米水深处下钩。但早晨和傍晚，则宜在近岸的浅水处放钩。

中秋以后，气温已是不冷不热的时候，鱼儿觅食活动转为活跃，则可以全日在浅水处垂钓，特别在阳光明媚时，浅水处的水温已经有所升高，鱼儿来到这样的层次游动多起来，此时可在1米左右的水层中放钩，可钓到不少小白条和小鲫鱼一类的鱼儿。但到深秋时分，水温下降之后，鱼儿就不到浅水区来了，钓点也应该适时地转换到深水区去。

秋季，在江河湖泊的入口处，有随水带入的新鲜氧气和鱼儿喜食的各种杂食，它爱在这样的活水边洄游、觅食，此处是较好的钓点；如果附近有水草分布，则更是难得的下钩处。

此外，鱼儿也喜欢在有乱石和水草的沿岸深处游弋觅食。若想钓草鱼，则应采摘些青草扎成把子投入水中，可引得草鱼前来寻食。初秋时宜用浮钓，但到深秋水温转凉时，则应则根据当时的水温高低而改变下钩的深度，水温越低，则应放钩越深。

打窝子也应选择较适宜的水域，一般宜选浅滩凹凸不平、底部有沟坎处，或是桥墩附近、码头旁边的洄水处，或是有树桩、水排、竹排、乱石堆等近边浅水活水处。

459. 钓饵如何选择

秋天是收获的季节，就钓鱼活动来讲，秋季的鱼和春季一样好钓，而且吃钩率高，钓获量大，是一年中又1个钓鱼的黄金季节。因为鱼类经过春季的繁殖，夏季生长，到了秋季，已长得壮实。此时为了越冬的需要，鱼类会加紧索取食物育肥，以在体内储存足够的养分。从以往在郊外垂钓的经验看，此时鱼儿对食物要求的欲望非常强烈，杂食性鱼类大多不择食，而且是入窝迅速，见饵就吃。

所谓此时鱼儿对食物要求强烈，见饵就咬，是指在郊外的野鱼塘、湖泊、水库等水域。虽然我们分别用荤、素饵的情况下都能钓到鲫鱼、鲤鱼，甚至用荤饵钓到草鱼，但为了获得更好的钓绩，从钓鱼饵料上来讲，仍然要讲究用饵对路，所谓“对路”是指两个方面：

一是对鱼的口味，此时的鱼类虽不择食，对荤、素饵都感兴趣，但我们到了郊外钓场时，一旦发现鱼上钩的情况不理想，就要分别用几种钓饵进行试钓，也可以分别将荤、素饵装在双钩上试探，看鱼儿到底喜欢吃哪一种饵，只要我们用心，就能确定该水域的各种鱼类最喜欢食的饵料，并专攻之，就一定会取得好的钓绩。

二是给鱼类好的适口性。所谓适口性好，是指饵的形状大小要方便鱼摄入到口中。关于这一点容易被钓友们所忽视，其实这对提高鱼类的咬钩率是大有好处的。一般来讲，钓大鱼时所用的饵形宜偏大一些，特别是用水果、山芋、马铃薯等素饵时，一定要考虑鱼嘴的大小，要便于鱼儿好入口。在钓鲫鱼的水域，素饵用饭粒、黄豆、嫩玉米粒大小的饵即可，用水果、山芋、马铃薯等做钓饵时，不能太方，也不可太大，其具体大小和形状，宜做成与黄豆和玉米粒相仿最为合适。

（二十一）冬季钓鱼有什么技巧

460. 冬季钓鱼有哪些要求

我国地域广大，在长江以南各省，特别是最南部各省，地处热带和亚热带，冬季气温一般只低至0℃左右，很少结冰，或仅结薄冰，像广东、广西、福建、台湾、海南、云南等。即使有时较难得地会结薄冰也会很快消融，在这些地区，冬天也可以照常垂钓。但在我国黄河以北各地，所谓冬钓实际上就是指“冰钓”。

冰钓选择钓点和春、夏、秋季不同，因为水面被冰封住，既看不出水情，也难看出鱼情，只有在冰面上多凿几处冰孔来探测鱼情。其做法是先选择好隐风、向阳较暖和的冰面，再用冰镩凿开直径为30～35 厘米大的孔眼，并每隔约 1 米凿 1 个，凿 3～4 个作为一组，形成扇形或梯形排列，可凿几组以便观测判断，选取出较符合要求一组作为入选的钓点。经过观察认为无鱼活动，不适合的孔眼可以放弃不用。

461. 冬季钓鱼需注意些什么

冰钓时一定要注意安全，初冬冰的厚度在 8 厘米以下时，不能上冰垂钓。冰钓效果在气温 －10℃～ －8℃时为最好。低于零下 20℃时，由于空中冷气不断通过冰层向水里渗透，鱼儿吃钩率差，人在冰上也冻得受不了，最好不要垂钓。冰钓时应多穿衣服，尤其关节部位要重点保暖，保暖鞋底要厚，且要防滑。冰洞靠近钓者一方应用碎冰筑一道低低的凹凸不严的“围墙”，防止因大鱼吃钩或站立不稳使人滑进冰洞里。冰钓时要戴手套，以免手冻伤。开春冰溶时更不要轻易再上冰层垂钓，以免发生事故。

（二十二）肥水塘中钓鱼技巧

462. 在养鱼塘中垂钓有哪些技巧

养鱼的肥水塘，一般是不让人垂钓的，但也有些养鱼塘收费后可以钓鱼。很多钓鱼爱好者钓鱼是为了娱乐和放松紧张的情绪，并不在乎收费，所以在养鱼塘垂钓者也不少。

养鱼的池塘鱼源是丰富的，主要有鲢鱼、鳙鱼、草鱼，还有鲤鱼、鲫鱼。不过这种水域虽然鱼多却不容易钓到，这是因为养鱼者经常向池中投饲料，这里的鱼平时食物丰富，吸引力不强的钓饵它看不上眼，所以在这种塘里垂钓，钓饵必须别致一些，或是香味浓郁些、或是色彩较为显眼的，对它才有吸引力。

肥水塘的水色不透明，因为这里面微小的植物和浮游生物多，因而水色呈草绿或暗绿色。如果鱼塘主人刚撒过粪便，塘水会散发出一既臭又腥的气味。这样的水塘，鱼的食物丰富，很难钓到鱼，所以要掌握以下一些要点：

①臭气浓郁薰人的水塘不要垂钓，这种水域钓不到鱼。②一年四季中，以夏季最适宜垂钓；在一天中，以早晚出钓为好。一般可在

上午10时前和下午4时之后最适于钓鱼，中间一段时间可以好好休息，养足精神。③夏季天气炎热时，常在下午或傍晚会下一阵大雨，应抓住雨后这段被称作“钓鱼的黄金时段”钓鱼，这是最易得手的好时机。④在选择出钓时间时，以选择有3～4级风的日子，不宜在风平浪静的日子出钓；在有中等风力的日子钓鱼，应在下风或侧风处垂钓，不宜在背风处下钩。⑤在养鱼塘中，一般以草鱼和鲤鱼最多，而且都个体较大，常有1 000～3 000克。在水肥塘中钓鱼，若用普通的饵食垂钓很难见效。所以要使用肥水塘中难得见到的饵料才有效果。按常理说，像鲢鱼、鳙鱼最喜欢带腥臭味的食物，但在肥水塘中，腥臭味的食物很多，它不会很感兴趣，最好是有较强烈的香味、酸味和甜味的饵料。比如炒香的蚕豆粉和芝麻粉加水调匀做成颗粒，可加入适量的烧酒和蜂蜜。此外，红虫和红蚯蚓也是较受欢迎的。

打窝所用的诱饵，也可以用上面两种粉加入蜂蜜、曲酒和匀制成，再附带些炒香的菜子饼粉末撒在窝点周围，这样就可以引来较多的鱼，可以获得较好的效果。

（二十三）对付小鱼扰窝方法

463. 怎样对付小鱼扰窝

在垂钓中，常常会出现一些小鱼进窝点捣乱，饵钩一下到窝内，这些小鱼就来抢食，它们对着饵钩上的饵连咬几口，就把钓饵抢得精光，严重影响大鱼上钩，十分讨厌。

遇到这种情况时，可以采取以下办法来对付：一是，小鱼前来抢食时，将钓竿猛然抖动一下，将其吓跑。二是，采取换饵的办法：因小鱼虾最喜欢吃红虫、蚯蚓等饵料，这时可换成素饵，小饵则换成大饵，软饵换成硬饵，也可换成山芋粒、玉米粒等素饵，小鱼对这类素饵不感兴趣。三是，对抢饵食、撞鱼线、拖浮漂的小鱼虾，可在距窝点0.5～1米远处撒上一些麸皮粉或其他粉状饵料，将其引走。四是，多打几处窝子更换钓点。即换1个新的钓点，但不打窝，再下钩垂钓，若过一会小鱼群又聚过来，则再换新钓点。五是，把钓钩下到离窝子稍远些的地方，不让小鱼虾看见，停一会儿再慢慢移回窝内。六是，把已经钓上来的小杂鱼，投加窝内，让它传播“此处危险的信息；”或把已上钩的小鱼不摘下来，仍将其连钩一起放入窝点内，让它在水中挣扎，以吓跑小鱼。

（二十四）怎样防止草鱼脱钩

464. 大草鱼上钩后应怎样防逃逸

1 500 克以上的草鱼，常常在上钩后又被它挣扎逃脱。这是因为草鱼经常吃的是较粗糙的草类食物，其嘴唇附近的皮肉被磨炼得比较老硬，被钩住后不易扎得深透，所以经猛力挣扎后容易脱钩而逃。应对的办法是：一是，在草鱼已上钩时应立即提竿，提竿以后就要一直保持钓线绷紧，不让鱼线有片刻的松弛，这一点特别重要。二是，起竿后要利用钓竿的弹性以提竿的手用暗劲向上震抖 1～2 下。这样可以使钩尖更深更牢地刺进鱼嘴，使其不易滑脱。三是，在起鱼之前的遛鱼过程中，再震抖 1～2 次，使钓钩刺入的牢靠一些。四是，在遛鱼过程不断有意识地顺势将钓钩和鱼拉得靠岸近些，并不时地抖一下。五是，“震抖”的力度要掌握适度，不可用过度过猛，幅度过大。六是，不要在鱼猛烈挣扎时或正在“较劲”时震抖，以避免线断或竿折。

（二十五）闷热天气应怎样垂钓

465. 闷热天应怎样抢钓

每年的春末或夏季，常会出现气压很低而气温上升的现象。此时在池塘、江湖水中溶氧量很低，鱼儿都把头浮在水面上。

此时鱼不想进食，不适于垂钓。但是，在这种天气过多出现时，钓者就可以开始作好出钓的准备。根据气候变化规律，在这种天气过后，就会有 1 次冷空气的到来，气象部门称之为冷高压的来临。当冷高压到来之际，水面的温度就会很快下降，在气温初变的这天，就是垂钓的最佳时机，钓者应该好好把握。

由于前 1～2 天气温过高，气压低，水面缺氧，鱼儿大都失去食欲，但此时水温下降，鱼儿已经产生了饥饿感，食欲大振，处于饥不择食的状态，此时垂钓，往往可以获得大丰收。

不过，虽然此时垂钓的机会很好，但仍应注意以下垂钓技巧：一是，此时鱼儿都已栖息在较温暖的中下层水域中，因此钓钩宜下到较深水层，不宜在水面上浅钓。二是，此时的鱼儿大多喜欢栖息在周围较浅而中间洼陷的凹潭和水底的坑洼处，或大石块下的夹缝处，把钩下在这些水域，获得好成绩的可能性最大。三是，和平时垂钓一样，也应用诱饵打窝。窝宜多打几个，可以轮流垂钓，在哪个窝点有鱼出现，就多在哪个窝垂钓，其他窝可以放弃。四是，窝的范围要小，有小碗口大就行，每个窝上诱饵宜少不宜多，否则，会将鱼喂饱，难以上钩。五是，钓饵要有强烈的香味，有条件的可配制有浓香味的蘸饵，便于吸引鱼群进窝。

（二十六）怎样选择江河垂钓的钓点

466. 江河垂钓应怎样选择最佳钓点

我国江河众多，除黄河、长江外，较著名的还有大运河、黑龙江、松花江、怒江、澜沧江、珠江、西江，其他小型的江河和河流的分支遍布在全国各地，这些河流中都有多种野生鱼类，不仅有鲫鱼、鲢鱼、鳙鱼、鲍鱼、餐鱼等中、小型鱼类可钓，而且有时还能钓到 2 000 克以上的大草鱼、大青鱼或大鲤鱼。

不过，过大的江河主流和河道较直的江河，由于水流湍急，鱼儿难以停留觅食，很难找到较好的钓点，只有中小的支流，流势比较平缓，才较宜于垂钓。江河沿岸较好的钓点有：一是，支流汇入大江河汊旁水势平缓处，是鱼栖留觅食处，是较好的垂钓处。二是，江河沿岸凹凸的沿岸旁有洄水处，是鱼停留栖息之处，也很适合打窝垂钓。三是，沿江河岸边有树木，特别是树根伸入水中处，或有较多水草遮阳处，是鱼儿喜欢停留的地方，有利于设立钓点。四是，岸边有乱石、木排或其杂物处，或水底坎洼不平地带，常有较多鱼儿在此栖息，是好钓点。五是，江河转弯水段的洄水处水流平缓，水面上会聚集树干、杂草、树叶和小动物、昆虫的尸体等杂物，这样的地方是鱼类休憩站和食物补给站，适于设立钓点。六是，桥梁的下水一侧回水处、船舶停留处的下水一侧以及江河中有露出水面的大岩下水一侧，都是较好的钓点。七是，江河岸边有居民洗菜、淘米、挑水的埠头处，会有较多鱼类的丰富食物，可引来各种鱼前来觅食，也适于作为钓点。

（二十七）水库钓鱼有哪些要点

467. 水库钓鱼应怎样选钓点

水库特点是面积大，边沿水浅而中部极深。因其面积广阔，深度大，储水量多，鱼的密度就小。虽然水库中的鱼的密度不大，但因水库中不像池塘小溪中那样有较多的小昆虫和菜屑、草屑等杂物，食物非常缺乏，一旦发现食物，鱼儿就会饥不择食，抢着吞钩。所以水库钓鱼，上钩较快。

在水库中钓鱼，选择钓点是极为关键的问题。值得注意的是，不要选水太深的地方作为钓点。不要在筑坝处的附近找钓点，特别是不能在坝上找钓点，因为这里的水太深，水中杂物少，很少有鱼来此寻食游动，而且水太深也不利于打窝。

比较适合作为钓点的有以下几种地方：①在坝身两头的转角处。大坝的坝头或坝尾处，这样的地方一般水域较浅，鱼儿喜欢在这种地方停留，作钓点较为合适。②在水库沿岸坡度小，比较平缓的地带。坡度小，比较平缓的岸边，水层不会太深，一般都在2~3米，很适于作为钓点。③有些小型水库沿岸洗涤处。有些小型水库，附近有村庄和农户居住，这种水库沿岸常有洗菜、淘米的埠头，这样的岸边作为钓点非常适宜，因为这种水域中有菜屑菜边等杂物留落水中，可引得各种鱼前来游逛觅食，比较容易钓得较多的鱼。④多雨季节宜在涨水淹没的稻田、晒场、菜地等设钓点。一般在每年5~8月份期间，雨水较多，被称为汛期，此时常常连续下雨涨水，水位高时容易将水库沿岸地势较低的稻田和菜地淹没，这样的地方可供鱼儿觅食的食物较多，最能吸引鱼儿前来。因而在这样的地方设立钓点十分有利。⑤水库的各处进水口。水库的周围一般都有几处进水口，如小河、小溪、涵洞或小水渠，这些进水口附近，因随着水流带来一些食物，因而来这些地方觅食的鱼较多，而且这些地方的水一般较浅，很适宜垂钓。⑥在多处投饵测试鱼情。在不了解水情、鱼情的水库钓鱼时，不妨多投几处饵料，以观察究竟何处作钓点最好，再决定选择下钩的钓点。

468. 水库钓鱼需注意些什么

关于水库钓鱼，在安全方面应特别注意以下3点：一是不要在陡峭的水库沿岸设钓点。钓者应该在坡势平缓处设钓点下钩，千万不可在陡峭的库岸设钓点。原因之一是这样的地方下面水太深，很难钓到鱼；原因之二也是更重要的是这种地方钓者难以立足，一不小心就容易滑落水中，造成严重后果。二是不可进水库洗澡。炎热的夏天在水库边钓鱼，到了下午很容易因天气闷热而弄得汗流浃背。此时切不可放松警惕而跳进水库去洗澡。因为水库不同于池塘，库身的形状就像锅形，入水后极容易滑入“锅底”，一旦滑进去，即使水性很好的人也不容易游回岸上。三是钓到特大的鱼如果不能拉上岸时，不可硬拼，要以安全为重。建成时间较长的老水库里，常有10千克以上的大鱼，这种鱼力气很大，钓到后想要拖上岸来十分不容易，如拉不上来时，不可与其拼命。若鱼的拖力太大，必要时可放弃鱼竿任其拖走，否则容易被拖下水去，危及生命。

（二十八）蒙蒙细雨中垂钓的技巧

469. 怎样在蒙蒙细雨中垂钓

在下着毛毛细雨的夏天，多数爱好钓鱼的朋友都怕带雨具，加上路上泥泞难行，不愿出钓。其实，这样的天气正是垂钓的大好时机。

在微风斜雨、云低雾浓的天气里，暑气消尽，水温适度，鱼儿就会活跃起来，到处觅食，这就为钓者创造了喜获丰收的条件。

在雨中钓鱼，钓法方面大体和平时垂钓差别不大，但有以下几点不同：一是，如果雨下得较大，有各种较大的鱼从水底到中上层水域寻食，因而须用较大的鱼钩、较大的单浮漂以及较粗的钓线，还应带上抄网和搭钩，以备有大鱼上钩。二是，钓具可用手竿，也可用轮竿，并多带几副手竿。在风大雨急之际，手竿容易折断和损坏，且遇到上钩的鱼多时，可同时使用几根竿同时下钩。三是，若用轮竿垂钓，进行底钓时容易钓到大鱼。四是，遇有大鱼上钩时，不可急速提竿，需要经过遛鱼阶段，让其挣扎至疲乏时，再拖到近岸处用抄网、搭钩辅助工具将其拉上岸来，若性急硬拉，常会导致竿折、线断、鱼跑。五是，若要在大风大雨中垂钓，请不要坐在大树下，不可穿着湿衣垂钓，应立足于淋不到雨的干燥处，防止雷击。

八、各种淡水鱼钓法

（一）鲫鱼的习性及钓法

470. 鲫鱼有怎样的生活习性

鲫鱼属鲤科，又称河鲫鱼、鲫瓜子等，在我国古代叫作鲋鱼，是我国数量最多、分布最广的一种鱼，也是垂钓者的主钓对象。鲫鱼的种类很多，但生活习性却基本相近。它属底栖性鱼类，习惯生活在水体下层。它生长缓慢，极少有超过1 000 克的。鲫鱼繁殖能力很强，一次产卵数达万粒，产卵期长达半年以上。它有较强的抗病能力，较能耐低温，水温在10℃以下仍有摄食能力。

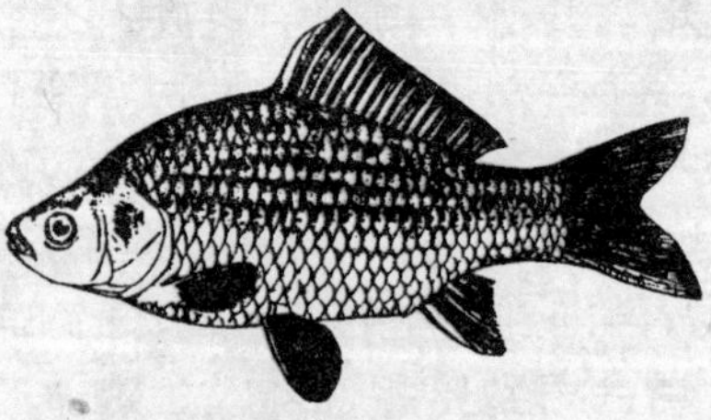

图143　鲫鱼

鲫鱼摄食的最佳水温为15～25℃，但在水温10℃以下时仍有摄食要求，故冰钓也能钓到它。鲫鱼在各个季节的采食是比较有规律的，一般春季是它的采食旺季，它几乎昼夜不停地采食；夏季则在早上和晚上采食；秋季差不多全天都在进行采食活动；冬季则只在中午一段比较暖和的时间才采食。

鲫鱼还有一种癖好：很爱洁净，对有泥浆污浊的水域，它会避而远之，若把它放入污水臭水中去，它就不能生存，所以鲫鱼的鱼肉比较卫生鲜美。

鲫鱼属于杂食性鱼类，蚯蚓、虾、小虫、面、饭以及水草、藻类都爱吃，尤其喜欢吃水草的茎、叶、芽和果实。所以，钓鲫鱼的饵料比较容易获得。但生长在不同水体中的鲫鱼食性有差异，生长在河道中的鲫鱼喜食粮食性饵料，生长在湖泊中的鲫鱼习惯吃荤饵，而生长在池塘中的鲫鱼，两种饵料都爱吃。

鲫鱼对环境的适应能力很强，它鳞片上的保护色可随着水色的变化而变化，可变成灰色、银灰色、灰褐色、黄色、银白色和金黄色。它的体形也能随着生活环境的改变而作适当的改变，若生活在流动的活水中，水体的面积大，活动的范围大，其体形会变得扁长；若生活在较狭小的静水塘中，活动范围很小时，它的体形又会变得较短而扁宽且肥厚。

471. 钓鲫鱼宜用怎样钓具

鲫鱼生性胆小多疑，因此垂钓鲫鱼的钓具应软、细、小。一般多用手竿钓，钓竿要轻巧、细长、弹性好，玻璃钢竿或碳素竿均可，长度在6~8米；钓线要细，直径一般在0.15毫米以下；浮子可用10~12毫米的羽梗散子浮，这种浮子目标明显，看起来不吃力，浮子之间的间隔6厘米左右；钓钩可用朝天钩，钩型应采用较小型的。如果鲫鱼小于200克，一般采用0.08~0.10毫米的细线、3号以下的小钩；如果鲫鱼大于200克，一般钓线也不应粗于0.15毫米、钓钩不宜大于5号。手竿短线配浮标的单钩组合见图示。

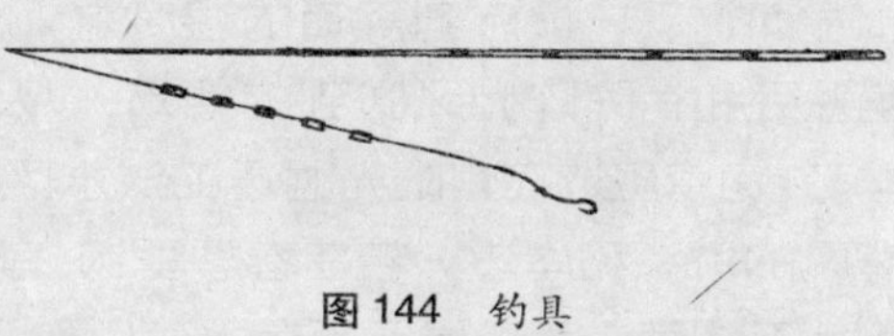

图144　钓具

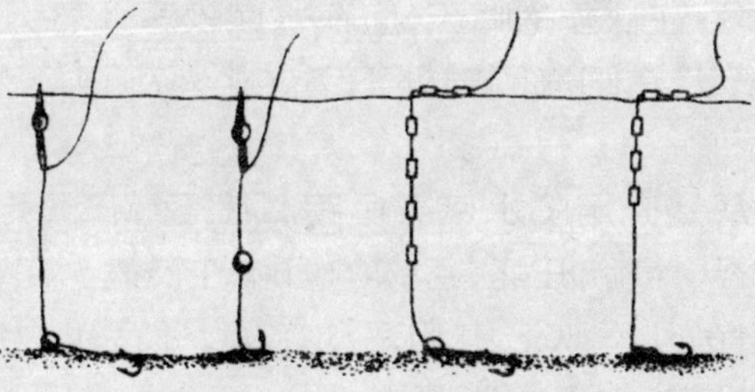

图145　浮标、单钩组合

472. 钓鲫鱼用什么饵料好

面饵是用得最多的素饵，它辅以曲酒、蚕虫粉、黄豆粉、芝麻粉、蚕蛹粉、鱼粉等拌匀，揉搓成软硬适中的面团即成。现在市场上有很多鱼饵出售，如“龙王恨”、“魔力”等鱼饵，它们配方独特，垂钓效果相当好，并可避开小鱼的干扰，垂钓者不妨一试。

鲫鱼是杂食性鱼类，荤素均吃，常用的荤饵是蚯蚓和蝇蛆，还有孑孓、蜻蜓等活性饵料。粮食性饵料以面粉、玉米粉为主料，可加入些花生粉、黄豆粉，最好再加入一些炒熟的米粉和芝麻粉，以增加饵料的香味，把上述各种粮食粉末加热煮熟，调成油灰状即成。现在市场上有一种袋装的鲫鱼饵，它是以马铃薯粉为主料，再加入麦粉和一些天然香料配制而成，这种饵料具有广谱性，对各种鲫鱼都适用。如果觉得自制饵料太麻烦，可买这种袋装饵料。

473. 钓鲫鱼应怎样选择钓点

（1）在有鱼食处寻鱼踪。鲫鱼是杂食性鱼类，凡有浮游生物、残花败叶、昆虫草屑等物之处，都是它们喜欢停留的地方。另外，鲫鱼也喜欢在水底有水草和其他水生植物，以及有乱石和杂物堆砌的场所栖身。其他如池塘进水口的附近、桥墩的后面、河塘边有回流的地方，也是它经常栖息之所。

（2）在适温处寻鱼踪。鱼类既怕冷又怕热，鲫鱼也不例外，尽管鲫鱼是比较能够适应水温变化的鱼类，但它仍然要避开过冷过热的水温而趋于它最感到舒适的温度之处。在天气炎热时，钓点应选在荫凉处和有阵阵微风吹到的地方，以及水深的水域。在天气寒冷的季节，钓点应选在有阳光晒透的浅水区和有建筑物挡风的水区，以及背风的桥头和岸边。若在春季垂钓，宜选择水浅些的水域，最好是在大岩石的旁边和离岸不远有水草处作为钓点；在夏季的早晚垂钓，可将离岸近些的浅水水域作为钓点，到了中午，天气热了，就应选择有遮阳的较深水域；在秋季的晴天，应在水域较深处落钩；冬季天冷，只能在深水潭边以及有阳光照射处下钩。此外，阴雨天宜在有水草的岸边找钓点。

（3）在溶氧量充足的水域寻鱼踪。在溶氧量充足的水中，鱼感到舒服，行动活跃，食欲旺盛，吞钩的可能性较大。在流动的水域中溶氧量较高，是鱼儿喜欢汇集和活动之处，适宜作为钓点。有些池塘，其周边有少量的水流入池塘内，那么这个入水口的旁边，就有微量的回流，也是较好的钓点。在春、秋季温度正常时，有微风吹来的岸边水域中溶氧量比较充足，也可作为钓点，若水中生长着一些水草，那更是较理想的钓点。

在池塘中垂钓，宜在池塘的边角处寻找钓点；在江河中垂钓，宜在江河的分汊处和有桥墩、木排、木桩处，若附近有水草或芦苇丛生，则其近处便是良好的钓点。

474. 怎样为垂钓鲫鱼打窝子

打窝用的鱼食有两种：一种是用豆饼、麦麸、酒糟之类的粗杂粮的细粉，加点有香味有黏性的粉料，加水拌和做成蚕豆般大的颗粒，大的如核桃大小，晒至半干后使用，一般每个窝投放3～5颗；另一种是用米饭晒成干粒或直接用碎米，每个窝投撒一小把。

钓鲫鱼打窝，用碎米和干饭粒比较合适，因为鲫鱼个体小、嘴也小。打窝的数量不拘，可根据情况来决定，一般可打3～5个，以轮换着垂钓。垂钓过程中，如有的窝中久钓无鱼，则应放弃；如有的窝中频频上鱼，说明窝点位置正确，就要适时续窝，以引诱更多的鱼前来“就餐”。

窝应打在离岸边不太近又不太远的水域中。如果太靠近岸边，鱼会害怕；但离得太远也不好，垂钓起来比较吃力，若有500克以上的大鲫鱼吞钩，就不容易提竿。窝最好是打在比竿短1米左右处，若用的是4米的竿，窝应打在离岸3米左右的水域中比较适宜。此外，选择钓点打窝的岸边，最好要有些树木遮阳，若在没有遮阳的阳光下垂钓，最好要位于阳光从左侧或右侧射来的位置，因为阳光从正面直射处垂钓，光线会直刺垂钓者的眼睛，无法看清鱼漂的起落动静；若阳光从垂钓者背后射来，人走来走去的影子倒映入水，会把鱼吓走。最后，打完窝后切不可忘记，在岸边一定要做上记号，否则，等到要垂钓时，就会搞不清曾在什么位置打过窝，找不到打窝的地方了。

475. 鲫鱼吞钩有哪些规律

根据有经验的垂钓者观察，鲫鱼吞钩是有一定规律的，这从浮漂的移动上可以清楚地反映出来。鲫鱼吞钩一般有3个步骤：

① 品尝。当鲫鱼发现饵钩时，并不会贸然上前吞食，而是很小心地游近饵钩，很犹豫地咬一咬饵的一部分。这时浮漂会出现点一二下，下沉一粒浮漂，随后又回升至原位的现象。

② 试探。经过第一步品尝之后，鱼儿认为饵食是对胃口的、滋味是不错的，于是就企图将食物拖走，但还没有去吞食饵钩，这时浮漂会出现轻轻移动的现象。

③ 吞钩。经过一阵拖咬饵物之后，鱼儿未能拖走饵物。此时已食欲难熬，开始将饵钩吞入口中。这时鱼漂出现送漂，即浮漂从水下缓缓上升，这是鲫鱼咬钩的典型现象，此时提竿，十拿九稳。有时还会表现为拖漂和黑漂。

476. 垂钓鲫鱼应怎样下钩和起钩

钓鲫鱼前，准备好钓具和钓饵，选择好钓点并打好窝以后，接下来就要进入正式钓鱼的阶段。开始下钓时要做好3件事：

①安装钓饵和观察窝塘。在打好窝之后，过5~20分钟，当一些鲫鱼闻到鱼饵散发出来的香味，就会陆续来到窝点探察究竟。就在这几分钟空隙时间内，要把钓饵安装好。钓鲫鱼，最好用红色的蚯蚓，蚯蚓的大小，以3~4厘米长最合适。若是卧钩，可将整条的蚯蚓装上；若用朝天钩，可用半截稍大些的蚯蚓就行了。装好钓饵后，先要看看窝内来的鱼多不多，若鱼来得多，水面会泛有许多小气泡（俗称鱼星），钓鱼界的术语叫作“大醒”；若鱼来得少，则叫作“小醒”。但

不论鱼来得多还是少，这时都应开始下钩垂钓，不可坐失良机。若打窝之后始终没有鱼来，这个窝子就成了“哑窝”，需到别的窝子去下钩。但要注意，窝子醒得有早有迟，快的3~5分钟就醒，迟的需半小时、甚至1小时，必须耐心等待1小时之后再作出去留的决断。②徐徐下钩，并注意浮漂动静。当窝子里有鱼儿活动时，水面会不断地有小气泡出现，说明下钩的时机已到。先将钓钩放入水中让它下沉，测试一下水有多深，然后考虑饵钩应沉入多深比较适当，然后将浮漂调整在适当的高度，如果浮漂是用6截羽梗制成的，那么当饵钩下沉后，有半数浮漂沉入水中，水面上还浮着3截羽梗，那就可以了。在下钩时，要慢慢地让鱼钩下坠，不可猛然一下使水面发出声响，把鱼吓跑。当饵钩沉至水的中层，将要到达水底时，最好略微抖动一下，以便引起鱼的注意，引诱它前来摄食，然后让饵钩沉到水底。这时要把水面上多余的渔线轻轻地拨在一边，不让它挡住钓者的视线，以便清楚地观察到浮漂的动静。一旦发现有鱼吞钩时，应及时提拎鱼竿，免得措手不及，错过最佳时机。③准确把握提钩时机。要准确地把握好提钩的时机，首先要注意避免提钩时会遇到的困难和麻烦。值得注意的是，要适当控制竿梢下鱼线的长度，水面上多余的活动鱼线，最好在0.5~0.8米，否则容易出现以下情况：当发现鱼儿已吞钩，需要举竿提钩时，原来只要把竿举至70~90度就能把鱼提出水面，但由于水面上的线太长，需要举竿至200度角才能把鱼提拎上岸，这不仅费时费力，而且常常会使钓饵和鱼一起缠在水草丛中，甚至不但鱼未能拿到，还会搞得竿折线断。

关于提钩的时机，应注意以下几点：

a.当饵钩沉在水中时，若浮漂只略微点了一二下，这并不是鱼儿已经吞钩的迹象，很可能只是鱼儿碰动了饵钩，或是鱼儿试探性地尝了一下鱼饵的滋味，此时不可贸然起钩。b.如果安放的饵较小，刚能裹住鱼钩，若浮漂出现“捧”或“拖”的迹象时，便可立即起钩。c.如果用较长的蚯蚓作饵，鱼钩上只套了半条蚯蚓，还有多余的一小段蚯蚓在钩尖之外蠕动，此一情景最能引鱼扑食。但此时若出现浮漂稍有沉或捧的迹象时，还只是饵的多余部分被鱼咬住，尚未将饵吞入口中，此时不可提钩，要等到浮漂大捧和反复捧时，才表明鱼儿已将钩吞进口中，此时起钩较有把握。d.如果用整条蚯蚓作饵，若见浮漂连续捧、拖几次以后就不见动静了，这是鱼已将钩吞入口的迹象，应立即起钩。

477. 怎样用草隙钓法钓鲫鱼

鲫鱼不喜在光照太强的亮水区域栖身，它一般喜欢在阴凉、有遮掩、适度稀疏的水生物间游弋、觅食，因为这样的环境不仅水温适中、食物丰富，而且水中的含氧量充足，此时鱼的食欲较旺盛。这样的环境还具有比较隐蔽、水流比较平稳、昼夜温差小的优点，不仅适宜鲫鱼游弋、觅食，还适宜鲫鱼交配产卵和孵化。

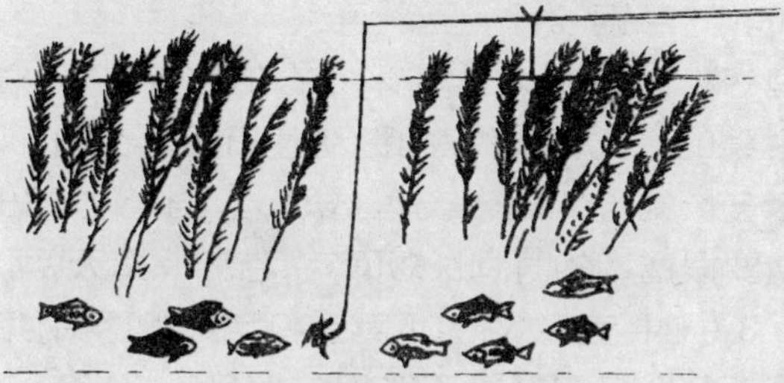

图146　草隙钓法

在这样的水域中，垂钓者只要选择一处离岸4~5米远、脸盆大小、没有水草的空隙处下钩，收获一定是不错的。需要注意的是：鱼竿要求长些，最好有5~6米长，竿的尖部要硬些；鱼线要用比较粗的，但不宜过长，有4~5米长足够。下钩时，钓钩一定要落底。如果能找3~4处适宜的草隙打上窝，轮流看着浮子，有鱼上钩时及时提出，收获将不会很差。

478. 怎样利用春季浅滩钓法钓鲫鱼

每年的3~4月间，在池塘的避风处水温就有所上升，若再遇到晴朗的天气，气温将进一步上升，鱼儿就开始进入了活跃时期，这时水中的溶氧量充足，鱼儿食欲转旺，再加上鲫鱼在整个冬天都处于饥寒交迫的困境中，比较需要食物，这时垂钓是个好时机。

图147　春天钓滩

浅滩垂钓法需要前一天傍晚先打窝，第二天上午去钓。垂钓者如果距离水面较近，用短竿钓操作起来比较方便灵活；距离较远的可用长竿，长竿上的鱼钩要用小的，但钩尖必须锋利，鱼线要细而短，可以既不用浮漂，也不用砣；钓饵宜用活的红蚯蚓，让活蚯蚓在钩上能继续蠕动，这样最容易招引鲫鱼踊跃前来吞饵。饵钩宜下在鱼群的前方或侧面，一旦有鱼吞饵，立即提竿收鱼，效果较好。

479. 怎样用跑钓法钓鲫鱼

通常，钓鱼都是把鱼钩装上饵后下到水里，然后就坐在岸边等候鱼儿上钩，这叫作“坐钓”。

有一种跑钓法，是在距岸边 3 米左右的水中打下一排多个窝子，然后沿着各个窝的岸边，经常来回跑动着看浮漂钓鱼，叫作跑钓。跑钓用的是 3 米多长的短竿，系上细渔线、小坠、小浮漂和小钩垂钓。

窝的数量要根据钓的时间长短而定，若钓一整天，可打 10 ~20 个窝；若只钓 2 ~3 小时，宜打 3 ~5 个窝。打窝用的诱饵，可用酒浸过的小米粒或碎米。各个窝的深浅不能相差太多。打完每个窝后都要做上记号，以免回头找不着。

需要注意的是：在来回跑动时，脚步要尽量放轻，不可把鱼吓跑。采用这种跑钓的方法，其效果会比坐钓好得多。

480. 怎样用河道深流钓法钓鲫鱼

垂钓者大多是在溪边或池塘边钓静水中的鲫鱼，在较深的河道而且有相当流量的河道中钓鲫鱼并不多见。若周边有较深的河道，也不妨尝试一下用河道深流法钓鲫鱼。

图 148　河道深流钓示意

用河道深流钓法钓鲫鱼，1 个人只能看一两副竿。所用的钓竿是 5 米左右长的竿，鱼线的长度为 4 ~4. 5 米，其他如鱼钩、浮漂、坠子都用比较大的。操作时，把饵钩甩到河道的中心部位，较大的鲫鱼常在这种水流中逆流而上，若发现鱼饵，会猛吞饵钩。若发现有鱼吞钩，应迅速起钩。只要河道水流中有鱼经过，这种钓法是比较有效的。由于这种钓法专钓过路的大鲫鱼，所以不需撒饵打窝。

481. 怎样用浮钓法钓鲫鱼

当天气闷热、气压低时，水中溶氧减少，鲫鱼难以承受水中的缺氧状况，便浮到水体的中、上层。这时若还是底钓，则收效甚微，可改用浮钓。

浮钓法一般采用卧钩，用增加浮漂浮力的办法使鱼钩漂浮在水中不着底，根据鲫鱼在水中游动的层面，用浮漂调整鱼钩的深浅。浮钓时浮漂在鲫鱼吞饵时的反应一般是下沉，此时提竿便可得鱼。

图 149　浮钓法

482. 怎样用投竿串钩钓法钓鲫鱼

鱼一般都胆小怕喧闹，会躲在远处、深处。尤其是夏天和冬天，因气候原因，鱼一般躲在深水处。此时可用投竿把饵钩甩至远处，不仅可多钓鱼，而且有可能钓到大鲫鱼。钓具以小巧为主，钓饵多用荤饵，如蚯蚓等。将钓饵装钩后，甩至 30～40 米以外的水域，支好钓竿，收紧钓线，挂上小铃，即可静候，待铃响或看回线提竿即可收鱼。此钓法钓线、钩、坠的组合见图示。

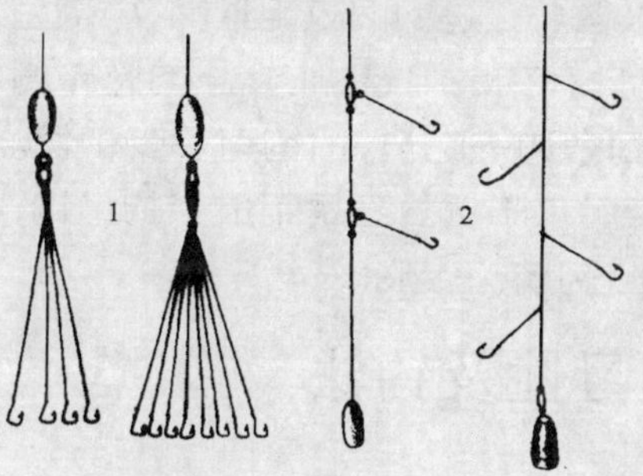

图 150　钓钩组合图

1. 组钩的组合，2. 串钩的组合。

483. 怎样钓大鲫鱼

① 深水浅窝。大鲫鱼大多栖身于水体较深的池塘里，在钓鱼之前，首先要找到水体较深的池塘，而且是有水草和其他鲫鱼喜欢的生活环境的水塘。然后，要在距离池塘岸边 4～5 米、水体不深不浅处打上诱鱼的窝子，最好多打几个，并逐一做好记号。深水塘中较浅的水域是大鲫鱼喜欢聚集的地方。

② 物色多年未清过的老池塘。多找几处有大鱼生活的池塘是必需的，大鲫鱼并非任何池塘中都有。因为鲫鱼长得很慢，500 克的鲫鱼需要3 年左右才能长成，更大的鲫鱼就需要更长的时间。所以钓鱼之前，必须先作了解，摸清池塘的底细，只有多年未清过的池塘，才是垂钓的目的地，那些每 1～2 年、或 2～3 年就清 1 次底的池塘，就不必白花时间和诱饵去打窝。

③ 掌握垂钓季节。较大的鲫鱼并非任何季节都能钓到，即使能钓到，也不会多。必须掌握：每年春季和秋季的后期，是鲫鱼开始产卵孵化的时候。此时，鱼儿必须摄入较多的食物、积蓄较多的养分作为生儿育女之需，因而此时垂钓，大鲫鱼容易上钩。到了秋季中后期，马上就要进入不能摄食的严冬了，鱼儿必须趁这个时期尽量多摄食，作为度过冬天的需要。

④ 随草打窝。撒饵打窝时，要弄清楚池塘里什么部位有水草，撒饵打窝一定要靠近水草生长处不远的水域。因为鲫鱼胆子很小，不肯在光照很强的地方停留，总要找些有水草或其他比较隐蔽、可以藏身的水域生活。

⑤ 排除小杂鱼干扰。在钓鲫鱼时经常会遇到一件麻烦事，那就是小杂鱼的干扰，一般可采取以下几种方法来对付：一是撒窝的诱饵用酒浸过的米粒，小杂鱼对它不感兴趣。二是钓饵改用素饵，小杂鱼发现是素饵，一般都不吃，而自行离开。三是用螺蛳肉、蚌肉捣碎后投在窝子的附近，可把小杂鱼吸引到旁边去吃食，饵钩可少受干扰。四是在较浑的水中垂钓，很少有小杂鱼来干扰。五是用最小的鱼钩，装上很少的红色活蚯蚓，可以很快地把小杂鱼钓除。

（二） 鲤鱼的习性及钓法

484. 鲤鱼有怎样的生活习性

鲤鱼属鲤科，又叫赤鲤、鲤拐子等。鲤鱼体长侧扁而厚实，背鳍前稍隆起，嘴边有一对短须。因为成长快，因而一般小至1 500～2 500克，大到20～30千克的大鱼都很常见。其体侧的两条侧线特别清晰可见。其种类有鲫鲤、湖鲤、野鲤、散鳞镜鲤等。它也是我国各地钓鱼者主要垂钓品种之一。

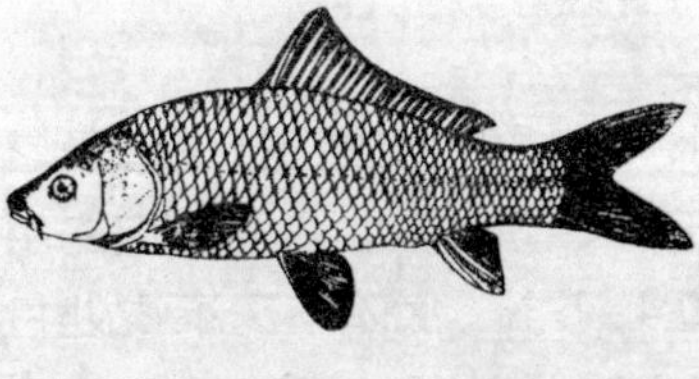

图151 鲤鱼

鲤鱼的食性和鲫鱼有不少相似之处，也是杂食性、底栖，只是对水温的要求比鲫鱼稍高，产卵的环境要求有18℃以上的温度，不耐寒，冬季水温低于10℃时就不爱活动，所以冬季人们不易钓到鲤鱼。此鱼爱单独生活，不喜群居。鲤鱼喜栖留在水体的底层，特别喜欢栖息在水底坑洼、陡坎、乱石等隐蔽性强的水域。平时喜欢在水底淤泥中觅食，觅食时用嘴巴和胸鳍搅动淤泥，使得水底发生阵阵成团气泡，这就是所谓鲤鱼“翻筋”。鲤鱼食性较杂，生长很快，生命力强，较能耐高温和污浊的水。鲤鱼性胆小，怕强光，喜活水和流水，性好动，有溯水而上的习性，好追波逐浪，在静水中也时常跳出水面，民间“鲤鱼跃龙门”之说即是写照。此鱼分布极广，目前，世界上几乎所有国家皆有它的踪影，且被广泛养殖。我国养殖鲤鱼已有2 000多年的历史，国内除西部高原地区外，凡水资源丰富的地区皆有养殖。

485. 钓鲤鱼应用怎样的钓具

鲤鱼1 000克左右者极为普遍，2 000~5 000克也很常见，最大者可达50千克。鲤鱼力量较大，因此垂钓大鲤鱼需要有较高的技术，也需要有较适宜的钓具。

钓鲤鱼用海竿比较合适，因为用海竿钓大鲤鱼一是可以投得远，二是遛鱼方便、省力。但是习惯于用手竿者比较多。当然，用手竿也能钓，只是对钓具等有较高的要求。

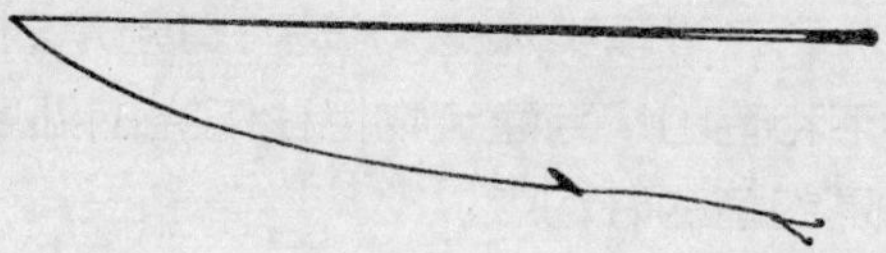

图152 鲤鱼钓竿

手竿要求有一定长度，最好要能达到8米。手竿较适宜在小水域或一般的池塘用。手竿应用较结实的中调竿或硬调竿，钓线的主线直径为0.35~0.45毫米，钓钩宜用钩门宽、钩底深的中号或大号短把钩，浮漂用稍大的立漂或星漂。坠子随浮漂浮力的大小选择。

486. 钓鲤鱼应用怎样的饵料

鲤鱼食性很杂，食谱也较宽，它喜香味和甜味，微酸味次之，诱饵和钓饵应根据上述原则进行配方。

钓饵可用植物性的，也可用动物性的，如是植物性的，可用玉米（干的需经水浸泡）、面团、米饭、红薯或酒糟和麦粒拌和面粉；动物性的，可用小虾、螺蛳肉、蚯蚓、蟋蟀、蚱蜢、蝼蛄、线虫等。打窝用的诱饵可用酒糟、菜子饼、鲜牛粪、加入鱼粉的鸡饲料、曲酒喷豆饼等。

487. 钓鲤鱼宜选择怎样的钓点

炎热的夏季是钓鲤鱼的黄金季节。选择钓点需因地制宜、因时制宜：涨水的时候，应将钓点选在河口附近回水之处；落水的时候，应将钓点选在深水的潭区；刮风的时候，应将钓点选在逆风的岸边；下过雨的时候，应将钓点选在水浑的水域；在大江上钓鱼，钓点应选在码头旁边；在有排洪闸的地方钓鱼，钓点应选在闸的两边；在瓶口形的江河边钓鱼，钓点应选在瓶口下游的两边；在溪河宽的河段钓鱼，要在河面较窄的河段下钩；在溪河窄的河段钓鱼，应在河面宽的河段下钩；在不宽不窄的河溪中，应在河道中间下钩；在河岸平直之处，应选较为凸出的岸边下钩；在有闸坝的地方，应选闸坝的两侧下钩；在有活水流动的池塘或溪流中，应在进水口旁边定钓点；在没有活水流动的池塘定钓点，应找有水草的水域下钩；当发现有水色较浑浊的水塘时，宜在浑水近边处下钩；在人多而声音嘈杂的场合，钓点应选在离人声较远的水域；在早春和冬季垂钓，应选择深水且向阳的水域作钓点；春末、夏初季节，正是鲤鱼产卵孵化的时期，钓点应选在靠近河岸边；有水生植物的水域，钓点宜选在芦苇、蒲草、浮萍的附近。此外，河沟两头的尽头处，宁静偏僻的河湾，以及涵洞、桥下都是垂钓的好地方。

在夏季炎热的天气里，特别是烈日当头的时刻，能够遮阳的大树下和有山峰与建筑物挡住阳光的处所，是鲤鱼避暑的好地方，当然也是钓鱼的好钓点。

7月中下旬，在水库进水口的上游处、入水口边的鱼是最多的；在秋季，有回水旋涡的水域，或是有缓缓流水的水域，是鲤鱼最喜欢聚集的地方；河道下游深水区，水草、树根、卵石多，都是鲤鱼栖息处；养鱼塘的喂食处，也是鲤鱼聚集的地方。选择这些水域为钓点，获得丰收的可能性会很大。

488. 怎样打好钓鲤鱼的窝子

钓鱼界有一句非常切合实际的谚语，叫作"钓鱼打窝，越打越多"。确实，钓点如果选对了，窝也打得好，取得钓鱼的好效果就有了保证。

打窝最主要就是诱饵要对路，也就是说诱饵的品种要合乎鲤鱼的口味。鲤鱼最爱吃的是新鲜的牛粪（牛粪诱饵的做法是：用稻草碎腐碾成粉末状，掺入新鲜牛粪，再加入面粉拌和均匀，捏成拳头大小的团块，投入钓点），以及其他粮食粉末和颗粒做成的饵料，这类饵料应有甜味和香味。此外，用豆饼碾成粉末加入曲酒，再加些面粉拌和并蒸熟制成团块，也是鲤鱼喜欢吃的饵料。窝子一般可打3~5个，几

图153　鲤鱼觅食示意

个窝之间的距离不能太分散，应该靠近一些，这样可以形成一个吸引鱼儿前来的聚集区，有利于鱼儿来上钩。诱饵要多放些，在这方面不能小气。当发现诱饵快吃完或钓到2~3条鱼后，就应及时补饵，以使鲤鱼能较长时间聚在窝点范围内。

当牛粪诱饵撒入窝点，隔10~20分钟后，就可见到草屑泛浮上水面，此时即可抓紧下钩。若经过较长时间仍不见泛出鱼星时，即应考虑换窝，不能长时间等下去。

489. 怎样掌握好钓鲤鱼的下竿与提竿

钓鲤鱼下竿有几种办法，最为普遍采用的是喂窝下竿法。这种方法只要在打窝后隔一会儿把饵装上钩后下竿就行了。需要特别注意的是：如果窝子附近或周围没有水草，鱼线可以用得长些，一般可以超过竿的长度，线长的好处是：一旦需要与大鱼周旋时，便于收线和放线，有较大的处理余地，线短了遛鱼时就比较困难和费劲。但是在窝点附近和周围有较多水草时，钓线就应该短些。因为一旦有大鱼上钩后，大鱼会将饵和钩拖入水草丛中，特别是线长了容易被水草缠住。这时，若鱼进行挣扎，钓线只得拉紧，很容易把线弄断，鱼也跑掉。

另一种下钩法是：当窝子打好后，就在钩上装上饵料，然后静静地注视着窝点附近的水面，待到水面上出现鱼星时，立刻下钩。

值得注意的有3点：一是下钩的动作尽量要轻，不可发出任何声音，让饵钩轻轻入到水底，以免鲤鱼受到惊扰；二是下钩的位置要准确，必须下在鱼星移动的前方，才有好的效果；三是根据鲤鱼的觅食习性，垂钓应采用“守株待兔”钓法。在选好钓位之后，要坚持固守，耐心静候，过一段时间后可提竿换新饵，有时可用荤饵换成素饵，如用饭粒来蒙骗鲤鱼。尤其是在窝子周围出现鱼星时，不能像钓鲫鱼那样经常提竿引逗，否则胆小、机敏、狡猾的鲤鱼会被吓跑的。实践证明：换饵太勤，误提次数多，必然会干扰鲤鱼吞食，丧失上钩时机。提竿必须掌握时机，提早了或拉迟了都会钓不着鱼，让上钩的鱼跑掉，还会惊动整个窝中的鱼。所以，提竿是钓鱼中一项技术性很强的动作。

鲤鱼虽然体大嘴大，但它看见饵钩不是一上来就一口吞下的，而常常要经过多次尝试，对食物先是闻闻碰碰，可能是闻气味，分辨是什么品种，可能是尝尝什么味道，是否对胃口。这时在浮漂上的反映很不稳定，有小幅度的浮浮沉沉，直到鲤鱼觉得饵食确实可口，并且没有危险时才张口吞食，吞入后立刻游走。这时在浮漂上的反映是浮漂徐徐地向下沉，出现“黑漂”，此时及时提竿，准能把鱼提上岸。若看见浮漂一沉一浮就拉竿，那时正处在试探阶段，竿一拉，鱼就跑掉了。若太迟了也不行，它常常吞进去后又再吐出来，要经过2～3次反复才能最后吞下，若正在吐出的时候去拉竿，就会落空。

上面所说的，还只是钓1 000克左右的小鲤鱼时的情况，若是钓3 000～5 000克的鲤鱼，那就要加倍费劲了。当更大的鲤鱼吞钩之后，会往深水处逃窜，有以下四种表现：其一，窜。鲤鱼在觅食中突然被钓钩钩住，疼痛异常，便负痛狂窜，这时垂钓者要冷静、沉着，充分发挥拽力装置或竿线的柔韧性作用，缓冲鲤鱼的冲力。窜，也是消耗鲤鱼体力最好的时机。其二，跃。鲤鱼在狂窜中，因疼痛受惊，便跃出水面，这时钓者要有充分准备，切勿绷线过紧，以免拉断钓线。其三，卧。在窜、跃均未奏效时，它又会猛然沉底，把前半身扎入泥中，卧着不动，任你怎么用力，它也一动不动。这时钓者应发挥竿尖弹力作用，时松时紧，引它游动，不给它以喘息之机。其四，绕。大鲤鱼还有1个“绕”的本领，就是它会牵着钓线在原地打转，钓线也就一松一紧，有时它还会围绕水底障碍物转圈，这时垂钓者应绷紧钓线，阻止其绕圈。

由于鲤鱼力大，垂钓者事先一定要有准备，应该沉着、冷静、耐心，要紧握鱼竿，让鱼竿绷紧成弯弓状，必要时，可缓缓放线，若已无线可放时，可随鱼拖的方向跟上几步，但鱼竿始终不能放松，必须时刻让鱼竿绷紧，实在太紧时可让鱼竿的弯度略微小一些。相持约10分钟后，可不时将鱼拉出水面，使鱼呛水，一连呛上几次，鱼的力量就会越来越小。5 000克左右的鲤鱼，常常可挣扎冲刺8～10多次，总之要耐心与它周旋，它跑，垂钓者就放点线，它一停下，垂钓者就要收紧线，反复遛鱼直到遛得鱼儿筋疲力尽、几次肚皮朝天后把它拖到近岸处，用抄网罩住拖上岸来。

（三）草鱼的习性及钓法

490. 草鱼有哪些生活习性

草鱼又名浑鱼、鲩鱼、草根、浑子鱼，属鲤科，是我国四大家鱼之一。它是一种生长很快、适应性很强的草食性鱼种，以喜食草而得名，它贪食，消化能力强，生长快，个体大，在天然水域中，有的可长到50多千克，5～10千克则是常见的。草鱼主要的食物是生长在陆地和水中的草本植物，在水温25～30℃时摄食量最大，它抗温、耐寒，适应能力强，几乎四季皆能进食，但摄食强度不同。它对食物没有苛刻的要求，饲养成本低，容易长大，所以我国各地普遍养殖。

草鱼喜在水的中上层巡游觅食，长大后不常进入深水层，但因比较贪食，在水草少的生活环境中，有时不得不到河底觅食。因而在水草供应不足的池塘下钩钓鲫鱼时，常常能钓到草鱼。

图 154　草鱼

491．钓草鱼宜用怎样的钓具

钓草鱼不必用太大的钩和太粗的渔线，这是因为它的吻部圆而厚，在一般情况下，钓钩可选用伊斯尼龙形 515 号、环形 413 号、鹤嘴形 113 和 114 号；渔线可选用拉力 2~3 号的优质尼龙线，以软脑线拴钩，钓线以长些为好。钓竿应坚固、韧性好，长度视所钓水域而定。手竿、海竿均可。

492．钓草鱼应用怎样饵料

草鱼以植物性饵料为主食，但对动物性饵料也不拒绝，且喜食活动在水中的昆虫。由于它觅食时一半靠嗅觉，所以钓饵应考虑采用带有浓郁香味的。草鱼的味觉也较灵敏，因而钓饵还应兼顾到有鲜味。因此，带有酒、香油、复合维生素等诸味的钓饵，对它特别有吸引力。根据上述特点，一般多用菜子饼、酒糟、白酒浸小米、麦麸、酒泡碎米、青草、南瓜叶等作为诱饵。

钓饵可用红虫、蛆虫、面包虫、蚯蚓、小虾、肥肉条、饭粒和面包，还可用蜻蜓、螳螂、蚱蜢、蝼蛄、飞蛾、蟋蟀，以及嫩玉米粒、熟红薯、麦芽、桑葚、鲜黄瓜、酒糟浸麦粒、嫩苇芯等。根据钓鱼高手的经验，春季宜用动物性荤饵，夏、秋两季用植物性素饵更为适合。

493．钓草鱼使用的钓饵应注意些什么

① 用粮食类制作钓饵时，不可缺少带香味的原料。若用极细的麦面粉、玉米面和其他粮食类细粉混合制作时，可加适量的水和匀揉成面块，置笼中蒸熟。例如在 100 克面饼中加入 25 毫升香油、20 克复合维生素 B 和 50 毫升白酒，然后用力揉匀，搓成粗面团，用刀切成小块，再搓成约蚕豆大小的圆球，穿在钩上把钩包住，即可用于垂钓。

② 用山芋作钓饵时，做法是：将山芋切成约 1 厘米见方的块，上笼蒸至 5~6 成熟（不可蒸得太熟，否则熟烂了，不能穿钩用），取出晾至半干，即可穿在钩上垂钓。

③ 用嫩苞谷米或嫩青豆作钓饵，应将苞谷米或青豆先放在水中浸泡 10~20 分钟，让它膨胀后穿在钩上使用，苞谷米或青豆最好是 8

成熟左右的。若苞谷米或青豆较老，应让其在水中浸泡半天后使用；若是晒干后的苞谷米，需浸泡24小时以上才能使用。

④ 用蟑螂、蟋蟀、螳螂、油葫芦等昆虫作钓饵时，应先将其头、脚、须、翅剪掉，只留躯干部，然后从头部穿钩。若能捕捉到青色的蝗虫，则是上佳钓饵。

⑤ 用蛆虫作钓饵时，应从尾部向头部穿钩，穿过倒刺再往前拉，把钩尖包裹在内，不让它露出来。

⑥ 使用红虫作钓饵时，应先用白色的线捆扎成团。上钩后，再在钩尖上穿一条较粗的红虫，将钩尖掩盖住。

⑦ 使用蚯蚓作钓饵时，钓钩需用长柄的。穿钩时，可把蚯蚓掐断，从断口处穿钩，再将其余半截蚯蚓也穿上一段，留一段在钩外，让其能在水中晃动，使其对鱼有更大的诱惑力。

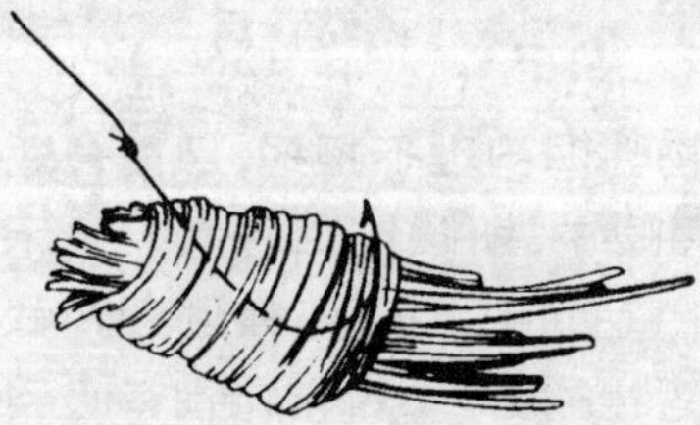
图155　绿色叶类植物装钩

⑧ 在没有水草的水域钓鱼，宜在鱼钩的后弯至钩柄处穿上（捆扎也行）一些苇叶或其他绿色的树叶、菜叶，以招引鱼儿来就食。此外，在水草较多的水域钓鱼，宜多用昆虫等动物性饵料；在昆虫、鱼、虾等较多的池塘钓鱼，宜用植物性饵料。

若钓鱼较长时间不易得手时，应更换钓饵。还可换上一线多钩的钓竿：有的钩装上植物性饵料，有的钩装上动物性饵料，让草鱼随意选择。此外，若下钩后多时不见动静，可将钓竿慢慢上提几厘米，然后再缓缓放入水中，每隔5～10分钟提放1次，这样反复多次进行，使钓饵在水中常常缓慢移动，可引起游鱼注意，引其进入窝点，增加上钩的机会。

494. 钓草鱼应怎样打窝子

钓草鱼也需要打窝，打窝的步骤和钓鲫鱼大致类似。

值得注意的是，在水体深的水域打窝，应打在浅水处，但在水体较浅的水域中打窝，则应该打在深水处。

打窝该打多少，要根据水面大小和鱼数量的稀稠以及需要钓多长的时间而定，一般可在4～10个范围内选择。窝有两种：一种是底窝，一种是浮窝。浮窝可用青草做，让它浮在水面上，或接近水面；沉底的诱饵可用粮食做，但必须使用较多的酒糟，以便有香味散开，引来鱼群。诱饵的备料要尽可能多些，用饵多，在水中的目标就大，可以较快地引来较多的鱼吞食饵钩，也可避免饵料很快被吃光了，再也没有鱼到窝点来的情况。

多备饵料，并非 1 次下得很多，而是发现饵料快被吃完时，陆续补窝。至于每个窝应该投饵多少，需看水的深浅而定，不能千篇一律。水浅宜少些，水深则必须加量。若在 1 米以内的浅水处打窝，只需用混合饵料的湿料揉成鸡蛋大小的粉团投入水域中即可。若水深超过 2 米时，需揉成拳头大的粉团投入，或以数个鸡蛋大的粉团一起投入才够。所以，诱饵的投放，既不可太少，也不能过多。太少了，诱饵被吃完后鱼群就散去了；太多了，让鱼吃饱了，它也就不愿留在窝点了。

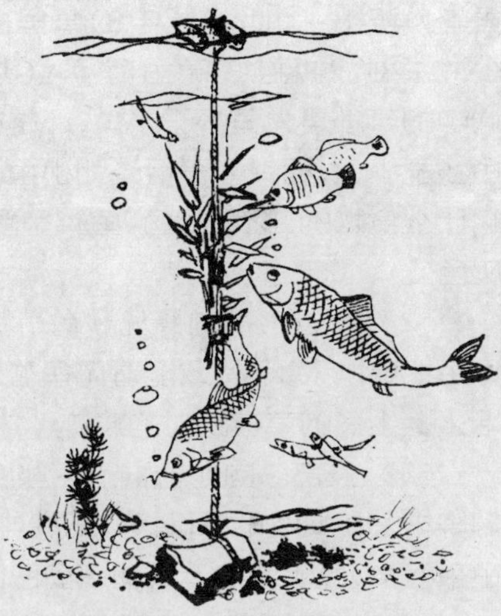

图 156　打草窝示意

另外值得注意的是：不能忽略及时补窝。为使钓窝在较长时间内有较好的效果，及时补撒诱饵是必不可少的。有些人在钓窝“正发”不断上鱼的时候，往往只顾摘鱼抛钩，而没有考虑到水下的诱饵已消耗完毕。等到钓窝的香味没有了，鱼儿走光了，突然显得冷冷清清时，才想起来补窝，可是已经来不及了。所以，钓鱼者必须记住：当钓窝鱼星四起，频频上鱼，表明有群鱼争饵时就应及时补饵，以稳住钓窝里的鱼群。

495. 怎样辨别鱼塘中有无草鱼

想要钓到草鱼，钓鱼者必须学会辨别什么样的池塘里有草鱼，什么样的池塘里没有草鱼，否则，胡碰乱撞，在一个没有草鱼的水域里下钩钓草鱼，那就会像成语“缘木求鱼”所指的那样，方法不对头，劳而无功。

那么，怎样辨别有没有草鱼呢？

（1）从有无鱼粪上辨别。钓鱼前先要在池塘中找找看有没有草鱼的粪便，特别要在下风的一边去找，因为鱼粪浮在水面上，被风一吹，会飘在下风的一边。如果下风的一边都没有草鱼粪，就说明这个池塘里没有草鱼。

草鱼鱼粪的形状是一段段的细圆条状，细的像圆珠笔芯，粗的如圆珠笔的笔杆，如果找到鱼粪，不仅说明这个池塘里有草鱼，还可从鱼粪分辨出：①此池塘中的草鱼多还是少（粪多即鱼多，粪少即鱼少）。②此池塘中的草鱼有多大（粪粗即鱼大，粪细则鱼小）。③此池塘中的草鱼是大鱼多于小鱼，还是小鱼多于大鱼（粗粪多于细粪即大鱼多于小鱼，细粪多于粗粪即小鱼多于大鱼）。④此池塘中的草鱼是吃什么食物的（吃草的鱼，鱼粪呈墨绿色；吃其他食物的鱼，鱼粪呈土灰色）。

（2）察看水草的情况。有草鱼的池塘，可以看见鱼吃草，或能看见鱼把草拖入水中，或能看见鱼碰动浮在水面上的草叶，或能看出池塘边上生长的草被咬过的痕迹。

（3）投食。向池塘投入一些嫩草、香花、桑葚或蜻蜓、螳螂、红蚯蚓等半活的动物性饵料等，如塘中有草鱼，鱼就会浮上来吞食；如无鱼来吞食，说明塘中无草鱼或鱼已吃饱，就不用枉费心机去钓它了。

（4）认真观察。钓草鱼的季节主要是在夏天，此时只要站在离池塘稍远处观察（近了会被鱼发现），可以看到经常会有草鱼在水体的中上层游动。

根据以上 4 点，即可清楚地分辨出有无草鱼在该池塘中生活。

496. 怎样选择钓草鱼的钓点

（1）选在水温最合适的地方。不论哪种鱼，它总是喜欢在自己感到舒服的地方栖留，对鱼来说，最重要的是水温适合，它就感到舒适，水温太高太低，它都会感到难受。适合草鱼生活的水温是 5～38℃，草鱼对温度适应的能力是比较强的，并不娇气。但它觉得最舒服的水温是 27～30℃。

（2）选在含氧量高的水域。各个水体的含氧量是不同的，即使是同 1 个池塘，各处水域的含氧量也有高有低。那么，哪些地方的含氧量比较高些呢？池塘的进水口：因为进水口的水是流动着的，凡有水流动的水域其含氧量必然高。增氧机旁：这是很明显的，增氧机不断地把水搅得水浪翻滚，有水浪翻滚的水域，其含氧量必然高。迎风的岸边：风吹到水面，会使水体增加含氧量。另外，迎风岸边的水必然有或大或小的波浪，这也会使水体增加含氧量。

（3）食物多的地方。在江河流水处的洄水湾、浅滩处，涨水时被水淹没的草丛处，饵食丰富，均是草鱼的好钓点。在产卵时节的产卵场附近，草鱼群集于此，那里也是较好的钓点。在静水水域，若是定点喂食区、有流水注入处、水域中水草较多处、岸边树木杂草丛生处、靠近庄稼地、草地等处，这些地方有草鱼喜食的丰富饵食，均可作为草鱼的钓点。

497. “春钓草鱼难”是什么意思

“春钓草鱼难”,这句话主要针对水温说的。因为春季的 1 ~2 月份,寒意犹存。在早春的 2 月,刚过完春节,那时的气温为1 ~3℃,甚至还常常处于 0℃以下,有些地方还下着春雪,这时水温还不能达到草鱼的最低要求。草鱼要到 10℃才有点短距离游动,15℃时才能少量进食,所以,春季要钓到草鱼是比较困难的。

但是我国地域辽阔,南部与北部的气温差别很大,南方的3 月,气温已不是很低,所以在南方春钓草鱼不是很难的。但在北方,“春钓草鱼难”这句话仍是合适的。

498. 怎样用多钩悬钓法钓草鱼

每年从仲夏开始,即从6 月开始至9 月这段时间是钓草鱼的最佳时期。在此期间,除用传统的钓法外,用多钩悬钓法效果甚好。使用多钩悬钓时,可在饵钩入水后由水底斜着向上,使钩成阶梯状悬于水体的中下层。使用手竿时多钩为垂直状态,一般悬钩为4 枚。悬钩的钓饵,可用草汁或青菜汁的汁水拌和面粉,反复搓揉后捏成面团,再搓成直径约1 厘米的圆球,穿挂在钩上。除上述以粮食和草汁、菜汁混合制成的素饵外,也可直接用菜叶、草叶挂钩,还可以用蟋蟀、油葫芦、蚱蜢、蜻蜓等昆虫为饵料。采用这种钓法不必挂漂,因为草鱼口大,咬钩时大多一口吞下饵钩,所以能够直接利用竿梢在水中较大幅度的抖动或不断地斜拉和下沉,感觉出鱼儿是否上钩、是否已吞食,从而及时地掌握扬竿的时机。

499. 怎样用浮钓法钓草鱼

除了用传统的钓法钓草鱼外,还可以用浮钓法。浮钓法大多用手竿,在钓线上装配上较大的浮漂,或用浮球来代替。

在夏天或早秋时分,草鱼很喜欢在风口的波浪中游弋,相当活跃,主要是这样的水域中含氧量充足。浮钓的钓饵可用菜叶、嫩草叶、嫩芦苇芯等,直接装在钩上,利用浮漂的浮力,使饵钩悬浮于水体的表层,其深度为 15 ~35 厘米。为了引起草鱼的注意,还可在饵钩上部绑扎一二片颜色鲜艳、较大的青菜叶,并不断地牵动鱼线或顺风让浮球在水面上漂移晃动,以增加对鱼的吸引力。也可采摘一些鲜嫩的青草在顺风的水边撒下,让它顺水漂流,手竿或海竿钩上草饵,轻坠浅漂,将挂上草饵的钩放在浮草中,令其随浮草下流,一旦鱼吃钩(看浮漂)即及时提竿。

采用这一钓法的要点是:若上述饵料效果不佳时,需及时改进饵料的品种,注意使钓饵具有较好的色、香、味。近年来,有人将白色的泡沫塑料放置在曲酒和菜汁、香油等混合液中浸泡后制成假饵，效果比真饵好。

500. 怎样用沉底草窝钓法钓草鱼

取一根略长于水深的细竹竿或树枝，在竹竿的2/3处捆一把嫩草或菜叶，上面剪整齐，竹竿下部系一根绳子，下面捆以石块，坠入拟垂钓的水里做窝(可在不同地方做3~4个)，一旦草窝处有鱼星或碎草浮起或发现竹竿晃动，即说明有鱼进窝，可下竿。钩上可挂菜叶、草叶，也可用面饵或昆虫，钓饵必须悬在高于草尖5~10厘米处。

图157　沉底草窝的示意

草鱼吃食，浮漂常先点动而后上冒，接着下沉，上冒下沉时均可提竿，手腕要先用力一抖，将鱼挂住，而后将其控制，顺势引遛，草鱼耐力持久，引遛时要有耐心。待其翻白无力时再用抄网抄起。

501. 怎样钓大草鱼

钓鱼体大的草鱼，需要强度比较大的钓具。钓竿，要求竿梢弹性好，受力分布均匀；钓钩，最好用椭圆形截面的，这种钓钩比圆形截面的钓钩强度大；钓线，不能用老陈线和有断股的。这三者所能承受的拉力要比较相近，不能有一个是薄弱环节，否则可能出现拆钩、断竿或断线等现象。

钓鱼时，要注意大鱼触钩摄食时的一些特殊征兆。当窝子旁没有大鱼时，会有小鱼在窝中抢食，浮子会抖动不息，一旦大鱼靠近时，小鱼即四散奔逃，浮子在这时会相对平静下来。当大鱼在窝子内活动时，由于其躯体大，搅动的面积也大，从水面上可以看到竿梢会突然向上一抖，使钩深深戳入大鱼头的骨质部分或圆厚的吻部，若此时不托漂，而是发现浮漂向斜下方沉下去，这就是相当大的鱼儿(超过

3 000 克）上钩的迹象。

（四）青鱼的习性及钓法

502. 青鱼有哪些生活习性

青鱼又名乌青、青鲜、黑头、黑鲩、螺蛳青等，是一种经济价值较高、肉味鲜美、生长很快、对环境的适应性较强的鱼种。它是一种饲养鱼，若饲养环境适宜，食物充足，最大的可长到超过 50 千克。青鱼体色青黑，鳍呈灰黑色，故叫青鱼。青鱼性情刚强，力气很大。喜欢在水的底层生活，它常沉浮在江河或池塘的底部，很少到浅水处游动。常以水底的螺蛳、蛤、蚬和幼蚌为食，也吃些小虾和其他水生昆虫。青鱼一般要长到 10～15 千克重时性器官才能成熟，其产卵的数量很大，年产卵量可达到百万粒。

图 158 青鱼

503. 钓青鱼宜用怎样的饵料

青鱼对腥味，尤其是对螺、蚌、蚬的肉味很感兴趣。因此，这类软体动物是很好的诱饵，可就地捞取，砸碎后投于钓点。由于青鱼食量大，因此，诱饵用量要多。

此外，也可将软体动物砸烂后，与糠饼、豆饼、麦麸、米饭等青鱼常吃的饵料混合后捏成团，大团大团地投入钓点，或把平时经常投放的饵料取来投于钓点，都可取得很好的诱鱼作用。

图 159 螺肉装钩示意

钓青鱼的最佳钓饵是田螺肉，其次是蚌、砚肉。装饵的方法有两种：一是去壳取肉装钩，应把钩装满；二是将壳稍敲碎，连壳一起装钩。在人工饲养的环境下，青鱼的食性有较大改变，因此，含高蛋白的素饵也成了钓青鱼的好钓饵，可在粮食类饵食中掺入鱼粉、蚕蛹粉等腥味剂，效果也很好。

504. 钓青鱼宜用怎样的钓具

钓青鱼，由于青鱼力大劲猛，最好用 3～3. 6 米长的海竿。如采用传统手竿钓法，要求有很大的强度，长度要在 7 米以上；鱼线应用 4 号的粗线，其拉力应达 8 000 克；鱼钩的钩条要较粗壮，钩门要有相当的宽度，钩尖要锐利。

青鱼的鱼体虽大，胆子却很小，白天不敢到近岸处来觅食，所以采用长竿长线比较有利。浮漂采用大号的立漂，这种浮漂虽迟钝一些，但配以较重的铅坠，能抛投到较远的钓点，而且有较好的稳定性，对江河的风浪也有一定的对抗能力。

505. 钓青鱼宜选怎样的钓点

青鱼和草鱼有许多相同的习性，如生长快、分布广、适应能力强等。它们在体形方面也有相似之处，而它们最大的不同之处是：草鱼的主要食物是草类植物，属草食性鱼类，性情比较温顺，而青鱼是肉食性鱼类，以螺蛳、蛤、蚌、蚬等水生贝类动物为主，也吃蚂蚱、蚯蚓、青虫、油葫芦、蜻蜓、蟑螂、蝼蛄等昆虫，以及水中底栖动物的幼虫，性情刚烈，窜劲很大。但青鱼的胆子很小，一有动静，就潜伏进深水中躲避起来，常在水底的泥土中觅食。它不像草鱼那样好动，喜欢静静地栖息在水底有水生动物生活的泥层上。

根据以上特性，找钓青鱼的钓点，应在有一定水深，螺蛳、蚌等贝类动物较多的池塘、湖泊去选择合适的钓点。此外，也可在水底有砾石、木桩和其他障碍物，以及有水生植物的水体处找。

夏天和秋天，在比较安静的湖泊、水库等水域的边沿地带，常会有青鱼游动觅食，垂钓者可在早晨和傍晚到这些地方观察，有青鱼游动的地方会泛起泡沫。青鱼泛起泡沫的位置变更没有规律，但这种泡沫是否是青鱼所泛起很容易分辨，因为青鱼所泛起的泡沫中除有小碎泡外，总要冒几个掺杂着一些或长或短的草茎和其他植物碎屑的大气泡，并浮上水面。若发现这样的大气泡，就说明此处有青鱼，可以作为钓点。

另外，根据青鱼胆子小，一有动静就会钻入水底的特点，在寻觅钓点时，脚步要轻，垂钓时更要小心，避免发出响声，使青鱼受惊逃跑。钓点应到人迹稀少的郊外池塘、湖泊边上去找。

506. 怎样钓大青鱼

钓青鱼大多采用传统钓法。青鱼由于力大劲猛，常有中、大型的鱼上钩，所以钓青鱼的鱼竿，要求有很大的强度，长度要在 7 米以上；渔线应用 4 号的粗线，其拉力应达 8 000 克；鱼钩的钩条要较粗壮，钩门要有相当的宽度，钩尖要锐利。

钓青鱼为什么要用长竿呢？因为青鱼的鱼体虽大，胆子却很小，白天不敢到近岸处来觅食，所以采用长竿长线比较有利。浮漂采用大号的立漂。这种浮漂虽迟钝一些，但配以较重的铅坠，能抛投到较远的钓点，而且有较好的稳定性，对江河的风浪也有一定的对抗能力。

将钓饵装钩送入钓点，青鱼摄食时将饵食吸入口中，利用咽齿将食物碾碎后吞咽。所以青鱼在咬钩时，浮漂的反应是平稳而缓慢，起伏不大，常表现为慢慢地沉入水中不再浮起来。当持竿的手感觉到钩上有鱼时，不必紧张，因为青鱼一般不会猛然逃窜，常见的情况是鱼拖着钩平稳地游开去，提竿的手会感觉到拖力很大，几乎握不住竿子，此时唯一的办法是适当放线，改变站位，人随着鱼拖的方向沿河岸跟着走一小段距离，时紧时松地与之周旋，耐心遛鱼，直至大鱼筋疲力尽后再将它提拉至岸边，用抄网套住拉上岸来。

507. 钓大青鱼需注意些什么

一些钓鱼高手垂钓大青鱼的经验，很值得借鉴，尤其是钓 3 000 克以上的大青鱼时，要做到：①竿要长。大青鱼虽然鱼体大，但胆子小，不敢太靠近岸，竿短就不易钓到大鱼。②钓点离岸要远。在离岸远的水域下钩，鱼才能放心吞钩。③人要静。大青鱼胆子小，且听觉灵敏，若岸上说话声或脚步声大，青鱼会逃之夭夭。④要在较深的水域下钩。除了阳光明媚、水体温暖、食物较多时大青鱼会游到较浅处之外，一般都只栖身深水处。⑤打窝要大。不要吝惜诱饵，每个窝应用 300 克以上的诱饵才有利于引鱼上钩。⑥饵要大。钓钩上要挂较大的饵料，目标才明显，才能引起大青鱼吞食的兴趣，腥味饵料效果较好。若用双钩或多钩钩，在每个钩子上挂 1 个大虾仁或螺蛳肉，效果最好。⑦耐心遛鱼。大鱼上钩后，垂钓者要冷静、沉着、耐心地进行遛鱼。鱼越大，遛鱼的时间越要长。⑧注意避光。遛鱼过程中，切不可急于想把鱼拖出水面来看看有多大，因为鱼怕强光，遇见强光后会以几倍的力量挣扎逃窜。⑨翻白肚再捞抄。未见到大鱼第二次翻白肚（即大鱼无力时肚子朝天）时，不能急于捞抄。

（五）鳊鱼的习性及钓法

508. 鳊鱼有哪些生活习性

鳊鱼主要栖息在水体中下层，当气温超过 20℃时也到上层活动，在气温低于 5℃时，行动缓慢，聚集在深水区。在流水和静水中均能生长繁殖，尤喜流水环境。它们喜群居，多结群游弋，如在一处钓上鳊鱼，下面往往有一群鳊鱼。

鳊鱼，古称武昌鳊或鲂鱼，因盛产于武昌一带江中而得此名。除武昌鳊外，还有长春鳊、辽河鳊、三角鲂、团头鲂等其他品种。

鳊鱼属中层鱼，游动量大且速度快，集群性强，视力敏锐，喜欢在江河湖泊的活水处和较深的水域中游弋，适宜水温为 20～26℃之间，

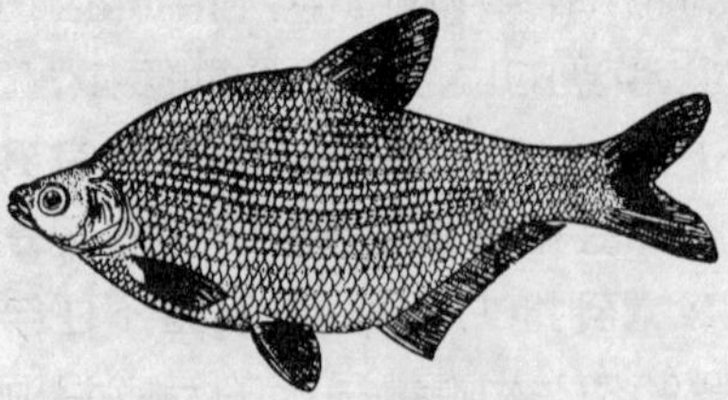

图160 鳊鱼

其产卵期在5~6月份，对产卵环境要求较高，一般需在水底软泥多沙处或水草茂密、水深2米左右的水底产卵。

鳊鱼属草食性鱼类，但食谱较宽，也吃多种荤饵，如蚯蚓、螺蛳等，食欲强，常成群结队游弋在水中植物繁茂区域争抢食物，一年四季都能摄食，故冬天也能钓到。鳊鱼属中、小型鱼类，以500克左右最为常见，1 000克的大鱼是很少见的，但团头鲂最大可达3 000克，三角鲂最大可达5 000克。

509. 钓鳊鱼宜用怎样的钓具

因鱼体不是很大，所以钓鳊鱼的钓竿选用中等弹性的竿即可，竿长宜在3.5~5米之间。如果钓点的水草较多，可采用长竿短线钓法。钓线的长度与竿的长度差不多，可选用0.8~2号尼龙线，也可用2 300~2 700克负荷的胶丝线，线的颜色最好是草绿色的，如是白色的尼龙线，可用绿色水草在线上捋几次，或染成绿色。因鳊鱼的视觉很好，白色线可能会使它发生疑虑而被吓跑。钓鳊鱼的钓钩应选钩门较窄的小号鱼钩，但钩条的钢丝应当粗些，可用铁锚牌816、817等中型偏小的钩或HHH万能袖钩3~5号等。浮漂和铅坠用普通的就行，但浮漂的浮力与铅坠的重力配比应为1∶1，这样，当鳊鱼咬钩时，浮漂的反应就比较灵敏。

510. 钓鳊鱼宜用怎样的饵料

钓鳊鱼打窝用的诱饵有很多品种可以选择，一般多用几种原料混合起来制作，如果取材不方便，少几种也没有太大的影响。

（1）诱饵。鳊鱼虽是草食性鱼类，但对香味有偏爱，故诱饵中要突出香味。诱饵的原料是：玉米粉、花生粉、豆饼或麦麸碾细的粉末，芝麻粉（重要原料）、蚕豆粉以及酒糟、曲酒浸泡过的粳米或小米粒，黄豆粉、或喂鸡用的成品饲料等。另外，还应准备一些干粮、干草的粉末碎屑作水中悬钩时用。

（2）钓饵。钓饵可用红蚯蚓、小河虾、浸泡过的麦粒、大麦芽、成熟的桑葚、青豆瓣、熟红薯、水草和面团，以及嫩草叶、菜叶等。

511. 钓鳊鱼需选怎样的钓点

鳊鱼常栖息在水底的中下层，喜群居，觅食时也喜结群进出。鳊鱼嘴馋、贪吃，容易上钩。

(1) 在流动水域，它喜欢在水底多岩石的地方游动、觅食，因为这种地方比较洁净，水生小动物较多，容易获得食物。所以，钓点可选在水流比较和缓、水底有砂石之处。

(2) 鳊鱼每年在夏季繁殖，在产卵季节，鳊鱼便要寻找食物丰富、适于受精卵孵化之处产卵，一般在水深适中、有回水的河湾、水底有软泥且水草茂密处繁殖。这样的水域就是较好的钓点。

(3) 若在寒冬季节钓鳊鱼，宜在水体较深的水域进行底钓，因鳊鱼大多在这样的水域中避寒。

(4) 在静水中钓鳊鱼时，由于鳊鱼喜在池塘、水库、湖泊中水草丛生处游动、觅食，可在这样的地方设钓点。鳊鱼喜欢在这样的环境中游动、觅食的原因有二：一是有可躲避隐藏的栖身处；二是浮游生物多，能觅到食物。

(5) 鳊鱼喜欢在水底有木桩、石块的地方徘徊，原因是它十分喜欢舔木桩、石块上的青苔和吃生活在这里的小鱼、小虾、小螺蛳等，所以在这样的水域可设钓点。

(6) 在水草密集丛生的水域中，可在大片水草丛边缘处拨开一块小脸盆大小的无草清水洞，在这样的洞口作钓点，可有较好的收获。

(7) 鳊鱼喜欢带有动物粪便汁水的食物，所以在靠近牛、羊、猪、鸡、鸭的饲养场和厕所的水塘、湖泊边沿设钓点，是很恰当的。

512. 钓鳊鱼应怎样打窝子

撒饵打窝时要多打几个，且要反复不断地向窝点投放诱饵。因为鳊鱼喜欢群游，而且有较灵敏的听觉，一旦发觉有什么不安全的迹象，就会向同类发出信号而逃遁，所以多准备几个窝点，可以轮流换着试钓，不致落空。

513. 怎样用中水悬钓法钓鳊鱼

这种钓法先用一些干糠末、干麸皮末、干小麦的细屑、切细的青菜或青草撒在钓窝的水面上，让其漂浮，碎屑逐渐慢慢地下沉，窝内游动的鳊鱼发现后，就会三三两两地游近来，吞食这些碎屑食物。这时垂钓者便可将钓线上的浮漂推移到距钩 50~60 厘米处，然后在多个钩上安装整条的红蚯蚓、昆虫、小青草球、面饵等，将此钓钩放在

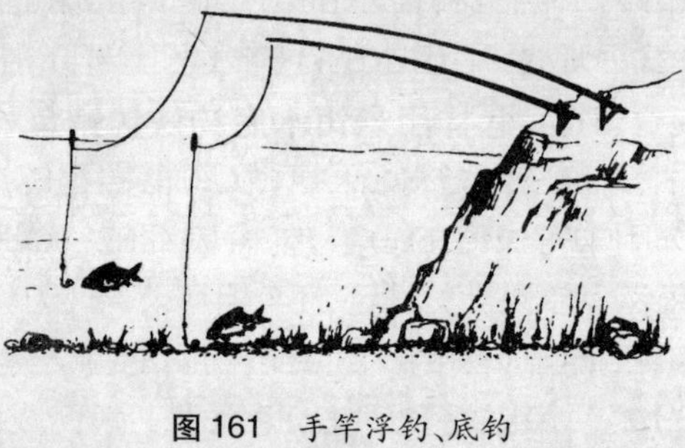

图 161　手竿浮钓、底钓

漂浮的诱饵下方的中层水体中，并将饵钩向上下左右徐徐提动、移位，像是活物在游动，以招引鳊鱼前来摄食。

鳊鱼吃饵是比较缓慢而谨慎的，但却比较干脆，咬钩后可见大幅度地向上送漂，然后把浮漂拖入水下。在发现这种反应时垂钓者不能性急，而要冷静，因为鳊鱼嘴较小，要经过多次才能把钓钩吞入口中，所以不要立即提钩，应让它多吞一会。要等到浮漂送上来不动或拖走时，才是提竿的好时机，一般不会落空，而且可以继续下钩，有可能连续钓上多条鱼。

514. 怎样用游动引钓法钓鳊鱼

这种钓法既不需要有固定的钓点，也不需要撒饵打窝子，只需要一根钓竿、一根不太长的渔线和一对小型的双钩，将浮漂调成半水浮就行。钓饵用鲜活的蚱蜢、蝗虫、红蚯蚓都可以，也可用素饵，如用玉米面、熟麦粒、青草叶或成熟红色的桑葚等。

图 162 手竿引钓

垂钓者在两个钩上安装上钓饵后，将钓钩投入水中，然后沿着江河或池塘岸边缓缓走动，让饵钩在 20～30 厘米深的水层慢慢游动，特别是在那些可能藏鱼的树根边，岸上长有伸向池塘内的芦苇、蒲草与植物的叶丛下，水草、浮萍等水生植物的枝叶下，以及桥洞、闸坝旁边，进出水口附近，江河池塘的弯角等处，将钓饵缓缓地提动，让其像在水中游动的活物，以招引鳊鱼前来摄食。

当钓到第一条鳊鱼时，说明此处还有一群鱼，可不断下钩，往往可以接连钓上多尾。必须注意的是：当把鱼儿拎出水面时，鳊鱼会拼命挣扎，用尾部在水面击出响声。这时要立即将鱼钩提向别处去摘鱼，否则，鱼尾击水的声响会把鱼群吓得纷纷逃散。

515. 怎样用悬饵水底钓法钓鳊鱼

在盛夏炎热的天气，水库有岩石的岸边是鳊鱼最喜栖息的水域。选用中等长度的鱼竿，中等偏细的钓线和钩门较宽、钩尖锋利的中型鱼钩，钓线的长度与钓竿相等。装上小铅坠和立漂，钓钩上装上红薯粒后就可以垂钓。红薯粒钓饵的制法是：将红心山芋在锅中蒸至 7～8 成熟，取出将皮剥去，晾至半干后切成黄豆大小的方块，再用白糖腌渍，以增加其韧性和甜度且不易脱钩。然后装进小铁盒以防干裂，并便于随时取用。

垂钓前，先用酒糟粒撒入水底打窝，停几分钟待鱼星泛起后，即可将钓饵投入窝点中，控制好钓饵在水中的深度，让钓饵悬于离水底约 20 厘米深的水中，若见浮漂连续颤动或突然被捧起，即可及时提竿，有可能会接连不断地钓获多条鱼。

516. 怎样用桑葚诱钓鳊鱼

了解鳊鱼习性者都知道，鳊鱼很喜欢吃桑葚。在桑葚成熟的季节，在长有桑树的河边或池塘边钓鳊鱼很容易得手。

在竹制的长钓竿上装上较短的钓线，将 1 个成熟的紫红色桑葚掰成两半，将半个桑葚装上鱼钩，放入水中。垂钓者拿着钓竿让钓饵在水中慢慢悠悠地上上下下轻轻晃动，像是从树上刚刚落下来的桑葚，鳊鱼见了，会纷纷前来抢食，吞入口中，垂钓者若见浮漂送起，接着又停下不动，说明时机已到，可以及时提竿，拎鱼上岸。

517. 怎样用酒浸麦粒钓鳊鱼

这是一种在池底有淤泥的池塘中钓鳊鱼的钓法。先将大麦麦粒置曲酒中浸泡 24 小时，捞出后装入小玻璃瓶，以免干后失去酒味。

用中等长度竹竿作钓竿，钓线长度与钓竿差不多，开始垂钓前，先以麦麸投入水中打窝，打窝的诱饵量宜多些，钓线上装上加重的铅坠，将在曲酒中浸泡过的大麦粒装上钓钩，让其沉入水底，鳊鱼闻到酒香后就会前来觅食。当鱼将钩吞食后，浮漂即被送起，垂钓者此时便可立即起钩。

518. 怎样用海竿底钓法钓大鳊鱼

每年冬初，当气温降到 5～10℃时，鳊鱼便逐渐群居到水深处，摄食欲下降。此时用海竿炸弹钩钓往往能钓上多尾大鳊鱼。饵料可用玉米粉、花生粉、菜子饼或豆饼加麦麸，掺上曲酒浸泡过的粳米或小米粒，用面粉作为黏合剂搓成鸭蛋大的团甩向钓点（事先必须了解清楚垂钓水面的深浅，饵团一定要投入最深处）。饵钩入水后，绷紧钓线，挂上铃铛，若听到铃铛响并出现松线或竿尖出现连续点头或出现回线时，则要及时提竿。

519. 冬季怎样钓小鳊鱼

有经验的行家认为，从每年 12 月起就可以动手钓小鳊鱼，并不会太受天冷的影响。钓小鳊鱼的最佳时间是冬季的晴天，有偏北微风，气温在 6～12℃之间，尤其是下午 3 时至天黑的这段时间，是小鳊鱼活动觅食频繁的一段时间。

钓小鳊鱼的钓具是用竹质的小手竿，长度约3米左右，竿要细小。钓线用2磅左右的透明尼龙线，线长与竿长基本一致。钓钩要用细小的，如无锡市绿波渔具厂生产的胡弓形221号和袖形322号小钩。浮漂可用鸭、鹅翅膀上较粗的羽毛梗制作。坠子用绿豆大小的锡坠。

钓点应选在江河支流浅滩上的沙床或乱石堆旁，以及码头、居民洗涮埠头处。钓点最好应根据“缓中急、急中缓”的原则来选择。垂钓前先探明水的深度，然后将浮漂下移，使坠子离水底7~8厘米深，让钓饵随水流动，容易引鱼上钩。一旦出现鱼群后，垂钓者应集中注意力，动作要灵敏快捷，若见浮漂下沉，就应立即提竿。小鳊鱼虽然个体很小，但它是成群结队活动的，只要垂钓者眼明手快，动作麻利，小鱼可频频上钩，动作敏捷者，能在1分钟内钓上2~3条小鳊鱼来。

（六）翘嘴红鲌的习性及钓法

520. 翘嘴红鲌有哪些生活习性

翘嘴红鲌，又叫翘嘴巴、翘嘴鲌、白鱼、翘腰或撅嘴连子，它是鲤科鳊鲌鱼类中个体最大的一种鱼，最大个体可达20多千克，它因下吻上翘而得名。翘嘴红鲌属广布性鱼类，我国各水系中都有它的踪迹，其肉白嫩，味道鲜美。

图163　翘嘴红鲌

翘嘴红鲌是一种偏爱活食的杂食性鱼类。嘴大贪吃，性情凶猛，动作灵敏，吃钩迅速，喜清洁水域，喜在水面追捕虫蛾。常栖息于水域上层，有时也到中层活动，它游动迅速，一年四季均能摄食。它消化能力极强，故生长较快，而且繁殖能力强。刮风时异常活跃，有时集群追击小鱼，甚至跃出水面。它们吃小鱼的方式不是突然袭击，而是穷追猛赶，在小杂鱼疲于奔命之中一口咬住。

翘嘴红鲌性子很急，加上动作十分敏捷，可以说是“眼明嘴快”，所以钓这类鱼时，用不着耐心坐等，一般都是钓钩刚刚下水，就会被一口吞下，垂钓者就可以立即起钩，钓个正着，所以人们又送给这类鱼一个“强盗鱼”的绰号。

521. 钓翘嘴红鲌宜用怎样的钓具

垂钓翘嘴红鲌要用较粗的钓线，细了钓到大鱼易断线跑鱼，用10磅到12磅的尼龙线较理想。鱼竿以硬调竿为佳，应使用较长、钓力大、竿梢较粗且弹性好的竿。钓线宜粗，以 0.4～0.5 毫米尼龙线为宜，线长与竿相等或略长于竿。鱼钩选用大号长柄钩，以无锡 114～115、514～515 或伊斯尼 513～515 号鱼钩为宜。铅坠宜用轻而小的，使用 5 粒散浮漂比较适合。

522. 钓翘嘴红鲌用什么饵料

（1）诱饵。诱饵要有香、臭、酸甜味。可用麦麸末、细糠粉、闷成酸臭味的豆腐渣、掰成小块的馒头粒子。

（2）钓饵。钓饵可用蚯蚓、苍蝇、蜘蛛、蜻蜓、蚂蚱、小虾、土鳖虫、蟑螂、皮虫、蚕蛹、蚕蛾、蝗虫、蝼蛄、僵蚕、蛆虫、白菜虫、罗汉绚鱼、小鳌鲦鱼、肉丁等。

523. 钓翘嘴红鲌宜选怎样的钓点

翘嘴红鲌居无定所，但哪里有食物，就往哪里去。因此，饵食充足的地方必然是它的好钓点。

（1）有活水流入的地方，小鱼、小虾及各种水生的小动物都会源源不断地流进来，翘嘴红鲌也一定会到这样的地方来寻觅可口的食物，这样的水域是好钓点。

（2）翘嘴红鲌有一个重要的习性，就是在它日常摄食的食物中，最喜食小鳌鲦鱼。在河流、湖泊等各种水域中，水面上的波浪总是向水域边沿推广，在水浪与静水交接处会形成一条分界线，这里有较多的小动物尸体和植物的碎屑，是鳌鱼喜爱的食物，常会引来不少鳌鱼摄食，这又会引来翘嘴红鲌到这条分界线上来捕食鳌鱼，这样的水域也是好钓点。

（3）在春、夏、秋三季，每天都会有从某个方向吹来的阵风吹向池塘或湖泊的静水水面，将漂浮在水面上的小动物或昆虫的尸体以及各种植物的碎屑吹向水面的另一边，在与明水相交处形成一条杂物线，翘嘴红鲌常会到这条线上来摄食，这也是垂钓的最好钓点。

（4）春季末期，气温渐升，暖和的春风徐徐吹向水面，水温也缓缓升高，此时，在生长有水草的近岸浅滩上，常有很多浮游生物在活动，可引来翘嘴红鲌捕食，形成好钓点。

（5）在人们洗衣、淘米、洗菜的埠头旁边、码头附近，以及常有污水注入的地方，饵料丰富，小鱼会在此摄食，也会引来成群的翘嘴红鲌，形成较好的下钩场所。

（6）流水湍急的溪河转弯处或弯曲不整的岸边，以及水势平缓的回水浅滩和陡岸下的深水区，都是可选的钓点。

（7）在有广阔水面的大型池塘或湖泊中，凡有较多鱼类生存的水域都有茂密的藻类植物和各种水草滋生，若发现有小块水域的水草比较稀疏或在密布的水草丛中有局部无草区，说明这里小鱼、小虾和浮游生物很多，翘嘴红鲌很有可能来这里捕食小鱼虾，因而在这样的地方下钩，垂钓收获的希望很大。

524. 怎样用打窝浮水钓法钓翘嘴红鲌

选用轻巧灵便的钓竿，系上细而牢固的钓线和小型的钓钩，用掰成小块的馒头粒子撒在水面上打窝，可引来很多翘嘴红鲌前来摄食。翘嘴红鲌在争抢馒头粒子时，常在水面上激起浪花，此时可用白蛆虫或小蜘蛛装上钩，轻轻地放进窝内，让钓钩沉入10~30厘米深的水中，蛆虫或小蜘蛛如果是活的，则引诱的效果更佳。

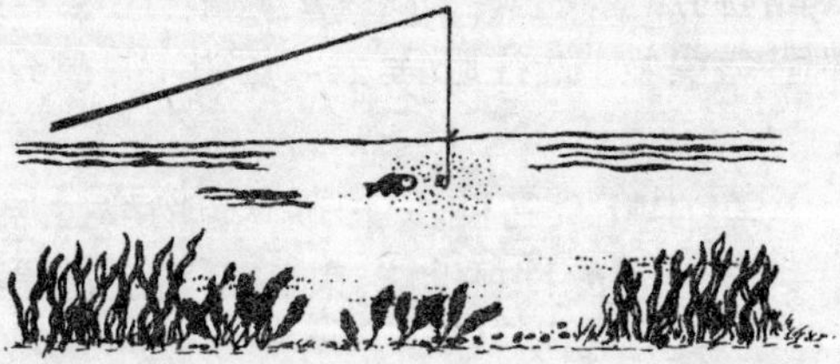

图164　打窝浮水钓法

此时垂钓者可微微点动手中钓竿，让钓饵在水中缓缓移动，并全神贯注盯视着水中浮漂，若见浮漂下沉被拖走，就可立刻提竿起钩。起竿的动作要敏捷而不要太猛，因为翘嘴红鲌的嘴唇较薄，起钩动作太猛会将其嘴唇拉豁，让鱼逃掉，太慢了，翘嘴红鲌会吐出钓钩。

525. 怎样用兼钓法钓翘嘴红鲌

所谓兼钓法，就是在钓鲫鱼时兼钓翘嘴红鲌。由于翘嘴红鲌是杂食性鱼类，它们常常会到钓鲫鱼的窝中来摄食，并泛鱼星。250克重的翘嘴红鲌，能泛出蚕豆大小的鱼星，而且可一连泛两个星。当钓鲫鱼的饵钩入窝中时，也会被翘嘴红鲌吞食。翘嘴红鲌在吞钩时，捧浮子很爽快，常会1次捧上两个浮子，但有时也能把浮子拖跑，发现这种情况时，应立即提钩，将鱼拎出水面。

还有一种情况：有些小翘嘴红鲌会等在窝的上方，钓饵尚未到位，中途就被小翘嘴红鲌截住而且吞食了，表现为钓钩下到水体的中层时，忽然不再下沉，该沉到水中去的浮子和一部分钓线也停留在水面上不再下沉了。出现这种情况时，应该毫不犹豫地起钩，常常会意外地钓获小翘嘴红鲌。

526. 怎样用钩嘴子法钓翘嘴红铂

采用钩嘴子法钓翘嘴红铂时，可以不用浮子，只要在钓钩上安上小虾或蚱蜢、蝼蛄一类的昆虫，轻轻投入有咂嘴声传出的水草缝隙中间，并将饵钩上下慢慢抖动，即可将翘嘴红铂招引前来。当有鲫鱼、翘嘴红铂或其他鱼咬住饵钩时，即会把竿梢往水下拖去，此时，垂钓者应故意将竿梢低下，让它拖一段时间，待它继续把饵钩吞进嘴里，才把钓竿拎起，使它不能逃脱。

527. 怎样用甩钩钓法钓翘嘴红鲌

甩钩钓法适用于水下无稠密的水草和其他水生植物，以及无障碍物不太深的水域，主要是为了钓取水域纵深部位的大翘嘴红鲌。甩钩钓的钓竿竿长为3.5~4米，要求竿体通直，梢部硬且有较强的弹性，钓线的直径为0.3~0.5毫米，不可小于0.3毫米，过细会损失钓砣，钓线上不用浮子，用3~5枚串钩，钩下坠重约10克。钓饵用白蛆、蜻蜓、苍蝇、小虾、蜘蛛等均可。

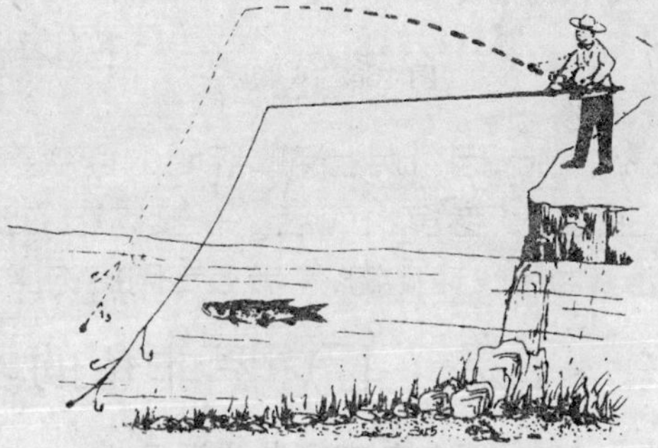

图165　甩钩钓法

钓钩甩出后，垂钓者应绷紧鱼线，把转轮关牢，并密切注意竿梢上的动静，发现有翘嘴红鲌咬钩而拉动钓竿竿梢时，就要立即举竿向上抖，使钓钩把鱼嘴钩牢，然后拖鱼上岸。

528. 怎样用戏钓法钓翘嘴红鲌

翘嘴红鲌在春初和冬季都栖息在较深的水底避寒取暖，但到了春暖花开的时节，就开始成群结队地游到河滩或江河池塘的浅水处产卵和觅食，经常随着风向前行。

采用戏钓法垂钓翘嘴红鲌宜用长竿短线，竿要轻便灵活而有韧性，最好用玻璃钢手竿，其长度约5米左右。钓线要用细而拉力强的，最好选日本生产的3~5号“鳞鱼”线，线长一般为竿长的1/2。钓钩要大。翘嘴红鲌嘴大且贪食，每年4~9月份时，经常游到水体上层甚至水面上追食虫、蛾、蝇等，到了夜晚则更为贪食，此时，垂钓者可在预先选好的钓点撒上一层米糠或麦麸来作诱饵，不需多少时间，就会引来成群的翘嘴红鲌前来摄食，垂钓者可在钩上装上活的螳螂、蝼蛄或蟋蟀等，把钓饵沉向钓点水下20~30厘米，微微抖动钓竿在水中作上下或前后左右移动，以吸引鱼儿注意并前来吃钩。此外，也可以把钓钩甩向较远的水域，然后慢慢往回拖，如此不断反复，一般都有较

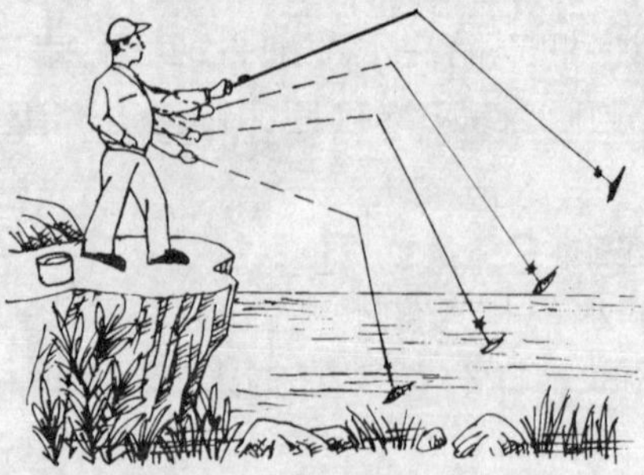

图 166　戏钓法

好的收获。

钓点应选在有荷叶或水草较稀疏的地方，翘嘴红鲌喜在这样的地方游弋，只要它们发现钓饵，就会猛扑过来吞食，这时垂钓者提竿的手会感到沉重，但不可忙于起钩，先应把竿头放低些，让鱼充分吞进钓钩，把嘴钩牢后再提竿拎钩。

用这种钓法垂钓时间最好是在晚上，因为晚上翘嘴红鲌的食欲更强。钓翘嘴红鲌要备摘钩器，鲌鱼嘴大，吞食快而猛。一般钓起的鲌鱼，饵钩大多被吞入口腔深处。为了快速摘钩，需带上专用摘钩器。

（七）罗非鱼的习性及钓法

529. 罗非鱼有哪些生活习性

罗非鱼原产于非洲，本属热带鱼类，体形很像鲫鱼，但比鲫鱼更扁些，其个体也与鲫鱼的大小相似，故有些地方将其称作“非洲鲫鱼”。我国台湾省 1944 年即引进养殖，其他省市在 20 世纪 50 年代后期才引进繁育成功。在台湾据说是由两个在东南亚当兵的台湾省人，1 个叫吴振辉，1 个叫郭启彰，从新加坡引进到台湾的，故又名“吴郭鱼”。以后成功地完成了罗非鱼的杂交且培育出一种新的品种，称谓“福寿鱼”。它适应性强，耐低氧，疾病少，由于其生长快、肉味鲜美，现已成为我国池塘养殖中的 1 个重要鱼种。

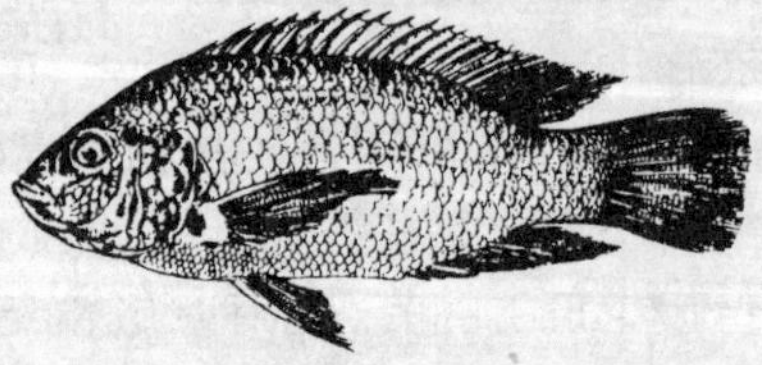

图 167　罗非鱼

罗非鱼食性杂，耐盐碱及污水，在海水和淡水中都能生长，但不耐寒冷，最适宜水温为 20～35℃，当水温在 10℃时停止生长，水温 8℃时死亡，难以饲养越冬。一般冬季都在室内地热育苗，4 月份投入池内饲养，9～10 月份便能养成成鱼，成鱼体重一般可达 500 克左右。只有我国海南、广东、云南等冬季气温较高的地区才能四季养殖，几年以上的成鱼多，个别的可达 3 000 克重。罗非鱼性情温顺文静，生活在水域中下层，喜水温较高且含氧量高的水域，常栖留在有隐蔽物的水下和有活水流入的池塘、湖泊中，因为这样的地方既隐蔽又安全，还容易得到一些食物。

罗非鱼虽属杂食性鱼，但以植物性食物为主，食谱范围较广，在自然饵料方面可食各种藻类和植物碎片，以及淤泥中的有机质；人工饵料方面可食米糠、菜子饼、豆饼屑及碎麦粒，也吃各种昆虫的幼虫。

530. 钓罗非鱼宜用怎样的钓具

钓罗非鱼一般都使用手竿，用鲫鱼竿、溪流竿都可以，竿最好用长些的，以4~4.5米长的较合适，竿稍的尖端要软些为好。若有条件，用6节、8节的玻璃钢手竿则更好。

若用海竿钓罗非鱼，最好在竿上安装小型的转轮，收放线可方便些，钓线可选用较细的优质尼龙线。海竿可用60~100米长的储线。若用手竿，则钓线不宜太长，线与竿的长度差不多就行。钓钩宜选用胡弓形218~220号或HHH万能袖钩3~5号。根据有经验的垂钓者介绍，用日产千又2号鱼钩最好。

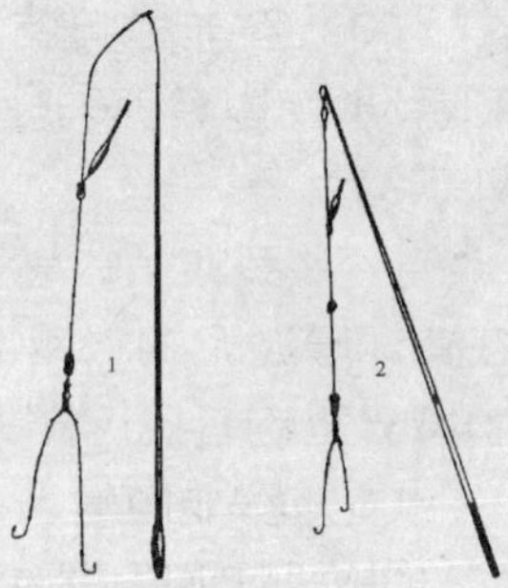

图168　钓具组合图

1. 中、下层双钩底钓法钓具组合示意，2. 流水底钓法钓具组合示意。

鱼漂宜使用反应灵敏的风漂，漂的浮力应与坠的重力相等，使钓钩入水后能缓缓地沉入水底。

531. 钓罗非鱼宜用怎样的诱饵

以素饵为主，主要是粮食类饵料，如麦麸、粕饼粉、米糠、窝窝头、酒米等。为适应不同水层罗非鱼的垂钓要求，可做成漂浮性、缓沉性和沉底性3类诱饵。

532. 钓罗非鱼宜用怎样的钓饵

因罗非鱼荤、素饵皆食，但偏爱荤饵，蚯蚓、小虾、红虫、蝇蛆等均是它的好钓饵。素饵主要有饭粒、面饵类、颗粒饵料等，其中面饵是变化最大的钓饵，可根据具体情况自行调制。罗非鱼爱吃的钓饵很多，荤饵有蚯蚓、各种昆虫、蛆虫、火腿肠块、红虫、虾和螺蛳肉等；素饵有粮食制成的颗粒、水浸麦粒、饭粒、半熟的山芋、年糕块、馒头块、成熟的桑葚及各种藻类植物等。在各种钓饵中，钓罗非鱼上钩率最高的是红虫。

533. 钓罗非鱼应怎样选择钓点

（1）罗非鱼属于热带鱼，习惯于结群行动，所以常常集结成较大的群体，游弋嬉戏在较暖和的水域中。钓罗非鱼的钓点可选在向阳温度较高的上风区，因为在这样的水域常有比较密集的罗非鱼，钓获率会比较高。

（2）由于罗非鱼喜欢较高的水温，所以在一天之中，它会随着水温的升降而改变栖身的水层：当水温由低向高提升时，它会由水深处向水浅处转移；反过来，若水温由高向低下降时，它又会由浅水区向深水层转移。垂钓者应掌握这个规律：在晴天，中午水温最高时，宜在浅水区下钩；早晚水温低，宜在深水区下钩。

（3）罗非鱼胆较大，不易受惊，常到靠近池塘、湖泊的边沿觅食和游动，所以，钓罗非鱼的钓点不需要离岸太远，一般在离岸2～3米处下钩就行。

（4）罗非鱼的窝子一般都筑在水底污泥之中，因为它比较喜欢在有深厚淤泥的水域中生活，特别喜欢生活在水底凹凸、陡坎较多的水域。垂钓者找这样的水域岸边作为钓点，收获较大。

（5）罗非鱼是人工喂养的鱼类，需要人们定时投喂饲料，时间一长，形成规律和习惯，鱼儿到了喂食时间便会自动群集在经常投食的水域中等候食物的到来。垂钓者若掌握住这样的规律，赶在投喂饲料前1～2小时到投喂处附近下钩，可以得到较好的收获。

534. 怎样用手竿双钩贴底钓法钓罗非鱼

垂钓前，先要设法探明下钩水域的深度，因为罗非鱼喜欢栖身于水体中下层，因而钓饵要沉入近水底才容易钓到此鱼。探明水深后，将浮漂定在钓线的适当部位，这样可使钓饵正好贴近水底。

钓线的顶端先扣上两根略细于主线的支线，支线的线端扣上1个钓钩，在钩上各安装上红虫或蚯蚓等钓饵，在下钩前15分钟将一小把豆饼粒投入钓点打窝，再过一会即可将钓饵投入水中，让其沉至水底。这时，垂钓者可将钓竿向左或向右徐徐移动，使两个钓钩在水底并行推移，让钓饵与鱼尽量贴近，给鱼儿送食上门。

罗非鱼的摄食方式与其他鱼类不同，它具有轻微、稳重和幅度小的摄食特点，不像其他鱼那样张口猛吞。罗非鱼上钩后，反映在浮漂上的变化有两种：一种是表现为浮漂缓缓上升2～3厘米，即通常所说的“捧漂”；还有一种是出现浮漂急速下沉，即“黑漂”。遇到浮漂这两种变化时，垂钓者应该立即作出反应，稍用腕力将钓竿突然抖动一下，使钓钩钩牢鱼嘴。

如果出现“捧漂”，一般说明上钩的鱼体不大，大都在200～300克；假如发生“黑漂”，则可能上钩的是500克左右较大的罗非鱼。若估计为200克左右小鱼时，垂钓者应一气呵成，将其直接拎上岸来；

若从手感上感觉出是500克以上较大的罗非鱼时，则不应贸然提钩，而应该用钓竿将鱼牵引出钓点，在离岸尽可能近些的水域慢慢地遛鱼，待牵引几个来回将鱼拖疲乏以后，将它拖近岸边，用抄网捕捞上岸。

另外，钓上1条鱼后，不要破坏钓点，不要让水体发出声响惊跑其他鱼。因为罗非鱼有合群的习惯，继续在原钓点下钩，继续用此法逗诱，有可能连续钓上几条罗非鱼来。

535. 怎样用手竿高低钩钓法钓罗非鱼

根据罗非鱼经常生活在水体中下层，且喜欢集群活动，爱在池塘中水底软泥处打洞藏身，并活动于池塘四周浅水处的特点，人们设计出一种钓法：在钓线下端将双钩错开，一高一低，低钩沉在水底，高钩则高于低钩10～15厘米，悬浮在水中，而且一钩用荤饵，另一钩则用素饵诱鱼。

垂钓时，在钓钩放入水中后，将钓钩缓缓移动。这种钓法的第一个优点是：既能招引藏在软泥中的鱼，又能招引沿水底浮游的罗非鱼上钩；第二个优点是：罗非鱼虽喜欢吃些动物活饵，但毕竟是以素食为主的鱼类，因而有时会吃植物饵，高低钩上的钓饵有荤有素，投其所好，因而可提高钓获率。

不过，采用高低钩钓法在技术上有一个值得注意且需要掌握好的问题，那就是浮漂的浮力和铅坠的重量必须配合恰当，才能达到一钩沉底、一钩悬浮的理想要求。要做到这一点，需做好两件工作：一是先要测知此水域水的深度，这样才能确定浮漂定在钓线的什么位置最适宜；二是最好事先在大水缸中试验，将浮漂的浮力与铅坠的重量调节到均衡的程度，使高低两钩能正好处于1个沉底，另1个悬浮。另外，还应该注意：罗非鱼唇圈外缘很坚实，具有角质，钩尖很难刺进去，但口腔四周的薄膜却极易被刺穿。罗非鱼摄食时比较斯文迟疑，当咬到饵钩后，常常会停顿一会才继续吞钩，有时还会将饵钩吐出来。根据这个特点，当发现浮漂显示出有鱼咬钩的信号时，应及时将饵钩抖动一下，让饵钩刺入其口腔周围的薄膜，使其无法将饵钩吐出而被牢牢地钩住。

用这种方法垂钓，常常可以得到一箭双雕的效果，即两钩均能钓上鱼来。

536. 怎样用手竿浮钓法钓罗非鱼

罗非鱼喜温，当中上层水温略高于水底水温时，它会在中上层活动，这时应钓浮钩，而且还应打大窝子，采用漂浮性、缓沉性饵料的诱饵，能更好地诱集中上层罗非鱼。若窝点处出现水花，很可能是罗非鱼在吞食浮饵。这时应调整好钓钩落水的深浅，将挂好钓饵的饵钩轻轻地放到水花附近。浮钓时，罗非鱼咬钩的反应多为吞食，浮漂的反应多为横移或黑漂，这时都应及时提竿。

537. 怎样用海竿串钩钓法钓罗非鱼

因罗非鱼个体较小，串钩用4～5枚小号钩拴成，钓饵用蚯蚓、小虾等荤饵，也可挂不同钓饵。将钓钩甩至10～20米的水域，支好海竿，收紧钓线，挂上小铃，即可静候，待铃响或看回线提竿即可收鱼。由于罗非鱼喜群居并养殖密度较高，所以上鱼频率很高，因此将串钩甩至钓点后，可采取绷紧钓线、握竿在手的钓法，若手感觉钓线在拽竿，即可提竿。需要特别提醒的是：罗非鱼的鱼鳍非常尖硬，当受到攻击时，会全部竖起，很易刺伤手掌，应事先准备一块厚布，摘钩时用布将鱼包住，并从头到尾将竖起的鱼鳍按下，再摘钩。

（八）鳌鲦鱼的习性及钓法

538. 鳌鲦鱼有哪些生活习性

鳌鲦鱼是常见的淡水小型鱼类，又名鳌鱼、鳌子鱼、硬头鳌、白条鱼。该鱼可分为普通鳌鲦和贝氏鳌鲦两种。普通鳌鲦较大，最大个体可达20厘米长；贝氏鳌鲦较小，最大个体在13厘米左右。该鱼分布广、数量多、繁殖快，各种水体中都有它们的踪迹。

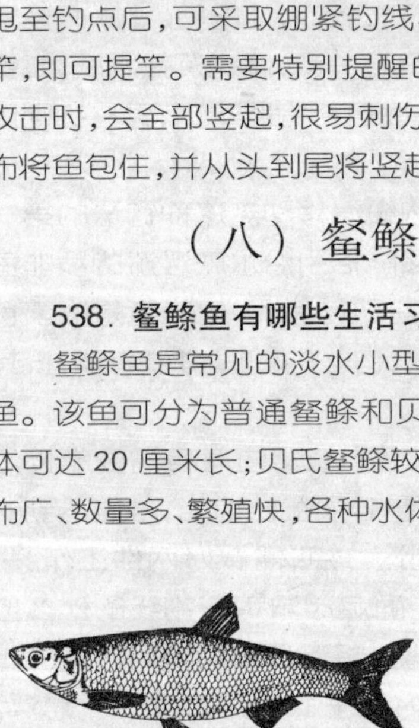

图169　鳌鲦鱼

鳌鲦鱼体修长、侧扁、银白色，腹面全部具肉棱。侧线在胸鳍上方急剧向下弯曲，至臀鳍基底后方，再弯向上方至尾柄中央，背鳍有硬刺。鳌鲦鱼性格活泼，到处游窜觅食，春、夏、秋季活动于水体上层，天冷时在深水处越冬。它食性杂，水藻、溪虫、轮虫、水生和陆生昆虫及各种浮游生物都可充当食物。它喜群游于水域中上层，主要分布在我国各江河、湖泊、池塘或水库中。该鱼游动迅捷，视觉及听觉都较灵敏，对各种声音及倒影的晃动反应极快，这些特点值得垂钓者注意。

539. 钓鳌鲦鱼宜用怎样的钓具

选用钓鳌鲦鱼的钓具应掌握轻便灵活的原则，竿体要轻，竿长4.5米左右较为适宜，可用芦苇秆或竹竿，也可用玻璃钢竿及竹制的插芦竿，有些地区的垂钓者采用8米长的芦竹竿，据说效果也很好。

总之，不论用哪种钓竿，都应以质轻和有弹性为原则。

钓线的长度应和钓竿的长度差不多，可选用较细的（直径0.10～0.15毫米）尼龙线。钓钩宜小，钢丝要细而坚韧的，可选用HHH细地袖钩2～4号或专门钓餐鲦鱼的拟饵钩（制成苍蝇的形状）。浮子可用4～5厘米长的1枚羽梗浮，浮子离钓钩的距离为10～15厘米。铅坠也宜用小而灵敏的，若是浮钓，可以不用铅坠，甚至连浮子都不用。

540. 钓餐鲦鱼宜用怎样的饵料

餐鲦鱼食性杂，荤素皆食。垂钓时，素诱饵可选用麦麸、米糠、面粉、食品残屑等，使用前将部分炒香，如能在其中加入蚕豆粉、黄豆粉等，则效果更好。荤诱饵可用动物的内脏，使用时将其切碎捣烂。由于餐鲦鱼食性杂，钓饵荤素皆可。素钓饵也可用饭粒、面团。荤钓饵可用苍蝇、蝇蛆、蚯蚓、菜虫、小蜘蛛、飞蛾、水生昆虫等。除真钓饵外，用拟饵也可以钓到餐鲦鱼。

541. 钓餐鲦鱼应怎样选择钓点

餐鲦鱼分布很广，我国各种水域都有它的存在，平时喜欢生活在水域上层，有时也到中层觅食，常成小群活动。在天气比较暖和、水温适宜的6～9月份，餐鲦鱼喜成群结队地游弋于水面，捕食各种浮游小生物，特别喜欢吃产卵的蚊子，有时还会发出嘶嘶声音。它最常聚集的地方是水草的空隙间和洗菜、淘米的码头附近。

542. 怎样用常规钓法钓餐鲦鱼

垂钓时，可在上面所说的两种水域先撒一把干麸皮屑，使其漂浮在水面上，不久即可见到许多餐鲦鱼前来摄食，此时即可将安装好饵的钓钩（钓饵可用苍蝇、蛆虫或蛾子等小飞虫）轻轻下在水面有麸皮屑的水域。

由于钓钩较轻，浮子又大，一般钓饵可悬浮在10～20厘米深的水中，容易被鱼儿看见并过来吞食。此时垂钓者若发现浮子被鱼拖走，要立即提竿，可以钓个正着。钓餐鲦鱼要将鱼篓放在身边，拎钩、摘鱼、装饵、继续下钩等动作都要求快速敏捷。

当麸皮屑已经散开或下沉或被吃掉，水面上已稀少时，应及时补撒一些。钓餐鲦鱼不需要频繁地更换钓点，可以连续地在同一钓点钓上很多餐鲦鱼。

543. 怎样用假饵钓法钓餐鲦鱼

除了用真饵钓餐鲦鱼外，还可用假饵钓餐鲦鱼。其做法是：采用黑鸡毛或其他鸟类的羽毛，再用一点透明的薄塑料片，扎成像苍蝇、蚊子的形状绑扎在钓钩上，不能让钓钩的钩尖露出。在水面上撒些麸皮屑打窝后，若发现鱼群到来，即可将钓钩放入麸窝近旁，并使钓钩不断微微移动，以引诱鱼儿上钩。由于该鱼吞食极为迅猛，会一口将饵钩吞下，此时只要垂钓者眼明手快，迅速提竿起钩，即可将鱼钓上来。

544. 怎样用无钩钓法钓鳘鲦鱼

用无钩钓法钓鳘鲦鱼，使用普通钓竿和钓线，既不用钓钩，也不用铅坠，只需在离线端 15～20 厘米处结一段羽毛杆的浮子即可。垂钓时，在钓线线端打 1 个结，将蜘蛛丝缠绕在结上，使其成为黄豆大小的圆团，形似苍蝇、蚊子，因蜘蛛丝含有小昆虫似的气味，所以将小圆团抛入水中后不久，即有鳘鲦鱼前来摄食，待其将圆团吞下后，立即起竿就可将鳘鲦鱼钓上来。

545. 钓鳘鲦鱼需注意些什么

钓鳘鲦鱼有一点很值得注意：该鱼听觉、视觉灵敏，岸上切不可发出响声，垂钓者也不可背向太阳，让人影映入水中，若一旦被该鱼发觉或受到惊吓，它们就会跑得一条也不剩。如果 1 个钓点的鱼已寥寥无几时，就应换个地方去重新撒诱饵垂钓，还可以在同一钓点的左右两边，离垂钓者 3～4 米远处各撒一些麸皮屑打窝子，这样可以轮流在两处下钩钓鱼，收获可以更好些。

（九）银白鱼的习性及钓法

546. 银白鱼有哪些生活习性

银白鱼又称大白鱼，鱼体形既扁又长，背部从头到尾几乎近于直线。体长为体高的 5 倍。全身鳞片排列整齐。1～5 龄鱼平均体长 20 厘米左右，体重 200～300 克。银白鱼分布于长江水系上游金沙江的附属水体——滇池。银白鱼喜欢生活在湖泊的中上层，以动物性饵料为食，尤以水生昆虫和昆虫卵为主要饵食，也吃甲壳动物的桡足类和枝角类，偶尔摄食植物性饵料。

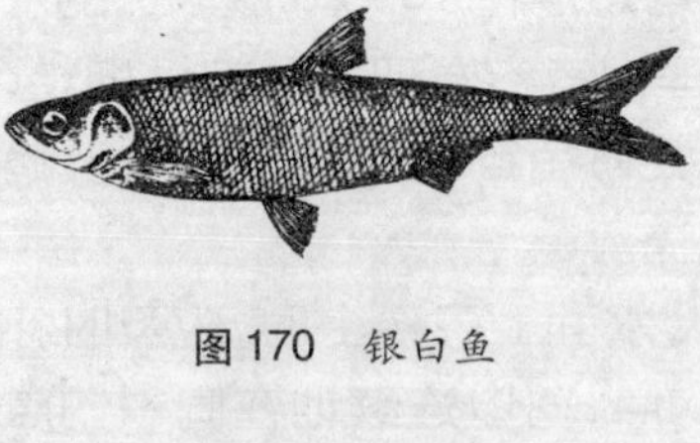

图 170　银白鱼

银白鱼约在 2 龄时达到性成熟，对产卵场的要求十分严格，只选水质清澈的环境，在清洁的紫红石砾上产卵。每年的 4～5 月份为产卵期，其产卵的水域都在浅水地带。在靠近岸边水较深、水底多乱石块、且人迹稀少的地方垂钓，往往会有出乎意料的好钓绩。

547. 钓银白鱼宜用怎样的钓具

银白鱼是一种小型鱼类，其最大个体体重400克左右，平常钓到的鱼一般只有100~300克。钓银白鱼可采用手竿浮钓法。所用的钓具宜选用6~7米长的软梢手竿；钓线宜选用0.15毫米的尼龙线作主线，线的长度可与钓竿的长度相等或比竿略长一些；钓钩宜选用无锡生产的江芦形620~621号、袖形321号或丸袖形719号的小型钓钩，也可使用钓鳌鲦鱼的模拟饵钩；坠子用小型开口坠；浮漂可配用浮力比坠沉力稍大一些的小浮漂。

548. 钓银白鱼宜用怎样的饵料

由于银白鱼的食性较杂，喜欢吃动物性食物，钓饵可选用小蚯蚓、蛆虫、小蜘蛛、苍蝇、小飞蛾以及面团捏成的小面粒和饭粒。

549. 钓银白鱼应怎样选择钓点

虽然一年四季都可钓银白鱼，但最好的钓期是在霜降前、立秋之后。因银白鱼比较容易钓得，所以许多垂钓者都喜欢钓它。特别是初学钓鱼的钓友，一般下钩都不会落空，它被作为锻炼钓技的最好对象。

选准钓点也是很重要的。钓点在滇池各地的敞水区可以找到很多，还有河汊流入池口的地方也很适合作钓点。但需注意的是：银白鱼很机警，它通常都游弋在水体的中上层，钓点必须选在僻静之处，并注意隐蔽垂钓者的身影，不可在岸上走动，也不能穿色彩鲜艳的衣服，否则，一旦被它发现，它就会逃遁得无影无踪。

550. 怎样钓银白鱼

在选定钓点之后，要根据水深来确定浮漂与钓饵的距离，水深处距离宜稍大些，水浅处则距离宜稍小些。因银白鱼属中上层鱼类，不可在太深的水体中去垂钓，尤其在静水水域垂钓，两者的距离一般有20~30厘米已足够。若该水域有缓流，两者的距离宜稍远些，因为水流会把饵钩推浮到较浅的水体中，一般以距离50~60厘米较为适宜。

垂钓时要尽量将饵钩甩远。甩竿的方法是：双手握竿，先慢慢将竿悠向身后，使钓钩、坠、漂荡到身后（不使其触及地面），然后适当用力向前方钓点将竿挥出，借助竿的弹力，将钓钩甩落在预想的钓点上。钓过浮钓的垂钓者都知道，浮钓是需要常常收回钓钩重新甩出的。在饵钩落于钓点后，即使水势很和缓，浮漂也会受到风的推动，钓线也会因此影响而使饵钩移位。当浮漂逐渐漂移到离岸边很近时，就应将钓钩提出水面，重新投甩向远处。如果水流缓缓地将浮漂顺水推移到旁边的水域，或离岸太近时，也必须将钓钩提收回来，再次甩投向远处的钓点。在浮钓过程中，若发现浮漂被拖走或快速沉没水中，那就是银白鱼在咬钩了，无论是拖走或沉没，都应立即提竿。

垂钓者可根据钓饵的来源情况，决定是否使用模拟饵。若获取钓饵不易，也可以改用模拟饵，因为使用模拟饵既方便又清洁，且钓获量并不比用真饵差。但使用模拟饵垂钓时，在饵钩投出后，需不时地牵动钓线，使模拟饵在水中不停地移动，像是活饵在移动，这样容易引起鱼的注意而增加咬钩的机会，提高钓获率。

（十）鲢鱼和鳙鱼的习性及钓法

551. 鲢鱼和鳙鱼有哪些生活习性

鲢鱼和鳙鱼是主要的家鱼，生活习性相似。它们同属于上中层鱼类，喜合群，常混游在一起，喜温。夏季高温时节也是最活跃的时候。鲢鱼，又叫白鲢、白胖头、水鲢等，鳙鱼又叫花鲢、胖头、大头鲢等。

图 171　鲢鱼

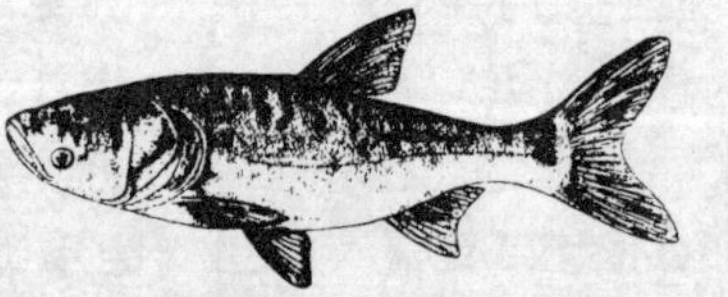

图 172　鳙鱼

鲢、鳙鱼的摄食方式常常是把水中的浮游生物连水一起喝进嘴里，随后靠鳃的过滤作用，把水中的浮游小生物挡住咽进肚里。鲢鱼喜食浮游植物，鳙鱼喜食浮游动物。从食性来讲，鲢鱼喜酸味，而鳙鱼喜酸臭味。

鲢鱼和鳙鱼生长速度较快，最大个体可达 5 000 克以上。鲢、鳙鱼均不耐低氧，一旦水中溶氧量减少，它们会首先浮头。

552. 钓鲢鱼和鳙鱼宜用怎样的钓具

钓鲢鱼和鳙鱼的钓具一般有两种：一种是浮钓钓具，另一种是沉钓钓具。

（1）浮钓钓具。若用浮钓，钓竿用手竿和海竿都可以。手竿需用 5 ~ 6 米长的，竿体要坚固；海竿可选用有大中型绕线轮、旋压式绕线轮，收放线比较快捷灵活。由于浮钓并不让饵钩沉入水中，所以不必用砣坠，但浮漂却要较大的，以能使饵钩和大面团钓饵浮起来为度。

钓钩要用圆底阔面的大型钩，用单钩、双钩、组合钩（一般是4 ~ 6 个钩）都可以。钓线至少要用直径 0. 3 ~ 0. 5 毫米粗的线，因为鲢鱼或鳙鱼大的有5 000克，甚至更大的，它的力气和冲刺能力都很强，而且会连续猛烈挣扎，所以竿要结实而富韧性，钩要大而尖锐，线要较粗的。

（2）沉钓钓具。上面所介绍的浮钓钓具，是在春、夏、秋三季用的，因为在天气比较暖和的季节，鲢鱼、鳙鱼的鱼群在水体的中上层活动，所以适合浮钓，但到了冬季和早春，天气寒冷，水温也随之降低，所有的鱼类包括鲢鱼、鳙鱼，都在水体的中下层活动，因为中下层的水温比较高些，所以钓鱼的钓具，就应该改用沉钓钓具。

沉钓钓具所用的钓线、钓钩和浮钓是相同的，既可以用2个、4个钓钩的组钩，也可以用6个钓钩的组钩，但沉钓要用砣坠，其重量一般在30~60克之间，砣坠的位置应在钓钩上方25~30厘米处，可用死坠，也可用活坠，只要能使饵钩稳定地沉留在水体的下层就行。

553. 钓鲢鱼和鳙鱼宜用怎样的饵料

鲢鱼和鳙鱼有其特殊的生理构造，它是利用鳃耙滤食浮游饵食的，很少吞食较大的食物。这类鱼的嗅觉比较灵敏，对食物的气味极为敏感，喜食经发酵后带有酸臭气味的食物，所以钓者要投其所好，特意制作出带有酸臭味的钓饵。钓饵的制法是：

① 将多种粮食类的粉末，一般是玉米面、米糠、麸皮面、元麦粉、豆渣、豆饼屑、面粉一起炒至半熟、有强烈的香味为止。另外，再捞一些水蚤、孑孓、小红虫、绿色水藻等，分装在两个塑料袋中。在钓鱼时，取用炒熟的粉料和另1个塑料袋中的浮游生物，以2∶1的比例掺和，再加上少许水调匀捏成算盘珠大的饵料。若用多钩组合，则捏成乒乓球大小。

② 迎合鲢鱼、鳙鱼的嗜好，将钓饵制成它们爱吃的带有酸甜味和酸臭气味的钓饵。做法是：用黄豆粉、豆饼末、煮熟的红枣肉、糖，加点臭豆腐干或臭腐乳，再加些发面用的面肥或酵母，掺入些热水拌和均匀，装在罐内，加盖密封好，天热时隔1~2天，天冷时隔4~5天使其发酵。使用时，临时掺点麦面或细米面搓揉成质地较硬实的圆团，能较牢固地装在钓钩上即成。

③ 将上述饵料装入塑料袋内挤出空气密封保存，并不时地放在烈日下暴晒，如果保存得当，可留至隔年使用，甚至隔多年后，效果反而更好。

此外，钓鱼高手用不同组合的饵料，在同一水域中进行多次试钓后得出的结论是：用一种叫“六合一”酸糟饵的钓饵钓鲢鱼或鳙鱼效果最好，一天竟能钓到几十千克鱼。

"六合一"酸糟饵的原料为:玉米面40%、麦麸末20%、面粉10%、豆饼末20%、麻酱渣5%、红糖5%。制作方法是:将面粉和玉米面用凉水和匀,蒸成窝窝头,趁热掰开、揉碎,将豆饼末和麦麸粉炒香,麻酱渣在2~3天前用温水泡软,装在塑料袋内,置阳光下晒,使其发酵。将6种原料放入容器内拌匀,再用一块鲜酵母(发2 500克面的量,没有鲜酵母可用干酵母或面肥代替)加适量温水同各种原料一起拌和揉匀,按每500克1袋分装在食品袋中。每袋用3层塑料袋包好,扎紧口加以密封,夏季晒10来天,天凉时晒的时间加倍,即可制成酸饵。

另外,用50克面粉同两块臭豆腐乳和少量臭腐乳汁(臭腐乳和汁都不可有辣味)一起调成浓糊,放在小铁勺内用文火将其打成稠糨糊状,制成臭饵装入瓶内。使用时,在已装在钓钩上的乒乓球大小的饵料底部挖个蚕豆大的洞,用竹片挖一团臭饵塞入洞内填满即可。这种钓饵既有酸饵的酸呛味,又有腐乳的浓臭味,对鲢鱼尤其是鳙鱼具有很强的吸引力。

554. 钓鲢鱼和鳙鱼应怎样选择钓点

(1) 根据鲢、鳙鱼常在水域中上层活动的特点,钓点宜在水位较浅(深1米左右)的水域沿岸去寻找,因为在浅水区,当钓钩和钓饵入水时,鲢、鳙鱼容易闻到钓饵的气味而迅速去咬钩;若鱼在4米深的水体中上层游动觅食时,应选在深1米左右的边沿浅水区垂钓,使鱼游动的地方和钓饵的距离比较靠近,让它容易就近咬钩,增加钓获的机会。

(2) 鲢、鳙鱼耐缺氧的能力很差,若水中氧气少,它就会浮出水面吸氧,若水中缺氧严重,它就会立即死亡。根据这样的特点,钓鲢、鳙鱼的钓点应选在池塘、湖泊的进水口和迎风通气的地方,因为这样的水域氧气充足,是鲢、鳙鱼最喜欢栖留的水域。在这样的水域设钓点,可获得最佳的效果。

(3) 根据鲢、鳙鱼喜欢栖息于肥水中的特点,钓点应在水体呈现黄色的池塘或湖泊沿岸去选择。水清如镜、一眼能看见水底杂物的水域,鲢、鳙鱼不喜停留,若在这样的水域边上设钓点,收获不佳。

(4) 鲢、鳙鱼爱吃其他动物的粪便,不论是同1个池塘中饲养草鱼的粪便,还是鸡、鸭、牛、羊的粪便,鲢、鳙鱼都爱吃,不仅如此,只要是散发出其他动物腥臭味的环境,它都乐意去接近。因此,如果池塘或湖泊靠近养鸡场、养鸭场或牛、羊圈,鲢鱼就喜欢在靠近这些场所的水域栖息、游弋,所以选钓点时,可以考虑鲢、鳙鱼的这一喜好。

555. 怎样用浮钩钓法钓鲢鱼和鳙鱼

用浮钓法钓鲢鱼和鳙鱼，春、夏、秋三季气温较高的天气均可，只有春初和秋末，特别是寒冬季节气温低，才用沉钓法。

夏季的早晨和傍晚，是鲢鱼、鳙鱼最需要摄食的时间，这是最能获得钓绩的时间。采用浮钓法，钓钩若是4~6个钩的组合，可用一块乒乓球大的饵料，将钩全部包在内，钩尖向四周张开，但不要露出在饵料之外，饵料应做得黏性较强，避免在甩抛时散碎脱钩。

垂钓时将钓钩放入水中较浅处，白天垂钓，一般保持在60~90厘米深度，若在早、晚垂钓，钓钩入水的深度应该更浅，钓钩与浮漂的距离只需30~40厘米即可，让钓钩和钓饵悬浮在水体的上层。因为早、晚鱼儿喜欢聚集在浅水层活动。

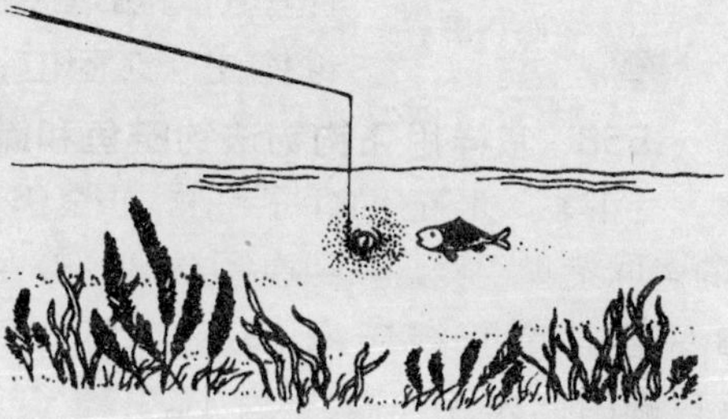

图173 炸弹钩钓法

在钓钩下到水中之后，只需观察水中鱼的动静，不要扯动，钩上的饵料入水浸泡10分钟左右时，饵料中的糠、麸、豆饼末等由于膨胀而开始松开，纷纷散落在周围水中，像下雪似的慢慢飘沉，很适合用鳃耙滤食的鲢鱼、鳙鱼的胃口，周围鱼群发现和闻到这些食物气味时，就会争先恐后地前来摄食。此时只要发现浮漂被拉跑了，就可以立即起竿扯线，让鱼钩刺入鱼唇，钓个正着。

556. 怎样用沉钩钓法钓鲢鱼和鳙鱼

沉钩法除适合天寒季节外，也宜适夏季在水深1米左右的浅水水域进行垂钓。

沉钓法所用的钓饵，应使用带酸臭味由粮食粉末混合而成的饵料。安装时，用饵料将钩柄、钩弯、钩尖全部包裹住，使钩尖隐藏在饵料四周的表皮下。下钩前，要先测试出水域的深度，在水体不太深且水温不低的情况下，可将浮漂定位在离饵钩1米左右的部位；若水体很深且水温很低的情况下，可将饵钩沉得更深些。当深水中的鲢鱼、鳙鱼闻到饵料的酸臭味后，就会追寻过来，接着便会张开大嘴，将饵料和尖钩摄入口中，当鱼儿拖动钓线，出现上钩信号时，垂钓者只要将钓竿一抖动，组钩的锋利钩尖就会立即钩住鱼嘴让其无法脱逃。

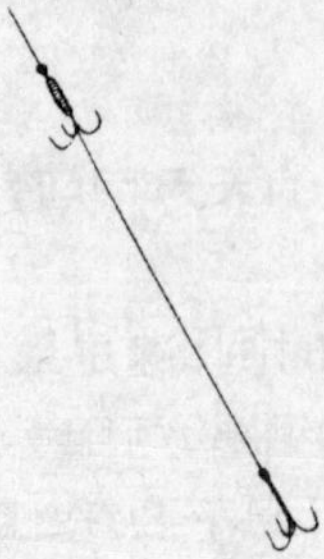

图 174　拉钩用的锚钩组合图

557. 怎样用无饵钩拉钓法钓鲢鱼和鳙鱼

无饵钩拉钓用的是蜈蚣钩或锚钩，不用钓饵，也不用铅坠（组钩的重量大概相当于铅坠的重量），但需选用比较大的浮漂。钓鱼时，将钩甩于水域的中上层，停 1～2 分钟，就将拉竿猛地拉抖一次，由远而近，逐次提拉。待到拉近岸边时，再重新将钩甩往远处。如此循环往复，不断提拉，常常会拉钩到鱼，有时钩住鱼的鳃部，有时钩住鱼的背部或腹部，有时还能钩住鱼鳍附近，不论钩住什么部位，都能把鱼拉上岸来。

558. 怎样用飞钩钓法钓鲢鱼和鳙鱼

钓具：3 米左右的海竿，配直径 0.4～0.45毫米的钓线、50 克左右的通心活坠，大漂。用直径 0.35～0.4 毫米的锦纶单丝线作脑线，用 8 只钩拴成脑线长约 15 厘米的组钩。由于鲢、鳙鱼嘴大，钩宜大不宜小。

装钓饵时，先取一块略大于乒乓球的饵料，将脑线夹在饵团正当中，捏紧后，将钩逐个均匀地排列在饵团四周，钩距饵团 3～4 厘米，使之成为飞钩。它的优点是钩在饵外，鱼咬钩后没有吐钩的机会。只要鱼咬钩，就不会跑掉，而且钩子都是被鲢、鳙鱼吸入口中。

飞钩钓法与炸弹钩的原理差不多，只是炸弹钩是隐藏在饵料中，而飞钩则是将钩排列在饵外，饵的黏度要大于炸弹钩，入水后不易化开，鲢、鳙鱼闻到味前来吸食饵料时，会先把钩吸入口中。

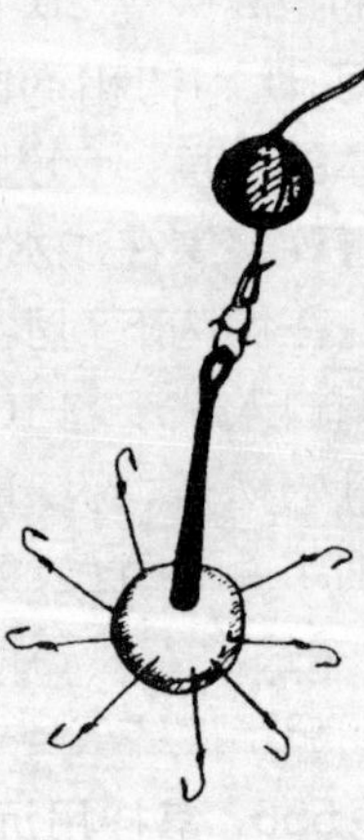

图 175　钓钩露饵外装法示意

559. 怎样用压钩钓法钓鲢鱼和鳙鱼

钓竿选择前端有小手指粗细的竹竿（因为有时会钓到大鲤鱼），钓线用直径 0.8 毫米左右的胶丝线，钓线上装鹅毛浮 8 粒（每根鹅毛杆选用根部最粗处的），每粒长约 1.2 厘米。钓钩选用与自行车车条粗细相等的钢丝自己弯制，绑扎并用锡焊制成较大的锚钩，钩尖用砂轮机打磨（注意不要退火），再用油石将钩尖打磨得非常锋利。垂钓前用沉钓法穿好浮漂，拴牢钓钩和钓线。

垂钓应选择在夏季最热并有微风的天气，上午 10 时以后至傍晚都可进行。因为这时水体中上层的温度正适合鲢鱼的活动和栖息。

钓点宜选择在涵洞口附近。下钩时钓钩无需装饵料，利用鲢鱼、鳙鱼喜欢群集且游动非常缓慢的特点，下钩后垂钓者两眼密切注视浮漂，只要浮漂下沉一粒，或浮漂有隐隐约约的抖动（浮漂下沉，有时是由于鱼向前游动，正好吻部顶住了钓线，锚钩较重，会使浮漂略有下沉；有时是由于鱼向某一方向游动时身体压住了钓线；有时是由于鱼的腹鳍或其他诸鳍在不断地划动时碰到了钓线），这时垂钓者应立即使足劲儿向上垂直提竿，常常可以钓到（实际是钩住）大鲢鱼或大鳙鱼，不是钩住鱼的鳃部，就是钩住腹部，有时会钩到嘴部或尾巴，也有时钩住鱼的各鳍的附近处。不论钩住鱼的什么部位，都要一个劲地将鱼向岸边拉，鱼到岸边后用搭钩直接提上岸，或用抄网将鱼兜上岸。

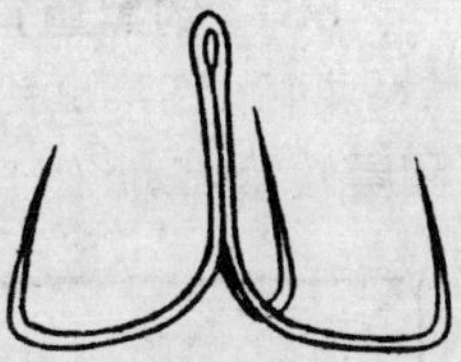

图 176 锚钩

（十一）黑鱼的习性及钓法

560. 黑鱼有哪些生活习性

黑鱼又名鳢鱼、乌鱼、乌鳢、乌棒、孝鱼等。体形像 1 个长长的圆筒，背墨褐色，从背鳍到腹鳍有3 行不规则的黑斑。黑鱼适应能力、耐低氧性、繁殖能力均很强。冬天，它们潜伏于深水，停食越冬。二冬龄性成熟，产卵期在 5 月下旬至 8 月初。黑鱼的繁殖过程比较独特，一般要经历筑窝、产卵、护仔等几个阶段，在从筑窝至小黑鱼独立生活的2 个多月时间内，亲鱼总是寸步不离，若受到侵扰，它们会奋不顾身去保护它的“儿女”们。

图 177 黑鱼

黑鱼生性凶猛，常栖息于水底，多在石缝、水草、乱石中栖息或觅食，是典型肉食性鱼类，大量捕食小鱼。喜食鱼类、小虾、青蛙等，一旦发现食物，便像闪电般猛扑过去，吞而食之，故有“水中老虎”之称。黑鱼听觉十分敏锐，凭听觉觅食。据有关资料记载：一条 500 克重的黑鱼，一天能吃掉 250 克的各种小鱼，对养殖业的危害很大。如果 1 个池塘里养了几千尾鱼苗，其中只要放进 3 ~ 4 条黑鱼，不需几个月，鱼苗就会被吃得干干净净。

不过中医学认为：黑鱼有很好的营养价值，有些病人重病痊愈后，身体亏虚，吃黑鱼很有补益效果。

561. 钓黑鱼宜用怎样的钓具

（1）钓竿。钓黑鱼的钓竿应选用坚固且较粗的竹竿，以青绿的鼠尾竹最好，此竹有韧性又有较好的弹性，或者用水竹制成的钓黑鱼的专用竿也可以。钓竿的长度最好是7~8米长。

图178 钓黑鱼用的钓竿

（2）钓线。钓线可用多根柔软的锦纶线合搓成约3.5米长的细绳，要求能经受10千克以上的拉力。钓黑鱼的钓线上不用浮漂。

（3）钓钩。钓钩用有倒刺的圆形大钩。

562. 钓黑鱼宜用怎样的饵料

钓黑鱼一般不打窝子，故不用诱饵。钓黑鱼的钓饵最好是用小青蛙或泥鳅，如无法得到，也可用小鱼、大蚯蚓、小虾代替。用小青蛙安钩时，将钩尖从青蛙肛门钩入，沿脊背直钩至小青蛙上颚嘴尖（不要钩到脊骨，否则会钩死），使其腹部挺出，脊背弯曲于钩弯里，两前足前伸，两后腿上升并拢，用黑色细线把后腿扎牢在钩柄上端。如果用活泥鳅作饵，可用钓钩横向钩穿于泥鳅的嘴部。若用死小鱼作饵，钓钩可从鱼腹钩至鱼背处。

图179 青蛙装钩示意

563. 钓黑鱼应怎样选择钓点

黑鱼冬天极少活动，一般都藏身在石缝中或僻静的杂草丛生处或茭白根部的枯萎叶片中，只有夏天天气较暖时才出来活动。每年的5~7月份间，它要在水草茂密的水域中产卵做窝，这时是钓黑鱼的最佳时期，钓黑鱼者应在这段时间内在各处池塘、湖泊、河溪中去寻找黑鱼做窝的水域，若能找到，采取钓窝的方法垂钓，可以十拿九稳地钓到。而且在每个窝子里都能先后将一雌一雄的两条黑鱼一起钓到。

图180 黑鱼做窝示意图

寻找和识别黑鱼的窝子并不困难，黑鱼常常把窝子做在能够避风和向阳的水域。做窝时，它会在茂密的水草丛中，从中间把水草向四面排开，形成1个圆形无草区，小的像大碗碗口大小，大的像小脸盆大小，从岸上朝水面上看去，黑鱼窝的边缘是由密集的草叶和草茎夹杂在一起形成的，中间漂浮着一层松散的草叶和草茎，可以很清楚地看出窝的中心区是一片圆形的明水，这就是黑鱼产卵用的产床。

从黑鱼窝的大小，可以估量出这一对黑鱼亲鱼的个体大约有多大：一般较小的像500～1 000克的亲鱼所做的窝，只有大碗碗口般大；较大的像2 000克左右的亲鱼所做的窝有小脸盆大小；而更大的像3 000克以上的大黑鱼所做的窝，其明水圆形范围可达直径1米，甚至更大。

黑鱼虽然生性凶狠残暴，但对它的子女却十分爱护，在一群幼黑鱼出窝游弋时，亲鱼总是紧跟在小鱼周围，严密地守护着，倘若有其他生活在水中的动物前来侵犯，它就会拼死攻击来犯的敌人，以保护幼黑鱼。垂钓者可以利用黑鱼的这一天性，将青蛙装上钓钩，放进小黑鱼群的旁边，大黑鱼发现后就会上来大口将青蛙咬吞下去，这样就正好被钓获。

564. 怎样垂钓黑鱼

黑鱼是肉食性鱼类，喜食小鱼、小虾、青蛙、螃蟹等多种水生动物，该鱼分布很广，一般的河溪、池塘、湖泊、江河、水库中都有，在春、夏、秋三季，黑鱼常栖息在中上层水体。

根据黑鱼凶猛力大的特性，钓黑鱼的钓具必须用坚韧的硬竿和粗线、大钩，不用打窝子，也不必寻找一个固定的垂钓地点，只要钓竿下提着青蛙等活饵，沿着水体的岸边一路诱钓就行。特别要在寻水草和水生植物的小空隙处下工夫。当发现黑鱼栖身之处时，就将青蛙饵钩放在水中，使它上上下下地抖动，速度不必太快，就像青蛙泅水一样，有时可将钓饵提出水面再抛入，让水面上发出响声；有时又可将钓饵下沉至20～50厘米的深度，然后又慢慢地拉向水面。总之，要不断地使钓饵缓缓地运动着，以招引黑鱼上

图181　钓黑鱼情景

钩。当黑鱼发现有它爱吃的食物出现在眼前时，就会一口将钓饵咬住，但此时不可立即起钩，因为黑鱼还只是咬住钓饵，并未吞入口中，这可以从提竿的手感中辨别出来。垂钓者应把钓竿稍微放低一点，让钓线稍松一些，黑鱼就会连饵带钩一起吞入口中，此时再提钩，就适得其时了。但要注意的是：钓黑鱼时提钩应和钓其他鱼有所不同，钓黑鱼提钩时必须一气呵成，不可慢条斯理，否则，让黑鱼缓过气来，它会拼死挣扎，就会弄得线断钩豁，让鱼逃脱了。

565. 怎样用活泥鳅诱钓黑鱼

在早春和秋末，气温较低时，黑鱼一般只在水体的中下层活动觅食，此时适于用活泥鳅钓法。垂钓时，将鱼钩从泥鳅背部穿入，不要伤及脊骨，上好钩后将钓饵放入水体较深处，让泥鳅向下游去，到达水底时，又将它再慢慢向上提，如此上下游移，黑鱼发现后就会游近饵物，接着就会捕食饵钩。

黑鱼捕食泥鳅时，一般是先咬住泥鳅头部或其他部位，但不全部吞入口中，因此，这时还不能立即起钩，需等待 20～40 秒钟，甚至 1 分钟，待提竿的手感觉黑鱼已将泥鳅全吞入口中，才能起钩。由于黑鱼生性凶猛残忍，它捕到食物后，决不会再轻易地吐出来，所以垂钓者切勿性急，提钩宜迟不宜早，早了鱼会逃跑，迟些提竿黑鱼跑不掉。

566. 怎样在夏季和秋季钓黑鱼

在每年的 5～7 月份，是黑鱼产卵孵化期，黑鱼一般在产卵后 2～3 天即可孵出幼鱼，这时的黑鱼小鱼苗会成群成团地在水面上浮游觅食，这时是钓黑鱼的黄金季节。

黑鱼的幼鱼群起初常聚集成大碗碗口大小的一团，几天后就扩大成脸盆大小，在幼鱼群的周围，肯定有雌雄亲鱼昼夜严密地保护着。垂钓者只要发现幼鱼团浮上水面，即可将长竿短线的青蛙钓钩放入水中，缓缓提放，作青蛙吞食幼鱼的姿态，此时，亲鱼必然会出来吞食青蛙，保护幼鱼，待到黑鱼吞进青蛙后，猛然抬竿将黑鱼强拉上岸。

秋季是黑鱼又 1 个孵化季节。待到鱼卵孵化成幼鱼，像黄色的蝌蚪似的群游觅食时，也是垂钓黑鱼的大好季节，垂钓的方法和夏季一样。只是此时的黑鱼群往往远离岸边，垂钓的钓具须换用大而长的竿，线也要加长，反复向河塘较远处甩钩，也可得到不错的收获。

567. 怎样用“青窝”钓法钓黑鱼

每到夏季 5～7 月份，是黑鱼的性成熟期，此时雌雄亲鱼就会成双成对地来到江河或池塘杂草丛生的浅水区，将草根咬断，在草丛中清理出一个脸盆大小、圆圆的亮水洞，这就是它们准备交配、产卵的新房，这个亮水洞人们称谓“青窝”。

做好青窝后，雌雄亲鱼就在此窝的附近转着圈游动，在“青窝”附近游弋保护，这时是下钩钓鱼的好时机。

垂钓的时间最好是早晨和傍晚，用泥鳅和小青蛙做钓饵，装钩时将钩从泥鳅或青蛙的背部（肛门上方）刺入，保持饵物的鲜活性，不要伤及脊骨，以让它能在水中继续活动。装好钩后，将它轻轻下放在窝中。此时要特别注意饵钩入水时不能发出任何声响，岸上操作更要轻手轻脚，因黑鱼听觉和视觉特别灵敏，发现人影后就会被吓跑。饵钩入水后，要使其在水面缓缓地上下抖动，像是饵料在游水，此时雄黑鱼会突然窜出，一口将饵钩猛然吞下，垂钓者此时应立刻起钩，毫不迟疑地将它拉上岸来。此时雌黑鱼受惊后会赶快逃离，躲进水草丛中，垂钓者要耐心守候，因为雌黑鱼一般在隔半小时至1小时后，肯定还会回来的，等它回到窝子附近后，可用同样方法让饵钩在水中移动，就可以不太费力地将其钓获。

568. 怎样用“黄窝”钓法钓黑鱼

产卵前黑鱼在“青窝”附近游弋保护。产卵后，雄鱼精液沾在上面，卵为黄色像黄米团子一样，俗称谓“黄窝”。这时亲鱼在窝边警戒，寸步不离，绝不许有任何来犯者惊扰鱼卵的孵化。此时也是钓黑鱼的好时机。钓法同“青窝”钓法。

569. 怎样用“黑子”钓法钓黑鱼

鱼卵孵化成幼鱼后，呈黑色聚在一起，由亲鱼带领群游，人称“黑鱼末子”。此时同样是钓黑鱼的好时机。

幼鱼成群游动时，雄雌亲鱼一后一前，同时加以保护。垂钓者只要发现幼鱼团浮上水面，即可将长竿短线的青蛙钓钩放入水中，缓缓提放，作青蛙吞食幼鱼的姿态，此时，亲鱼必然会出来吞食青蛙，保护幼鱼，待到黑鱼吞进青蛙后，钓者应猛然抬竿将黑鱼强拉上岸。而且，通常是雄鱼先上阵，若失败，过了片刻雌鱼又挺身而出，继续保护鱼卵或幼鱼。所以先后能钓上两条。

570. 怎样用放钩钓法钓黑鱼

放钩钓法就是把钩和线放入水中任其随水漂移的钓法。用此法钓鱼不用钓竿，也不用浮漂，只要用一根30米长的钓线，上面系1个较重的铅坠，另一端牢牢固定在河岸边上即可。先把钓线全部放开，在线上拴5～6个大型钓钩，每隔1米左右拴1个，然后以青蛙腿、小鱼、小泥鳅、螺蛳肉为饵。将长钓线和饵钩放进黑鱼出没的水域中，抛钩的时间在傍晚，第二天早晨前去收线。黑鱼只要去吞钩，一般不能逃脱，会被钓获。

571．怎样用浅滩钓法钓黑鱼

每年的春末夏初，当天气晴朗、阳光明媚之时，水温已有所上升，此时黑鱼就来到浅滩游弋觅食。这时的黑鱼，最喜欢在浅滩的边角、地势低凹和枯草丛生的僻静之处栖留。垂钓时应选背风向阳、比较隐蔽的浅滩作钓点。

用浅滩钓法常用青蛙腿作为钓饵，将钓钩轻轻放到黑鱼前面10～20 厘米远的水域中，然后稍作点动，以引起黑鱼的注意。这时特别要注意的是：①不可有人影映入水中。②因黑鱼的听觉和视觉都很灵敏，岸上不能发出任何响声，否则鱼儿会立即逃离。③钓饵入水要小心慢放，不要有水溅声。黑鱼发现钓饵会扑上去咬钩并吐出气泡，但此刻还不能提钩，等到它第二次吐出气泡时才能起钩。起钩时需注意，不要朝向鱼头的前方方向，否则容易脱钩。

572．怎样用拖钩法钓黑鱼

此法大多在秋天使用。方法是：用坚实的长竿，在较粗的钓线上拴上较大的一串钓钩，如可用 6～10 个钩，每钩距离为60～90厘米，钩上装上青蛙、小鱼虾或大青蚯蚓。

拖钩法适用于在宽阔河道的凹陷部位或水深不足 1.5 米的湖湾浅滩处钓黑鱼。在钩上装好钓饵后，将钓钩抛出，然后徐徐收线，速度尽量慢些，并要有一定的节奏，拖钩到临近岸边时要收收停停，被串钩钩住的黑鱼拉力强大，切不可松手，若遇大鱼时，可稍停一会再收一截线，直到将黑鱼拖上岸来。

573．怎样用对嘴钓法钓黑鱼

这是钓黑鱼的独特钓法。黑鱼常有晒鳞的习惯，在天气晴好的时候，它常头朝外浮于岸边水面晒太阳。若发现晒鳞的黑鱼，可持挂饵手竿，悄悄接近黑鱼，并缓缓地将饵钩落在鱼嘴前方，黑鱼发现送到口边的美食，大喜过望，张口吞食，随之转身潜入水中吞饵，水面上泛起串串气泡，这时要松线，待气泡渐少时，提竿便可得鱼。

（十二）鲈鱼的习性及钓法

574．鲈鱼有哪些生活习性

鲈鱼有几个名称，各地叫法均不相同，有称作“花寨”、“花鲈”的，也有称作“鲈板”、“鲈子”的。鲈鱼大多生活在近海江河入口处，属于一种咸淡水鱼类。该鱼个体很大，最大的可达 20 千克以上。这种鱼怀卵量很大，有的雌鱼怀卵量可达上亿粒。

图182　鲈鱼

鲈鱼食性杂，是典型的肉食性鱼类，只要生活在水中的生物，不论是小泥鳅、小虾、小鱼、沙蚕或乌贼鱼，它都喜欢吃。它生性凶猛，又很贪食。正由于它有贪食这个弱点，咬钩不太犹豫、不多疑，发现有饵料可吃就冲上来大口吞食，所以比较易于垂钓。

鲈鱼肉质细嫩肥美，而且肉多刺少，又无腥味，是一种名贵食用鱼，餐馆都把它作为高档菜肴上桌。

575. 钓鲈鱼宜用怎样的钓具

钓鲈鱼可以用海竿，也可以用手竿。由于鲈鱼个体较大、生性凶猛、力气很大，因此，不论用海竿或手竿钓，钓竿、钓线、钓钩都要求粗壮结实。

（1）海竿钓用具。鲈鱼体大、力大，在上钩后要想顺利地把它弄上岸来，需要经过一番周折。海竿由于收线、放线方便，有利于遛鱼，所以，被认为是钓鲈鱼的主要钓具。海竿的竿长以3.2～3.6米为宜，需用硬性竿，竿上需配装中型的绕线轮。钓线宜选用较粗的，线的直径宜0.4～0.45毫米，绕线轮需储存60～100米的钓线。

铅坠的重量要根据垂钓水域的流量来决定，在流速较慢的水域，可用15～20克重的；在流速较快的水域，应使用25～30克的。海竿上拴的钓钩，宜选用中型钩或大型钩，并在钓线上拴成5～6个的串钩，钩与钩的距离为15厘米左右。

（2）手竿钓用具。鲈鱼是一种体大、有力而生性凶猛的鱼，所以大多数垂钓者都采用海竿钓，用手竿钓的比较少。但如垂钓者没有置备海竿或海竿损坏了，那就只好用手竿垂钓。

用手竿时，应选择靠近岸边水流比较平缓的水域下钩。特别值得注意的是：手竿要选用坚固结实的，竿的长度要有5米左右；钓线可用直径0.4毫米的尼龙线，线的长度应超过5米，最好要有6～8米；钓钩用中号钩；浮漂要用大型号的，因为只有用大的浮漂，才能使钓饵、钓钩和铅坠一起漂浮在水中。钓饵可用小鱼或小泥鳅，但必须是活的，装钩时要采用鼻挂或背挂方式。垂钓采用定点浮钓，当出现浮漂被拖入水中的现象时，就要立即提竿，不可迟疑延误了时机。

576. 钓鲈鱼宜用怎样的饵料

用海竿钓鲈鱼，可以用真饵钓，也可以用假饵钓。

（1）真饵钓用饵。真饵分活饵、死饵两种。活饵如活的小泥鳅、小鲫鱼、小鳌鲦鱼、小青蛙等；死饵如螺蛳肉、蛤蜊肉、乌贼鱼肉等。

若用活饵小鱼钓，装钩时，钓钩不可穿进鱼的头部和心脏部位，应保证小鱼等仍能继续在水中游动。装好饵后，将饵钩甩至钓点，让活饵随便游动，使钓线适度绷紧即可。当鲈鱼发现鲜活的美味食物时，即会迅速地冲过去咬吞活饵钓钩。垂钓者看见竿梢抖动突然下弯时，就可用力提竿，若钓到的是500克左右的小鲈鱼时，可以直接将其提上岸；如小鲈鱼挣扎冲撞，可以适当遛鱼，待其乏力后再提上岸。若钓上了较大的鲈鱼，它必然要作一番挣扎，垂钓者可利用绕线轮可时放时收的优势与之周旋，耐心地反复遛鱼，直至其疲乏后拖上岸。

若用死饵钓，需用拖钓的办法引鱼上钩。做法是：将饵钩投入水中后，用手转动绕线轮，使钓饵在水中缓缓移动，就像活物在水体的中上层游动，以吸引鲈鱼过来摄食。当手上感觉到竿头被鱼向下拖走时，就要及时提竿，经过一番遛鱼后将它拖上岸来。

（2）假饵钓用饵。鲈鱼是生性凶猛、比较贪食的肉食性鱼，见到小鱼等可口的食物会不加分辨的猛冲过去，将钓饵连钩一起吞入口中。根据鲈鱼的这一习性，用碎布或塑料等物做成像水生动物的模样，在水中慢慢移动，可以骗过鱼儿，使鲈鱼认为是真鱼而大口将它吞下，起到和真饵钓同样的效果。但用假饵时必须用拖钓的方式，使假饵像是活的真饵。

577．钓鲈鱼应怎样选择钓点

① 鲈鱼常在近海的江河等处回游，冬季及天气较冷的早春，它潜伏在深水中避寒，到春末气候转暖时，就离开深水，上溯到河口附近觅食；入夏以后，鲈鱼在河口处产卵，然后逆水而上，到淡水中生活，这时是钓鲈鱼的好季节，宜在较大较深的江河沿岸缓水区的中上层水体垂钓；深秋之后，鲈鱼即转入深水层中避寒，但仍有摄食要求，此时垂钓，只能下钩至深水层中引其咬饵。

② 鲈鱼虽然生性凶猛，但由于它胆子大，十分贪食，只要见到喜食的鱼、虾或乌贼、沙蚕，便大口猛咬猛吞，所以比较容易钓获，只要在江河湾汊处或河流分支的水口附近用活鱼垂钓，很少落空。

③ 鲈鱼厌恶受污染的浊水，喜欢在水流清净的河水中逆水游动，即使在水流湍急的地方，它也能群集游戏。在这样的地方用较长的钓竿垂钓，常可获得较好的钓绩。

578. 钓鲈鱼需注意些什么

鲈鱼是一种名贵鱼种，肉质鲜嫩可口，加上肉多刺少，历来就是人们爱吃的鱼类，也是垂钓者最乐于垂钓的鱼种之一，但由于它有些特殊的习性，垂钓时需注意以下几点：

① 钓鲈鱼和钓其他鱼不同的是：垂钓前不必打窝，垂钓时一般都采用拖拽钓饵的方式进行。所以在选择钓点时，要选择地势比较平坦的岸边作为垂钓者的立足点，以便于遛鱼时进行移步的操作。

② 鲈鱼的食物主要是各种小鱼，因此在确定钓点时，应以小鱼密集处作为首选钓点，因为在这样的水域下钩，最有获得钓绩的可能。

③ 鲈鱼的最适水温为 8～18℃，所以垂钓最好在这样的温度下进行。

④ 鲈鱼对食物要求很讲究，对不新鲜、不是活的水生动物一般不肯摄食，甚至已被其他鱼类咬过的饵食它都不吃，所以用作垂钓鲈鱼的钓饵一定要用鲜活的。

⑤ 鲈鱼对栖息水域的水质也有较高的要求，它的活动都选在水体干净清澈的水域。在经过大潮汛后水体浑浊的水域或经过大雨之后地面污水流入的水域，它都不肯停留，所以钓鲈鱼应在水体较清澈的水域下钩，否则不易钓到。

⑥ 钓鲈鱼的垂钓者，应置备 1 个退钩器，因为鲈鱼吃食时很凶猛，常常把钓饵连钩一口吞进腹中，因而在将鲈鱼钓上岸后，很难将钓钩退出来，用力硬拉，则会弄得线断钩损，必须用退钩器才能顺利摘下来。

⑦ 不论是大鲈鱼还是小鲈鱼，当它被钩住后总是要作一番挣扎，甚至跳出水面或向深水处猛扎下去，因此在遛鱼时必须注意及时放线收线，防止钓线挣断，让鱼逃走，空欢喜一场。

（十三）鳜鱼的习性及钓法

579. 鳜鱼有哪些生活习性

鳜鱼又名桂鱼，我国东北部有些地区称为鳌花鱼、花脊鱼。该鱼背鳍既长又大，特别发达，有硬刺，肉细而嫩，味道鲜美，是鱼中之佼佼者。“糖醋桂鱼”、“奶油桂鱼”是誉满全国的江南名菜。

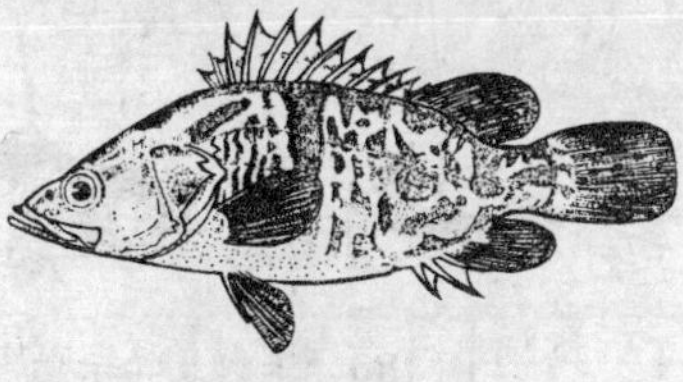

图 183　鳜鱼

该鱼体上有黄褐色深浅不一的花斑，嘴很大，下颌突出，其鳞片极细小，牙齿尖利，性极凶猛。它属肉食性鱼类，吃荤不吃素，以其他各类水生动物为食，常栖于水底岩石周围，捕食小鱼小虾，觅食方式有如“守株待兔”。鳜鱼喜爱游动于缓流水域，喜食小虾，经常出没于小虾游动之处。它属定居性底栖鱼类，活动区域较小，喜清水、流水，更喜欢在有石块、石洞的地方回游。喜欢钓鳜鱼者可以用活小鱼为饵，在鳜鱼栖息回游处守候，便能钓到鳜鱼。

580. 钓鳜鱼宜用怎样的钓具

钓鳜鱼的钓竿可以用手竿，也可以用海竿，但以选用软梢尖子的最好。手竿长 5~6 米，中调竿，钓线直径 0.35~0.4 毫米，大浮力浮漂，钓钩宜选用钩门宽的，如伊斯尼形 513~516 号或 10 号以上 HHH 丸钩。

图 184　鳜鱼钓竿（中调竿）
3：占竿长的3/10，7：占竿长的7/10。

有些钓鱼爱好者不另外置备钓具，就用钓鲫鱼的钓竿、钓线和钓钩，效果也很好。

581. 钓鳜鱼宜用怎样的饵料

由于鳜鱼属定居性鱼类，很少远游，因此，钓鳜鱼一般不用诱饵，只用钓饵。又由于它是凶猛肉食性鱼类，饵料应用动物性的。常用的饵料有小鲫鱼、泥鳅、小餐鲦鱼、小青蛙、小虾、皮虫等。

鳜鱼主要是靠视觉来摄取食物的，因此，如果想要鱼儿上钩快，垂钓效果好，就应该用活的钓饵，使其在水中仍能不断活动，这样可以尽快引来鱼儿摄食。

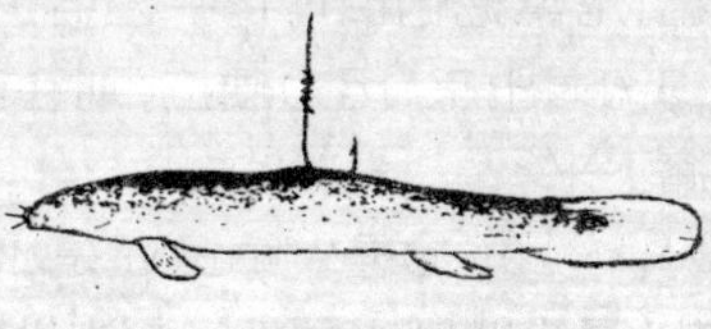

图 185　活泥鳅装钩示意

用红虫垂钓，红虫要带磷光，可以先把它绑成把子再上钩；蚯蚓要用新鲜整条的，穿钩时，应从上中部穿往中下部，露着蚯蚓的头部和尾部，才有活的感觉；河虾应选用 4~5 厘米中等大小的，上钩时，将钩挂住虾背稍靠尾端部位，易于保鲜保活；泥鳅最好选用 6~7 厘米长的，钓钩应从其肛门背部的皮下钩入，这样能使它继续在水中游动；青蛙要选用中等偏小的，上钩后，也要使其放在水中像是活青蛙在水中游动的样子；用小活鱼装钩时，

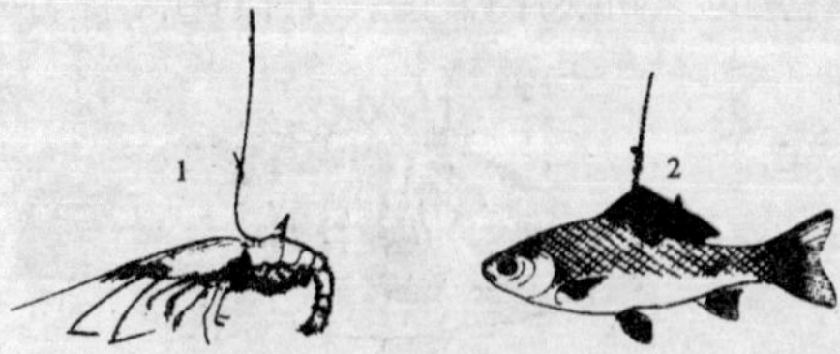

图 186　活饵装钩示意
1. 活青虾装钩示意，2. 小活鱼装钩示意。

要将钩尖从靠近鱼的背鳍一侧刺入，略向后斜进行推钩，使钩尖从另一侧穿出，穿在钩上的小鱼放入水中后要能较自如地游动。

582. 钓鳜鱼应怎样选择钓点

（1）根据鳜鱼十分喜爱在洁净透明的水域，有活水以及有鱼草、藻类植物的溪河或池塘中生活的习性，在选择钓点时，要避免在有污泥浊水的死水处下钩。

（2）鳜鱼性情比较孤僻，不喜欢群体生活，绝大部分时间是隐蔽在茂密的水草丛中或河岸边的石洞、桥梁的缝隙、水中的土坎、树桩周围有洞穴的环境中，一动也不动地潜伏着。它还常常利用身上的花纹隐藏于色彩相似的杂草中，使水中的其他动物难以发现它的存在。但当它发现周围有小鱼、小虾活动时，就会猛然窜出捕食。它还喜欢在石洞和成堆的石块附近往返游弋。所以，钓点应在这些水域的近旁去寻找。

（3）钓鳜鱼还可采用人工制造钓点的方法来诱钓。方法是：将空隙很多的成捆的木柴（以较粗的树枝为主，捆扎起来可形成较多较大的洞隙）投入池塘、湖泊或溪河的岸边水域，隔几天以后再到柴草附近去下钩，钓获的成功率会很高。在钓到鳜鱼之后，过一段时间后可再去下钩，由于这种柴草构成的洞穴很适合鳜鱼作为藏身的窝子，所以又会有新的鳜鱼栖息在里面，垂钓者会满意而归。

583. 怎样用点动诱鱼法钓鳜鱼

这种钓法比较简单，可用普通钓鲫鱼的钓竿，换上 1 个比鲫鱼钩稍大一些的中型钩；钓线也要换上负荷较大些的，如直径 0.3～0.35 毫米的玻璃胶丝线；装钩时要尽量少伤饵鱼、饵虾，保持其活性。垂钓前不必打窝子，垂钓者只要拿着钓竿移至那些可能有鳜鱼隐藏的水下频频点动，以招引鳜鱼出来凶猛地吞钩。点动的动作不宜太快，左右移动和上下点动的距离不要超过 30～50 厘米，要尽可能使活饵点动的速度像活物在缓缓游动。当活饵在钓点处游动时，若其附近有鳜鱼，它是不会放过的，会猛扑过来一口吞住。当浮漂显示出黑漂时，便可立即提竿，一般均可钩住。若间隔很长时间还不见有鱼出来摄食，就应换个水域垂钓。

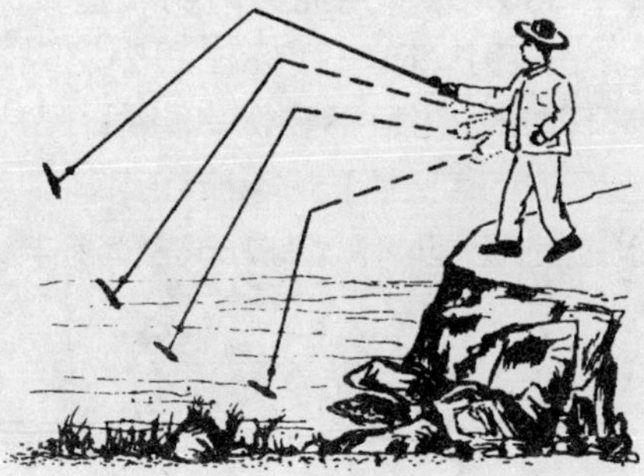

图 187　诱钓法

584. 怎样用多竿插地钓法钓鳜鱼

多竿插地钓法一般都在夜间进行，是一种用 10 根以上的钓竿、同样多的钓线和钓钩全都装上钓饵，投入鳜鱼较多的水域，任鱼在夜间吞钩，第二天早上再去收鱼的钓鱼方法。

钓法是：将 20～50 根钓竿上的钓钩全都装上钓饵，在天还未黑之前，将钓饵放入靠河岸不远的水中，任其沉没或漂流，每两支竿之间的距离为 3～5 米，下钩、插竿的钓点要选在鳜鱼比较集中的涵洞边、桥头和多树根、多水草、有石洞的河边，以及水底石块成堆、洼洞较多的水域。垂钓者只要沿河岸一路将 20～50 根竿子插入土中固定好，就可回家休息，第二天黎明时前来收鱼就行。插竿的数量并无规定，多于 50 根或少于 20 根都可以，可根据水域中的鳜鱼多不多及垂钓者的体力情况而增减。

585. 怎样用鼓式篾篓钓法钓鳜鱼

篾篓的式样和规格已在"钓具"中介绍。垂钓开始时，将青蚯蚓或小鱼等用细线扣扎在篾篓内部的系绳上，两头幔口内侧也各挂一只钓饵，其他几只钓饵都挂在篓的中间，以便外面的鱼容易看见。鳜鱼的习性中有一点是喜欢钻洞，看见篓内有它爱吃的食物，就会从幔口钻入。此篓设置的妙处，就是能进不能出，鱼能很容易地钻进去，却钻不出来，只等垂钓者去提篓收鱼。

篾篓的数量可由垂钓者自行酌定，一般可设 10～20 只，布放时，将放好饵的篾篓每隔 5～10 米安放一只，让其自行沉入水底，收篓时只要见浮漂收篓就行。

586. 怎样用泥鳅巧钓鳜鱼

一手执钩，一手抓住活小泥鳅，用锋利的钩尖从肛门处的背部处皮下刺入，注意不要伤其脊骨，保持其活力。将穿入鱼钩的泥鳅放入选好的钓点，由于泥鳅被钓钩刺中疼痛难忍，放入水中后发现水底或水边有缝洞时，就会拼命往缝洞中钻，隐藏在石缝或石洞内的鳜鱼发现后会立即向前咬住，这时立即提竿，不要遛鱼，迅速提上来即可钓获。此法不用鱼漂、铅坠，全凭手感判断鱼是否咬钩。

图 188　活泥鳅的钓法

这种垂钓需特别注意以下几点：

①这种钓法需采用硬调

竿、水色的粗钓线和大号的圆钩。②钓点宜选择在水流缓慢、水清见底的砂石段河床。垂钓前，先要探测沿岸哪些地方有石洞或岩缝，在适宜下竿的钓点位置做好记号。③钓饵要选大小适中、长度为7厘米左右的泥鳅。太小了拉不动钓线，太大了游动迟缓，常在水中装死不动，对鳜鱼没有吸引力。④钓饵装钩时，一手用一块干布将泥鳅捏住防滑，使其尾部露在外面；另一手将鱼钩从肛门处的背部皮下钩入（注意不要伤及脊骨，否则会将泥鳅钩死）。⑤饵钩装好后，将其沿石洞方向轻轻放入水中，经鱼钩刺痛的泥鳅入水后会迅速地游向底层石洞。有时泥鳅会停在洞口，垂钓者可轻轻牵动钓线使其游进石洞少许，若洞内有鳜鱼，见泥鳅游来便会凶猛地将泥鳅咬住往洞内拖，此时应立即起竿便可得鱼。⑥要掌握好起竿的时机。若动作太慢，泥鳅被鱼拖进洞内深处，甚至拐弯处卡住，就难以将鱼拉出来，所以要认真观察钓线。若发现钓线突然拉直，就表明鳜鱼已咬住泥鳅，此时应立即拉竿；有时洞内有浑水冒出，也是鳜鱼已咬住泥鳅的表现，应立即拉竿，不能贻误时机。

最后，有件重要的事情要提醒一下：鳜鱼背上的硬刺有毒，在钓到鳜鱼后从钩上卸鱼时要特别小心，若手被刺着将会红肿，且疼痛难忍。据有经验的垂钓者介绍，如万一被其刺伤，应尽快从它的肛门中挤出像奶一样的透明乳液，涂在伤口上，过2~3分钟后就会止血、止疼，伤口也会较快愈合。

587．垂钓鳜鱼有哪些经验

一位钓鳜鱼多年的行家总结出一套最适宜的钓具和做法，可能会对钓鳜鱼者有所助益：

① 钓鳜鱼的钓钩，采用的是无锡生产的大号丸形钩。此钩的长度为3厘米，钩尖与钩柄的间距为1.8厘米，这种钩可以钓250~3 000克的鳜鱼。钓钩的钢丝直径不宜超过1毫米，因为粗钢丝制的钩，装钩时容易把活饵穿死，尤其是穿小白鱼鼻孔时易穿裂。而钓鳜鱼最好的钓饵就是小白鱼，若将活饵穿死，就不能在水中继续活动，起不到强烈的诱鱼作用。

② 脑线要柔软。脑线很容易被垂钓者忽略，它的长度为25厘米，粗细应视所钓鳜鱼的大小而定，不宜过粗，应该用柔软的胶丝线，以便装好钩的活饵能在水中活动自如。

③ 集中下竿。多竿钓是钓鳜鱼的好方法。在钓饵装上钩、钓点选好之后，如果用的是10支钓竿，下钩时应将10支钓竿集中排放（各竿距离约20厘米）。其好处是：很多活饵聚在一起，目标大，吸引

力强，容易引起鱼的注意，而且还能起到撒窝子的作用。

④ 钓鳜鱼最有效的钓具是使用插竿底钩，其效果比用手竿、海竿都好得多。

（十四） 鳡鱼的习性及钓法

588. 鳡鱼有哪些生活习性

鳡鱼又名黄钻、竿鱼。鳡鱼体瘦长，全身呈纺锤流线形，头锥形，吻尖长，口裂大，眼睛小，颌呈喙状，因其头部及鳃盖均呈黄铜色，故人们又叫它"黄箭鱼"或"铜头箭"。鳡鱼脊背呈青黄色，腹部为白色，尾部发达强健，尾鳍大，游泳速度极快，市场上经常可看到每条重1 000~5 000 克的中型鱼，其个体最大的可达 80~100 千克。该鱼分布较广，我国各地都有其踪迹。

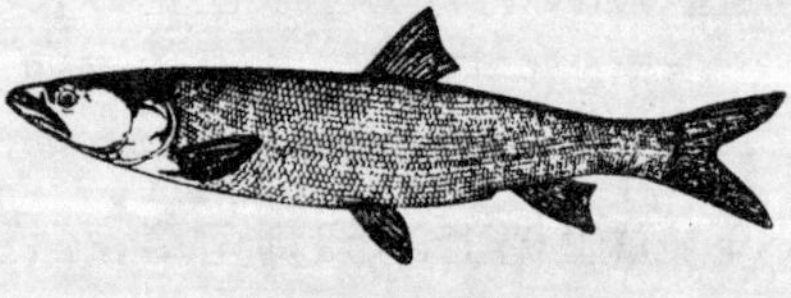

图 189　鳡鱼

鳡鱼属中上层鱼类，性极凶猛，属肉食性鱼类，专以各种鱼类为食，是淡水鱼的大害。若在不太大的水体中有几条大鳡鱼存在，其他小鱼就可能被吃光。鳡鱼喜逆水游弋，追捕各种鱼类，使它们到处逃窜。它视力不好，常误食木块、树枝等。鳡鱼很贪食，不分荤食、素食，见了就吃，有食就抢，有时竟能吞食比它嘴还大的鱼类。该鱼自然繁殖很快，在池塘、江河、湖泊和水库旁边或上游产卵孵化，幼鱼 2 年即能长到 2 000~3 000 克重，4~5 年就能长到 1 米左右长、30 千克重。因其肉质鲜美，有些专业户还特地在池塘中放养。

589. 钓鳡鱼宜用怎样的钓具

鳡鱼性暴烈、力量大、速度快，因此，应选用钓力较强的钓具，最好用海竿。海竿为竿长 3 米左右的硬调竿，大号绕线轮，可储直径0. 6 毫米的钓线 150 米左右，大号钓钩。如水中有大鳡鱼，需准备橡皮船，一旦大鳡鱼上钩，钓者应立即上船，让鳡鱼拖着船走，待它力气耗尽后将其制服。

如果没有海竿，可用大青竹竿，不妨用粗些的，以防折断。因粗竹竿缺乏弹性和韧性，可以在竹竿上端拴缚一段拉力较大的胶皮或废自行车的内胎，再在内胎上拴直径 0. 4 毫米以上的钓线，这样可增加钓竿的弹性和韧性。

钓线可用 5 400~9 000 克负荷的玻璃胶丝线，还可用3 ×3股或3 ×4股的锦纶线，长度在 100 米左右。钓钩可用铁锚钩 112 或 412

号，或用大型的仿制鹰嘴钩，钩上不必挂砣。扣钩时，可在主线前面扣上长度为40厘米左右的3根支线，支线线端各拴上1个钓钩。浮子可用2~3个3厘米长的大浮子，穿在主线下端（靠近支线的结扣处）。

590. 钓鳡鱼宜用怎样的饵料

钓鳡鱼不用诱饵，钓饵可用活鱼。钓5 000克以下的小鳡鱼，可用泥鳅、餐鲦、鲫鱼等，饵长15厘米左右，若钓10千克以上的鳡鱼，最好用体重500克左右的鲤鱼。

591. 钓鳡鱼应怎样选择钓点

鳡鱼很贪婪，食欲旺盛，是出名的淡水猛鱼，有"水中霸王"之称，一天到晚觅食不断，哪里饵料多，它就冲向哪里，这样的水域往往可作为好钓点。①在有障碍物的河岸边，或有隐蔽物，如桥梁、木排、码头、堤坝的地方，以及河流的缓水区，是各种鱼类休息聚集的地方，正是鳡鱼觅食的好"食堂"，当然也是钓鳡鱼的好钓点。②在大型池塘、湖泊、水库弯曲的岸边或有分汊的水域，以及水体较深且水草较茂密的水域可以选作钓点。③靠近城镇、有生活污水流入的池塘、湖泊沿岸，或有人洗澡、淘米的池塘、湖泊沿岸，或经常投饵喂鱼的池塘、湖泊沿岸，这些地方有较多可作为鱼饵的食物，能诱集各种鱼类来此觅食，这样的水域都是鳡鱼捕食鱼类的好去处，也是较好的钓点。④大型湖泊、水库或江河中有网箱养鱼的水域，在活水区，可在网箱的下游设钓点；在静水区，可在网箱附近的深水处设钓点。

592. 怎样用浮钓法钓鳡鱼

鳡鱼是上层鱼，用浮钓法垂钓比较适合。用此法垂钓，可以不用铅坠，但浮漂的浮力要大，用硬质的塑料泡沫块作浮漂最好。垂钓前必须先作了解，查明某个水域确有大鳡鱼活动时才去垂钓。

鳡鱼在活动时，水面上会出现旋涡。因此，在发现有旋涡时再进行甩钩，比较有把握。不过，有经验的垂钓者认为，只要知道这个水域确实有鳡鱼，即使没有发现旋涡也可以甩钩试钓。反复甩拉，有时也能遇上鳡鱼而且上钩，得到收获。

图190 鳡鱼浮钓的钩、漂、坠组合示意

当鳡鱼上钩后，提竿一定要猛，使钓钩能将鱼钩牢。鱼儿受惊而且感到疼痛后，必然会拼命挣扎，在水中猛跳乱窜，这时要根据钓线的松紧程度放线收线。

若用的是轮竿，这时就显示出它的优越性，时放时收，并不感到过分吃力。值得注意的是：放线时要有所控制，掌握分寸，不可一下放得太多，更不能1次将线放完，要防备鳜鱼暴怒而拼死挣扎，若此时没有多余的线，线就可能被它挣断。若是3 000~5 000克中等大小的鳜鱼，一般要搏斗3~5个来回。若遇到20~30千克的大鳜鱼，可能要挣扎8~10个回合，所以钓大鳜鱼者必须备有锋利的鱼叉，当它的气力快要耗尽时，将它慢慢拉近岸边，用鱼叉戳其头部，待制服后拖上岸来。

593. 怎样用三钩钓法钓鳜鱼

三钩钓法，指的是在一根钓竿上拴1根主钓线，主线前面拴3根约40厘米长的支线，支线上各扣1个大型鱼钩，不用砣坠，在主线下端扣3枚3厘米长的浮子。垂钓前，先将3条小鳌鲦鱼装上钓钩，安装时应将钓钩分别钩在3条鱼嘴后下方的软组织上，使钩尖和倒刺露出它另一边的鳃外，这样做是为了保证鳌鲦鱼钓饵能活着在水面上自由游动，以吸引鳜鱼前来上钩。

图191　鳜鱼三钩钓法

垂钓开始时，将饵钩放入靠岸边的水体，将钓线放松，让3条活鳌鲦鱼钓饵相互拉拉扯扯地慢慢游向水体中部，然后停止放线，让活饵在近处或原处活动。此时垂钓者应仔细观察鳌鲦鱼的活动情况，不让它游往远处。由于3条鳌鲦鱼连在一起互相牵制，水面上会激起波浪，目标很大，容易引起鳜鱼的注意。鳜鱼最爱吃的就是鳌鲦鱼，当它们发现鳌鲦鱼后，会像饿虎扑羊似的猛蹿过去吞食钓饵。当垂钓者发现浮子沉入水中时，要稳住钓竿，待鱼把钓线继续拖着跑出3~5米远后再甩竿。当鳜鱼被钩钩着后必有一番激烈的挣扎，甚至会猛窜出几米之远，垂钓者必须耐心地与它周旋。鱼拖紧了稍微放些线，松了则将线收回，若钩着5 000克以下中等大小的鱼，一般需拖遛半个小时方能将其拖乏，若遇到10千克以上的大鱼，可能要反反复复地折腾1~2个小时，才能将它拖得筋疲力尽。此时可将它拖近岸边，用鱼叉戳其头部，再用大抄网罩牢，将其强拉上岸。

594. 怎样利用激流钓鳡鱼

在每年的7~8月间，水闸放水或溪流湍急的时候，鳡鱼最喜欢成群地逆水而游，以捕食顺水而下的鱼类。这时，垂钓者可用装有转轮的短竿，在下游有护墙的岸边，将餐鲦鱼装上钩作钓饵，钩子只钩在餐鲦鱼脊背处，使其能在水中活动，并在钓饵的上方30~40厘米处拴一铅坠。

垂钓时，将钓钩放进水中后，让其顺水漂流，但只沉在水面下40~70厘米深的水体中，即让小餐鲦鱼在鳡鱼活动的深度处游动。当湍急的水流把钓饵冲浮到水面时，垂钓者可将其提出水面后，再重新将它丢入水中，耐心地不断重复这个动作，直至鳡鱼发现餐鲦鱼钓饵扑上来咬钩。当鳡鱼咬到餐鲦鱼饵钩时，垂钓者凭手感可以判断上钩的鳡鱼大概有多大，决定该怎样与其周旋。这时要及时控制转轮，适当放线，待鳡鱼咬着饵钩游出10米左右时，突然止住放线器，将钓竿向后一抖，让钓钩牢牢地将鱼钩住。值得注意的是：切不可用蛮力逆流硬拉，应顺着水流跟着移动，逐渐将鱼拉到近岸的回水处，再慢慢地时收时放地遛鱼，直到它气力用尽时将它拖上岸。

（十五）黄颡鱼的习性及钓法

595. 黄颡鱼有哪些生活习性

黄颡鱼又名黄颊鱼、颡刺鱼、黄刺、盎公鱼、黄腊丁、黄鸭叫和黄骨鱼等。该鱼为底层小型鱼类，大多生活在静水或江河湖泊缓流中，对环境适应能力较强，觅食活动大多在夜间进行，食性广，主要摄食小鱼、浮游动物、水生昆虫的幼虫和螺蛳等，有时也吃植物性食物。

黄颡鱼的背鳍、两旁的胸鳍，就像3支利剑一般，上、下、左、右形成1个三角形的鳍棘。硬棘与外包皮膜的毒腺组成毒器，若人被刺伤，会有剧烈的灼痛感。它的鳍在游泳摆动时还会发出“吱安”、“吱安”的声音。由于全身以黄色为主色，棘刺像是牛角，又会发出“吱安”叫声，多处有黄牛的类似特征，所以许多地方的老百姓称它为“黄牛角”。

图192　黄颡鱼

该鱼虽属小型鱼类，但在淮河下游所产的一种“淮颡”，最大的可达3 000~4 000克，而小河、池塘中的黄颡，一般个体很少超过500克。它全身无鳞，布满黏液，皮肤浅黄色，兼有一些黑色隐斑，其口腔扁平，具有细牙，嘴旁有4对胡须，其中1对较长，视力弱，但嗅觉、听觉、触觉较灵敏，有四处觅食的习惯。

黄颡鱼对环境的适应能力较强，能耐低温，耐低氧，耐污染，对水温适应范围较宽，因此分布很广，我国各地水域均有出产，产量高，繁殖迅速，肉质细嫩，是常见的优质小型鱼。

黄颡鱼冬季大多在深水中，钓季自春末至秋季，以夏季为最佳。钓黄颡鱼以自然水体为主，池塘中的黄颡鱼大多是注水时随外水进入的，因水质关系，池塘中的黄颡鱼大多呈青绿色。该鱼春季群游到港口产卵，尤其喜爱沿河岸边逆流行进，由雄鱼护巢。黄颡鱼除护巢期不摄食外，其他时间极其贪食，夏秋两季是垂钓黄颡鱼的大好季节。

596. 钓黄颡鱼宜用怎样的钓具

垂钓黄颡鱼，一般都用普通溪流竿或鲫鱼竿。竿长4~4.5米，竿体要轻，弹性要好。钓线可选用0.8~1号尼龙线，线长宜与竿长差不多。钓钩可选用短柄型、宽钩门一类的小型鱼钩，如丸形920~921号或HHH鲤鱼钩8~10号。脑线必须要选用软的，长度为3~5厘米。漂和坠的配比应为1:1，因为用这样的配比，反应比较灵敏。在垂钓时，人们常用双钩，一上一下分别垂挂荤饵和素饵。

597. 钓黄颡鱼宜用怎样的饵料

① 诱饵。黄颡鱼属肉食性鱼类，其食性与鲶鱼相似，故诱饵也与鲶鱼相类似。

② 钓饵。用动物性饵料，以蚯蚓、小虾为佳；用小虾作钓饵时，应掐去其头部，从尾部进钩，大的可切段装钩。黄颡鱼食性很广，不论荤食、素食它都爱吃，钓饵也可用红虫、蝼蛄、白蛆虫、蚯蚓等，蚯蚓中的黑蚯蚓腥味较重，垂钓效果较好；素食可用馒头、小饭团、年糕等作饵料。

598. 钓黄颡鱼应怎样选择钓点

黄颡鱼怕强光，因此钓点应选在光线较弱、利于隐蔽之处。

（1）在溪涧、江河等有活水流动的水域，要选靠近岸边的缓水区和有回水的地方为钓点。此外，在堤坝或河边凸出部位的两侧，以及有微小水流进入的进水口附近水域和岸边水草较多之处，都可作为钓点。

（2）在春初和秋末水温较低的季节，可在水体较深的湖泊或水库边缘找钓点；在夏季和初秋水温较高的季节，应在小河小溪的浅滩边和小型池塘边沿的浅水区下钓。尤其是岸边有树木或水中有水草等可以遮光的地方，水底的腐殖质和淤泥较深厚的水域，以及水底有较多深洼陡坎、乱石成堆的地方都是好钓点。

599. 怎样用手竿底钩钓法钓黄颡鱼

春末至秋天是钓黄颡鱼的好时间，而以夏天垂钓最为适时。因黄颡鱼怕光喜夜间摄食，故钓这种鱼以晚上进行效果更好。

垂钓黄颡鱼，钓前需打窝子，由于黄颡鱼鱼体较小，若在没有什么水草和障碍物的水体中垂钓，不妨使用双钩，这样可以增加垂钓的上钩率。但在水草和障碍物较多的水域只能用单钩钓。若用双钩钓，可用 1 个钩装荤饵，另 1 个钩装素饵。黄颡鱼摄食时浮漂的反应是上下抖动，随即沉没，有时是边抖动，边横向移位。黄颡鱼游动速度不快，咬钩时也是不急不慢的，但它对于食物是不会轻易放弃的，垂钓者大可不必性急，应该耐着性子等待浮漂显示出更大的反应。黄颡鱼咬钩后一般不会再吐出，可以等到它将饵钩完全吞进后再起钩也不迟。

600. 怎样用海竿串钩钓法钓黄颡鱼

在多年未抽干捕捞过的水塘中黄颡鱼较多，而且不乏有 200～400克大的黄颡鱼，如果塘较大的话，用海竿串钓法垂钓效果比较好。海竿可用轻便竿，小绕线轮，坠重 30～40 克，钓饵可用较大的红蚯蚓整条挂钩，或用大绿蚯蚓分段挂钩。在挂好钓饵、甩饵钩入水后应绷紧钓线，挂上小铃，就可静候黄颡鱼咬钩了。黄颡鱼贪吃，嘴又大，咬钩很猛，一旦咬钩就很难脱钩，听到铃响提竿，十拿九稳。

（十六）淡水白鲳的习性及钓法

601. 淡水白鲳有哪些生活习性

淡水白鲳属短盖巨脂鲤，原产于南美洲的亚马逊河流域，是美洲国家的主要经济鱼类。该鱼体形椭圆，体侧扁、头部小，头长和头高相等，背部较厚，口中位，吻部钝圆，无须，上下颌各有呈指状的牙齿两行，尾分叉。身体密被小型圆鳞，除鳃下腹部胸鳍附近有部分鹅黄色及鳞片稍大些外，其外形几乎与海水白鲳鱼很难区别。由于其体色鲜艳美观，被人们作为观赏鱼类之一。

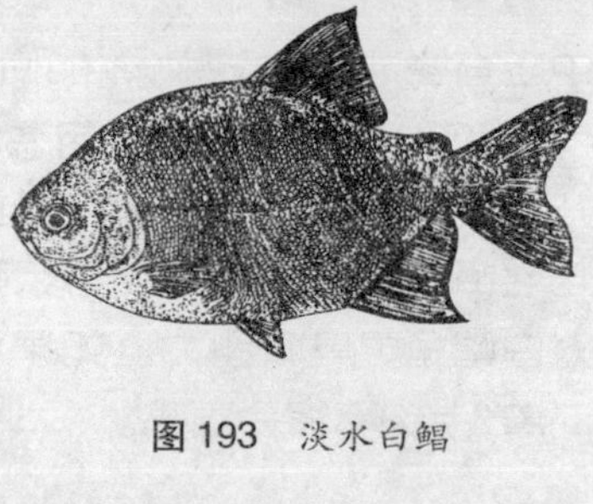

图 193　淡水白鲳

淡水白鲳食性杂、生长快、个体大、疾病少，肉质肥嫩鲜美，营养丰富。我国于 1985 年引进，此后不断加以研究，已在我国南方沿海各省大量养殖。淡水白鲳的生长速度很快，通常

20克左右的仔鱼，经过3～4个月的饲养，就能长大至500克，养殖经济效益很理想。该鱼性情温和，适应性强，能耐低氧，食性很广，荤食素食都吃。动物性食物，如蚯蚓、地蚕、菜虫、毛虫、蚱蜢、蝗虫、蛐蛐及各种小昆虫，它都爱摄食；植物性食物，如玉米、豆饼、水果、麦面、麦麸及各种蔬菜它也见了就吃。此外，它还吃猪、羊、牛、鸡、鸭的肉及内脏。它吃饵凶狠，硬腭上长有一排锯条般坚硬锋利的牙齿，常常能咬断钩和线。

淡水白鲳喜欢生活在水体的中下层，常群居群游，能和同类鱼以及其他鱼类和睦相处。该鱼由于原生于热带和亚热带，因此，喜温热而不耐寒冷，它的生长温度为25～28℃，若水温低至14℃时，它就不能正常生活，到13℃时，它已很难忍受而侧卧在水底。由于这种鱼不耐低温，越冬很困难，在我国北部寒冷的省份就很难大量养殖。

602. 钓淡水白鲳宜用怎样的钓具

钓淡水白鲳，应根据这种鱼的特性，采用合适的钓具才能收到较好的效果。

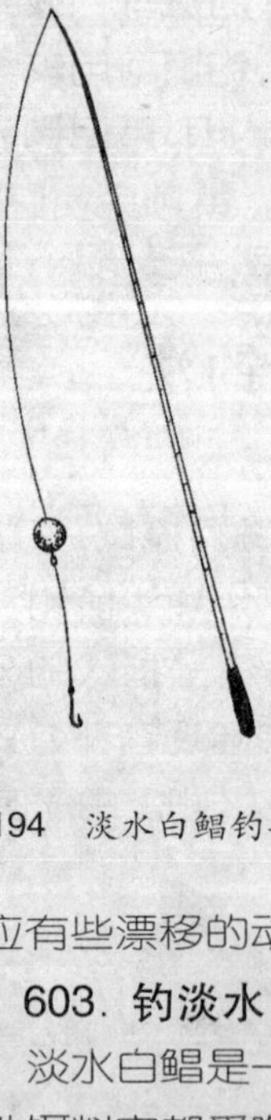

图194　淡水白鲳钓竿

（1）钓竿。钓竿宜选用4.5～5米长的中硬调钓竿，因为钓这种鱼的钓竿要有较好的弹性，因而用中硬调钓竿比较合适。

（2）钓线。母线宜选用较粗些的3～3.5号的尼龙线最好；脚线宜采用细钢丝线或多股锦纶线，由于淡水白鲳有很锋利的牙齿，所以不能用透明的尼龙线，否则鱼上钩后，尼龙线会被咬断而跑鱼。笔者曾钓上一尾嘴上有6个钩的白鲳鱼。

（3）钓钩。钓钩应选钢条粗而钩尖锋利的中号钩。

（4）浮漂。浮漂应选用信号感觉比较明显的立漂，木质和塑料的都可以。

（5）铅坠。铅坠宜轻不宜太重，饵钩在水中应有些漂移的动感，才能使淡水白鲳较容易地发现它。

603. 钓淡水白鲳宜用怎样的饵料

淡水白鲳是一种杂食性鱼类，对食物不太挑剔，不论动物性、植物性饵料它都爱吃，但若能用带浓郁香气或强烈腥气的饵料作钓饵，对白鲳鱼更具吸引力。如果用活蚯蚓作饵，使蚯蚓在水中不停地蠕动着，上钩率将会更高。

604. 怎样用手竿钓淡水白鲳

淡水白鲳是一种养殖性鱼类，自然水域中很少见。一般在鱼塘中打上两个用豆饼或酒浸碎米窝轮流垂钓即可。垂钓中要求尽可能用长的中硬调竿，钓钩宜用钢条粗的中号钩，要用多股的锦纶线，脚线要用细钢丝，拴上、下双钩，两钩的距离约10厘米，两个钩上，1个装素饵，另1个装荤饵。垂钓时饵钩尽量不要贴底，离水底大概50厘米。

淡水白鲳在浮漂上的反映是突然下沉或快速横移，此时要果断提竿，用力要大一些，否则难以刺深鱼嘴。

605. 怎样用海竿钓淡水白鲳

一般采用2.5~3米长的海竿，要求竿梢要硬。钓钩可去专营商店购买淡水白鲳专用串钩，由5枚钩组成，其钩线为细钢丝，不会被鱼咬断。用50克的坠，采用钩下坠的组合形式。钓饵最好用鱼肉或动物内脏。钩组抛入水后，用竿架尽量将钓竿支高，这样可使钓钩离水面较近些，除了最下面的钩上钓上鱼的概率较低外，其他4枚钩都能频频上鱼。另外，有人采用活坠大漂的抛砣钓法，效果也很好。但不管采用什么钓法，钓取淡水白鲳的重点是钓线，除了采用市售的专用钓钩外，锦纶线也不易被咬断，有的垂钓者在普通钓线紧挨钓钩的钓线上，套上一段3~4厘米长的自行车气门芯管，也能起到很好的保护作用。

606. 钓淡水白鲳有哪些窍门

淡水白鲳是原生于美洲内河的鱼种，我国引进和饲养这种鱼仅有十几年的历史，因而在我国来说，它是一个新的品种，垂钓这种鱼目前还没有一套很成熟的经验。但是，已有不少垂钓者进行过垂钓，并总结出了一些很值得参考的经验。

①钓竿要尽可能用长的中硬竿，不仅要求强度好，而且要有弹性。②钓线不仅要粗壮，而且最好要用多股的锦纶线，脚线要用细钢丝，切不可用尼龙线。③钓钩宜用钢条粗的中号钩。④钓饵虽然可用各种动物性、植物性饵料（其他鱼爱吃的它都爱吃），但若有带浓香和腥味的饵料以及活的蚯蚓最为理想。⑤钓线下最好拴上、下双钩，两钩的距离约10厘米，两个钩上，1个装素饵，另1个装荤饵。⑥打窝用的诱饵可用麦麸和米混合后加点水，做成小颗粒炒香后用，窝点宜打3~4处。⑦淡水白鲳生性胆小，警觉性高，整个垂钓过程中都应轻手轻脚，轻抛轻钓，稍有惊动，它就会避而远之。⑧钓点要多更换，钓到1条鱼后就应换个钓点，较长时间钓不到鱼也应换个钓点，钓前

打3~4个窝，就是为此而准备的。⑨铅坠宜用轻些的，不要让铅坠把钓钩固定在水下不动，而应让它半悬浮着，这样较能引起鱼的注意，引诱它来咬钩。⑩钓竿等钓具可备两套，岸上设个钓竿架，将钓竿架在上面，这样可轮流使用。将钓饵抛至前方窝点的最远点，让它半悬浮着，若无鱼咬钩，则过些时间将钓钩移出窝点后起竿再远抛，若见到立漂快速斜移或出现黑漂，便可立即扬竿。⑪在有3~4级的季风时垂钓，可将浮漂下移，使钓钩离水面近些，再将钓钩甩向上游的远处，让钓钩顺水顺风漂流，这样很能引起淡水白鲳的注意。

（十七）鮠鱼的习性及钓法

607. 鮠鱼有哪些生活习性

鮠鱼是生长在江河底层的一种鱼类。它一般摄食生长在水中的各种细小无脊椎动物。这种鱼肉味十分鲜美，鱼膘肥厚，可制成鱼肚。它不仅是一种上等的食用鱼，而且还具有药用价值。

图195　鮠鱼

鮠鱼身体细长，前部平而扁，后部侧扁。鮠鱼个体很大，可长达1米左右；口腹位，吻圆突，颌下长有4对胡须，身上没有鳞片，眼睛很小；体表浅灰色，臀鳍上有硬刺，腹鳍低而长。

鮠鱼是一种名贵的鱼类，它和鲥鱼、刀鱼、河豚被誉为“长江四鲜”。鮠鱼喜欢在江河湍流与旋涡周边觅食，每年从春末到秋末都可垂钓，其中尤以8~9月份是最好的垂钓时期。

608. 钓鮠鱼宜用怎样的钓具

由于鮠鱼个体较大，且又往往会在较宽的水流湍急处栖留，一般适宜于用海竿垂钓。竿上的绕线轮应选用大型或中型的，钓线长约80~100米。钓线要选用较粗的，如8号以上的尼龙线。

钓钩宜选用丸袖形712~714号或HHH鲤鱼钩17~20号。一线可缚一长一短两个钩，交叉缚，也可使用单钩。铅坠的大小和轻重，应根据钓点水域流速的缓急而定，水流缓慢的可用较轻的，水流湍急的要用较重的铅坠，这样才能使饵钩不致过分摆动。

609. 钓鮠鱼宜用怎样的饵料

钓鮠鱼可不用诱饵，或用掺入较浓烈腥味的糟饵打窝。钓饵可用蚯蚓、小泥鳅、螳螂、蝼蛄、蚕蛹、蚂蚱等水生动物或昆虫，但用水蛭作钓饵效果更好，因为它被穿在钓钩上放入水中后，仍能游动，较能吸引鮠鱼前来咬钩。面饵可用鱼粉制作。

610. 怎样用定点钓法钓鮠鱼

当钓点水底障碍物较多，无法将钓饵在水底拖移时，就无法采用移位钓法，而只能采用定点钓法。

定点钓法不用铅坠，而是用螺母等类的铁圈代替铅坠，将普通的棉纱线穿进圆洞，系在钓线上。垂钓者若是面对顺水方向垂钓，就将装好钓饵的钓钩以 45 度角甩竿，同时放松绕线轮放线，等饵钩落下沉入水底时停止放线。停几分钟后，再慢慢绞动绕线轮收线。在收线过程中若感到有阻力时，就立即停止收线。此时，若有鱼儿咬钩，正在收线的手会有明显的感觉。当发觉确实是鱼已咬钩时，应立即借助腕力猛然抖动一下钓竿，使钓钩将鱼嘴钩牢，然后遛鱼，将鱼遛至无力反抗时再将鱼拖近用抄网捞起。若等了一段时间还没有鱼上钩，应该用绕线轮将钓线收回，检查钓钩，若钓饵完好无损，可将饵钩向另 1 个钓点甩出，若检查发现钓饵已没有了或只剩少许时，应及时换上新饵后再甩出。

611. 怎样用游饵钓法钓鮠鱼

这种钓法适用于水底没有陡坎或石块，而是比较平坦的沙泥河床的情况。这种钓法在钓具的装置上和其他钓法稍有不同，即铅坠要用较重的蛋形穿心坠，需有 20～30 厘米长的脑线。

垂钓者若逆水甩竿，钓饵甩出后会被流水冲回到离钓者稍近的水域，此时可适当放线，待铅坠带着钓饵沉到水底时，将钓竿横向移动，一会儿向左移，过一会儿再向右移，使钓饵在离水底 20～30 厘米的水体中浮动，以迎合鮠鱼喜欢在湍流和旋涡附近觅食的习性。让钓饵漂浮在这样的位置，很方便鮠鱼就近咬钩。

如垂钓者是顺水甩竿，饵钩会随水流冲到较远的水域，待铅坠沉入水底后，钓饵仍漂浮在离水底 20～30 厘米的水体中时，由于水的流动，饵钩也随着缓缓漂动，对在水流中觅食的鮠鱼是正中下怀的食物，咬钩率可上升。

若无鱼咬钩，钓者应将钓竿向左横向拉动钓饵，拉到不能再向左拉时，再回头缓慢地向右移动，如此反复移动，可使钓饵有更多的机会被湍流中觅食的鮠鱼发现，增加上钩率。

612. 怎样用假饵钓鮠鱼

用假饵垂钓鮠鱼，只是钓饵上的变化。假饵用碎布料、塑料片等扎成小生物的模样，再涂上一些有动物腥臭味的汁水即成。钓法仍采用上述钓法中的一种。用假饵从效果上说，和用真饵没有太大的差别，假饵可以牢牢地绑扎在钓钩上，不论多急的水流也冲不走，在急流中垂钓用假饵有其优越性。

值得提醒的是：垂钓鲶鱼，要善于利用气候条件，这是能否收到最好效果的关键一招。比如：①退潮时水急漩涡多，鲶鱼很容易聚集在这些地方觅食，适时下钩垂钓，常可大获钓绩。②雷雨时鲶鱼会显得特别兴奋，觅食活动特别活跃，咬食饵钩也最为凶猛、干脆。若遇到这两种时机，切不可让其失去。另外，不论用哪种方法垂钓，当鲶鱼上钩后，它必然会挣扎或冲撞，企图逃走，这时垂钓者凭着握竿的手感，能感知鱼逃窜的方向和力度。垂钓者此时必须镇静，不可慌张，并及时利用腕力猛然将钓竿抖动一下，使钩能较深地将鱼嘴钩牢，不使其逃脱，然后耐心地遛鱼，一直遛到鱼儿十分疲惫时再将其拖上岸来。

（十八）鲶鱼的习性及钓法

613. 鲶鱼有哪些生活习性

鲶鱼又叫鲇鱼，该鱼头大而扁，体形较长，尾部狭扁；口宽阔而腹部大，有齿有胃有须，皮肤上有黏液腺。有一种体色青灰、腹部灰白；另一种常栖息在静水中的体色青黄。

鲶鱼喜生活在水的下层，属肉食性鱼类，喜食鱼、虾、蝌蚪、小青蛙、蚱蜢等昆虫及其幼虫。鲶鱼性凶猛，常潜伏在水草丛生水域，待小鱼、小虾等小生物接近时，即猛张大口将其吸入口内。鲶鱼喜流水，常结群逆水而上，它的适应能力和繁殖能力均很强，因此水域中数量较多。鲶鱼好群居，有时在 1 个洞穴中可聚集数十条鲶鱼。

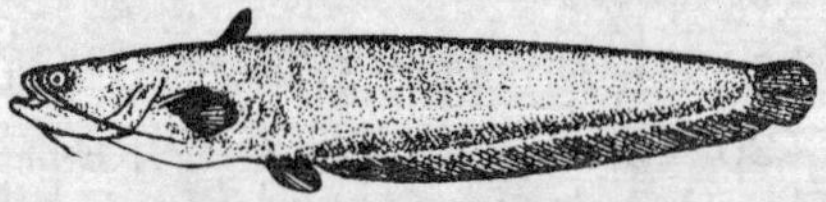

图 196　鲶鱼

鲶鱼是优质食用鱼，肉质较好。据说，该鱼的鳔有滋补作用。

钓鲶鱼一般用蚯蚓、小鱼为饵，并不难钓。但一到冬季，天气较冷时，该鱼即在江河或池塘底部打洞穴，不常出穴，因而冬季不易钓到。鲶鱼由于长期生活在坑塘、地下涵洞的阴暗处及水底岩洞或沙砾中，所以视力已经退化，眼睛很小，喜暗畏光，但它的听觉和触觉比较发达，一旦食物进入捕捉范围，就会突然窜出捕食，十拿九稳。较大的鲶鱼有 3 对胡须，最大的一对胡须像长鞭一样，可长达 6 厘米以上，其长须的尖端有极其灵敏的触觉神经组织，用作试探周围环境和搜寻食物。

614. 钓鲶鱼宜用怎样的钓具

钓鲶鱼可以用手竿，也可以用海竿，不论用哪种钓竿，都必须是竿体结实、竿尖坚固而有韧性。

鲶鱼的嘴既宽又大，唇吻较厚，吞噬食物时极为凶猛，往往游过来就张大嘴，一口把钓饵连线一起吞进腹内，鱼钓上岸后，很不容易把钩摘下来。因此，需要选择钩门宽的大型鱼钩，如 HHH 鲤鱼钩18～19号、鹤嘴形 112～114 号钓钩、无锡生产的大号丸型钩或环柄的2 号、3 号钩。钓线需较粗些的，如4～6 号尼龙线。线的长度按钓竿的长度再加 50 厘米就行。

615. 钓鲶鱼宜用怎样的诱饵

鲶鱼是典型的肉食性鱼类，吃荤不吃素，因此鱼饵也应是动物性饵料。鲶鱼尤喜腥味，可将各种动物内脏、动物骨头等用纱布包裹，扔于钓点。也可用炒香的粮食类饵料作诱饵，将它撒于水面，小鱼、小虾闻味前来抢食，它们都是鲶鱼的好食物，也就起到间接诱捕鲶鱼的作用。

616. 钓鲶鱼宜用怎样的钓饵

鲶鱼属于肉食性鱼类，因而需用动物性饵料。如小鱼、小虾、小泥鳅、红蚯蚓、大青蚯蚓、猪肉、牛肉、羊肉、小青蛙，还有蚱蜢、螳螂、蝼蛄、蜻蜓、树虫、草虫、飞蛾等。

上述鱼虾及昆虫最好都是活的，活物作为钓饵，对鲶鱼的引诱力更大。其中活泥鳅是最好的钓饵，因它不易死，且能钻洞，鲶鱼又爱吃。

617. 钓鲶鱼应怎样选择钓点

（1） 鲶鱼属于底栖鱼类，平时大多栖息在坑塘、湖泊的底层或各种水域边沿石缝、岩洞或水下树桩的洞穴中。因为它害怕强光，白天基本上都停留在洞穴中，这些地方没有光亮，一片漆黑，很安静，没有什么声响干扰，很适合鲶鱼。而且，石缝或岩洞中常常生活着泥鳅和小鱼、小虾等水生动物，这些都是它的主要食物。这当然是选择钓点的一个重要目标。

（2） 鲶鱼一般都在夜间出来活动和觅食，它游动时都选择它所喜欢的通道，即要求通道比较干净，没有杂草和其他障碍物。垂钓者在夜间垂钓时，如在比较干净的通道上放钩，上钩率比较高。岸边水草区、牲畜圈旁水域、生活污水流入处等水域饵料丰富，均可选作钓点。

（3） 鲶鱼喜欢在有缓缓流水的水域中逆水上游，所以垂钓者宜在小溪流或小水渠的流水缓冲地带下钩。当它逆水上游感觉疲倦乏力的时候，会到这些缓冲地带休息，这时将钓钩放下，它很可能会冲上来猛然吞钩。

（4）在小溪涧、小河道上钓鲶鱼，钓点应选在溪涧、河道的最狭窄处，因为在水面宽阔的地方，放下钓饵后，不容易被鲶鱼发现，上钩的可能性比较小，而最狭窄处是鲶鱼夜间出来觅食时的必经之路，钓饵必然会被发现，引它吞钩的可能性就大得多。

（5）石桥、小水坝和石块砌成的圩堤边上，一般都有很多的缝隙和洞穴，越是年代久远的，缝隙、洞穴就越多、越大，这些缝隙和洞穴正是鲶鱼最理想的藏身之窝，也是鲶鱼垂钓者最不该忽视的好钓点。

618. 怎样用引小鱼作诱饵法钓鲶鱼

鲶鱼一般个体不大，可用5~6米的玻璃钢钓竿，钓线直径0.35~0.4毫米。若在江河中垂钓鲶鱼时，钓线可稍粗些，钓钩用中、大号，浮漂可用立式长浮漂，坠子需稍重些。垂钓时，先将诱饵投于钓点处，因鲶鱼视力差，饵钩入水后应随时提动。鲶鱼贪食，口又大，见食物出现，便会猛扑上前将饵钩咬住，这时浮漂很快出现黑漂，应及时提竿。鲶鱼上钩后会猛烈挣扎，但它的蹿跳力远比鲤鱼、草鱼差，并不难将其制服。

用引小鱼作诱饵法钓鲶鱼时，先用曲酒浸泡米粒半天至一天，捞出后晾干。将一把曲酒浸泡过的米撒入水草丛生水域作窝，不久便可引来许多小鱼进窝摄食，此时会引来大鲶鱼吞食这些小鱼。垂钓者不失时机地将饵钩垂下悬在窝旁，并经常抖动饵钩，即可诱大鲶鱼吞钩。

619. 怎样用闸口引鱼法钓鲶鱼

鲶鱼最喜欢在阴雨天活动，在有激流的闸口逆流而上，张开大口等候顺水而下的小鱼虾。此时垂钓者在钩上安上活饵，坠入水中，不时抖动钓竿，使钩上饵料像活着的一样，很容易引鱼吞钩。

620. 怎样用蛙饵引鱼法钓鲶鱼

用4米左右长度的竹竿，系上粗线、大钩和重坠，把钓钩穿入青蛙的脊背，投入有水草、浮萍或木排的水域隐蔽无阳光处。垂钓者手持钓竿，使钓钩既不离开水面也不沉没水中。鲶鱼发现钓钩时，先是游过来用胡须触碰一下钓饵，作一次试探，这时垂钓者不要提竿。过一会儿，鲶鱼又会用尾巴拨动一下钓饵，并翻起小浪花，发出声响。等到鲶鱼认为没有什么反应和危险时，便会将钓饵一口吞下，并拉着钓线快速向水中逃窜，此时垂钓者即可用力将竿提起，把鱼拖上岸来。

621. 怎样利用陡岸无漂坠钓法钓鲶鱼

要钓江河河岸陡峭深水水域中的鲶鱼，可用一根独节的粗钓竿，竿长6~7米，系上较粗的锦纶线，线的长度要比钓竿长3~4米。钓竿的根部绑上几个小铁环，线从几个铁环眼中穿过，一头扎牢在竿的根部，另一头穿过竿尖上的小铁环，拴上两个大歪钩，不需要浮漂也不需要铅坠。钓饵可用田鼠，将两个方向相反的钩刺入鼠的颈后和臀部。

垂钓者坐在岸上，双手握牢钓竿，让鼠悬空接近水面，但不放入水中，保持离水面半厘米左右的位置。鼠是活的，此时它四足乱蹬，鼠是鲶鱼最喜爱的食物，当大鲶鱼发现这里有美食之后，便会浮上水面，接近钓饵，先是用胡须试探性地碰一下，停一会又用尾巴把饵拨动几下，然后就回过头来，一口将饵钩吞下，拖着钓线逃跑。垂钓者此时应立即用力提竿上岸，便可获取一条大鲶鱼。

622. 怎样利用浅滩钓钓鲶鱼

在阴雨天，浅滩上一般都会涨水，此时是垂钓鲶鱼的好时机。用硬竹梢制成短硬的钓竿，安上粗线、大钩，不用浮漂，也不用铅坠。钩上装上树虫为饵，钩从其尾部刺进，由头部露出钩尖，放入水中任其漂浮晃荡，垂钓者将钓竿微微抖动，使树虫在水中犹如活饵，鲶鱼见后便会冲上前去大口吞饵，此时立即提竿上岸，必有收获。

623. 怎样用插竿钓法钓鲶鱼

夜晚是鲶鱼觅食的时候，也是垂钓鲶鱼的好时间，夜钓鲶鱼最简单易行的方法就是插竿钓。在有洞穴或水草的岸边，用10来根手指粗、1米半左右长的斑竹，每根竹竿系上1米多长的钓线，线端系上大歪钩，钩上安装鲜活的小青蛙或小鱼，不用砣坠也不用浮漂，让饵和钩悬漂在水面上。10来根竹竿一起插在岸边的泥土里，发现有鱼过来就起钩。由于鲶鱼夜间大多会靠近岸边觅食，见到这样的美食就会大口吞下。鲶鱼吞食很猛，一旦吞饵就会被钩牢。

图197 插竿钓示意

624. 怎样用无漂排钓法钓鲶鱼

在春、秋两季，天气较凉，鲶鱼不肯到水体上层活动时，可用5~6

根钓竿，竿上不用浮漂，将小鱼、大虾、小泥鳅、大蚯蚓、青蛙、螳螂等各种活饵各装在1个钩上投入水底。每个竿尖上系1个小铃铛，岸边放1个木架，将5~6根钓竿插在木架上排开。垂钓者只需守在木架旁边，见有哪个铃铛响起，就把这根钓竿提起，把鱼拉上岸来。

（十九）胡子鲶鱼的习性及钓法

625. 胡子鲶鱼有哪些生活习性

胡子鲶鱼又称塘虱、土虱或塘角鱼，是热带、亚热带淡水鱼类，常见于我国江南各地的江河、湖泊、小溪、池塘、沟渠以及稻田、洼地中，其外形很像鲶鱼，体色也与鲶鱼相似，人们常将它和鲶鱼混为一谈。它和鲶鱼的最大不同是：它有4对胡须，而鲶鱼只有2对。另外，胡子鲶鱼的背鳍从背部的前端一直延伸至尾鳍附近，腹鳍也从腹部一直延伸到尾鳍附近，尾鳍呈圆弧形。

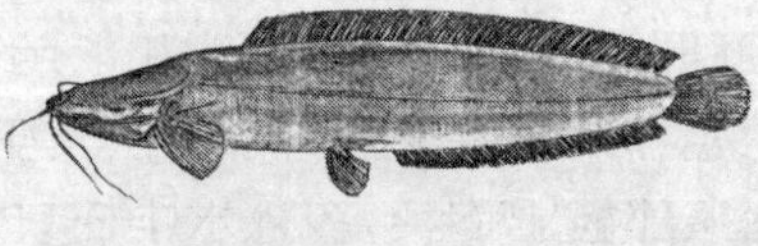

图198　胡子鲶鱼

胡子鲶鱼头部较大，嘴裂很宽，尾侧扁，体延长，无鳞，全身溜滑，体色为灰褐色、黑色或黄褐色。其鳃腔长有辅助呼吸器官，能耐干旱，但不能耐寒冷。胡子鲶鱼适应性较强，天气干旱水少时会钻入泥中，水多时迁至水底。它喜欢栖息于河川、池塘水草茂盛的隐蔽处、阴暗角落和水下的石洞、石头缝隙之中。

近些年来，我国从非洲引进了一些良种胡子鲶鱼，已在长江及其支流的周围地区落户，现已成为池塘养殖的重要品种之一。

626. 钓胡子鲶鱼宜用怎样的钓具

对钓胡子鲶鱼的钓具没有严格的要求，只需一根普通的手竿，尖软、中等弹性，以4米左右长为最适宜。钓钩可选用HHH鲤鱼钩8~18号的，用普通的小型号、宽钩门的钩也可以。钓线采用0.6~1号的尼龙线，线的长度与竿的长度差不多就行。

浮漂可用普通的风漂，铅坠可选用体积小、比较灵巧的铅坠，但漂和坠的配比应该协调。其实，用钓鲫鱼用的全套钓具就可以垂钓胡子鲶鱼。

627. 钓胡子鲶鱼宜用怎样的饵料

由于胡子鲶鱼不论在池塘还是溪沟中，密度都比较大，所以不需要投放诱饵打窝子。钓饵的品种不需过分挑剔，如蚯蚓、小鱼、小虾、蛆虫、红虫、莴苣虫、火腿肠、馒头块、小饭团和各种死鱼等都可使用。

另外，也有人用肥猪肉和猪油渣作钓饵，效果也很好。有经验的垂钓者认为：胡子鲶鱼对动物腐烂后特有的臭味很敏感，特别爱吃这种食物，用腐臭变质的动物内脏或发臭的猪骨作钓饵，效果很好。

628. 钓胡子鲶鱼应怎样选择钓点

胡子鲶鱼性活泼，不分水的深浅和层次都能咬钩。它们在水体的底层活动时很分散，所以不必仔细选择钓点，只要有该鱼生活的水域都可作为钓点。在春、夏、秋三季中，夏季是钓胡子鲶鱼的最佳季节。此外，在夏、秋季时，常会有雷阵雨，在雷阵雨过后或连续几天阴雨的日子，该鱼喜欢逆水而上，到溪河回流的浅水区去觅食，这是垂钓的好去处。另外，雨后农田中有过多积水时，一般都要将多余的水放掉，放水时形成的浑浊水区是胡子鲶鱼喜欢逗留的场所，这也是钓胡子鲶鱼的理想钓点。

629. 垂钓胡子鲶鱼需注意些什么

垂钓胡子鲶鱼的方法大体上和钓鲶鱼差不多，这里不再作介绍，但有几个值得注意的事项：①胡子鲶鱼较畏光，在太阳光强烈时它一般深藏水底，不作觅食等活动，所以垂钓该鱼的时间应该在早晨未出太阳之前，而夜间垂钓最为适时。②在已经钓到1～2条胡子鲶鱼之后，所带的钓饵用完了，又一时无法找到钓饵的时候，可以将该鱼的肉割成肉块作为钓饵，继续垂钓，因该鱼有见肉就吃的特点。③胡子鲶鱼的鳃旁具有含毒素的刺，若手被刺着，会有剧烈肿痛。因此卸鱼时要特别小心，最好用几层布包裹着卸钩，防止被刺伤。

（二十）池沼公鱼的习性及钓法

630. 池沼公鱼有哪些生活习性

池沼公鱼体细长，稍侧扁，体色银灰，背带黄色，成熟鱼长8～10厘米，头小而尖，口大，牙密，有背鳍和腹鳍各1个。池沼公鱼分布于北太平洋两岸和北冰洋沿岸地区，朝鲜、日本、加拿大、美国、俄罗斯远东地区都有出产。我国东北地区的图们江、黑龙江、鸭绿江流域所产的池沼公鱼数量也不少，举世闻名。

图199　池沼公鱼

池沼公鱼个体虽小，但肉质肥厚，味道清香鲜美。该鱼摄食的旺季在春天和夏天两季。池沼公鱼大多生活在淡水和海水混合的水域中，对于温度和盐度的适应范围较广，一般比较适合于在22℃以下的水域中生活。平时，池沼公鱼白天潜伏在深水中，夜间才游到水面和岸边活动觅食。该鱼以水中浮游生物为主要食物，在幼鱼阶段主要吃轮虫，成鱼阶段吃水中的昆虫、水生的寡毛类和甲壳类小生物。

池沼公鱼成长较快，只需经过1冬龄就进入性成熟期。每年春季，它们群居于沙砾底下的浅水处，并在沙砾和水藻上产卵，产卵数量较多，中等大小的雌鱼，一次可产卵1 000～4 000粒，个体较大的雌鱼产卵量则更多。当水温在5～15℃时，约经15天的时间便可孵化出幼鱼，幼鱼顺流而下，进入河流或湖泊中生活。经1冬龄后，鱼体即可长到7～8厘米，3冬龄后，可长达15厘米，但实际上只有很少一部分池沼公鱼能活到2～3冬龄，因为雌鱼在产卵后大部分就会自然死亡。每年秋天，池沼公鱼还要进行一次越冬回游，这种鱼只要水温适宜，将它移植到高山上的冷水湖中，也能继续生存和繁殖。我国对池沼公鱼的人工养殖业已获得成功，产量正在不断增加，在我国北方很多地方，养殖池沼公鱼已经相当普遍。

631. 钓池沼公鱼宜用怎样的钓具

由于池沼公鱼对水温的适应性较强，因而一年四季，不论春、夏、秋、冬都可在不同的水层中垂钓，但主要以下水层为垂钓点。因而，钓竿和钓线都要求有一定的长度，钓竿的长度要求5.5米以上，并且竿体要结实，前节还要有很强的弹性。钓线宜选择1.5号的尼龙线，上端应有40～50厘米的一段捻成双股，这样可以较有效地控制钓钩和钓线的移动。钓线若长达6～7米时，可在竿后端装个小型旋压式绕线轮，使放线、收线能做到方便快捷。

钓钩应选择钩门较宽的小型鱼钩，如丸形919～921号或HHH伊斯尼钩1～3号。浮漂要用浮力较大的。铅坠的重量宜小一些，最好用锡片卷形坠，以方便随时增减其重量。使用锡片卷形的优点是：若需要进行底钓时，可用较长些的锡片多卷一圈，以增加重量，让钓饵稳定沉底。浮钓或半浮钓时，将锡片剪去一些，使钓饵悬浮在水体中层或接近水面处。

钓池沼公鱼，有些垂钓者喜欢用无漂的手感钓，有些垂钓者还用一线多钩钓法垂钓，效果也能令人满意。

632. 钓池沼公鱼宜用怎样的饵料

垂钓池沼公鱼的钓饵，一般是用红虫子、虾肉、蛆虫、小红蚯蚓或其他小昆虫。

633. **垂钓池沼公鱼应怎样选择钓点**

在垂钓前,先要找到较好的钓点。较好的钓点是:有缓缓流水的河湾边角处,圩堤边凹入的回水处,沼泽地和人工湖的陡坡前缓水处,河湾尽头的边角水域等处。池沼公鱼会发出声音,有该鱼的水域,在很远处就能听到“噌噜、噌噜”的声音,说明这种水域有池沼公鱼,在这样的地方垂钓,能得到较好的收获。在这样的水域垂钓,可以不用浮漂,仅凭手感垂钓就可得到较满意的结果。不过,钓池沼公鱼最好在夜间进行,因为这种鱼大多是在夜间出来觅食,白天都深藏水底,很少出来觅食和游动。

634. **怎样用冰钓法钓池沼公鱼**

由于池沼公鱼大多产于我国北方较寒冷的地区,有很大一部分是生活在冬季的冰层下面,破冰钓池沼公鱼特别容易取得钓绩,所以冰钓很受北方垂钓者的重视。

冰钓的做法是:在每年冬天,千里冰封、万里雪飘的时候,选择那些已探测过、藏鱼较多的冰封水域,用工具开凿出30~40 厘米大小的冰洞,用抄网捞去碎冰后,这个冰洞就成为 1 个很好的钓点。冰钓需要有几个钓点轮换,以达到多收鱼的目的,所以要用同样的方法,在距离第一个钓点 2~2.5 米处再开凿第二个冰洞,并在上述两个冰洞附近再开凿第三个钓点,使 3 个钓点成为一个三角形。

这时垂钓者将饵钩垂入冰洞中,不停地轻微移动钓钩,很快就能引来沼池公鱼上钩,上钩率要比用其他方式垂钓高得多。

为什么冰钓的鱼儿上钩率会高呢? 这是因为冰下水中的含氧量比较低,鱼儿在冰下生活得不舒服,但在凿出冰洞后,就会有大量的氧气接触冰洞的水体,使冰洞范围内水中的溶氧量提高,所以周围的鱼都会向冰洞处聚集而来。鱼儿在溶氧充足的环境下,食欲会相应提高,所以当垂钓者使钓饵缓缓移动时,容易被鱼儿发现。

不过,在冰上垂钓,垂钓者所要经受的寒冷是可想而知的,所以要特别注意防寒保暖,除应穿上皮衣皮裤等保暖服装之外,最好架设 1 个帐篷,以抵挡冰面上吹来的冷风之,还可把火盆和其他钓鱼的辅助用具放在里面。这样即使垂钓的时间长一些,也不会受冻致病。

635. **怎样用舟钓法钓池沼公鱼**

舟钓除了钓竿等钓具之外,还要备 1 个铁锚和一定长度的锚索。垂钓者在出发垂钓前,还应穿上救生衣,带上塑料布。

在夏天气候炎热的时候,到了傍晚时分,驾起小船,行驶在幽静的湖塘之中,迎着阵阵的凉风,那份凉爽的快意,想起来就会令人向往。那种乐趣，只有亲临其境者才能真正领会得到。

坐在小船上钓池沼公鱼，船上一般都要置备好竿架，在到达预定的钓点之后，先将铁锚投进水，将小船稳定下来，接着就可以在每一个钓钩上装上钓饵，然后依次将所带的4～8副钓具全部下水，钓竿都要摆放在竿架上面。这时垂钓者就可以轻轻松松地一边乘凉，一边欣赏湖中的夜景，倾听湖中的蛙鸣和各种昆虫的鸣叫，享受独特的乐趣。

把钓竿放在钓架上，一人看多钩，是一种轻松愉快的做法，垂钓者只要关注每根钓竿的动静就行。如果这个湖塘中池沼公鱼很多，还可以在这些钓具的钓线上各拴上几个钓钩，并装上荤素不同的钓饵，这样可获得更大的钓绩，可以满篓而归。

636. 怎样用蜈蚣钩和锚钩钓法钓池沼公鱼

池沼公鱼是以觅食浮游生物为主的鱼类，有时当垂钓者下钩垂钓时，它并不饥饿，对人们垂下的红虫、虾虫、蛆虫、小红蚯蚓等饵物并不很感兴趣。尽管垂钓者知道这个水域中池沼公鱼很多，就是很少有鱼上钩，这时要考虑用其他方法来垂钓了。

当池沼公鱼对经常采用的各种钓饵都不感兴趣时，可采取无饵钓法，比较有效的是用蜈蚣钩和锚钩拉钓。蜈蚣钩是在每根钓线上每隔5～10厘米拴上1个钩，在80厘米一段线上拴10多个钩，钩锋朝向四面八方，既不用浮漂也不用装钓饵，垂钓时，只要将串钩尽可能甩向远处，然后向回拖拉，如水中有较多的鱼，就有可能钩住鱼的任何部位，将其拉上岸来。

锚钩钓的钓法和蜈蚣钩钓相似，不同的是：在钓线头上用4个一组的钩拴起来，4个钓钩朝向4个方向，可以在与第一组钩相距10厘米处再拴一组4个同样朝向四方的钩，如果嫌少，还可以再加一组（间距也是10厘米），总共可用4钩、8钩或12钩。其钓法也和蜈蚣钩一样，将串钩甩向远处再朝身边拉，拉近岸边再提起来甩出去，只要水中有鱼，就有收获。

（二十一）哲罗鱼的习性及钓法

637. 哲罗鱼有哪些生活习性

哲罗鱼属鲑科鱼类，主要生长在我国东北的河流和西北部的湖泊中，俄罗斯西伯利亚各水系和我国牡丹江、嫩江流域较为常见。

哲罗鱼体形修长，形如旧时织布的梭子，但较侧扁，属大型肉食性淡水鱼类之一。其个体大者，可长达2米有余，重达50千克以上。

图 200　哲罗鱼

背面棕褐色，体侧银白色，并有十字形黑斑，生殖期腹面和鳍会变为红色。哲罗鱼口大，牙尖锐，舌上也有牙，食量很大，性情活泼而凶猛，常以狗鱼、真鲂、重唇、雅罗鱼、鲂鱼等鱼为食，也很爱食蛙类，且常喜捕食靠岸边的陆栖鼠类。

哲罗鱼属冷水性鱼类，它必须在 15℃以下才能正常生活。水温上升时，它就会游向山涧溪流中去避暑。春季，它会进入水流湍急、底层有较厚沙砾的河流中去挖掘水底洞穴，产卵孵化。等秋天水温下降之后，它又回到主流深处越冬。

638. 钓哲罗鱼宜用怎样的钓具

由于哲罗鱼是一种凶猛的鱼类，个体大、气力大，所以一定要用竿体很结实的鱼竿，可以用玻璃钢钓竿，或者用外通式手竿。若使用海竿，应配备较大型的鼓形绕线转轮，放线、收线可以比较迅速灵敏，以免弄得手忙脚乱。

手竿上用的钓线可选用 6～10 号尼龙线，以粗些为好；海竿上配备的钓线，宜用较细的优质尼龙线，储线应不少于 120 米。钓钩应选用钢丝粗壮、钩门较宽的钩，如 HHH 伊斯尼钩 10～12 号或 HHH 鲤鱼钩 18～20 号等。

639. 钓哲罗鱼宜用怎样的饵料

钓哲罗鱼的钓饵，可用白条鱼、泥鳅、麦穗鱼、蚯蚓和松鼠等，也可以用仿各种鱼形和其他动物形状的假饵。究竟用什么饵好，应根据所钓鱼的大小而定：想钓大哲罗鱼可用白条鱼或松鼠、大泥鳅，想钓小哲罗鱼可用蚯蚓、虾等钓饵。

640. 什么季节垂钓哲罗鱼最佳

哲罗鱼的钓季比较短，只有 2 月上旬到 5 月中旬和 10～11 月份。因哲罗鱼从越冬的深水水域向上游活动的时间是 5 月上旬，此时它会到适合产卵的水域去产卵孵化，所以是垂钓的好时段。另外，在河川解冻、冰融雪化、水量增加的季节，以及有微风细雨、水面掀起微微小浪的天气，都是垂钓哲罗鱼的好时段。在秋季，当河里水温下降时，哲罗鱼就会顺流而下，回到下游觅食，此时它食欲旺盛，不论早、中、晚下钩，都比较容易钓到哲罗鱼。

641. 怎样用定点钓法钓哲罗鱼

定点钓法指的是以传统方法用手竿垂钓，即事先选定钓点，将钓饵入水之后，要不时地将鱼竿提起，又缓缓放下，再提起又放下，如此不停地进行，使饵物呈现一种活动着的假象，以引诱哲罗鱼前来摄食，且应尽可能用活饵，否则，不易招鱼上钩。如果别的钓饵不容易得到活的，可用活鱼作饵。

值得注意的是：哲罗鱼不仅个体大，而且凶猛力大，它摄食常常是在游动时突然直扑上前大口吞饵，接着拖了就跑，来势凶猛，冲击力很大，垂钓者如果握竿不紧，竿会被拖走，难以取回。所以钓哲罗鱼时，需时刻注意紧握钓竿，不能分神。

在有鱼上钩之后，需凭握竿的手感估量一下鱼的大小，若是2 000克左右的鱼（在哲罗鱼中属于小鱼），虽然仍然会左冲右突一番，但还可以用遛鱼的办法，将线时拉时放，拖到它筋疲力尽时用抄网将它提上岸来。

642. 怎样垂钓大哲罗鱼

若了解到某水域有较大的哲罗鱼，而且想钓到它时，除了要准备坚固的鱼竿（指手竿）和较粗的钓线，以及钢丝较粗、门子较宽的钓钩外，还要在钓竿上装上绕线转轮，储线要长些。

钓饵应用大泥鳅或150克左右的活白鱼。当有5 000克以上的大哲罗鱼上钩时，这就意味着一场激烈的战斗将开始。这时垂钓者要沉着、冷静且有耐心，准备打持久战。因为这种凶猛力大的大鱼被钩住后，必然要作猛烈的挣扎，狂奔乱窜。垂钓者对它的力量要有充分的估计和思想准备，因为稍不留神，就可能出现竿折、线断、钩豁或鱼嘴被拉裂的事情。更有甚者，曾发生过垂钓者被拉得跌跤的情况。这时垂钓者特别要注意所站的位置，不可使人影映入水中，哲罗鱼看见水中的人影，会猛地扎入深水。要充分利用绕线轮的拉力和鱼竿的弹性进行拉锯式的角力，鱼拉得太紧就放松点线，鱼停止拖拉再慢慢地收线，必要时垂钓者还可随鱼逃跑的方向跟着移动，避免竿折、线断。另外要注意的是：要调整好钓钩与鱼逃窜方向的角度，既不能正对着像拔河似的硬拉，也不能朝相反方向用劲，只能侧着鱼竿朝两旁顺着拉动，使鱼竿始终保持弯曲的大弧度，充分发挥其弹性作用。拉拉扯扯、收线放线的操作有时可能要进行1个小时，甚至更长的时间，直至将鱼拖到十分疲乏之时再将它拖近岸边。

在准备垂钓较大的哲罗鱼前，还要先置备好一把长柄、有两个锋利钩尖的搭钩，在把大鱼拖到离岸不太远时用搭钩钩进鱼的身体，将它硬拖上岸。

643. 怎样用海竿收线钓法钓哲罗鱼

从这个钓法的名称中就可明白，这是用坚固而长的海竿和牢固的长钓线进行甩钓。海竿的把手应装有较大的绕线轮，在中型或较大型的钓钩上装好鲜活的钓饵后，将其甩向预先看好有大哲罗鱼活动的水域，然后不时慢慢地将绕线轮摇转一二下，停一会又缓缓地再转一二下，如此转转停停，停停转转，待到饵钩快到岸边时，再重新将它甩向远处，重复以上操作，直至有鱼上钩。

当然，仍无鱼上钩时，应提出钓钩检查一下，是否有钓饵脱落的情况，活饵是否死掉了。若有这些情况就应该重新换上活饵，甩向目的区水域。必要时，还应考虑是否需要更换钓点，到别的水域去继续垂钓。

（二十二）鲮鱼的习性及钓法

644. 鲮鱼有哪些生活习性

鲮鱼又名土鲮鱼、雪鲮、鲮公，主要分布在我国南部及西南部各省江河中，以珠江流域为最多。鲮鱼鱼体侧扁，一般成鱼长度为20～30厘米，通体呈银灰色，胸鳍上方有较深的色斑。嘴较小，下位旁有2对短须，上唇细裂，下颌前缘扁薄。

鲮鱼的个体大小与鲫鱼差不多，但最大的可达3 000～4 000克，该鱼气力不大，不善于挣扎。鲮鱼抗低温能力很差，水温在12℃时即停止觅食活动，若水温再降低，它将深藏在水底避寒越冬，若水温降至7℃而无深水可以栖身时就会冻死。鲮鱼最适水温是18～25℃，在这样的水温下，它食欲旺盛，摄食量最大。

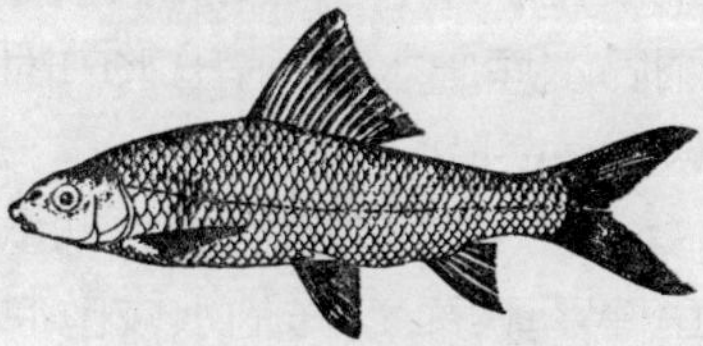
图201　鲮鱼

鲮鱼是底栖性鱼类，喜生活在水质清新、泥沙底质的江河底层。饲养或野生在水库中的鲮鱼，喜成群地聚在库汊等处觅食。它对水流反应十分灵敏，喜逆水而游。鲮鱼以硅藻、绿藻等水生植物为主食，特别喜欢舐取水底泥岩表层生长的藻类，也食有机碎屑和少量浮游动物，属杂食性鱼类，诸如米糠、豆饼、玉米粉、蚕蛹粉、花生麸等，甚至人畜粪它都吃。鲮鱼产卵的季节较长，可从每年的5月份一直持续到8月份，产卵的水域大多在河流的中上游石块较多的急流滩的水底。

645. 钓鲮鱼宜用怎样的钓具

钓鲮鱼大多是采用传统的钓法守点垂钓，一般用手竿钓。钓线宜采用0.2毫米左右的细钓线。钓钩应选用钩尖稍微外偏的中型鱼钩。浮漂要求用灵敏度高的漂，这是因为鲮鱼咬钩的动作有轻、快、过程短的特点，最好采用上部细长的风漂。铅坠要轻。

钓线上可以系单钩，也可以系双钩。若了解某个水域鲮鱼比较密集，可用双尖连体钩或锚钩。浮漂和坠要接近平衡，最好是使钩、饵、线、坠的总重量比浮漂的浮力略大一点，使饵钩刚好能接触水底。鱼咬钩时不用承受钩、坠的重量。这样，只要鱼嘴一接触鱼钩，浮漂就有反应。

646. 钓鲮鱼宜用怎样的饵料

钓鲮鱼打窝用的诱饵，可用麦麸小粒、豆饼碎粒、玉米碎粒、碎米、糠皮做成的小块等。钓鲮鱼可用的钓饵很多，如蚯蚓、红虫、虾肉、熟薯块、饭粒等，最好是用面粉做成的小面团。

647. 垂钓鲮鱼应怎样选择钓点

① 鲮鱼是原生于热带的鱼类，加上它有喜欢成群结队地在有水流的水域栖息游弋和冲击水波的习性，在有温暖阳光的天气，钓点宜设在有温暖水流进入且有回水的环境中。

② 若在水库的岸边钓鲮鱼，在大雨过后的涨水期间，鲮鱼喜欢聚集在水库入水口的附近，这样的水域旁边可做钓点。在多时不下雨后水库出水期间，出水口附近也常是鲮鱼的汇集之处，也可作为钓鲮鱼的钓点。

③ 在有较多水流流动的江河中，主流河道中央的流水过急，鲮鱼停留不易，这样的水域也很少有食物滞留，虽有时有鲮鱼在短时间内停留，但密度不大，不宜作为钓点。而在江河主流道两边水流平缓的回流区，漂流下来的饵料较多，会有不少鲮鱼到此处觅食，可作钓点。

④ 在河流、水库、湖泊水底有大量石块的水域，是鲮鱼最爱停留嬉戏和觅食的环境，因鲮鱼最爱舔食石块上附生的青苔，所以，这些水域是钓鲮鱼的好钓点。

⑤ 鲮鱼喜欢栖身在水底腐殖质较多、水色呈黄绿色的水体中，特别喜欢近旁有厕所，鸡、鸭、牛、羊等动物的养殖场或猪圈，可有粪水渗入的池塘、湖泊的水域中。在这些水域设钓点，钓绩将会令人满意。

648. 怎样垂钓鲮鱼

钓鲮鱼时，先要用诱饵打窝子，由于鲮鱼是底栖鱼类，诱饵必须有一定重量才能沉入水底，所以用麸皮粉、豆饼末一类的粮食类粉末作诱饵时，应该先加水调和揉合，蒸熟后制成米粒大小的颗粒后投放，不能直接投撒粉末，否则，只能浮在水面上。

鲮鱼活动时有个规律：河川中的鲮鱼以底栖为主，池养的鲮鱼也是在底层觅食的多，但也有些湖泊中的鲮鱼是在上层活动的。

鲮鱼喜在流水、活水、藻类植物较多的水域活动，这些水域可作为钓点。另外，可选水质清新、水底有泥沙的进水口、水闸旁，有小股流水进入处，急流与缓流汇合点等地方作为钓点。

钓鲮鱼最好不要在水体太深的水域垂钓，应以水深1～2米比较合适。浮漂在钓线上的位置要适当，要做到让钓钩正好接近水底。钓钩太低会摊在水底，鱼不易发现；太高了则成为悬浮钩，鱼也看不见。浮漂在水中应呈垂直状态，最好能将浮漂调到只露出水面1～2厘米，这样能使它反应更灵敏。

当鲮鱼咬钩时，浮漂在水面上会显示出垂直运动，表现为捧漂和抖漂。捧漂就是浮漂出现垂直上升的运动，这表明鲮鱼已咬到饵钩想要拖走；抖漂是指浮漂在水面不断上下抖动，但抖动的幅度不大，在浮漂的周围可激起小小的浪花，这表明鲮鱼在用嘴舔食钓饵，还没吞入口中。不论是捧漂还是抖漂，垂钓者发现之后都应该在2～3秒钟之内立即提竿，因为及时提竿起钩，很有可能钩住鲮鱼的上颌而提上鱼来，如果迟了，就会让鱼脱钩逃掉。

有时也会出现这种情况，不是捧漂也不是抖漂，而是浮漂被捧了几下之后接着沉了下去，这说明有比较大的鲮鱼上钩了，这也是提竿上鱼的机会，应该立即起钩。有时更会出现浮漂不起也不落，只是左右摇晃的现象，这表明鲮鱼并不饥饿，不去咬钩，只是去碰撞饵钩而已，这时也可提钩，不过有一半的可能是空钩，但也有可能钩住了鱼的鳍条、鳃片等身体的其他部位，也能把鱼钓上来。

钓鲮鱼较有经验的高手认为，由于该鱼的咬钩动作轻、快、过程短，垂钓者应该竿不离手，随时准备起钩，而且要眼疾手快，一旦发现浮漂有起落，就要迅速起钩，动作要干净利落。但动作敏捷并非用力过猛，否则，会把鱼嘴拉裂，只能拎着空钩出水了。

如果明明知道这个水域鲮鱼很多，但钓了许久就是无鱼上钩，那就要将钓竿轻轻地移动，让钓钩在水底移动，以引起鱼的注意，或者把钩收上来，停一会再继续下钩。出现这样的情况，常常是因为前些日子曾有鱼中途脱钩，但已受伤，其他鱼发现这一情况后就成群地逃走了。如果属于这种情况，就应该换个钓点，到别处去垂钓。

（二十三）狗鱼的习性及钓法

649. 狗鱼有哪些生活习性

狗鱼是我国北部几条大河流中生长的大型鱼类。该鱼鱼体侧圆细长，尾和鳍都很发达，游泳速度极为快捷，头尖，吻部长而扁平，口裂宽大，口角延及半个头部，口内上下排列着尖锐的牙齿，具有肉食性鱼类的明显特征。由于它牙齿尖利且口裂宽大，因而它能捕食各种个体较大的鱼。狗鱼全身长着细小的鳞片，背部皮色青褐，腹部为白色或灰白色，身体两侧布满大块的黑斑。

图 202　狗鱼

狗鱼适宜生长在较冷的水域，在我国东北的乌苏里江、嫩江、黑龙江等水体中出没较多，北方爱好垂钓此鱼者也较多。

狗鱼有逆水游泳以捕食顺水而下的小鱼的习惯，当汛期来临水闸放水时，狗鱼常喜逆水奋游，游至疲倦时，常被激流冲往下游，但当它休息过后，又会继续奋力向上游逆水上冲，以此为乐，似乎一点也不怕疲劳。

650. 钓狗鱼宜用怎样的钓具

钓狗鱼的钓竿没有什么特殊的要求，只需用结实些的普通钓竿就行。离钓竿基部 10 厘米可装上 1 个绕线轮，以便放线、收线。钓线可用 6 000 ~9 000 克负荷的玻璃胶丝或用 3 ×3 股或 3 ×4 股的锦纶线，长度不妨放宽裕些，有 110 米左右就够了。

钓钩可用 112、113 号的铁锚钩。在主线末端宜拴 3 根支线，支线长度各有 40 厘米就够了，每根支线末端都需拴上 1 个钩。

浮漂可用 3 根 3 厘米的长羽毛杆制成，并穿在主线的下端靠近支线的结合处。不需用铅坠。

此外，还需要置备 1 个长柄抄网，以便在钓到大狗鱼时把大鱼兜上岸来。

651. 钓狗鱼宜用怎样的饵料

钓狗鱼不用诱饵打窝，钓饵宜用活的鳌鲦鱼、麦穗鱼等。狗鱼有一种特别的食性，那就是十分爱吃活的鳌鲦鱼，只要一发现鳌鲦鱼它就会飞快地直扑上去捕食。如果发现水体中有一群鳌鲦鱼由于受到惊吓而向四面逃窜，并激起一阵浪花时，那肯定就是狗鱼在追逐它们。狗鱼经常在无水草的白水荡子中游弋驰骋，目的就是寻觅鳌鲦鱼的踪迹。

652. 垂钓狗鱼应怎样选择钓点

狗鱼属于肉食性鱼类，性情凶恶残忍，它以各种比较温顺的鱼类为食，特别喜欢捕食鲜活的小鳌鲦鱼。狗鱼游动的速度极快，在捕食活饵时非常凶狠，常常飞快地猛冲上前，一口咬住饵物。

狗鱼总是寻找可以隐蔽的场所作栖身处，使小鱼等看不见它藏身的地方，以便在小鱼、小虾、小青蛙等动物不在意的时候猛然出击，很不费事地将它们作为美餐。

狗鱼的栖身处有：茂密的水草丛中和停留的船舶、木排处，或桥梁、涵洞的旁边；河溪、湖泊、水库沿岸的乱石堆中；水底有岩石、陡坡、深洼或杂物的地方；岸边有芦苇、杂草、木桩、树根的地方；河道的凹凸边沿或遇阻转弯之处。总之，只要是可以隐藏潜伏的角落，都是狗鱼的栖身之处，也是垂钓狗鱼的好钓点。

653. 怎样用活饵诱钓法钓狗鱼

这种钓法的关键在于安装好钓饵，也就是在将活鳌鲦鱼装上钩时，既要保证3 枚钓钩钩进鳌鲦鱼后，它还能在水面上游动。方法是：将钩从鱼嘴后下方的软组织上钩入，钩尖和倒刺均要刺出它另一边的鳃外，这样就可保持鳌鲦鱼不会很快死亡，还能带着钩子在水面上游动。

当钩上装好活钓饵后，就可将其放入水中，将钓线放松，让3 条鳌鲦鱼互相拉扯着逐渐游向水体的中层。垂钓者此时应随着鱼游动的距离而缓缓放线，并注意3 条鳌鲦鱼反应，在鳌鲦鱼游出相当距离之后，慢慢地将钓线收回。

由于钩住3 条鳌鲦鱼的钩子是扣在3 根支线上的，而3 根支线又都拴扎在1 根主线上，因而3 条鱼各自游动时，肯定会拉拉扯扯，会在水中激起一定幅度的波浪，成为被鱼类注意的目标，一旦狗鱼发现有鳌鲦鱼活动，就会迫不及待地冲过去吞食。此时，垂钓者会发现浮漂沉入水中，但还需沉住气，任钓线、钓饵被拖着往远处跑，待它跑出5 米以上距离时，再开始抡钩。

在抡钩时，可凭手感大体估量出鱼有多大，再采取不同的应对措施。要充分估计到把狗鱼拖上岸不是轻而易举的事，原因有二：一是狗鱼是性情凶猛的鱼类，力量较大，当它被钩住后，肯定要拼命挣扎，有时一下子就会猛地冲出10～20 米远，所以要用绕线轮及时放线，以免拉断钓线而跑鱼；二是狗鱼属大型鱼，体重1 000 克的鱼算是小的，大的可达20 千克以上，所以在钓到较大的狗鱼后，需要做时放时收的遛鱼操作，和它周旋相当长的时间。一般1 000～5 000 克的狗鱼被钩上后，钓者需要拉扯周旋半个小时，如果钩上了10～20千克的大鱼，可能需要和它磨上1～2小时才能使其筋疲力尽，最后把它拖到近岸处，用长柄大抄网捞上岸来。

654. 怎样用顺流甩钩钓法钓狗鱼

每当夏季汛期到来的时候，雨量充沛，河水水位上升，河水流量大增，就会出现汹涌的激流，狗鱼很喜欢在这样的环境下一次次逆水上游，这似乎是狗鱼天生的一种本能。

垂钓开始前，垂钓者可在岸上持着短竿，竿头只拴着一根系有单钩的钓线，在距钓钩30～40厘米的钓线上缚一块用锡皮卷成的坠子，以便餐鲦鱼钓饵下水后，能悬于90～120厘米深度的水体中，正好处于狗鱼活动的水层中。钓钩要钩在餐鲦鱼的脊背处，不要伤及要害部位，让其仍能在水中游动。

在上述准备工作完成后，即可将钓钩投入水中。由于水流较急，入水后的锡坠会被冲浮上水面，漂向远处，垂钓者可将饵钩提起，重新投入上游的水中，并顺着水流向下游适当放线，线放到相当长时，将钓饵提起，再次甩向上游。如此反复操作，就在将饵钩提起、收回、漂流、再收回的过程中，很可能会被逆水上冲的狗鱼发现，它一旦发现后就会猛冲上前，吞咬钓饵，这时垂钓者可从手感中判断上钩的狗鱼大概有多大，适当放线，任其拖拉一阵，但当放线到10多米时，就要逐渐停止放线，然后突然将钓竿向后一震，使钓钩将鱼深深地钩牢。

鱼被钩牢之后，不能用蛮力硬拉，否则容易断线，因为这时狗鱼还处在激流之中，静水尚且难以拉动，激流之中更加困难，只能顺着水流，提着钓钩和鱼沿着岸边向下游方向步行一段，待到将鱼送到下游比较宽阔并有回流之处时，再将鱼缓缓地拉向岸边。这期间很可能还要经过一阵放线收线、拉拉扯扯的遛鱼过程，最后待其疲乏以后，慢慢将其拖到岸边，用长柄大抄网将它捞上岸来。

655. 怎样用冰洞钓法钓狗鱼

狗鱼是冷水性鱼类，在冬季严寒时期，它在冰层下面的水体中照样生活得很好，并且能在大白天在阴暗的冰层底下活动觅食，因此在冬季水面被冰封住时，不但仍可垂钓，而且钓绩要比夏、秋季垂钓好得多。这是因为冰层下各种小鱼大多深藏水底，狗鱼不易找到食物，此外，冰层下水体中的氧气较少，狗鱼的食欲受到影响。但是一旦冰被破开，水中的溶氧量会大幅度增加，所以周围的狗鱼都会向冰洞处聚集，食欲也会陡然增强，原本比较饥饿的狗鱼一旦发现食物后，就会猛扑过来，大口吞下饵钩。所以，开凿冰洞垂钓，一般都能使垂钓者得到满意的钓绩。

在寒冷的冬季，钓饵的来源是一个大问题，别说鳌鲦鱼捉不到，其他鱼也难见到踪影，所以想要在冬季垂钓就要早做准备，在春季和夏季将钓获或捕获的小鱼放入冰箱冷冻室储藏起来，留待冬季使用。到了冬季需要用钓饵时，将小鱼解冻，使其变软作为冬季的钓饵，对狗鱼来说，仍很具有吸引力。

冰洞钓法所用的钓具需做好以下置备：①钓竿用长 50～60 厘米、大拇指粗的竹竿 5 根。②钓线用 5 根较粗而牢固的锦纶线作主线，每根长约 12 米。用比主线稍细一点的锦纶线（要比较柔软的）10 根作支线，各长 20 厘米。③钓钩用尖锐牢固的中号钓钩 10 个。④铅坠用 5 个稍重一些的。⑤另外，还要准备凿冰用的粗钢筋制成的冰镩子一根：一头尖，另一头弯成圆形把手。

将 5 根粗主线分别拴扎在每根竹竿的中间部位，每根线的下端拴 1 个铅坠，在铅坠上方 30 厘米和 60 厘米处各拴一根支线，每根支线上拴 1 个钓钩，两个钓钩之间相距 30 厘米。

垂钓前，先将钓饵装上钩，装钩时，要将钩尖从小鱼腹下钩到脊背处，露出钩尖也无妨。装好钓饵后，在河道最深处的河面上开凿冰洞，冰洞一般可凿成直径 60 厘米大小，凿好第一个冰洞后，距离6～7 米处再凿第二个，接着隔开同样距离再凿第三个、第四个、第五个。凿好后在每个冰洞中放一根钓竿，铅坠的安放只要让带着饵钩的钓线能在水流中摆动就行。然后把钓竿横搁在冰洞口上，两头用冰块压牢，将多余的线都绕在竿上。

较长时间生活在冰层底下的狗鱼，由于水体中缺少食物，都处在饥饿状态，因此在发现钓饵后，它就会饥不择食地猛咬钓饵并吞入口中。被钓上钩之后，虽然也要挣扎几下，但不像春、夏、秋季时强壮有力难以对付。过不了一会儿，垂钓者就可以提起横在洞口的钓竿，把狗鱼拎上岸来了。

（二十四）香鱼的习性及钓法

656. 香鱼有哪些生活习性

香鱼是一种肉质鲜美并带有香味的鱼类，由于它有香气，故被人们称为香鱼。香鱼体形侧扁，体表呈青黄色，从鳃盖至腹部前端有一条卵圆形橙黄色斑纹。全身披有细小鳞片，属中型鱼类，成鱼体长为 20 厘米左右。

香鱼生长在东亚各国，我国南部各省较多，其中尤以福建南部最

图203　香鱼

盛。香鱼每年春季聚集在我国南部河流的河口，以捕食昆虫和水生小动物为生。初夏时分，开始在河底多石的水域寻食附生在水底石块上的石垢和水藻。待长至12厘米左右时，即逆水上游，遍布于各条河流中游弋觅食。

到了梅雨季节，香鱼的鱼群又从河流上游顺水游到中游，夏季开始后，游动减少，留在原地生活2~3个月时间。及至初秋，随着水温的下降，又顺水游至下游河口附近产卵。香鱼的雌鱼寿命很短，产卵之后，它们就会因体力衰竭而陆续死亡。

香鱼产卵一般都在夜晚，此鱼喜欢在河流的下游选择有砂和石块的河底产卵孵化，其鱼卵有较强的黏性，产出后即黏着在大大小小的水底石块上，经3~4周后，即孵化成幼鱼。此时，水温还较温和，幼鱼极其活跃，游动也很灵敏迅速。不久，幼鱼就成群结伴地顺流而下，游入靠近河口的海中。这时已是三九寒冬，水温急剧下降，小幼鱼为了逃避严寒，潜入海水较深处越冬，来年春天再逆水上溯。

我国南部地区气候温和，土地湿润，森林资源保护良好，江河水质上乘，较少受到污染，水中各种小生物品种繁多，有充分的食物来源，是香鱼很好的生活环境。每年3~10月都是垂钓香鱼的良好时期。

657. 钓香鱼宜用怎样的钓具

钓香鱼可用真饵钓，也可以用假饵钓，而以用假饵钓者居多。假饵钓有多种钓法，每种钓法所用的钓具也有所不同。下面介绍各种钓法使用的钓具：

（1）真饵钓用具。用真饵钓香鱼，钓竿宜选中等弹性的溪流竿，竿长以4.0~4.5米之间为宜。钓线最好用0.8~1.2号草绿色尼龙线，如用乳白色钓线，可用水草或青草捋几次，将它染成绿色，其长度应和钓竿相等。钓钩可选用小型鱼钩，如江户形619~621号。浮漂和铅坠用一般的就行，只要使浮漂的浮力与铅坠配的重力相同，香鱼在咬钩时，浮漂上能有灵敏的反应即可。

（2）假饵钓用具。①提竿钓钓具。提竿钓的竿子要长，可选用5.0~5.5米长且有弹性的竿子，钓线需用6~8米长的，漂和坠都需用大型的，以利于提竿。假饵用羽毛钩或拟饵钩。需备长柄抄网，以便起鱼之用。②拖挂钓钓具。拖挂钓用的钓竿不仅要长，而且要求比较粗壮结实些，竿长也应在5.0~5.5米。钓线需8~10米长。漂和坠也需用大型的。羽毛钩或拟饵钩需6～10个，另外还需准备20～30个，因为在水底拖拉时极易损坏。③亲吻钓钓具：亲吻钓的钓竿不宜太长，选用3.0～3.5米长的就行，但要既轻又硬，且具有中等弹性的。钓线以选用6号尼龙线为合适。浮漂宜用球漂，最好是荧光漂，以便于甩出和收回。铅坠需用较重的弹丸坠。钓钩宜用4个不同样的羽毛钩或拟饵钩，同时需备用8～10个，以便损坏时更换。

658. 钓香鱼宜用怎样的饵料

（1）真饵钓用的钓饵。用真饵钓香鱼，钓饵可用青菜虫、莴苣虫、小青虫、小竹筴鱼、蚯蚓、溪虫、沙蚕，也可用小面团、小饭团，桑葚、菠萝切成的小块，但对香鱼最有吸引力的是鲜活的小香鱼。因香鱼有一种不容许别的香鱼侵入自己领域的习性，见了别的香鱼就要吞食，所以用小香鱼作饵效果最好。

（2）假饵钓用的诱饵。用假饵钓时，最好要用诱饵。用小青鱼或其他鱼捣烂撒入钓点，以引诱周围的香鱼聚集在钓点上，可得到更好的钓绩。

659. 垂钓香鱼应怎样选择钓点

不论用真钓饵还是用假钓饵，都应注意在不同的季节选不同的合适钓点垂钓。春季和秋季，在气候不是太冷和太热的情况下，应选在河流的下游和河口一带垂钓；夏季，应在河流的中游和上游垂钓；只有在梅雨季节，可以不分河流的地段垂钓。但不论在上游、中游或下游，都应选河底有大小石块的水域为钓点，因为河底没有石块的河段，香鱼根本就不会在那里栖息，当然就钓不到香鱼。香鱼之所以喜欢石头多的地方，是因为石头上长有石垢和青苔，也就是苔藻，香鱼爱吃这种苔藻，专选这样的环境生活和栖息。有苔藻的水域，是香鱼多的地方，也是最适宜的钓点。

有经验的垂钓高手认为，早晨和傍晚，在河滩大石块旁边下钩最易上鱼；中午时分，在河道中央乱石堆的大石块旁边下钩最好，很有可能钓到较大的香鱼。

660. 怎样用真饵钓香鱼

由于香鱼极喜欢吃鲜活的小香鱼，若用小香鱼作钓饵是最为理想的，但在挂钩时不要伤及小香鱼的要害部位，使其在入水后还能活动，以引来香鱼上钩。

在放钩下水时，先将作为钓饵的小香鱼提近水面，让它逐渐向河心游去，当小香鱼游到钓点附近时，可将线稍稍放松，让它潜到水底，然后将钓竿稍稍抬起，等待香鱼前来追捕。如果没有香鱼来吞钩，要把钓竿慢慢提起，从水面重新将其放入，让它随流水向下游漂移。由于有水流推着，小香鱼不可能向上游游动，只能浮游在钓点周围。这时垂钓者宜将主线绷紧，让水流推着小香鱼向左或向右移动位置以引诱香鱼。若再无鱼上钩，则需改变位置。一旦有鱼咬钩，竿头就会激烈晃动，还可能连浮漂一起被拉入水中。此时，要用腕力将钓竿抖动一下，以便把鱼钩牢。再把钓竿缓缓提起，向下游牵引，直至拖引到靠岸不远的缓水处，再用抄网连鱼带钩一起抄上岸来。

应该注意的是：在钓上鱼时，一不能向上游拖拉，二不能用蛮力硬扯，只能顺着水流边拉边放，等到鱼儿无力挣扎时，再拖近用抄网把它抄上来，否则，一旦将鱼嘴拉豁，就会白忙一场了。

661. 怎样用假饵提竿钓钓香鱼

这种钓法一般适合在较宽较深的溪河中进行，在长竿和大漂大坠上拴上羽毛钩或拟饵钩，从垂钓者立足之地，向扇面形的前方和左、右方向，缓缓地将假饵钩垂入水中，随后又慢慢将钓竿提起，顺着水流逐渐往下游移动，反复进行。提竿时不要将假饵提出水面，提到近水面时，再将它放入有水流处任其顺水漂移，并适当放松钓线，特别要有意识地让饵钩沉入有斜坡的水底。在这样反反复复提放的过程中，可招引香鱼前来追逐假饵，最后咬吞假饵。

当发现竿头上下颠动时，就要将钓竿抖一下，将鱼钩牢，耐心地经过一段时间周旋后将鱼拖移到靠近岸边。如果用的是多节钓竿，可将钓竿逐节拔下，最后用抄网抄鱼上岸。

662. 怎样用假饵拖挂钩钓法钓香鱼

拖挂钩钓法适合在宽阔河面上垂钓时使用，需要用很长的钓竿和较长的钓线，拴缚上 6～10 个羽毛钩或拟饵钩作假饵钩。垂钓时，垂钓者应面朝上游，把假饵和组合串钩甩向稍靠边的上游水域，沿着上游的岸边顺流从河底将饵和钩朝身边拉，就这样时停时拉，直到把鱼拖拉到河岸边上。在将组钩沿河底拖拉时，要让铅坠正好触着河底的石块，还应根据水流的速度适当控制饵钩拖动的快慢，避免太快或太慢。

当感觉到已有香鱼上钩时，不可立即提竿，先要绷紧钓线，再从容地把鱼向下游顺水引遛，时紧时松地和鱼周旋，待将鱼拖拉至乏力时，再将鱼拖到河边，用抄网将其捞上来。

663. 怎样用假饵亲吻钓法钓香鱼

亲吻钓适宜在中型或较小的河道中使用，特别是在河水上涨、河水浑浊、水体透明度不好的情况下，不适合用真饵钓时，用这种钓法比较适合。使用亲吻钓时，钓竿应选用较短、有一定硬度、较轻的钓竿，以便于甩出去、收回来。垂钓时用4个不同的羽毛钩或拟饵钩挂在较重的铅坠上。

垂钓开始前，若能施些诱饵在钓点上效果可更好些。诱饵可用竹筴鱼和小青鱼捣烂后的鱼肉碎末撒入钓点，这种腥气能将香鱼引到钓点上来，然后放下假饵钩。再时而将钓钩上提，时而又缓缓放下，并且要多换钓点，不要总在1个固定处垂钓，这样就很容易引香鱼上钩，取得较好的钓绩。

（二十五）斑鳠的习性及钓法

664. 斑鳠有哪些生活习性

斑鳠主要分布在我国南部各省，广东、广西、云南、贵州的江河中都有它的踪迹，海南岛周围水域也较常见，以广东的珠江、韩江流域最为多见。鳠鱼鱼体侧扁而细长，头略平，嘴唇较厚，吻部较宽，体形瘦长，像织布机上的梭子，长有4对胡须，背部鳍短，有硬刺，体表呈棕色，腹部黄色，成鱼体侧有不规则的蓝黑色的圆斑点。

斑鳠肉厚刺少，肉质细嫩鲜美，是我国南部名贵鱼种之一。鳠鱼个体中等，一般体重为1 000～2 000克，但大的也有10千克的。

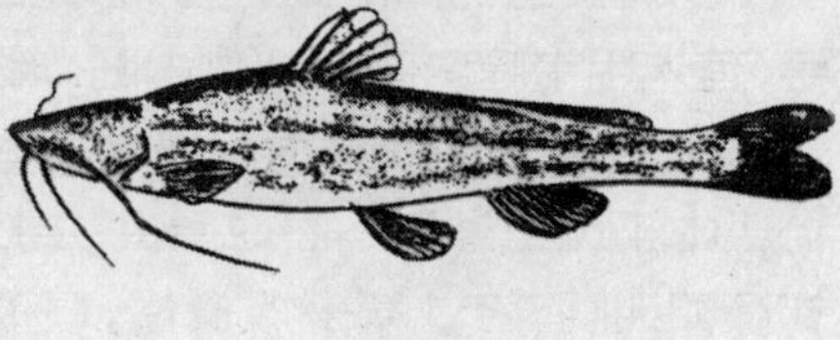

图204　斑鳠

鳠鱼属底栖鱼类，经常栖息在江河的岸边或水流缓慢的水域，喜欢在江河边有岩石处或石砌堤坝边游弋觅食，它最喜钻岩洞，常以此为乐。此外，有支流、分汊的进水口和有水草密生之处，也是它喜欢停留觅食的水域。

斑鳠以肉食为主，生长在水中的各种小鱼、小虾、小泥鳅和多种水生小动物都是它的饵料。它食量很大，进食又猛，所以生长极为迅速。这种鱼有一个和其他鱼不同的摄食习惯：只要有食物进口，就立即咽入口中，不再吐出，所以垂钓鳠鱼比较容易。

665. 钓斑鳠宜用怎样的钓具

由于斑鳠的个体不算小，又是肉食鱼类，故气力较大，上钩后会拼命挣扎和逃窜，而且会向石缝和草丛直冲而去，拉力很大。因此，钓斑鳠的钓具必须坚固结实，经得起冲击。

钓竿用手竿和投竿都可以。若用手竿，必须选用韧力强、弹性大的，竿尖梢的强度也应较大。至于钓竿的质料没有硬性规定，不论竹制的、玻璃钢制的、碳素纤维制的都可以用。钓竿的长度最好有4.5米长。钓线的长度一般需要和钓竿长差不多，但强度要大些的。若用尼龙线，要求优质的，线的直径需有0.3毫米以上才好。钓钩要用钢质好、强度大、钩柄较长、钩尖锋利、倒刺长的，用HHH倒刺鳌鱼钩16~18号或类似型号的钓钩较为合适。

浮漂宜用中等浮力的，但需和铅坠的重量相适应，要求两者配比合理，若钓点的水流比较平缓，铅坠可用轻些的，如钓点的水流较急，应根据水流湍急的程度确定铅坠的重量，水流越快，铅坠的重量应越重，目的是不让水流把饵钩和铅坠冲走。

若使用投竿垂钓，其钓竿只需比较结实就行，其长度有1.8~2米就可以了。装在钓竿上的绕线轮，用中型的、小型的都可以。绕线轮需储备60~100米长、直径0.3毫米的钓线，最好用串钩，有6个钩即可，钩的型号和手竿使用的钩相同。

由于鳠鱼的力气大，窜劲很足，钓这种鱼很可能会损失些钓钩和钓线，所以出发垂钓前应多备一些，免得临时受窘。

666. 钓斑鳠宜用怎样的饵料

钓斑鳠的钓饵可用小鱼、小泥鳅、活虾、螳螂、野生蜂、蚕蛹、蚂蚱等，有人用带腥臭味的动物内脏作钓饵，据说效果也很好。

667. 垂钓斑鳠应怎样选择钓点

由于斑鳠常年不停地摄食，所以一年四季都能钓到，只有春末夏初产卵期间，它才减少摄食量，但仍不会完全停止进食。到了秋季，鳠鱼摄食量大为增加，因而每年的7~9月份，是垂钓斑鳠的最佳季节。涨水之后的退水期或下雨之后，它的食欲最旺，如果能把握好时机，在傍晚前后去垂钓，钓获率可大大提高。

钓点应选在这种鱼喜欢栖留的水域，像水底有乱石堆处、码头或石桥等建筑物的附近、有支流的河汊口附近、水草丛生的有活水处等。

668. 怎样垂钓斑鳠

钓斑鳠的技术并没有特殊之处，但如果希望能钓到较多的鱼，则需注意以下几点：一是在将组钩投入水中以后，应仔细地注意浮漂的动静，一旦发现有捧漂、黑漂等现象时，就要立即提竿起钩，因为斑鳠咬钩和别的鱼不同，它咬钩的动作是：看到钓饵时一口咬住，并立即吞入口中，将饵、钩和线一起拖着走，一边走一边将饵钩吞咽下去，如果动作稍慢一些，它就把饵和钩都吞进肚去了，虽然能将鱼拖上来，但要将钩从鱼肚中拉出来非常麻烦。二是钓斑鳠以夜间进行为好，若在深水区垂钓，可采用手感钓，不必用浮漂。在将钓饵投入钓点的水中后，若手中感觉到有动静，接着发现钓线被拖走时，就要赶快起钩，若不失去时机，就一定能钓到鱼。三是可以利用斑鳠喜欢群集的习性，把已经装有斑鳠的鱼护，放在离钓点较近的岸边，让鱼护的下半部浸在水中，斑鳠见附近有同类的声音，就会向此处聚拢过来。这样上钩的机会就会多得多，钓到的鱼也就自然会更多。

（二十六）金线鱼的习性及钓法

669. 金线鱼有哪些生活习性

金线鱼是一种名贵珍稀鱼种，肉质细嫩，味道鲜美，曾受到我国明代著名旅行家徐霞客的推崇，称之为“滇池珍珠”。

金线鱼体形侧扁，有一对吻须和一对颔须，背部颜色暗灰，有不规则的黑色斑点，腹部和体侧灰色，属小型鱼类，体长一般只有10～16厘米，体重多半只有50～60克。金线鱼产于我国南部，以云南省呈贡县最为多见，广西桂林的漓江水域也有出产。

金线鱼生活在水域的中层和底层，以肉食为主，但也兼食植物性饵料，属杂食性鱼类。金线鱼喜欢群居，常在山石缝隙或岩洞中栖息作窝。每年在气候转暖的初夏时，在岩洞中产卵孵化，幼鱼孵出后，再游到湖泊边沿的浅滩去觅食育肥，待秋末，天气转冷时又游回到岩洞中去避寒过冬。

图205　金线鱼

金线鱼胆小多疑，警觉性很高，只要有一点动静，它就会立即逃窜，整个鱼群迅即全部分散，逃得一条不剩。因此，垂钓者在钓金线鱼时应十分小心，注意保持钓点附近肃静无声，并要注意隐蔽，不能来回走动。

670. 钓金线鱼宜用怎样的钓具

由于金线鱼鱼体很小，上钩后不必进行遛鱼，可以毫不费力地将其提上岸来。钓竿可以选用手竿，竿应长些，用4.5米长的竿比较适宜。竿的梢尖部分要求有很强的弹性，这样起钩时才能有速度，不至于跑鱼。钓线宜选用0.7～1.0号的优质尼龙线，其长度大体上与钓竿的长度差不多。钓钩要选用钢质好、韧性强、钩尖锋利、倒刺长的小型钩，如HHH山女5～6号钩、无锡生产的江芦形619～620号钩等。浮漂可用较小的，铅坠要稍重于浮漂。如采用手感钓，可以不用浮漂，但铅坠要大些。

671. 钓金线鱼宜用怎样的饵料

钓饵应以动物性饵料为主，用小红蚯蚓、蛆虫或小虾都行；若用粮食类的素饵，可在面粉中掺些蚯蚓粉或牛血、羊血，使之有腥味，对金线鱼的诱惑力会强些，效果也会更好些。

672. 垂钓金线鱼应怎样选择钓点

根据金线鱼较爱清洁，所处的水域一般是有清澈的泉水之处，栖身的鱼窝大多在比较隐蔽的岩洞里面，或是水域多暗礁和石块形成的空隙间。垂钓金线鱼的钓点：一是选在清澈的水体之中，最好是有泉水涌出的水域；二是选在比较隐蔽的岩洞洞口附近；三是选在水底坑洼、陡坎较多、有礁石或石块堆积、空隙较多便于隐藏的地方。

673. 怎样垂钓金线鱼

钓金线鱼可以用竿钓，也可以用手感钓。若用竿钓，可以用稍重一些的铅坠，使钓饵下水后可以随心所欲地沉入水底的岩石空隙中。若在江河或水库沿岸的岩洞或石缝外面垂钓，可用手感钓，直接将钓线伸入洞穴。手感钓若用串钩，待钓饵沉入水底后，需缓慢地将其上下移动，时提时放，以引鱼上钩。

有经验的垂钓高手认为：金线鱼鱼体虽小，但吞饵咬钩却比较干脆，一口就把饵钩吞下，既快又狠，垂钓者要特别留心观察，发现稍有动感时就应及时起钩，提拉上岸。因为钓这种鱼，若动作稍慢，鱼就会脱钩逃走。

（二十七）鲣鱼的习性及钓法

674. 鲣鱼有哪些生活习性

鲣鱼是生长在我国南部各省大水系中的鱼类。鲣鱼有黄壳和青壳两种，都属于鲤形目。黄壳鲣鱼体形为长筒形，腹部较平，腹鳍黄色。鲣鱼生长较快，1 冬龄的鱼可长达 20 厘米，成鱼最大的可达 10 千克；青壳鲣鱼体色青绿，背部稍拱起，腹部呈小弧形，腹鳍末端略呈黑色，其生长速度更快，2 冬龄的鱼体重可达 1 000 克。

鲣鱼属杂食性鱼类，食物以水生昆虫为主，也吃陆生昆虫和水蚤，在植物饵料方面，喜丝状藻物和高等植物的种子。鲣鱼的警觉性很高，对周围环境的动静极其敏感，若环境稍有变化，即会大生疑窦，立即逃之夭夭。鲣鱼属中下层鱼类，常栖息在水底多乱石

图206　鲣鱼

的清水激流河段中，特别是河道的弯曲处或河道分叉处，以及水流较缓、有障碍物或转角的地方，由于这些地方小昆虫及水生小生物较多，它可以吃到可口的美食。

675. 钓鲤鱼宜用怎样的钓具

垂钓鲤鱼宜使用手竿，竿体需比较结实，竿梢要有较强的弹性和韧性。至于质料倒并不讲究，竹制、碳素纤维、玻璃钢手竿都可以使用。如手竿的长度较长，超过4米以上时，可以不必配装绕线轮；若钓竿不长，只有2米左右，应该配装绕线轮。这是考虑到鲤鱼上钩之后遛鱼的需要，因为钓竿长，可使竿梢保持弓形，和鱼尚有周旋的余地，但钓竿短了，就很难办，只有用绕线轮放线、收线来与鱼周旋。

垂钓鲤鱼用的钓线不能粗，要用比较细的，选用直径1毫米的优质尼龙线就行，这是由于鲤鱼属胆小而机灵的鱼种，线粗了目标大，容易被鲤鱼发现，即使用直径1毫米的细线，也应该用青草将线拉捋几次，使线的颜色和水体的颜色相近，使鱼看不出来。

垂钓鲤鱼用的钓钩，首先要求钩尖锋利，倒刺要长，以防鱼上钩后逃脱。若钓较大的鲤鱼，应选大型的钓钩，若只有小鲤鱼，宜选小号的钓钩，一般选用HHH倒刺鲹鱼钩15~17号较为合适。

浮漂的大小和种类不论，但其浮力应与铅坠的配比相符，只要能灵敏地反映鱼的动静就行。若在清水中用明钩钓和在溪水上浮钓，不用浮子也可以。在普通的小河或静水池塘垂钓，宜用小浮漂和小铅坠，铅坠的重量以能将饵钩坠入水底为度。

676. 钓鲤鱼宜用怎样的饵料

垂钓鲤鱼的钓饵，可用的荤素饵料较多，荤饵如小泥鳅、小虾、土蚕、菜青虫、红虫、孑孓、红蚯蚓、蜻蜓等；素饵如冬瓜子、南瓜子、野生小红果、馒头、饭团均可，但以红虫和红蚯蚓效果最好。

677. 什么时间垂钓鲤鱼最佳

不论哪个季节都可垂钓鲤鱼。在我国南方各省的大江和支流中，这种鱼的产量是较高的，它的数量仅次于鲤鱼。每年的春季，寒意未消，鲤鱼活动较少，不易钓到，但并非完全不能钓到，因为在南方，一般河流中这时的水温已超过10℃。到了6月，鲤鱼的觅食活动就频繁起来，直到水温大幅下降时，鲤鱼才较少到水体的中上层来游弋。秋末、冬季和初春，若在深水处作底钓，依然经常有鲤鱼上钩，但最佳的垂钓季节还是在6~10月间。

678. 钓鲤鱼有哪些技巧

垂钓鲤鱼有1个不可忽视的环节，就是根据这种鱼的喜好，要用对诱饵，如果能将钓点周围几百米远的鲤鱼都引到钓点上来，那所获的钓绩就会很大。

有经验的垂钓高手认为，钓鲤鱼应按照不同的季节使用不同的饵料，诱饵、钓饵都是如此。春、夏两季应多用有腥臭味的饵料，秋、冬两季应多用有香味的饵料，尤其是所撒的诱饵，要充分考虑到这点。比如说，在春、夏两季，垂钓以前，可用加有鱼粉和狗骨、羊骨的粉末调合起来的豆饼末、麸皮粉、面粉作诱饵，撒入水中打窝；秋、冬两季可改用加有曲酒调合起来的豆饼粉、芝麻粉、面粉作诱饵。钓饵可采用前面提到的几种荤素钓饵，但鲤鱼最喜欢吃的是活虾和活的红蚯蚓，如果能在垂钓前弄到，那是最理想的。

有一个钓鱼常识是钓鱼者都知道的：在一天中，水温在不同的时间是不相同的。冬季和秋末、初春，天气比较凉，水温低，应在中午前后的4～5个小时内垂钓，因为这段时间水温稍高一些，鱼儿会出来觅食；在夏季，应在早晨和傍晚垂钓，因为鱼儿也爱在凉爽些的时候出来觅食。钓鲤鱼也应该遵守这样的规律，才有好的钓绩。

钓鲤鱼虽然有多种方法，但一般还是采用竿钓法。用竿钓时，不论是底钓还是浮钓，当饵钩已经投入钓点之后，就必须全神贯注地注意浮漂的动静，若发现浮漂有较大点动或黑漂时，就应把握住时机，立即提竿，将鱼提上岸来。鲤鱼和别的鱼不同，它的视力比较好，饵钩进入水底后，它是很容易看见的，所以不像钓其他鱼那样要颠动饵钩，若将饵钩不断提动，这种胆小而且多疑的鲤鱼反而容易受惊而逃走。

679. 鲤鱼吃饵有哪些特点

鲤鱼摄食饵料的特点是：吞饵上钩快，吐饵脱钩也快，所以一旦出现黑漂时，就要及时提竿，错过了这个时机它就会脱钩溜走。鲤鱼吞饵之前，都要先对食物观察一番，再经过触触碰碰，然后还要用尾巴去将食物扇动一下，使食物浮起来，这时才回过头来，猛然咬吞。垂钓者应看准火候，在它回身时做好提竿准备，当它正在吞钩时就要突然提钩，钓个正着，不能稍有迟疑和延误。

另外，由于鲤鱼的个体较大，1 000 克重量的鲤鱼还只能算是小鱼，所以上钩以后，还得好好对付，而且即使不是大鱼，它还是免不了要作一番挣扎的。鲤鱼在被钩住后常常是先将头部反复摇晃，企图逃脱，接着便翻滚身体，最后是向前或向左、向右逃窜，或向深水处猛扎，垂钓者此时不可慌乱，若从手感中感觉到是条较大的鱼，应有意识地慢慢将它拖离钓点，因为鲤鱼是成群的，钓点还有其他来上钩的鱼群，不能让它在钓点蹦跳挣扎，否则，就会把鱼群吓跑。对付鲤鱼挣扎的要领是：充分利用钓竿的弹性，使钓竿绷成弓形，保持适度拉紧状态，切不可使钓线松下来。如果用的是没有绕线轮的手竿，应将鱼向垂钓者的左边或右边方向拉，让钓竿始终保持较大的弓形弯度。另外，不能让鱼向垂钓者的正前方方向拉，那样会使钓竿失去弹性，容易把钓线拉断。如果用的是海竿，拖得很紧时就适当放线，稍微松懈时又应收线，这样收收放放、进进退退，不论需要半小时、1 小时，都要耐心地坚持下去，直拖到鱼儿疲劳、无力挣扎时，再将它拖到岸边，用抄网抄上来。

（二十八）桃花鱼的习性及钓法

680. 桃花鱼有哪些生活习性

桃花鱼体形侧扁，属小型鱼类，体长一般为 10～15 厘米。体色银灰而有条纹，雌性臀鳍粗短，雄性臀鳍宽大且长。与一般鱼类不同，其背鳍也特别宽大且长，游动时，改变前进方向非常快速灵敏。

桃花鱼分布在我国各大江、大河、大渠及支流中。每年春暖花开之际，尤其是桃花盛开之时，该鱼就纷纷游往浅滩中产卵育儿，十分活跃，桃花鱼之名称可能就是由此而来。随后分散进入小河及湖泊中生活觅食，到 7～10 月份，幼鱼一般能长至 6～7 厘米，此后随着天气转冷，它们就游往大江、大河下游的深水区准备越冬，待到严寒季节来临时，即潜入水深的河底避寒。

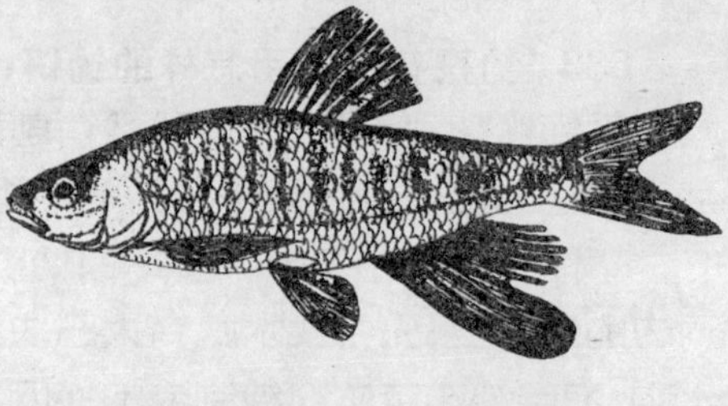

图 207　桃花鱼

在春末及夏季气温暖和之时，桃花鱼喜欢栖息在水流较缓、水温适中的河流、湖泊的沙石和水藻丛中。黄昏和清晨光线暗淡不明之时，正是桃花鱼最活跃的时刻，它捕食各种小虫，甚至能跃出水面。它也喜欢在水流遇阻时出现的旋涡处和水下有乱石的坎坷不平处，以及有水坝引起水流湍急翻滚的水域活动。桃花鱼是以肉食为主的杂食性鱼类，喜食红虫、象鼻虫的幼虫、孑孓、蝼蛄的幼虫、白蛆虫、树虫和苍蝇等，也喜吃火腿肠、馒头屑、面条、饭粒和蛋黄等。

681. 钓桃花鱼宜用怎样的钓具

垂钓桃花鱼由于需要不断地提动钓竿才能诱其上钩，所以钓竿要求轻便，以细长为宜，这样提动起来轻松省力。钓竿的长度需有4米以上，竿尖要细软而富弹性。钓线可选用0.5号尼龙线，主线上端35~40厘米处要拧成双股，使提钓竿时线和钩能随心所欲地甩动，不会缠线。线的长度要和钓竿的长度相等或稍长一些。钓钩宜选用芦江形021号或020号，HHH万能袖钩也可以用。浮漂与铅坠的重量配比要适当，以1:1为好。

垂钓桃花鱼也可用假饵钓法。若用假饵，羽毛钩、拟饵钩都能使用。羽毛钩种类繁多，使用的效果也较好，所以垂钓者大多数都爱用羽毛钩。垂钓者还可以根据水域、水质、时间、天气和风力等情况选用下列羽毛钩中的一种或两种：蝇虫羽毛钩、小蚊虫羽毛钩、黑和蓝孔雀羽毛钩、蜻蜓羽毛钩、双叶羽毛钩、萤火虫羽毛钩。拟饵钩的种类有蛆虫拟饵钩、毛虫拟饵钩、小鱼拟饵钩、小虾拟饵钩、小蜻蜓拟饵钩、小鼠拟饵钩，由于种类极多，不再一一列举。

682. 钓桃花鱼宜用怎样的诱饵

在水流湍急处垂钓桃花鱼，可以撒诱饵也可不撒诱饵，但在钓点鱼很少的情况下必须使用诱饵。招引桃花鱼的诱饵有很多种，最容易制作的是米糠诱饵。制作方法是：将碾细的米糠粉末放在锅中炒出香味，加上一些酒糟和面粉，用水拌匀，再捏制成蚕豆大小的小圆团，投入钓点即可。

683. 钓桃花鱼宜用怎样的钓饵

垂钓桃花鱼用的钓饵，虽然有前面所提到的那么多种类，但该鱼最喜欢吃的且垂钓效果最好的是一种荤饵和一种素饵。

荤饵是蝼蛄的幼虫。蝼蛄的幼虫采集起来并不很难，方法是：在河边的浅滩上，先寻找水底有大石块的水域，找好后站在面向上游的水中，把用纱布或塑料纱制成的抄网靠近在大石块的下游方向，当垂钓者将石块翻开时，石块底部的蝼蛄幼虫就会被水流冲进抄网中，这时即可将此饵料收进饵盒。照此法搬动几块石块，就能收集到足够垂钓使用的钓饵。

素饵是用面粉和蛋黄制成的面糊蛋黄钓饵。制法是：在碗中磕入1个鸡蛋或鸭蛋的蛋黄，用筷子搅拌，加入面粉再搅拌均匀，加入几滴香油或曲酒拌和成糨糊状（软硬度以能装在钓钩上为宜），装入塑料袋中，然后将袋口扎紧密封起来。在垂钓需用钓饵时，用钓钩在塑料袋上刺破1个小孔，将面糊挤出少许，安在钓钩尖上即可。

684. 钓桃花鱼应怎样选择钓点

桃花鱼喜欢栖息在水库、湖泊的进出水口、支流的出入口和有泉眼的附近，乱石堆、沉礁、藻丛和乱桩较多的水域也是其栖息觅食之地。桃花鱼的大小和栖息的水域有密切关系。个体较大的桃花鱼喜欢栖息于水流湍急的乱石滩中；个体小的喜爱栖息在水流缓慢的河滩及回水处。选择钓点时，一般找水流较急、水质浅浊的浅滩和滩尾处。另外，桃花鱼因季节的变化栖息的水域也有所不同。春、秋两季最好选在溪流上游的滩头、滩腰、落水的缓流处、大石块之下和梯形滩地垂钓；秋季可选择在溪流的下游或河口垂钓。秋末至冬季，气温较低，浅水区水温相对较低，一般钓不到鱼。

685. 怎样垂钓桃花鱼

若是在浅滩垂钓，可以采用底钩法。若以蝼蛄幼虫作饵，因其有一定重量，下沉比较快，比较容易使饵钩沉到水底。如果用蛆虫作钓饵，因其重量轻，会被风吹得漂浮在水面上，沉不下去，这时应在钓钩上方的脑线上扎上3～5克重的金属丝，这样才能使饵下沉。若在深水水域垂钓，应将铅坠加重。

若在水深1米以上、水流较急的河道上垂钓，或在水底有大石块的地方垂钓，可以不用浮漂，凭手感进行垂钓即可。在凭手感垂钓时，应在钓点上游2～3米处将饵钩投入水中，使其缓缓沉入水底，只用竿尖带紧钓线和钓钩，让它慢慢地沿着水域的底部推移。此时，可将钓竿向左向右、向前向后不断地移动，让钓饵看上去像是活的，以吸引桃花鱼的注意。若有鱼儿咬钩，钓线和竿头都会出现异常的晃动，当提竿的手感觉到这些动静时，就应立即提竿，便能钓到桃花鱼。在未见到有信号出现的时候，可用钓竿将饵钩牵到水底大石块四周作小幅度的摆动，以吸引鱼儿上钩。因为桃花鱼喜欢在这些大石块周围栖息和游动，此时将挂有蝼蛄的饵钩垂至此处移动着，吸引鱼儿咬钩的可能性是很大的。

若在大石块周围招引了一段时间仍未见有鱼上钩时，就可将钓竿从水底提出，到其他水域重新投钩诱鱼。此外，钓桃花鱼除了用蝼蛄幼虫等真饵外，还可用假饵垂钓。钓获的成功率常常不低于用真饵。桃花鱼属小型鱼类，所以假饵也应做得体积较小，如做成小苍蝇、小蚊子、小蛆虫、小毛虫等都行。

用假饵垂钓可用底钓法，但以用浮钓法为好。早晨黎明时分和傍晚天气已近昏暗之时是最佳垂钓时机，因为这时是桃花鱼在一天中最活跃的摄食时期。用假饵垂钓时不应忽略的是：在将假饵投入水中后，不可让其停留在水中，而应该不断地牵动和小幅度地晃动着钓竿，使假饵看上去有活的感觉，这样才有可能将桃花鱼诱骗上钩。

686. 垂钓桃花鱼应注意些什么

垂钓桃花鱼时，还应特别注意：桃花鱼的个体虽小，但它的视觉和听觉都很灵敏，而且很有警觉性，所以垂钓时，如果是大晴天，垂钓者切不可背对太阳，让人影映入水中。此外，垂钓的各种操作都应悄然地进行，不可发出惊动鱼儿的声音，更不能与旁人大声说话和在岸边多走动，否则就会把桃花鱼吓跑，落得空手而归。

（二十九）虹鳟鱼的习性及钓法

687. 虹鳟鱼有哪些生活习性

虹鳟鱼原产于美洲，后来引入亚洲繁殖，现在东亚各国都已大量繁育，我国北方及东北各省已有相当数量的出产。

虹鳟鱼属冷水性鱼类，适宜在20℃水温中生长。每当春末气候转暖之际，虹鳟鱼就开始活跃在深溪幽谷之间，特别喜欢在高山融雪时奔流而下的溪间或小河中游弋栖息，在春暖之时，即开始潜入河底，等待山水中带来的虫类饵食充饥。到了5~6月份气候温和时，虹鳟鱼就不时浮游在水面上捕食蝴蝶、蝇虫、蚊虫及飞蛾等的幼虫。整个炎夏时期，它都活跃在江河上层水域，游弋觅食。每年秋季它产卵孵化，育出成批幼鱼。虹鳟鱼鱼体修长而侧扁，成鱼体长一般约30厘米左右，背部和背鳍暗绿色，全身有圆形斑纹，色泽鲜艳。从头部鳃线至尾鳍有一条浅红色的带形长纹，颇为美观。

图208　虹鳟鱼

688. 钓虹鳟鱼宜用怎样的饵料

虹鳟鱼以水生昆虫及其幼虫为主要食物，如蝇虫、蚊虫的蛹和幼虫、蚯蚓、菜青虫、孑孓、蜻蜓幼虫、蝼蛄幼虫、葡萄虫等。

689. 钓虹鳟鱼宜用怎样的钓具

垂钓虹鳟鱼由于常常需要将饵钩向外甩投，所以钓竿需结实而且弹性要很好，竿体要求轻巧而不笨重，操作起来轻便而省力。钓竿的长度一般可用4米左右的竿，但若在河面宽阔的水域垂钓，钓竿的长度可用5米或更长些。钓线宜用1~3号尼龙线，线的长度应与钓竿的长度差不多。

690. 垂钓虹鳟鱼应怎样选择钓点

垂钓虹鳟鱼的钓点，最好选在有瀑布或激流与缓流交界的浅滩处，以及溪谷中乱石较多、水流在溪谷底冲击出小浪花处。甩钩垂钓时，一般是从下游往上游逆钓比较合适。另外，由于虹鳟鱼十分多疑，在垂钓过程中，不论是行路、涉水、甩钩、上鱼都要轻手轻脚，尽量不发出声音，还要注意隐蔽自己，不可让垂钓者的人影映入水中。因为虹鳟鱼常常是结群行动的，若惊跑了一条，就会全部逃光，让垂钓者一无所获。

691. 怎样用底层和中层钓法钓虹鳟鱼

虹鳟鱼分布范围极广，在欧美和日本等许多国家都有。国外垂钓者使用最普遍的是假饵垂钓，假饵钓常用于钓底层、钓中层和钓水面，所用的假饵种类繁多，但以制成蝇虫模样的较多。制作的假饵要求很逼真，连绒毛也要制作得很像，在水中摆动起来像活的昆虫一样。

（1）底层钓法。底层钓法要使假饵入水后能迅速沉入水底，不时地将假饵牵动，使其很像是鲜活的昆虫，以引诱鱼上钩。这种钓法，一般是用于河流和湖泊中垂钓。

用底层钓法垂钓，当有鱼咬住假饵时，垂钓者会感到钓线突然被拉得很紧，这时应迅速提起钓竿，将鱼钩住，不能延误时间，否则鱼就会脱钩逃走。

（2）中层钓法。中层钓法是在流水中，将假饵向正前方甩投出去，让饵钩随着水流漂动，当饵钩漂到水流缓慢的水域时，应将钓竿上下提动，使假饵像是活昆虫似的在水中游动，但需让钓线和钓饵始终处在水体的中层流动，以引诱鱼咬钩。

692. 怎样用上层钓法钓虹鳟鱼

在水流较快的水域垂钓时，应将蝇虫类假饵向水流的垂直方向甩投出去，使钓饵和钓钩在水流中自然漂动，让其浮在水面，当饵钩漂至缓水水域时，也应将钓竿常作抖动，让假饵显出有活力的样子，以吸引虹鳟鱼咬钩。

在用中层或上层钓法时，若感到有鱼咬钩、钓线猛然拉紧时，会出现和底层钓不同的情况，鱼会击起浪花甚至跃起，这时应立即用腕力抖一下钓竿，使鱼钩将鱼钩牢，接着将鱼提上岸来。当然，鱼必然要作一番拉拉扯扯的挣扎才会就范。在一天中，垂钓的最佳时间是在傍晚，因为这时雌蝇虫常到水面产卵，它在产卵后会立即死亡，虫体却漂浮在水面上，虹鳟鱼就会趁此大吃一餐。因此，垂钓者若将假饵制成蝇虫样进行垂钓，鱼儿就会以为是死蝇虫而毫不犹豫地将饵钩吞食进去，让垂钓者大有收获。

用假饵垂钓时，特别要注意避免使钓线被流水冲直，因为这样会使假饵在顺水漂动时出现破绽，由于虹鳟鱼属多疑鱼种，若它发现并非真饵时，就会远远地避开，并把整个水域的鱼儿都招走，再也无法钓到一条鱼。

除了用假饵垂钓虹鳟鱼之外，也可以用真饵垂钓。真饵的品种有蜻蜓幼虫、红虫、蝇虫、孑孓、红蚯蚓、蝼蛄幼虫和葡萄虫等，在这几种钓饵中，虹鳟鱼最喜欢吃的是葡萄虫，用它垂钓效果最好。葡萄虫是一种寄生在葡萄藤蔓上昆虫的幼虫。在每年的春季和冬季，用它作钓饵进行底钓，很能吸引虹鳟鱼。获取这种幼虫的方法是：将葡萄藤蔓剪下来，放在清水中浸泡半天取出，将藤蔓劈开，葡萄虫的幼虫因藤蔓泡水时吸进了水分而被软化，穿钩垂钓很方便。

另外，垂钓虹鳟鱼时，把握好起钩的时机特别重要。虹鳟鱼摄食的动作极其刁滑，吞食时虽敏捷利索，但吃进去后经常会立即吐出来，所以在落钩以后就要注意观察钓线和浮漂的动静，一旦发现信号，就应迅速提竿，若稍有延误，待它吐出钓饵时再提，那就只剩空钩了。

（三十）鯮鱼的习性及钓法

693. 鯮鱼有哪些生活习性

鯮鱼是一种大型肉食性鱼类，属于鲤科。体形很长，略微侧扁，腹部圆，全身像一个长长的圆筒，但头部和嘴部都细小且尖长，在水中游动没有阻力。背部灰黑色，腹部银白色。眼睛较大，口上位，下颌与上颌稍长。没有触须，全身鳞片细小。

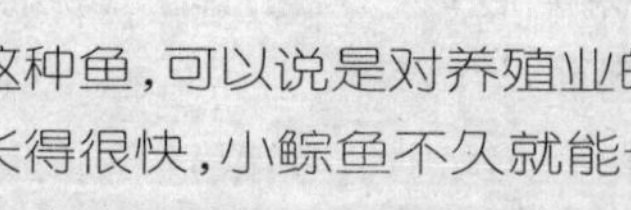

图209　鯮鱼

鯮鱼个体很大，其体长可达到1.5米，最大的体重可达到50千克，喜欢生活在水体的中层和下层。鯮鱼性情凶猛，以捕食其他鱼类为食，对家鱼的危害性很大，是对淡水养殖业极为不利的鱼种。所以人们钓、捕这种鱼，可以说是对养殖业的一种贡献。鯮鱼由于是肉食性的，所以长得很快，小鯮鱼不久就能长成大鯮鱼。这种鱼性情暴烈凶猛，不仅在水中捕食其他鱼类，并且经常猎食各种动物的尸体，甚至会袭击人。

鯮鱼在捕食时异常凶猛，在水中游动的速度极快，因为它的头部尖细，可说是流线型的，所以追捕鱼类时快如流星，在水中能狂奔直窜，甚至能跃出水面，捕食水面上的飞鸟。它具有一副锋利的牙齿，咬食粗大的食物，几下子就能将捕获物撕碎。由于它有这种食性，所以垂钓时既可用真钓饵，也可用假钓饵。鯮鱼生长在我国的长江、珠江等流域及其支流，闽江和南方其他江河、湖泊中也有它的踪迹。

694. 钓鯮鱼应用怎样的钓具

由于鯮鱼属大型肉食性鱼类，性情凶猛，所以钓该鱼的钓具必须粗大而结实。钓竿可用海竿，也可用手竿，但一定要粗壮而坚固。选用海竿，应配备大型或中型的旋压绕线轮或鼓形绕线轮，以便于迅速而灵敏地收线和放线。若使用手竿，必须配备护竿线，以防止竿体损坏。钓线应选用 7～10 号优质尼龙线，拴在海竿的绕线轮上，储线需要 150～200 米长。手竿上用的钓线型号还需更大一些的，其长度应比钓竿稍长一些。钓钩要选择有较长倒刺和钩柄、钢丝粗壮的大型钩，如 HH 鲤鱼钩 18～20 号、无锡生产的鹤嘴形 111～112 号钩等。浮漂要选择较大的，尤其铅坠要有相当的重量才行。因为鯮鱼一般都栖息在水流较为湍急的江河底层，铅坠轻了就会沉不下钩。

695. 钓鯮鱼宜用怎样的饵料

垂钓鯮鱼，用真饵钓或用假饵钓都有较好的效果。垂钓者可根据具体条件来决定用哪种钓法。

鯮鱼属性情暴烈凶猛的肉食性鱼类，不吃素饵，所以钓饵只能用动物性的荤饵，而且最好是鲜活的鱼类等动物。钓鱼所用的钓饵一般是活泥鳅、活鲶鱼、活鳘鲦鱼、活鲫鱼和活的大蚯蚓等。据有经验的垂钓高手介绍，用小老鼠做活钓饵的效果也相当好。

用活鱼作钓饵挂钩时需注意，不能让钓钩伤及鱼的要害部位，可以把钓钩挂在鱼的嘴上、鼻上或尾巴上，这样饵鱼放入水中后，仍能在水中活跃地游动，能引起鯮鱼的注意，并追逐过来猛咬饵钩。若用蚯蚓作钓饵，最好用 15～20 厘米长的粗大蚯蚓，在水中才能比较显眼，鯮鱼容易发现并追来。挂钩的方法是：将鱼钩从蚯蚓头下 2～3 厘米处穿入，至距离尾部 3～4 厘米处穿出，不妨稍露钩尖，让其头尾露在钩外不断地蠕动着。若是用鼠类等动物作钓饵，应将钓钩从鼠的背部皮层穿入，稍微钩及背肉即向前钩出，不要伤及脊骨及脏器，然后投入水中，让其沉入水体的中层不断地爬动着，以招引鯮鱼上钩。

696. 垂钓鯮鱼应怎样选择钓点

鯮鱼游泳速度很快，善于追捕猎物，一般栖息在水面开阔的水域。它的活动范围很广，常出没于江、河干、支流和江叉或河汊口的附近。在湖泊的静水水域也有它的踪迹。它不仅能捕食水面的飞鸟，还能将它的细长吻部探入到石缝或洞穴中摄食隐藏其中的小鱼。石坝、桥墩附近、深水岸边有乱石的水域都是它捕猎小鱼的场所。因此，垂钓鯮鱼时要选择上述鯮鱼活动的场所作钓点。

697. 怎样垂钓鲸鱼

钓饵入水后过一段时间若未见鲸鱼上钩的动静，可不时地牵动钓线，使钓饵缓慢地在水中游动，不能让它静止。在不时牵动钓线的同时，应时刻注意观察浮漂，若发现信号，不要立即起钩，待鲸鱼吞进钓钩并被钩牢后，再去提竿。

鲸鱼个体很大，小的有3 000～5 000克，一般的有10千克左右，最大的可达50千克，上钩后必然会有一番挣扎和抗拒，必须做好充分的思想准备。它的拉线能力很强，常常会一个劲儿地向前逃窜，甚至有可能将垂钓者连人带竿一起拖入水中。所以首先要站稳脚跟，沉着冷静，让钓竿弯成弧形，将钓线绷紧，必要时放点线，待线稍松懈时又往回收。若用的是手竿，要尽量向左或向右方向引拉，不可向正前方向引拉，若鲸鱼向正前方向拉去时，要将钓竿朝上竖起来，宁可让钓竿被拖弯成半圆形，也不能让钓线和钓竿形成一直线，否则必然断线无疑。要准备作持久战，必要时要和它周旋几个小时，直到它体力衰竭时将其拖到岸边，用搭钩或抄网抄鱼上岸。

（三十一）鱇鲏白鱼的习性及钓法

698. 鱇鲏白鱼有哪些生活习性

鱇鲏白鱼又称抗浪鱼、网鱼，属温水性小型鱼类，其体长仅10～18厘米，体重仅10～100克。鱇鲏白鱼体形瘦长，头长而吻尖，背部暗绿色，腹部银白色。鱼体虽小，但肉质鲜美，营养丰富，别具风味，久享盛名，属名贵鱼类，历史上曾经作为贡品，进贡宫廷，被誉为云南省的四大名鱼之一，不仅风靡国内，在东南亚各国也享有盛名。鱇鲏白鱼多产于我国珠江水系南盘江附属水体——云南省抚仙湖，通常年产量为50吨，丰产年份可达120吨，除供应国内市场外，还外销创汇。

图210 鱇鲏白鱼

鱇鲏白鱼属杂食性鱼类，但以浮游动物为主要食饵，其中，又以甲壳动物桡足类、枝角类吃得最多，此外，鱼卵、轮虫、昆虫以及一些藻类植物也都兼食。鱇鲏白鱼摄食不论季节，一年四季即使在产卵期也照样摄食，这对垂钓者来说，可以增加许多垂钓的时机。

鱇鲏白鱼喜欢栖息在水质清澈、含氧量高的湖泊敞水区的中上层，但在产卵期间，则喜欢在水流缓慢、有大量石砾和砂粒的水底和有较多洞穴的溪沟中栖息。

鳙鲲白鱼的雄鱼，一般在1龄时就进入性成熟期，雌鱼需2龄才进入性成熟期。在性成熟后，雌雄鱼鱼体上均会出现珠星，有的较多，有的较少。在全年除1月份没有鱼产卵外，其他各个月份都会有鱼产卵，而以5~7月份为最多，这时的产卵量可达1 250~4 300粒之多，卵有黏性。鳙鲲白鱼在产卵期喜欢在有石砾处的水体栖息，很可能是因为它的卵产出后能附在石砾上的缘故。

699. 钓鳙鲲白鱼宜用怎样的钓具

垂钓鳙鲲白鱼可以用手竿钓，也可以用海竿钓，但不论用手竿还是海竿，都宜用浮钓和半浮钓。钓竿可以采用竹制的，也可以采用玻璃钢制的长手竿或中软梢海竿。钓线需用细一些的，以直径0. 15~0. 23毫米的日本强拉力线比较合适。钓钩可采用无锡铁锚牌伊斯尼形520号小型钩。铅坠宜用铅皮卷成的轻坠，若铅坠稍重就会往下沉，不能进行浮钓或半浮钓。

700. 钓鳙鲲白鱼宜用怎样的饵料

钓饵以动物性钓饵为主，如小虾、苍蝇、蛆虫、孑孓、蚯蚓等都是白鱼喜欢吃的，也可以用素饵，如面团等。

701. 钓鳙鲲白鱼应怎样选择钓点

垂钓鳙鲲白鱼，对垂钓者来说，有一个很大的优势条件，那就是钓期很长，除了三九寒天之外，春、夏、秋季都适宜垂钓，尤以8~10月份最容易钓获。垂钓鳙鲲白鱼，选好钓点非常重要。在每年的立夏之前，盛产鳙鲲白鱼的抚仙湖一带，常有西南风吹起，因而湖的北岸会有很多的漂游物浮在水面上，所以春季钓鱼，其钓点宜选在湖的北岸；夏季南风较多，钓点可选在西岸以及东岸弯曲的岸边附近；到了秋季，应选在靠近农田的湖岸水域，因为这些地方的水质较肥，饵料丰富，鳙鲲白鱼会成群地聚集在这些地方觅食。另外，在夏季涨水的季节，通往湖的沟渠水域也是很好的钓点。

鳙鲲白鱼的活动规律有些特别：在夏季，该鱼产卵期过后不久，刚孵出来的幼鱼一般是生活在产卵场附近的水域，当长到3~4厘米时，其生活区逐渐推移到湖泊的敞水区。每当傍晚和黎明时分，可经常见到像漏斗形垂直分布的鱼群出现在离岸1 000~2 000米处。它有夜晚垂直回游到水体上层的习性，黎明时分常出现于湖面，这种习性与这种鱼的主要食物（桡足类和枝角类浮游动物）昼夜垂直移动有密切的关系。

云南的抚仙湖，水面辽阔，水深达数十米，其水清澈如镜，透明度可达10米左右，在岸上可看清水底的鹅卵石和沙砾，因而历来有“玻璃万顷”的美誉。湖中的浮游动物移动的幅度比较大，鱇𫚉白鱼就是在这种特殊的环境中形成它的独特习性的。

702. 怎样垂钓鱇𫚉白鱼

鱇𫚉白鱼是砾石产卵鱼类，有比较明显的生殖洄游期。其主要繁殖期为每年的3~7月份，而5~6月份是其繁殖的高峰期。垂钓这种鱼，需根据它独特的生活规律，在不同的水区和不同的时间采用不同的方法，才能得到较好的钓绩。①在水面宽广的敞水区，宜用5米以上的长手竿，配上较长的钓线，以“甩大鞭”的方式在水体上层作浮钓。②在有遮阳物的农田旁和溪水边等浅水区，可用中等长度的手竿，钓线也和竿长差不多，用小钩作半浮钓。③在夏、秋两季雨水充沛的时期，地面有较多的积水流向湖泊，钓点可选在顺着河流两侧水流稍缓的水域，用流动式的浮钓法垂钓，效果较好。④在湖中的深水区，垂钓者可以乘船垂钓，可用海竿投钓，也可不用钓竿，直接把钓线垂至40~50米深的水体中作半浮钓。这种在深水区作半浮钓的钓法，钓线入水很深，适合在钓线上拴6~12枚钓钩做成串钩，甚至可同时用数根钓线垂钓，凭手感在鱼上钩时起钩，若用短手竿时，也可看竿尖的颤动及时提竿起钩。

703. 钓鱇𫚉白鱼应注意些什么

垂钓鱇𫚉白鱼有几点值得注意：一是因湖水清，透明度高，垂钓者必须注意隐蔽自己，切不可穿着鲜艳的衣服和多作移动将鱼吓跑。二是垂钓者在钓鱼过程中反应要快，各种操作都要敏捷利落。因为鱇𫚉白鱼吞钩很快，但吞钩后常常又会吐出来，而且吐得很快，如果垂钓者的反应不够敏捷，稍为迟疑一下，那就使垂钓落空了。三是垂钓鱇𫚉白鱼要准确地把握住容易钓到的几个时间段：①钓湖面鱼群要在黎明时分。②钓生殖洄游鱼群应在下午进行。③钓深水鱼群要在黄昏以后进行。④钓觅食洄游的鱼群宜在中午时段。四是要做好鱼的保存工作。该鱼被钓上岸后会立即死去，钓到后应立即放到通风的干燥处晾干，不可放在水中浸泡，否则容易变质。晾干的鱼带回家后要及时洗干净，沥干水分，用盐、酒和其他香料腌制，晾晒成鱼干，食用时再加以清蒸或烤炙，即可成为美味佳肴。

（三十二）红结鱼的习性及钓法

704. 红结鱼有哪些生活习性

红结鱼又称红鱼，其体稍侧扁，呈圆筒形，唇厚，有两对须，鳞片较大。小鱼体表为淡红色，侧线的上方带黑色，大鱼为鲜艳的橘红色，其背鳍与腹鳍的起点相对称。红结鱼属大型鱼，大的可长达1米，体重可达10千克。红结鱼大多生活在亚热带的江河急流中，我国南部的澜沧江及其支流出产较多，尤以双江县的勐腊河为著名产地。该鱼喜高温和有流水的环境，不能适应太低的水温，当水温降至6℃时即无法生存。

红结鱼大部分在澜沧江干流中育肥，每年夏季为其产卵期（7～9月份），而以8月份产卵最多，卵有黏性，常附着在岩石上。成熟的亲鱼常在急流中溯水向上游奋进，到小黑江及其支流中产卵。当群鱼集体游弋时，鱼体的背鳍露出水面，显示出红红的一大片，极为美丽壮观。

图211　红结鱼

红结鱼产卵之后，鱼群又顺水而下，游到水流较缓慢的河段中生活。当地有句渔谚，叫作“七上、八下、九归塘”，准确反映出红结鱼的活动和生活规律。

705. 钓红结鱼宜用怎样的饵料

红结鱼属于摄食性很强的杂食性鱼类。但幼鱼与成鱼摄食的饵料不同，幼鱼以浮游动物为主食，而成鱼的食性广泛，如水生昆虫、桡足类动物、硅藻、植物种子，以及蚯蚓、小虾、陆生昆虫等，它都爱吃。

垂钓红结鱼的钓饵，应考虑到该鱼是以动物性饵料为主的杂食性鱼类的特点，最好选用蟑螂、蝼蛄、蝗虫、蟋蟀、地蚕等昆虫和粗蚯蚓、泥鳅、小杂鱼、小块牛羊肉等；也可用些素饵，如蒸熟的小山芋块、嫩苞谷米、浸发后的黄豆等。

706. 钓红结鱼宜用怎样的钓具

红结鱼是生长在山区急流中的大型鱼类，鱼的个体一般有1 000～5 000克重，有时还能遇上10千克重的大红结鱼。因此，垂钓红结鱼所用的钓具要求结实牢固。

钓竿宜用竿体较硬、长度在3米以上的玻璃钢投竿（即海竿），或长度在4米以上的两用竿，配上中型旋压式绕线轮；也可以用尖梢较粗的竹制投竿，配上齿槽式手拨轮。绕线轮上需储线100～130米。钓线用直径0.4～0.5毫米的尼龙线。钓钩宜选用无锡产的丸袖形713～715号、伊斯尼形514～515号或与此大小差不多的进口钩。铅坠应根据垂钓水域的流速而定：若流速急，应配重些的；若流速缓，应配轻些的，一般使用 30～60 克的空心坠。若用组钩，拟在主线上用 4～6 枚单钩组成串钩。

707. 钓红结鱼应怎样选择钓点

先要选好适宜的钓点，可以在靠近激流的江汊缓流处和支流江口附近找钓点，每年的夏季多雨季节，或山水下泻、江水猛涨时期是垂钓的最好机会。垂钓的最佳时段是每天的黎明前后或夕阳西下的傍晚时分。此外，夜间也适于垂钓，因红结鱼晚上也在不停地摄食。

708. 怎样用手感钓法钓红结鱼

手感钓是垂钓者手持一根钓竿，不断变换钓位的钓法。这种钓法的特点是：在饵钩投入水中后，垂钓者要不时地缓缓提动钓钩，以引起红结鱼的注意，使其能吞食上钩。当提竿的手感觉到有鱼将钓线向水下拉的时候，就立即提竿起钩。如已有鱼上钩，便开始放线遛鱼，不论遛多长时间，都要坚持下去，直到将鱼拖至疲乏不堪、肚子朝天翻时，再用抄网将它抄上岸来。

这种钓法的优点是：可以任意变换钓点，扩大垂钓范围，还可任意更换钓位，主动到鱼多的水域去垂钓。此外，因是手持钓竿，较容易感觉出鱼儿上钩的信息，可迅速作出反应，提竿起钩，不会延误时机，因而钓获的成功率较高。

709. 怎样用定点钓法钓红结鱼

使用这种钓法，最重要的特点是钓点固定，可以由一位垂钓者照看多副钓竿，钓获率较高。具体操作方法是：先在岸边设置 1 个钓竿架，在将饵钩投出后，要把钓线绷紧，把钓竿架在钓竿架上，竿上最好装 1 个小铃。当鱼吞钩的信息通过小铃的响声或竿尖晃动下弯等情况反映出来时，及时提竿遛鱼。

采用定点垂钓时，一定要把钓竿放在钓竿架上固定牢（也可用绳扎好），否则，在钩住个体较大的鱼时，会把钓竿拉入水中，那样就会造成“鱼没钓着，反丢了一副钓竿”的局面。

此外还有民间一种传统的定点钓法，既省时又省力。其做法是：钓具与上述定点钓相同。但人不用守候在钓点上，在头一天傍晚时分，将数个钓钩投入水中，钓竿仍架在岸边，第二天早上再来收竿收鱼。由于垂下的钓竿多，只要鱼上了钩，钓获率也不错。而垂钓者可以好好休息，不会感到辛苦。这种钓法的缺点是：因为垂钓者不在竿边，有时钓到了大鱼却会被它挣脱逃走了。

使用上述两种钓法之前，若用切碎发臭的家畜（鸡、鸭、鹅、鱼、羊等）的内脏作诱饵打窝，垂钓效果将会更好。

（三十三）马口鱼的习性及钓法

710. 马口鱼有哪些生活习性

马口鱼有很多别名，如大刀兰鱼、花手巾、坑爬、快鱼、大口扒、红会睹、龙鬖等。马口鱼鱼头尖而口大，鱼身银白色，背部灰黑色，鱼体不大，一般长度只有20 厘米左右。

图212　马口鱼

马口鱼分布很广，我国的南部、北部、中部都有分布。它对水温有较大的适应性，在东北的鸭绿江、松花江、嫩江水域都有它的生活场所；在南方的广东、广西、云南、贵州等省的江河中也有它的踪影；在中部的黄河、长江、湘江、汉水、赣江、嘉陵江流域，以及几个大湖，如洞庭湖、鄱阳湖、太湖也有该鱼生长。

马口鱼属凶猛的肉食性鱼类，主要摄食其他小型鱼类和水生昆虫，它在水库和湖泊中会吞食饲养的鱼苗，对养殖业有较大的危害。有些湖泊、池塘中年年投放饲养的种鱼见不到收获，就是被该鱼吞食所致。马口鱼最喜欢在山涧溪流中觅食小鱼、小虾及其幼虫。江河、湖泊、水库、山涧溪流是它栖息的水域，从初夏至秋末的5～8 个月中，尤其是在晴朗无风的日子，常可见到成群结队的马口鱼在水体的上层游弋觅食。但它害怕风浪，若遇到有风浪的日子，它就躲进水底不出来。

当马口鱼的生殖季节到来的时候，雄鱼会显出十分艳丽的婚姻色，以招引雌鱼。该鱼的性成熟期较短，1 龄鱼即能达到性成熟期，每年的夏季末至秋季是该鱼的产卵期。

711. 钓马口鱼宜用怎样的钓具

根据马口鱼是小型鱼类的特点，所用的手竿不必过长，不论用硬体竿或软体竿，竿的长度只需3～4 米就行，这对一般只有50～150 克体重的马口鱼是比较合适的。

钓线也宜用比较细的，直径 0.2～0.25 毫米的尼龙线就够了。钓线的长度可与竿的长度相同，或长于钓竿1 米左右。钓钩可用普通的中小型钩，如无锡生产的袖形 318～319 号或丸袖形 717～718 号，也可以用日本产的鲤鱼钩 10～11 号或伊斯尼钩 4～5 号。铅坠也只用轻而小的。用这种细竿、细线和小型的钩、坠，携带起来比较方便，操作起来也很灵敏。

浮漂可用软木塞子自制，以小圆球形和长圆筒形最适宜。用软木塞做浮漂，垂钓时无论是浮钓、底钓都比较方便。若进行浮钓，需将铅坠换小，使饵钩和铅坠的重量不超过浮漂的浮力。否则，钓饵和钓钩就不会浮于水面或水体上层。

712．钓马口鱼宜用怎样的饵料

垂钓马口鱼的钓饵，可使用蚯蚓、蛆虫、苍蝇、螳螂、蝼蛄、蝗虫、青虫、蜻蜓等，也可用小麦德鱼、小虾虎鱼、小条鱼和小虾作钓饵，引诱马口鱼吞食的效果也很不错。

713．垂钓马口鱼应怎样选择钓点

马口鱼大部分时间都栖留在水体的中层或上层。常在水草丛中穿梭游弋，捕食各种生长在水中的昆虫及其幼虫或卵，也兼食小鱼、小虾。

垂钓马口鱼，首先要摸清它喜欢栖息的水域。它常常栖息于山涧水流清澈的水体中，特别喜欢栖息在有水草和沙砾积聚的浅水区域水底以及河道的落水处、主流水道的弯流处。垂钓时在这样一些地方设钓点，效果不错。从季节方面讲，马口鱼除了冬季不太摄食外，春、夏、秋三季都频频进食，所以垂钓时间较长，每年有8个多月可以垂钓。马口鱼摄食的高峰期是在每天的傍晚，尤其是在夏天的傍晚，一边乘凉，一边垂钓，是件非常惬意的事。

714．怎样用逆水投饵钓法钓马口鱼

垂钓开始时，在手竿的钓钩上挂上荤饵，将钓钩和钓饵向逆水方向甩出，让浮漂落水后，带着钓组半浮在水中，并随着水流漂流而下。垂钓者手持钓竿，眼睛随着浮漂的移动而移动，直到浮漂漂流到下游较远处不能再向前漂时，把钓组回收起来，重新向逆水方向甩出。整个操作就是甩出、回收，再甩出、再回收。

在钓组随水漂流的过程中，一旦被马口鱼发现，它就会迅速地游过来，凶猛地吞食饵钩。垂钓者自始至终都要专心地注视着浮漂的反应，待发现浮漂沉没时就立即提竿，将鱼提出水面。

715．怎样用抖动浮钓法钓马口鱼

这种钓法所用的钓具和前一种相同，不同的是：垂钓的水域不是在有流水的溪流中，而是在静水的湖泊或池塘中。在将钓组甩出后，仍让浮漂带着钓组落在水面上，并半浮在水面上。垂钓者此时应将持着的手竿不断地微微抖动，使钓饵在水中不停地抖动着，像是鲜活的饵料，这样不但容易让马口鱼发现钓饵，而且漂在水中的活饵能激起马口鱼的食欲，引起它凶猛地直扑过来咬吞饵钩而被钩住。如果经过一段时间仍未见有鱼上钩时，就收回钓组，换个钓点重新将钓组甩出，如上法继续进行，不要久守在一处垂钓，因为此时这个水域可能没有鱼。

716. 怎样用浅水投钓法钓马口鱼

这种钓法适宜在溪涧中清澈的浅水滩或水底铺满石块有缓缓水流的小溪中垂钓。在这些水域常常可见到成群结队的马口鱼在巡游觅食，此时垂钓者应注意隐蔽自己，悄悄接近这个水域，挂好钓饵，轻手轻脚地把钓饵放在离鱼群前行方向1米左右的水域中，待鱼群游至钓饵处，发现有可口的食物后就会争抢上去吞食而被钓着。

垂钓马口鱼有两点值得垂钓者注意：一是尽量选择在天气晴好、无雨无风时进行；二是马口鱼的听觉、视觉比较灵敏，垂钓者接近钓点时不能发出响声和多作移动，特别是在清澈的水域中，鱼又在水的上层，很容易听见岸上发出的声音和看见岸上的动静。尤其要注意的是：垂钓者切不可穿着颜色鲜艳的服装，服装的颜色尽可能和周围环境相匹配。

（三十四）细鳞鱼的习性及钓法

717. 细鳞鱼有哪些生活习性

细鳞鱼俗称山细鳞鱼，又称细鳞鲑、江细鳞鱼。其形状有点像哲罗鱼，不同的是：它的个体较小，口裂小，而鳞片和眼睛稍大于哲罗鱼。细鳞鱼的体色会随着水域的水色而有所变化，它在大江大河里常呈灰黄色，而生活在水底布满鹅卵石小溪中时为黑褐色，腹部色较暗淡。

细鳞鱼主要分布在我国东北与西北，其中以黑龙江水系为最多，牡丹江、松花江、嫩江，以及镜泊湖、达赉湖、五大连池都是它生长的水域，其他如绥芬河、图们江和新疆、陕西、河北等省区的山涧溪流中也有其踪迹。

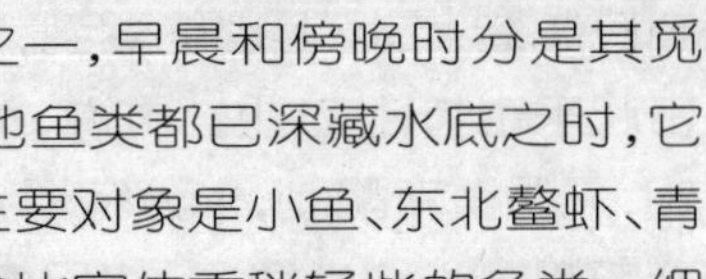

图213　细鳞鱼

细鳞鱼属比较贪食的肉食性鱼类之一，早晨和傍晚时分是其觅食的活跃时间，即使在严寒的冬天，其他鱼类都已深藏水底之时，它仍能不停地到处游弋觅食。它摄食的主要对象是小鱼、东北螯虾、青蛙、鼠类动物和水生昆虫等，甚至能吃食比它体重稍轻些的鱼类。细鳞鱼系冷水性鱼类，不畏寒冷，喜欢栖息在温度低、水质清澈的溪流之中，但在冬季，它会洄流到大江、大湖深水处越冬。待到春季水温略升时，又洄流到原处产卵。产卵过后，其食欲极盛，这是垂钓该鱼的最佳时机。细鳞鱼产卵量较多，一般可达 7 000～8 000 粒，产卵期在 4～5 月份，当水温在 7～10℃时，经 20 天左右即可孵化出幼鱼。细鳞鱼含有较高的脂肪，具有较高的营养价值。

718. 钓细鳞鱼宜用什么样的钓具

垂钓细鳞鱼可以用手竿钓，也可用海竿钓。若用手竿钓，宜选用长竿，最好有 5～6 米长，钓竿的硬度要适中，用 3～5 节的插接竿也可以。钓线可用 0. 35～0. 45 毫米的透明尼龙线，线的长度应比钓竿长 1 米左右。钓饵可用真饵也可用假饵。根据许多有经验的垂钓高手实践，认为钓细鳞鱼用假饵的效果更好，所以大多数垂钓者都用拟饵钩。拟饵钩可直接和钓线线端相连接，也可用和主线差不多粗细的一段尼龙线作绑钩线拴接后，再与钓线相连接。

浮漂可采用木质的，装在距离拟饵钩 30～40 厘米处的钓线上。这种木质浮漂有两种作用：一是借助它的重量，使拟饵钩能顺利地投出去；二是可从浮漂的动静看出鱼儿上钩的情况。

若用海竿钓，应选用轻便的溪流投竿，供水面上浮钓之用。这种投竿不宜太长，有 2～2. 5 米长就够了。钓竿上需安装 1 个鼓形绕线轮。由于使用的是浮钓，所以钓线需使用专供浮钓用的加重尼龙线。线的长度约 100 米，绕在绕线轮上作遛鱼时放线之用。这种尼龙线的外表有一层塑料膜，线的一端粗细正常，往下会逐渐变细，在细的一端连接绑钩线。绑钩线与钓线的粗细相同，长约 1 米左右。钓钩可用拟饵钩，拟饵钩借助钓线的重量投出。

这种用海竿作浮钓的钓法，是让假饵在水面上漂浮着来引诱鱼吞食，钓线上不用装浮漂，也不需要装铅坠，同样能取得好的效果。

719. 钓细鳞鱼宜用怎样的饵料

钓细鳞鱼若用真饵钓，钓饵可用青蛙、老鼠、虾、各种小型鱼类及各种昆虫。但由于钓具的发展和钓法的进步，大多数垂钓者在垂钓凶猛的肉食性鱼类时，都已不用真饵而改用假饵，因为经实际使用后证实，使用假饵不仅垂钓效果好，而且趣味性强。而且，假饵既可以自己制造，市场上也能买到，比挖蚯蚓、找各种动物饵料轻松得多，携带起来也特别方便。再说，动物饵料只能当天使用，第二天再想垂钓，又得重新配制，十分麻烦，也不卫生。

假饵的种类很多，使用前需考虑用哪一种比较合适。由于细鳞鱼喜欢吃鱼类、青蛙和昆虫，因而假饵选用鱼形、青蛙形或各种昆虫形象比较合适，这些假饵可以用丝绸、羽毛、塑料和动物皮毛来制作。

制作时，在假饵中隐藏1个长柄的单钩，这样的假饵本身没有多少重量，非常适宜在水体的上层进行浮钓。

假饵的选用，在不同的季节应有所变换，不能老是用某一种。例如，每年5月以后，天气暖和了，是昆虫交配、产卵、成虫的时期，也正是细鳞鱼捕获这些昆虫作为美食的时期，此时，垂钓者如能使用昆虫形的假饵来垂钓，可以得到很好的收获。另外，在7月份前后青蛙到处活动的时候，使用青蛙形的假饵，细鳞鱼会毫不怀疑地冲上来咬钩。

720．钓细鳞鱼应怎样选择水域作钓点

垂钓细鳞鱼应从该鱼喜欢栖息的水域去找钓点。细鳞鱼最喜欢在山涧的溪流中游弋和寻觅食物，钓点宜设在水势较缓的地方。若河床上有大石块，在大石块背后水流有旋涡和比较和缓的一带就是最理想的钓点。在山涧的下游，都有水很深的深潭，在这种环境里选择钓点，宜选在浅滩和深潭相交的中间一段水域。

在江河沿岸垂钓时，可在弯道处选取水势较缓的回水处作为钓点。在江河的近岸处，钓点应设在有大石头或其他障碍物阻挡水势的缓水水段。河岸若有突出部位，钓点宜设在突出部位的下游水流较缓和的水域。在河道较浅的水段，常常会有大小石块的自然堆积，像河堤似的横在河面上，流水时急时缓，这样的地方也是很好的钓点。此外，两岸树木葱葱、沿岸生长着密集的青草和植物的江河近岸处水域，在有风雨的日子里，水面上会落入很多产卵的昆虫，这是细鳞鱼最喜欢栖息觅食的处所，也是垂钓的好钓点。

721．怎样垂钓细鳞鱼

垂钓细鳞鱼有两种方法：一种是垂钓者站在岸边垂钓；另一种是垂钓者穿上橡皮裤站在浅水滩中垂钓。

在岸边垂钓者，可将假饵向河心方向甩出，但不要甩进水流湍急的水段，而应甩在河流主水道边沿的缓水处和回水处。在假饵落入水中后，让其顺水漂流，待其冲回到距离垂钓者不远处时，再将其收起来重新甩出，如此反复进行，即可诱到鱼儿冲上去吞钩。此外，也可将钓饵甩向上游靠近主河道的边缘处，任其漂向较远的下游水域，再将其收回，重新甩出。

站在河水浅滩的垂钓者，除穿上橡皮裤外，还要背上鱼护和抄网。抄网可露出水面，鱼护要背在身后或系在腰间。当钩住鱼时，应将鱼放在抄网里边摘钩，以防鱼儿逃脱。站在水中垂钓虽然比较劳累麻烦，但效果要比岸上好得多。

站在水中垂钓操作时，垂钓者面向下游，用海竿把假饵向预先找好的钓点甩出，随即将钓线放松，使假饵漂至钓点所在处。当水流将钓线冲至拉紧时，缓缓收回再重新甩出。需要注意的是：使用的若是鱼形、鼠形和青蛙形的假饵，在随水漂移的过程中，要用钓竿作轻微抖动，使假饵有活的错觉，加强对鱼的诱惑性，以提高上钩率。但是在使用昆虫形假饵时，因昆虫产卵期在水面上是不会抖动的，所以此时作画蛇添足似的抖动，其效果会适得其反。

许多有经验的垂钓高手认为，在钓细鳞鱼时，用海竿的效果比用手竿好，因为用海竿不仅可以甩得较远，收线放线轻松方便，而且上钩率也较高，但用海竿需要掌握甩投技巧，否则不容易把假饵甩到预先选定的钓点水域。这是因为假饵本身没有多少重量，再加上没有铅坠，所以具有一定的难度。

甩钩的方法是：①先从绕线轮中将钓线放出 10 米左右。②右手握竿，并将钓竿竖起。将钓线带向身后，并将假饵拎起，向前、向后虚甩几次。虚甩的目的有二：一是为抖掉假饵上的水珠；二是为了使钓线展开，为最后甩出做好准备。③左手将绕线轮中拉出的钓线，缠成几个大圈捏在手中。④在右手持竿将钓线及假饵虚甩几次后，最后一次加大力度向前甩出。⑤左手松开捏着的钓线，让钓线及假饵飞向远处钓点水域。

使用这种甩法，既可增加甩出的长度，又可使假饵落水后延长在水面上漂浮的时间。甩出假饵以后，要平放钓竿，让钓线得到松弛，使假饵能平缓地自然漂浮，在假饵漂出一段距离，钓线逐渐被拉直拉紧时，如果还没有鱼上钩，就应慢慢地将假饵收回，如上法重新甩出，直到有鱼上钩。

当有鱼上钩时，可从水面上看到有浪花泛起，同时，垂钓者握竿的手会感到钓线突然被拉紧，这时应立即提竿和开始遛鱼，遛至鱼疲乏翻肚时用抄网抄鱼。细鳞鱼的视觉、听觉都比较好，使用手竿在岸上垂钓时，要注意尽量隐蔽自己，并尽可能不发出声音，各种操作都要悄悄地进行，避免将鱼吓跑，空手而归。

（三十五）光倒刺鲃的习性及钓法

722. 光倒刺鲃有哪些生活习性

光倒刺鲃俗称光眼鱼、黄娟、坑坚。其体形为长筒形，吻部有一对稍短些的吻须，颌部还有一对比较长些的颌须。背鳍的前方，有一向前平卧的倒刺隐于皮下。体表绿色，背部为青黑色，腹部为乳白色。

光倒刺鲃属中型鱼类，个体最大的可达 7 500 克。光倒刺鲃广泛分布于广西各地各种类型的水域中，其中尤以漓江和桂江最多，生存的数量仅次于鲤鱼。该鱼属下层鱼类，喜欢栖息在清水石底的激流河段中。

光倒刺鲃的食性很杂也很特别，它在幼鱼时期和成鱼时期的食性并不相同，幼鱼时期以摄食动物性食物为主，而长大到成鱼时，改变成以摄食植物性食物为主。在一年四季中，它喜食的食物种类也有所不同，所以，它是名副其实的杂食性鱼类。

图 214　光倒刺鲃

光倒刺鲃的成熟年龄比较早，一般到 3 龄时，就已达到性成熟期，产卵期在每年的 5～6 月份，成熟的亲鱼常群集在缓流且多水草的河段处繁殖后代，产卵的时间大多在夜间。产卵时，雄鱼和雌鱼会互相追逐，在水体中活跃异常。

光倒刺鲃和其他鱼还有 1 个不同之处：它的空壳重量（除去内脏的重量）占总体重的 91%，就是说其可供食用的部分比其他鱼多得多，这是其一大优点。该鱼肉质鲜美，加上它是以水生生物为主要食物的，适应性又很强，所以称得上是一种优良鱼种。而且该鱼的鱼胆可作药用，治疗小儿惊风和火眼等症。

和光倒刺鲃同属的还有一种叫作倒刺鲃鱼的，它又有青竹鱼、草色鱼、大肚鱼、竹柏鲤、黄冠鱼等名称。

倒刺鲃鱼的生活习性和光倒刺鲃略有不同，它喜欢栖息在江河的上游水段，属急水中的中下层鱼类，常在岩石堆的缝隙中存身，安居在深水层的石洞中，也常到支流浅湾地带游弋。在较大的水库中，它们常成群地活动，聚集在库底竹木林丛中或水体上层的竹排、木排底下。到了夏天和秋天，分散成小群，在各库湾中觅食。及至冬天，又退回到深水层中，但仍大量觅食。

倒刺鲃鱼属草食性鱼类，以多种植物为主食，如腐败的植物碎屑、小贝类、丝藻类以及青泥苔、马来眼子菜、凤眼莲的根部、树叶、油甘果、菜叶等。对一些甲壳类昆虫和其他软体动物偶尔也会兼食。

倒刺鲃鱼经 3 冬龄就到性成熟期，雌鱼和雄鱼常成对地生活在石洞之中。雄鱼臀鳍较长，有黄色珠星，其长度往往超过尾鳍基。倒刺鲃鱼生殖期在每年的 4～6 月份，在滩头急流中产卵，其卵浮性、色黄，一次产完。由于鱼卵产在急流中，产下后即随水漂流着孵化。该鱼在大、中型水库中均能自然繁殖，并能形成较大的群体。倒刺鲃鱼生长很快，经2冬龄就能长到1 000克的体重，最大个体可重达20千克。倒刺鲃鱼肉质特别细嫩，是人们喜食的大型鱼类之一。它分布在海南岛的西江及云南的元江等水系。

倒刺鲃鱼和光倒刺鲃的食性、栖息水层比较接近，钓点、钓具、钓法也基本相同，所以，关于钓具、钓法的介绍，就合在一起叙述了。

723. 钓光倒刺鲃且用怎样的钓具

垂钓这两种鱼有3种不同的钓法可用，所用的钓具也各不相同。

（1）竹竿钓具。竹制钓竿是我国传统的钓具，使用起来相当方便。广西桂林市有一种古老的“全竹车轮钓竿”，别具一格，人们特别喜欢使用。这种竿系用桂林山中出产的纤细独竹制成，竿体并不很长，其长度仅为1.8~2.2米。此竿竿柄粗壮，竿体纤细，竿尖挺拔，弹性好，在钓到大鱼需要遛鱼时，能弯成弓形而不被折断，过后又可自行恢复原状。它小巧玲珑，操作起来灵活方便，收线放线快速敏捷，当有鱼上钩需要遛鱼时，只用一只手就能应付自如，另一只手可以拿抄网抄鱼，显得得心应手，游刃有余。

这种钓竿的根部装有1个木制的绕线轮，当钓到个体大的鱼时，放线、收线灵活方便。在没有这种竹子的地方，也可用其他竹子制成钓竿，只要具备竿粗、梢细、结实、耐弯、韧性和弹性好等优点，就是适用的好钓竿。至于用玻璃钢制成的钓竿，也具备这些优点，也是适用的好钓竿。钓线宜用直径0.15~0.25毫米的细线。若在深水中垂钓，钓线应适当粗一些，但应适用细线钓大鱼为原则。

浮漂与铅坠要根据垂钓水域的情况而有所不同，若是进行深水钓，宜采用细而长的浮漂和可以活动的重坠；若在激流处浮钓，用昆虫类的荤饵作钓饵，可以不装浮漂和坠子；若采用清水钓，有两种做法：一种是在沉底后看不见饵钩的，要用小坠配上小浮漂垂钓，另一种是在沉底后能看见饵钩的，被称作“钓看食”的，可用浮漂，也可不用浮漂，但仍需用小铅坠。

钓钩的大小，要根据垂钓水域中鱼的大小而定，还要和所用钓线的粗细相匹配。一般情况下，可使用大小相当于无锡产的鹤嘴形114~115号的钓钩。

（2）弹钓钓具。弹钓是用一种京竹制成的钓竿来垂钓，钓竿的长度为2.5米左右，钓竿的底端直径约为15毫米，尖部直径约为3毫米。钓线用直径0.35~0.40毫米的尼龙线，线长应比钓竿长一倍或更长些。在距竿尖40~50厘米的钓线处绑1个长5~7毫米、宽

5～6 厘米的小竹片。另用一根直径 2.5～3 厘米、长 1 米左右的竹竿，下端削尖，便于插入岸边的泥土中，上端钻一小孔插一竹销。

垂钓时，先将竹竿向外斜插入水中，然后投出钓饵和钓钩，使钓竿与水面呈 60 度角架牢，再将竹竿弯成弓形，把钓线上的小竹片卡在竹竿端部的竹销上。当鱼咬钩牵动钓线时，钓线上的小竹片即从竹销上滑出，钓竿立即弹起，将鱼钩住，不让它逃脱。

724. 钓光倒刺鲃宜用怎样的饵料

垂钓光倒刺鲃的钓饵，可用泥鳅、蚯蚓、虾、樟树蚕、蜻蜓、米饭团、冬瓜子、柚子子、香瓜子、野生小红果及鸭肺等，但该鱼最喜欢吃红色的或活动的饵。若在 6～7 月间，最好用蚯蚓作钓饵，如有红色的蚯蚓那就更合适。樟树蚕也是好的钓饵。在冬天作深水钓时，宜用柚子籽作钓饵。

垂钓前可以投撒诱饵，但应在清水期并在有一定流速的河段中使用。上半年应以腥臭饵为主，下半年应以香饵为主。投撒诱饵后，附近的鱼会很快被引诱到钓点上来，这样就可大大增加钓获量。

725. 垂钓光倒刺鲃应怎样选择钓点

光倒刺鲃是淡水鱼中最难钓的鱼类之一，原因是这种鱼的视力很好，游起来速度很快，虽很贪食，但摄食的动作极快。另外，它胆子小，疑心病很重，如果感到吃进嘴里的饵食稍有不适，就会立即吐出来。加上它十分敏感，害怕白色，害怕声响，一旦发现周围环境有点惊动，就会逃得远远的，所以垂钓者称这种鱼为“奸鱼”。

不过，如果垂钓者具有较高的钓技，又充分了解它的习性，垂钓时避免人影晃动和发出声音，杜绝使用白色的钓饵钓具，垂钓者也不穿白色衣服，仍可以使垂钓上钩率达到较高的水平。

垂钓光倒刺鲃应掌握好垂钓的季节，在广西最佳的垂钓季节是 6～9 月份，如在秋末、冬季和初春天气比较寒冷时垂钓，只能在深水中垂钓。在夏季应“钓两头”，就是早晨从天亮起到上午 8～9 时为一头，傍晚到天黑之前为一头；在冬、春季应“钓中间”，即在中午前后一段时间去垂钓，这是因为冬、春季节，天气还比较寒冷，只有在中午这段时间气温略高一些。钓点一般选在岩石边、码头边、流水的回水湾处，结果实的大树下、大竹林边、拦河坝及桥墩附近。光倒刺鲃喜欢在这些地方觅食，所以适于作为钓点。

726. 怎样用竿钓法钓光倒刺鲃

用竿钓法垂钓光倒刺鲃，最重要的是要设法把自己隐蔽起来，不让水中的鱼看见人影后受惊而逃。光倒刺鲃视力很好且胆小多疑，若发觉岸上有人活动或发出声响就会逃走，垂钓就要落空。最好的隐蔽方法是：用一块1.2～1.5米见方的绿色或土黄色的塑料薄膜，蒙在用细木条钉好便于移动的木架上，下面做好可竖立的架脚，垂钓前，将此架缓缓送至钓点附近的岸上，垂钓者隐蔽在架子后面进行垂钓。

如没有这种设备就应利用岸边的地形，如树木、小棚屋等处隐蔽自己，或穿着与岸边景物类似颜色的衣服，缓缓接近钓点，蹲着或坐在地上进行垂钓。下钩之后，只要发现浮漂稍有动静，就应立即提竿，否则就会失去好机会。若是使用“钓看食”法垂钓，只要见到鱼低头翘尾地接触饵钩，就要果断提竿，不可迟疑延误。

当光倒刺鲃上钩之后，要用很快的速度将其提上岸来，以免惊散群集在钓点附近的其他鱼，这样就可以接着钓。如果钓到个体较大的鱼，无法快速提拉上岸的话，应及时将上钩的鱼缓缓牵到离钓点较远的地方去遛鱼和起鱼。如果发生了脱钩或断线的情况，容易把鱼群惊散，那只能换个钓点，重新投撒诱饵打窝垂钓，或过一段时间以后再回到原来的钓点垂钓。

若采用“钓激流”的做法，必须换用活饵，并将饵钩沉入水底，在深水或浑水中垂钓。钓深水时，应改用较重的铅坠才能使饵钩下沉，至于浮漂可挂，也可不挂。若不挂浮漂，在饵钩投出后宜将钓线拉直。当有鱼吞钩时，钓线就会牵动钓竿，发出鱼上钩的信号，此时应立即起竿。该鱼在咬钩前，往往会先用尾部对饵钩扇动一下，然后猛然转身吞食，垂钓者这时应手疾眼快，及时提起钓竿取鱼，莫失良机。

若在浅滩上作浮钓，钓饵以面食为好。在涨水的时候，以钓边为好；在清水的时候，要根据具体情况考虑采用哪种钓法最适合，若某一种方法不灵，就应换用另一种垂钓法。

727. 怎样用双钩钓法钓光倒刺鲃

采用双钩钓法，必须在垂钓前选好适当的垂钓位置。选位的方法并不复杂，垂钓者到钓场后要在岸上高处蹲下，对水面仔细观察，如果急流附近有光倒刺鲃鱼，不久就会有鱼靠近岸边休息和觅食，若见到有3～6尾鱼，即可开始垂钓，如果见不到鱼群或下钩后很久仍无鱼上钩，就应变换钓位。

钓饵应根据不同的垂钓季节而选用不同的钓饵。从春末至秋末的整个钓季，都以用马口鱼作钓饵为最好。在柚子上市前，可用尚未成熟的柚子籽作钓饵；待秋季红瓜子上市后，可用红瓜子为钓饵；秋末时分，可将红皮小山芋切成约1.5厘米见方的小块作钓饵。

双钩钓法要在主线上接两根15厘米长的脑线，各拴1个钓钩。1个钩上挂上马口鱼，装钩方法是：用钩尖刺穿鱼的上唇，再穿入背鳍下表皮；另1个钩穿柚子籽、红瓜子或蒸熟的红皮山芋。两个钩1个挂活荤饵，1个挂素饵，任鱼儿去挑选。柚子籽的装钩法是：将钩尖从籽的中部刺入，再从籽的侧面穿出；红皮小山芋的装钩法是：把钩尖从山芋的一端插进，往外侧轻拉，露出约1毫米的钩尖。

垂钓时，将双饵钩垂下任其沉入水底，并不时微微抖动钓竿，以引起鱼的注意使其前来吞钩。若经过一段时间仍无鱼上钩，应考虑换个钓点。若能在垂钓前撒些诱饵打窝，效果将会好得多。

728. 怎样用弹钓法钓光倒刺鲃

这种钓法一般适宜在江河的岩石处使用。这是一种设置在岩石上的钓具，不是一件单独的钓具，而是由5~10根钓竿排列在一起设置的成排钓具，钓竿在岸上一字排开，从远处望去，像是一排竹排浮在水中，因而有人称之为“崖排”钓具。用这种方法垂钓光倒刺鲃，钓饵常采用素饵，如青草、轮藻、青菜等物，虽然有时也会钓到其他鱼，但钓绩中光倒刺鲃始终占大多数。

“弹钓”，就是用一种安有弹销装置的钓竿作为钓具，它由钓竿、竹桩、插销、弹销、钓线、钓钩6个部分组成。①钓竿。钓竿是弹性好的小京竹或其他适于制成钓竿的竹子，如紫竹或楠竹等，选皮厚、节密、挺直、竹节均匀、无裂缝、无伤疤、无虫眼的竹料制成。竿的底端直径约为15毫米，顶端直径约为3毫米，竿长为2.3~2.6米。②竹桩。竹桩是插入水底固定插销和弹销的主要部件，可用直径2.5~3厘米的一段楠竹削制。竹桩长度为60~90厘米，下端尖，便于插入水底，上端钻1个小孔，插上插销。③插销。插销系用竹片制成，长约7厘米，厚约0.5厘米。④弹销。弹销也用竹片制成，宽0.5~0.7厘米，长度为5~6厘米。⑤钓线。钓线用直径0.35~0.45毫米的单股尼龙线，线的长度可根据需要而定，一般比钓竿长2~3厘米。⑥钓钩：钓钩可用国产胡弓形214~216号或袖形314~316号的长柄钩，每根竿上挂1~3个钩。

以上6种部件备齐后，将钓线约40厘米处对折复捻，复捻线端结缚于钓竿顶端，钓线的中部绑结弹销，另一端绑结钓钩。插销插入竹桩顶端的销孔内，自岸向外倾斜伸出，以控制弹销。

用该法垂钓光倒刺鲃，从春末至秋末的几个月内都可进行，但以4~5月份为最好。钓点可选在江中的岩石岛或有岩石的岸边。在夏天雨多涨水使江水变浑时，应选离开主河道的水流较缓和的岩石边，最好是有回水的水域作钓点。垂钓时，垂钓者应藏身于较隐蔽的地方留心照看着钓具，一旦看见弹竿弹起，就要立即拿起抄网上前捞鱼。这种钓法所用的工具比较简单，花费不多，但收获率很高。在旺季如能在一个较好的钓点垂钓，一天可钓到 10 千克以上的鱼，只是用此法只能钓到个体较小的光倒刺鲃，钓不到大鱼。

值得注意的是：光倒刺鲃被钩住后，往往会使出 3 种招数欲以逃窜：一是滚，即在钩下不断翻滚；二是跃，即带着钓钩一起跳跃，甚至会跳出水面 1 米多高。遇到以上这两种情况时，最重要的是要让钓线绷紧，不可松着，否则鱼就有脱钩逃走的可能。三是冲刺，即向远处极力冲出去，这是它的最后一招。这时垂钓者应顺势适当放线遛鱼，并始终保持钓竿成弓形，钓线应绷紧，坚持下去，一定能将其制服擒获。

（三十六）油四须鲃的习性及钓法

729. 油四须鲃有哪些生活习性

油四须鲃又称油鱼。它体厚，稍侧扁，近纺锤形，有细长的两对须，体表灰白色，属小型鱼类。

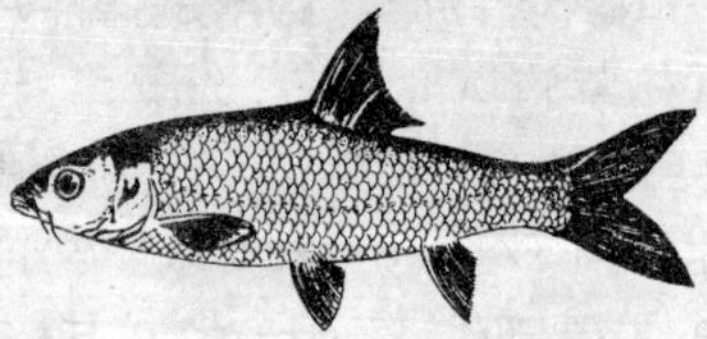

图 215 油四须鲃

油四须鲃生长在云南省洱海北部及其沿岸的小水域中，当地白族群众经过多年观察，认定它生活在与洱海相连通的岩洞里。对该鱼的生活水域，我国明代旅游行家徐霞客曾经作过考察和详细描述，他在《滇游日记》中写道：“凑峡之间，有数十家当道，是为邓川驿；过驿一里，上盘西山之嘴，始追及仆担。遂南望洱海，直上关而北……西山之坡，东向而突海中，是为龙王庙。南崖之下有油鱼洞，西山腋中有十里香奇树，皆为此中奇胜。”

油四须鲃生活在水体的中下层，常栖息在水草丛生的流水河段，摄食浮游小生物及软体动物，如小虾、小蚌、小螺蛳等，食性很广。其繁殖期为每年 4～7 月份，产后即洄游到有水草的岸边大量摄食育肥。和油四须鲃同科、同属、同水域的有洱海四须鲃，其外形、生活习性和油四须鲃极为相似，不同之处只是油四须鲃个体较小，全长只有 100 毫米左右，一般体重只有 200 克左右，而洱海四须鲃个体较大，全长 300 毫米左右，体重可达 400～500 克，体形有点像棱镖，当地群众称它为镖鱼。由于其背部呈青黑色，又称谓“青脊梁”。

油四须鲃和洱海四须鲃肉质肥嫩，味道鲜美，是当地白族群众最喜食的河鲜。

730. 钓油四须鲃宜用怎样的钓具

钓油四须鲃可根据不同的钓场条件，或使用手竿垂钓，或使用投竿垂钓。由于油四须鲃属小型鱼类，钓具也应该选用小型的，以小巧、轻便的为宜。

若在静水水域垂钓，一般可使用长 4～6 米的玻璃钢手竿或自制的软手竿，配直径 0. 15～0. 2 毫米的尼龙线为钓线。钓线可与钓竿等长或稍长些，装上立式小浮漂和小型开口坠。若在缓流水域垂钓，最好使用 2. 5～2. 8 米长的轻便软投竿，在手柄附近装配上小型旋压式绕线轮或手拨轮。绕线轮上需绕上直径 0. 2～0. 25 毫米的尼龙线 100 米。铅坠用小型空心坠。钓钩选用无锡生产的伊斯尼形 519～520 号、鹤嘴形 118～120 号，或鲤钩 8～10 号都可以。钩组组合可采用坠下钩或坠上钩，单钩或串钩组合的方式，任何一种都行。

731. 钓油四须鲃宜用怎样的饵料

钓油四须鲃的钓饵，素饵可用米饭粒或白面团切成的小块；荤饵可用蚯蚓、小虾、蛆虫、苍蝇、小鱼苗等。由于该鱼的食性很广，不论用荤饵或素饵都能钓得到。

732. 钓油四须鲃应怎样选择钓点

油四须鲃的钓场、钓点需根据该鱼的习性选择。钓场主要在洱海北部西岸所有流域的沿岸。钓点可选在水草比较茂密、多岩的流水河段，或水面平静清澈的水域以及溪流入海的缓流中。

733. 怎样垂钓油四须鲃

若是在平静的水面垂钓，适宜用手竿浮漂底钓。在钓钩上装好钓饵，放入水中，让其沉至水底，然后注意浮漂传递的动静，一旦浮漂出现突然沉没或上下颠动时，就应立即提竿起钩。

若在有缓流的水域垂钓，可以使用轻便的投竿。将装上钓饵的饵钩投入水中之后，垂钓者应将手上的钓竿不时地稍作移动，使饵料显示出活饵的样子，以引起鱼儿的注意，使其受到食物的引诱而前来咬钩。待到提竿的手感到颤动时，即可提竿起钩。这种钓法比较灵活，机动性强。虽然只有 1 个人一组钓具，但垂钓的范围和效果并不低于数根钓竿的定点钓，而且容易做到提竿及时，钓获的成功率高。在垂钓过程中，若等待一段时间仍无鱼上钩时，就应及时变换钓点再钓，不可呆守一处，耽误了钓获的时间。此外，垂钓油四须鲃还需掌握垂钓的季节，该鱼的最佳垂钓时期是每年的谷雨和立秋前后，尤其应把握在油四须鲃产卵之后，最需要摄食以补充营养进行育肥的时期。这个时期油四须鲃食欲最强，也最容易钓获。

（三十七）云南倒刺鲃的习性及钓法

734. 云南倒刺鲃有哪些生活习性

云南倒刺鲃又称黑脸鱼、青鱼，其体形长而侧扁，体色灰绿，全身各鳍的末梢都呈黑色。云南倒刺鲃属中型鱼类，一般体长40厘米，体重2 000克左右，最大的个体有60厘米长，体重达4 000克以上。云南倒刺鲃分布于云南省盘江的下游以及附属水体抚仙湖和异龙湖。除此之外，也分布于星云湖和阳宗海等湖泊中。该鱼喜欢生活在水流缓慢、水底为岩石或多暗礁的深水中，但在流水和静水水域中也能较好地成长。云南倒刺鲃系草食性鱼类，一般摄食水中杂草、丝状藻类植物和其他植物的碎屑。它的产卵期在每年的4月份，所产之卵具有黏性。据《宜良县志》中记载：倒刺鲃的胆可以治疗目疾。这说明云南倒刺鲃不仅口味鲜美，且是具有经济价值的优良鱼种。

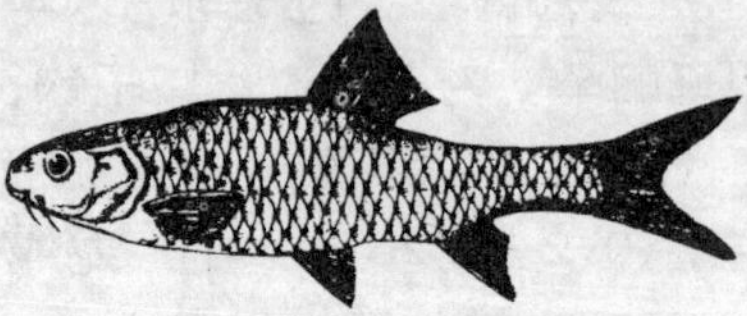

图216　云南倒刺鲃

735. 钓云南倒刺鲃宜用怎样的钓具

由于云南倒刺鲃是一种中型鱼类，因而垂钓这种鱼可用手竿也可用投竿。云南当地使用一种弹竿，采用插边垂钓法，效果也很不错。若采用手竿钓，宜选用竿梢适当粗些的中硬度手竿，钓竿长需有5～6米。钓线用直径0.3毫米的尼龙线，线的长度应与钓竿的长度相同。钓钩选用无锡产的伊斯尼形515～516号或鹤嘴形114～116号，也可用日本产9～12号鲤钩。铅坠可用开口坠，配上单体立式的长浮漂。如采用投竿，可选用2.5～3米长的轻便投竿，装配上小型绕线轮，用直径0.3毫米的钓线，线的长度需100米左右。钓钩可用和手竿相同规格的，可用2个或3个钩组成的串钩，连接在坠子的上方。铅坠采用30～40克重的。

736. 钓云南倒刺鲃宜用怎样的饵料

垂钓云南倒刺鲃的钓饵，不一定限于素饵，虽然该鱼属于草食性鱼类，但它和草鱼有相似之处，也兼食一些动物性饵料。所以，垂钓这种鱼可用蚯蚓、蚌肉、螺蛳肉、虾以及白面团等。

737. 垂钓云南倒刺鲃应怎样选择钓点

垂钓云南倒刺鲃首先要选准恰当的垂钓季节，这种鱼以每年的4~10月份为最佳钓季。在一天中，以清晨和傍晚上钩率最高。其次要选准适当的钓点，该鱼喜欢栖息于深水的湖湾中，钓点宜选在水底多石的水域或周围有砂石的泉水出口处附近；湖边有陡峭的岩壁，或有岩石延伸至水底的近岸处，也是设置钓点的理想水域。

738. 怎样用手竿钓法钓云南倒刺鲃

用手竿垂钓，在钓点选好后，要先在钓点上投撒诱饵。诱饵可将螺蛳连肉带壳捣碎，掺入一些砂土，捏成小团，投入钓点。垂钓前，要根据钓点内水的深度，将浮漂调节至与饵钩的距离相当，使饵钩正好落至接近水底，以便鱼儿容易发现。为了提高鱼的上钩率，垂钓者可同时使用2~3副手竿垂钓。在饵钩投入水中下沉至水底后，垂钓者要密切注意浮漂的动静。当鱼儿上钩时，浮漂显示出上下跳动几次后即被拖入水中，这时应立刻提钩。

739. 怎样用投竿钓法钓云南倒刺鲃

用投竿垂钓，应将钓钩拴接在坠子上方，且离坠子远一些。这样饵钩投出后，坠子落底，钓线即会绷紧，饵钩就可以离水底有一段距离，这样可以避免钩线挂底。用投竿垂钓也和用手竿一样，一人垂钓也不妨使用几副投竿，以扩大垂钓范围，增加鱼上钩的机会。

由于云南倒刺鲃属中型鱼类，一般上钩的鱼重量都在1 000~2 000克之间，有时也可钓到4 000~5 000克个体较大的鱼。在钩住这样的大鱼之后，需要及时放线和收线，拉锯似的与其周旋很长时间，才能将鱼遛得疲乏，最后把它抄上岸来。

740. 怎样用弹竿崖排弹钓法钓云南倒刺鲃

崖排弹钓是这个地区群众常用的一种独特钓法，以一种有弹销装置的钓竿为钓具。崖排弹钓是指在露出水面的岩石或湖中的小岛上，将特制的弹竿成排地插着垂钓。弹竿由钓竿、竹桩、插销、弹销、钓线、钓钩6个部分组成。同弹的法钓光倒刺鲃钓具。

用这种钓法垂钓云南倒刺鲃，每年从3~11月份都可进行，但以4~5月份最容易钓到，上钩率最高。

垂钓时，可带弹钓竿10副以上，以轮藻、青菜或蚌肉、螺蛳肉为饵，选择江河有岩石的岸边或露出水面的岩石岛作为钓点。将钓竿插在岸边石缝中固定，然后将竹桩插入距钓竿1.3~1.7米左右的水中，再拉弯钓竿，使其形成弓形，把弹销斜扣在竹桩和插销之间，然后将装好钓饵的钓钩抛入竹桩外的水中。按照这样的做法，1次可插

10多副钓竿。当鱼吞饵时，必然会拉动弹销，弹钓竿即自动弹起钩挂住鱼嘴，将鱼钩出水面，垂钓者即可收鱼。

不过，用弹钓竿钓到的云南倒刺鲃鱼一般个体都比较小，大多在1 000克以内，如果在鱼多的旺季用这种方法垂钓，一人可以照看10几副钓竿，加上在适宜的钓点垂钓，一天钓到10千克以上的鱼是很平常的事。

（三十八）大鳍刺鳑鲏鱼的习性及钓法

741. 大鳍刺鳑鱼有哪些生活习性

大鳍刺鳑鲏鱼属于小型鱼类，一般只有5~10厘米长。它头尖、体短、侧扁而高，似菱形，和鳊鱼的体形很相似，但更高；其鳞片也比鳊鱼大；背上靠后处有较长而高大的背鳍，其大鳍的名称可能由此而来。大鳍刺鳑鲏鱼是一种广布性鱼类，很多大小水系的附属水体及湖泊、小河皆有分布，尤其在有河蚌生活的水体中，都有它的活动踪影。

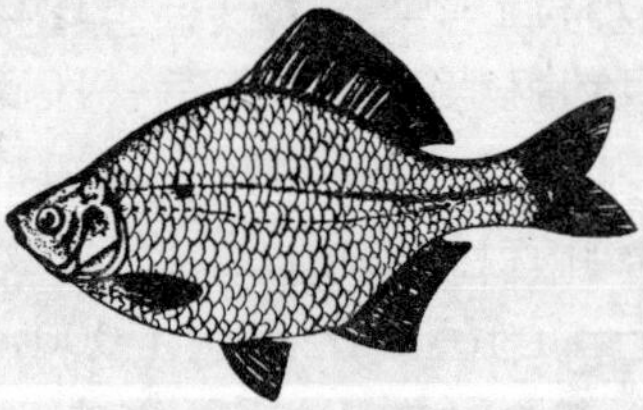

图217　大鳍刺鳑鲏鱼

大鳍刺鳑鲏鱼喜栖息于缓流和泥质的水域，特别喜欢在水草丛中安身。每年春末，水温开始升高时，就可在溪河的浅水处见到它。该鱼摄食以高等植物的叶类和藻类水草为主要食物，但较大个体的鱼，也吃摇蚊的幼虫等动物性饵食，甚至还捕食幼鱼和小型鱼类。

大鳍刺鳑鲏鱼到了繁殖季节，其雄鱼吻部会出现珠星，雌鱼会伸出产卵管，将它的卵产在张开的河蚌体内，雄鱼射精时会借流水的浮动进入蚌体内使卵受精。该鱼的性成熟期，南方与北方地区有些不同，这可能与气温和水温有关，在黑龙江一带，该鱼为2龄成熟，但在长江或更南部水域中，该鱼1龄就可成熟。该鱼在长江中的产卵期在4~6月份，产卵数为300~1 000粒。

大鳍刺鳑鲏鱼有许多亚种，如越南鳑鲏、短须刺鳑鲏、巨口刺鳑鲏、斑条刺鳑鲏、中华鳑鲏、高体鳑鲏等，它们的生活习性基本相同。这种鱼是最容易垂钓的鱼种之一，较适宜初学者垂钓。

742. 钓大鳍刺鳑鲏鱼宜用怎样的钓具

垂钓大鳍刺鳑鲏鱼所用的钓竿，不同于钓其他鱼的钓竿，只需用一根1米多长的软竹梢竿就行，这是因为它个体很小，在近岸的浅水处大多数是5~7厘米长的小鱼。钓线可用直径0.1~0.15毫米的尼龙线，其长度只需比竿稍长一些。钓钩可用鹤嘴形或胡弓形小钩。浮漂可用白色羽毛梗做的线浮标或棒形的小浮漂，再配上小型的开口坠。但浮漂的浮力宜大于坠子的重量。

若在离岸稍远的深水处垂钓，可钓到长10厘米左右的鱼。这时宜用4~5米长的软性手竿，配上直径0.2毫米左右的钓线。钓钩可换成比上述钓钩大一号的钓钩；铅坠可用与上述铅坠相同规格的；浮漂可用稍长一些的立式浮漂，其浮力也应略大于坠子的重量。

743. 钓大鳍刺鳑鲏鱼宜用怎样的饵料

由于大鳍刺鳑鲏鱼的食性较杂，荤素饵料均可使用，如蚯蚓、红虫、饭粒、嫩玉米粒、麦面团、玉米面团等。

744. 垂钓大鳍刺鳑鲏鱼应怎样选择钓点

大鳍刺鳑鲏鱼，最喜欢栖息在水草丛中，所以钓点应选在靠近岸边有较多水草的水域，尤其是那些有河蚌生活着的地方。此外，有进水口的池塘、湖泊、小溪河旁边有缓流的浅水水域，近岸处水底有较多乱石的水域，水底有木桩、树根等阻挡水势的缓流区，都可以设置钓点，钓获的可能性比较大。

745. 怎样垂钓大鳍刺鳑鲏鱼

垂钓开始前，最好用小米、碎米粒或发酵的面食小碎粒作诱饵，撒入钓点的水中，以吸引鱼儿来此聚集，便于鱼儿咬钩。垂钓时可以用底钓法，也可以用浮钓法。一般来说，底钓钓到的鱼个体较大，浮钓钓到的鱼个体较小。底钓时，个体较大的大鳍刺鳑鲏鱼咬钩时，常常会把浮漂徐徐地托起，很像钓鲫鱼时常见到的送漂现象；浮钓时，鱼一旦咬钩，浮漂或是显示出快速颠动，或是显示出横向移位，有时也会出现缓缓下沉的情况。若浮钓的钓饵是面食，当发现有鱼咬钩的迹象时应立即提竿，提竿迟了，面饵就会被鱼叼去。

撒诱饵时，不要1次撒得太多，而撒的次数应多一些，这样做是不让鱼儿吃饱后离去，让它能较长时间地留在钓点附近。若用面食作钓饵时，可将面食搓成绿豆大小的颗粒上钩，因面食在水中易散开分化，所以要经常不断地换上新饵。若用红虫作钓饵，只用单条红虫装钩就够了，不必多用。

（三十九）卷口鱼的习性及钓法

746. 卷口鱼有哪些生活习性

卷口鱼又称老鼠鱼、鼠头鱼，是我国南部水系的特产。该鱼在广

图218 卷口鱼

东、广西、贵州、云南各省境内分布很广，诸如南盘江、柳江、浔江、黔江、桂江、贺江、郁江的左江和右江、西江和珠江三角洲段以及北江皆是其生存水域。该鱼属定居性和穴居性鱼类，不洄游，即使在产卵期也坚持在原地生活而不洄游，这与其他鱼种有所不同。它喜栖息在岩石底下的深水河段或岩石的洞隙中，当江水浑浊时，很少游出洞隙。

卷口鱼属杂食性鱼类，以摄食底栖动物为主，其主要食物为淡水壳菜和河蚬，兼食水蚯蚓、硅藻、淡水海绵以及河底泥沙中的有机物碎屑。它的摄食量随季节变化而不同，以冬季摄食量最大，其次是春、秋两季，到了夏季水温较高，它进食就很少。卷口鱼性成熟较早，1 龄鱼就已达到性成熟期，到 2 龄时，差不多全都达到成熟期。它常在生活区附近产卵，产卵期一般从 3 月份开始至 9 月份结束，而以 4～5 月份为产卵最盛期。产卵数量在 0.8 万～5 万粒之间。

卷口鱼肉质鲜嫩，口味鲜美，享有盛誉。卷口鱼个体比较均匀，大鱼的个体重量为 1 000 克左右。卷口鱼和鲈鱼、鳜鱼、斑鳠自古以来被称为“四大名贵河鲜”，是古时供奉帝王的御用食品之一。它具有 1 个优点，就是生命力较强，在活水中可以生存很长时间，因而可以家养，垂钓者很乐于垂钓该鱼。

747. 钓卷口鱼宜用怎样的钓具

垂钓卷口鱼可用手竿钓，也可用投竿钓，但竿体必须结实坚固，因为垂钓该鱼时需要重复甩投，钓竿不结实容易折断损坏。

手竿宜用中等硬度，要求弹性好，竿的长度宜在 4.0～4.5 米之间。钓线不宜粗，只需直径 0.25～0.30 毫米的尼龙线即可，因为鱼体较小，粗了反而不灵活；线更不宜过长，只需竿长的 2/3 就行，线短操作起来方便利落。钓钩采用一般的中小型钓钩，钩、坠的组合是在坠子下方拴 2 枚单钩。

若使用投竿钓卷口鱼，宜用长 2～2.5 米的中硬投竿和旋压式绕线轮，上面需储备直径 0.3～0.35 毫米尼龙线 100 米左右。投竿用的钩、坠组合，应能适于船钓、岸钓等不同钓法的使用。若用船钓，可以用坠上钩，也可以用坠下钩。用坠上钩，绑钩线要通过单天平连接在主线上，免得绑钩线与主线缠绕。如用坠下钩，绑钩线要通过返捻环连接在主线上。坠子以用茄形坠为好，坠的重量视水流的大小而定：若水流急，宜用重坠；若水流缓，宜用轻坠。若用岸钓，以用串钩较好，可在主线上缚结 3 ~5 枚单钩。

748. 钓卷口鱼宜用怎样的饵料

垂钓卷口鱼的钓饵，可用蚯蚓、小泥鳅、小杂鱼，也可用饭粒或面食作钓饵，有时也能取得较好的效果。

749. 垂钓卷口鱼应怎样选择钓点

卷口鱼喜欢栖息在河流有沙砾碎石的环境、水底的低洼处、两条水流汇合处附近，以及主流道中的大石块受到水流冲击后引起的旋涡下游 1 米左右的水域，这些地方都可以作为好钓点。

750. 怎样垂钓卷口鱼

卷口鱼游动和摄食的动作都比较缓慢，垂钓时，饵钩要尽可能下到鱼的近旁。如果在垂钓时发现有卷口鱼跃起，应该记住那个跃起的地方，接着把饵钩甩到鱼跃起之处的上游，让它随水流正好送到鱼的近旁，这样较容易引起鱼的注意，引它咬钩。当鱼吞钩后，如果提钩时没有钓到，鱼儿就会游向下游，钻进看不见的水底去，在短时间内再也不肯出来，这就会导致垂钓失败。

垂钓卷口鱼大多是用甩竿的方法，在甩竿时一定要注意动作轻盈敏捷，避免动作笨拙，使饵钩落水时发出较响的声音把鱼惊跑。但是，吞饵未成而逃走的鱼，过了一段时间后仍然会回到原地觅食，所以不要轻易离开刚才的钓点。

上面介绍的是在陆地上垂钓卷口鱼的方法。另外还有一种钓法是：在江河或水库上乘船用投竿垂钓。垂钓者可从船舷或船尾将饵钩放入水中，不用抛得很远即可垂钓。一般也只用一根钓竿，当然也可以 2 ~3 位垂钓者同时垂下几个饵钩。下钩后要仔细观察竿梢的动静，如果发现竿梢抖动，说明已有鱼吞钩，此时将钓竿略微抖动一下，便会将鱼嘴钩住，这时即可收线，将鱼头提离水面，用抄网将鱼捞起。但要注意的是：切不可将整个鱼身提出水面，因为鱼身不出水面可以借水的浮力将鱼托住，而鱼的全身提离水面，对钩的拉力很大，容易把鱼嘴拉豁而使已经到手的鱼落水逃走。

垂钓躲藏在树根底下的卷口鱼时，为了避免钓线挂在树枝上，需把钓线改短，或把线绕一部分在钓竿上，然后再下钩。另外，除用真饵垂钓外，也可以使用拟饵钩垂钓，用拟饵钩垂钓时，宜由下游往上游拖钓。垂钓时切勿将自己的身影映入水中，把鱼惊跑。在垂钓过程中还应保持安静，避免来回走动，更不可大声喧哗。

（四十）圆口铜鱼的习性及钓法

751. 圆口铜鱼有哪些生活习性

圆口铜鱼又称方头水密子、麻花鱼、方头水鼻子、肥沱。该鱼体形修长，背部显著隆起，头部尖小而宽，后半身瘦长而扁平，吻钝圆而突出，有一对长而粗壮的颌须，须端可伸至鳃盖的后缘。背鳍不大但尖而长，生长在背部隆起处，无硬刺。尾鳍叉形，胸鳍发达。该鱼因其体侧具有明显的黄铜色光泽，又因它每到春季就群集于岷江的支流大渡河，而此河又叫铜河，故而得圆口铜鱼之名。

图219　圆口铜鱼

圆口铜鱼主要分布在湖北省宜昌至四川省宜宾的长江上游水段，金沙江、乌江、岷江、嘉陵江等支流也有出产。该鱼喜欢栖息在水流湍急的河流底层，属底栖性鱼类，常集群活动，每年在水温适中时期生活在长江上游及金沙江、岷江等支流中，天冷群居在干流深水的底层岩石洼洞处避寒越冬。

圆口铜鱼既摄食动物性饵料，也摄食植物性饵料，属杂食性鱼类，主要摄食软体动物和水生昆虫，以及高等植物的碎片和流入江河中的动植物残渣碎屑，有时也吃小鱼、泥鳅和蟹、虾等小生物。每年一到秋季，当鲟鱼到金沙江和葛洲坝下游段产卵时，它就群集到鲟鱼的产卵场去摄食鲟鱼卵。当圆口铜鱼生长到2 厘米长时，就能觅食水蚯蚓和摇蚊的幼虫，以及各种鱼类的鱼苗。

圆口铜鱼性成熟期较迟，常需经 4 年后雌鱼才进入性成熟期，这时雌鱼的体长一般为 35～55 厘米，雄性鱼性成熟时的体长为33～40 厘米，其生殖产卵季节在 4 月上旬及 7 月上旬，其中以 5～6 月份最为集中，是盛产期。鱼卵产在砾石砚与沙滩之间的急流河心，受精卵随水漂流发育。

当水温在 22～24℃时，经 50～55 小时可孵化出幼鱼，一星期后才开始摄食。在金沙江的下游，两岸巨石重叠，多为悬崖峭壁，水流湍急，盘旋激越，形成适宜圆口铜鱼产卵的环境。该鱼的产卵量一般在 1.3 万～4 万粒之间。

圆口铜鱼属长江上游重要的经济鱼之一，其个体一般重500～1 000 克，最大的可达 4 000 克，肉质细嫩，口味鲜美，含脂量高，被列为优质鱼类。由于它产卵较多，在四川省和金沙江下游，产量很高，是当地渔业的主要捕捞鱼种。

和圆口铜鱼相似的种类还有金鳅、水密子等，其生活习性和分布区域大体相似，故不另作介绍。

752. 钓圆口铜鱼宜用怎样的钓具

（1）钓竿。垂钓圆口铜鱼有几种钓法，需使用不同的钓竿。

① 插接式竹制投竿。这种竿可以自制，是以当地产的竹竿制成的。要求是：有弹性，竹节短而密，整根竹的受力均匀，竿的长度为3.0~3.5米，可制成2节或3节式的，以便于携带。钓竿上装几个钢丝的导线眼，离钓竿的根部约15厘米左右处装绕线轮，绕线轮为直径15厘米左右的齿槽式手拨轮。钓线选用直径0.3毫米的透明尼龙线，线长100米左右。钓钩选用钩门0.5厘米宽、钩长1.5厘米的两个长柄钩。坠子采用通心坠，坠重25克左右，它和钩的组合是：一枚钩绑扎在坠的上方，另一枚钩绑在坠的下方，两者距离为30~35厘米。②叉子竿。这种竿是用长度1米左右结实的细木杆或坚实的硬竹竿制成。在这种竿的尖端和手柄上方各装置1个陶瓷或不锈钢棒做成的叉子，作绕线用。钓线用3股捻合起来的尼龙线，这种线的拉力要大，长度70~100米。用直径0.3毫米的透明尼龙线作绑钩线，其长度为15~20厘米。钓钩用2枚长度1.5厘米、钩门宽0.5厘米的长柄钩，两钩间的距离约30厘米。坠子用重量50克的空心坠，装在两个钩中间的主线上。这种钓竿很适宜在水流湍急的江河中垂钓。③大轮短竿。这种钓竿长为1米左右，用结实的木杆或竹竿制成，在手柄的上方装配1个较大的绕线轮，其直径为25厘米左右，由硬质木材或塑料制成。其他如钓线和钓钩，都和叉子竿上所用的相同。

（2）拖钓投竿。这种投竿需选用硬度大而结实的竿，因为圆口铜鱼属中型鱼类，具有较大的力量，上钩后必然会竭力挣扎，因而钓具的配备应当考虑到这种情况。钓线需用直径0.5毫米的尼龙线，线长120~150厘米。绑钩线用直径0.3毫米的透明尼龙线，长度为10厘米左右。钓钩宜选用长柄钩，可用4~5枚钩子组成串钩，钩与钩之间的距离为20~25厘米。配用坠子的重量为50克左右，坠子连接在钓钩的上方，距离最上面的钩子30厘米左右。

（3）延绳钓的钓具。延绳钓的钓具是一种民间自制的钓具，由干线、钓钩、绑钩线、沉石和小船5个部分组成。①干线。干线用直径2~2.5厘米、长150~250米的红棕绳或尼龙绳，在干线上每隔1~1.5米用直径0.8毫米、长30厘米左右的捻合尼龙线绑结1枚钓钩。

②钓钩。钓钩的大小相当于无锡生产的鹤嘴形 115 号钩。绑钩的数量根据干线的长度确定，一般少则 50 个，多则 100～200 个。③绑钩线。绑钩线用直径 0. 3～0. 35 毫米的尼龙线两股捻合而成，长约 30 厘米，一端绑钓钩，一端连接在干线上。④沉石。这是绑在干线两端的石头，每块重量为 1 200 克，作用是让展开的干线两端固定在水底，使干线不会缩合在一起。⑤小船。小船是供垂钓者在水上进行延绳钓作业用的载体，小船不需太大，便于移动。

753. 钓圆口铜鱼宜用怎样的饵料

钓圆口铜鱼的钓饵可用钓点附近挖出来的蚯蚓，也可用油葫芦、蝼蛄、蟑螂、蜻蜓等昆虫，但最好的钓饵是经过加工的猪里脊肉。猪里脊肉的加工方法是：将肉切成细长条，用芝麻油和红色色素浸泡 1～2 天后使用。这种钓饵放入水中后，目标显著，很容易被鱼看见，而且香味重，对圆口铜鱼的吸引力很大。这种钓饵还有一个最大的优点是结实，耐水泡，且不会被水冲脱钓钩。装钩时，要将肉条全部穿入钩中，注意不能露钩。

754. 钓圆口铜鱼应怎样选择钓点

垂钓圆口铜鱼要根据这种鱼的生活习性，结合水情和所用的钓具来选择钓点。在冬天，圆口铜鱼一般都在干流的深水处越冬，不出来觅食，其他季节栖息在江河水流湍急的底层，但也常在缓流处游弋觅食。所以，如果用手竿和竹制投竿垂钓，钓点应选择在江河水流的转弯处或岸边，但最好是选在溪流与江河干流的交汇处，因为这里的水域饵料丰富，鱼儿喜欢在这样的地方游弋觅食。使用手竿和竹制投竿垂钓也适合在河道地形复杂、乱石堆积的石洞以及石块形成的空隙旁边的水域设钓点，这可以充分利用水流的力量，将饵钩冲漂至石缝和礁石丛中去诱鱼上钩。

若用叉子钓和大轮短竿钓，适宜在水流湍急的河道垂钓，但最好的钓点是在长期停靠的大船近旁，因为这样的地方经常有生活废水和垃圾倾倒入水，形成丰富的饵料场，加上有大船作掩护，比较隐蔽安全，鱼儿喜欢在这样的地方活动、觅食。

垂钓时要乘小船划到停泊的大船的上游，将小船停稳后，从小船上将饵钩投在大船的近旁，然后再放线垂钓，让钓饵、钓钩借助水流带到大船下面的水底，可以收到较好的钓绩。在长期停泊的大船附近，也可以采用拉砣钓法，钓点可选在两条船之间的夹缝中，垂钓者站在上游的船上，放线让它漂流进下游的船底垂钓。

755. 怎样用投竿底钓法钓圆口铜鱼

投竿底钓又可分为定点钓和拖钓两种钓法：

① 定点钓。定点钓就是将饵钩投出后让其沉入水底的钓法。采用这种钓法，可以同时用几副钓竿垂钓。在饵钩投出并落底后要注意观察竿尖的动态。这种钓法有一个很值得注意的问题：在江河或溪流中垂钓时，由于四面毫无遮挡，即使风力不大，也会受到风浪的影响，再加上水流的影响，竿尖往往会出现或大或小的颤动或移位，易误认为是鱼已吞钩。反复不适当地提钩，会贻误鱼儿上钩的时机，影响钓绩。当鱼儿咬钩时，钓线会猛然拉紧，随即把竿尖拉得下弯，或者是钓线突然松弛，只有遇到这种情况，才需及时提竿，十有九准。

② 拖钓。拖钓就是在饵钩投出并落底之后，不让它沉在水底静止不动，而是要缓缓地一边提收钓线，一边微微抖动，使饵钩在深层水体中做曲线运动，以诱鱼上钩。在提收的过程中，要让饵钩左右摆动，尽可能达到目标显著的目的。当鱼上钩时，会突然向外拉线，提竿的手会有明显的感觉，这时应立即提竿，使钓钩牢牢地钩住鱼嘴，再缓缓地收线起鱼。

投竿找鱼钓的方法也属于拖钓的方法之一。圆口铜鱼喜欢在水流湍急的岩石处活动，所以可以将饵钩放出，在岩石的空隙处“找”鱼钓。在这个过程中，如果经过好一段时间都不见动静，就应考虑换地找鱼，可增加钓到鱼的机会。

756. 怎样用叉子竿和大轮短竿拖钓圆口铜鱼

采用叉子竿和大轮短竿拖钓，只是充分利用其钓竿的坚硬度和灵活性进行沉底拖钓，在钓法上与前述并没有太大的差异。它也是在水流湍急的河道上将饵钩投出，待其落底之后，向前、后、左、右拖拉饵钩，以扩大目标诱鱼上钩。在使用这种方法时，当经过一段时间仍未见有鱼上钩时，应更换水域再钓，扩大拖钓的范围，不可呆守一处。因为拖钓的优越性就在于可不断地变换位置，在很大范围内去找鱼垂钓。

757. 怎样用延绳钓法钓圆口铜鱼

采用延绳钓法，由于饵钩数量多，事先要准备较多的钓饵。蚯蚓、小虾、螺蛳肉、蚌肉、各种昆虫及其幼虫都可作为钓饵使用。这种钓法重要的是选择下钩的水域，应该选水草稀少、水流比较缓和、水深为 1.5～2 米的开阔水域，或有砂石底质的水域垂钓。下钩前，先要把钓饵全部装在钩上，装每个钩时，都应把钩尖露出。

延绳钓的垂钓者可以由两个人组合，这样可以互相帮助，由一人掌舵划船，另一人作下钩作业。下钩开始时，先要将干线一端的沉石放入水底，然后缓缓划船，依次将钓钩一一放下去，最后将干线另一端的沉石放入水中。这时下钩的工作就已完成，即可回家休息。下钩的时间最好是在傍晚天黑以前进行，一般可在第二天早晨去取钩收鱼。若在旺季，也可以在半夜去起1次钩，卸鱼后再补装钓饵，重新下钩，到第二天早晨再去取钩收鱼。

在上船出发前，必须先准备好1个三爪锚钩，装上3.5~4米长的竹竿作钩柄。起钩时，需先用这种锚钩钩起干线，再将干线拉至端点，提起沉石，将其解开，然后将干线和钩盘收好放进竹篮内，钓钩依次一一挂在篮子口上，同时摘取钩上的鱼。最后将钓具整理好，以备下次使用。

（四十一）䲅鱼的习性及钓法

758.䲅鱼有哪些生活习性

䲅鱼又称大头鲤、大首鱼，它的头既宽又大，头的长度大于身体的高度，和鳙鱼的头有些相似，嘴大而唇薄，且无胡须，身体稍扁而腹部较圆。背部灰黑色带有绿色，腹部银白色，除背部外，胸部、腹部、臀部、尾鳍之下均呈橘红色，整个身体和鲤鱼很相像。其个体最大的可达2 000克。

䲅鱼肉质肥嫩，含脂量较高，味道鲜美，是云南的著名鱼类。它大多分布在珠江水系源头南盘江附属水体星云湖和杞麓湖。怒江水系有其亚种洱海大头鲤。在以往年代，其资源以星云湖最多，占总产量的半数以上，杞麓湖占小半。近年来，产量有所降低，原因是这些大湖里放养了较多的草鱼、鳙鱼和鲢鱼等。

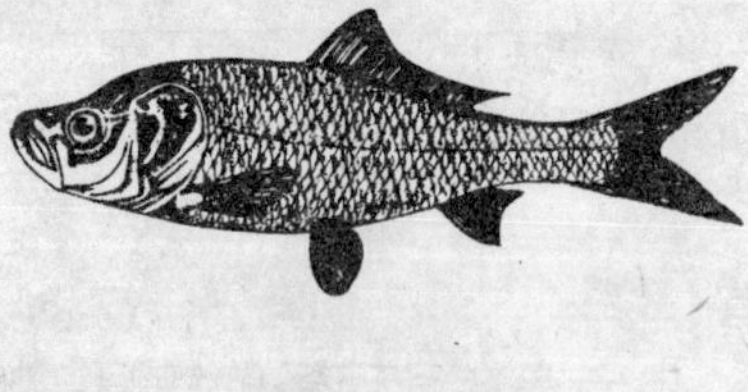

图220　䲅鱼

䲅鱼性情活跃，常活动于水的中上层，网捕比较容易，但它游动起来比较迅速，喜栖息于湖泊水质清澈的敞水区。它以浮游动物为主食，即以枝角类和桡足类为主，但也吃少量丝状藻和轮虫，兼食小虾和水生植物的碎屑。

䲅鱼性成熟期较早，雌雄鱼在1龄即有部分性成熟，到2龄就已全部性成熟，每年的4~9月份是其产卵期，产卵盛期在5~6月份。该鱼产卵量大，500克重的雌鱼产卵量可达13万粒之多，属黏性卵。

759. 钓碌鱼宜用怎样的钓具

垂钓碌鱼一般采用两种钓法：一种是手竿锚钩钓的方法，另一种是投竿底钓的方法。

（1）手竿锚钩钓具。手竿锚钩钓选用5～6米长的钓竿，竿梢要求较粗、较硬。钓线用直径0.35～0.40毫米的尼龙线，线的长度与钓竿相同。用此钓法需备置锚钩，锚钩的柄长3～3.5厘米，是一种没有倒刺的钩，需配制两枚，一枚连接在钓线线端，另一枚连接在其上方30厘米左右处的钓线上。

（2）投竿底钓钓具。投竿底钓需用长度为2～2.5米的轻便投竿，配上小型绕线轮。钓线用直径0.3毫米的尼龙线，线长需100米左右。钓线上装6～8枚钩成为组钩，钓钩选用无锡生产的丸袖形717号或伊斯尼形516～517号钩。坠子用空心坠，坠重25～30克。坠子的下方连接组钩，组钩与坠子的距离约为10厘米左右，以适于沉底为准。

760. 钓碌鱼宜用怎样的饵料

垂钓碌鱼，其钓饵以素饵为主，素饵应具备两个特点：一是应具有浓郁的腥味，二是经水浸泡后能很快溶解成粉状。这种素饵一般用玉米粉、蚕豆粉和鱼虫粉调和配制而成，或用蚯蚓粉、蚕蛹粉加少许面粉配制。制作这种素饵时，需将3种粉先搅拌均匀，再加水捏成面团。垂钓时将它装在组钩上垂钓。

761. 垂钓碌鱼应怎样选择钓点

垂钓碌鱼之前，先要选取较好的钓点。选钓点时要考虑碌鱼的生活习性，宜选择湖泊沿岸水面开阔的水域为钓点。在夏季用投竿垂钓时，钓点可选在离岸边30米左右有稀疏水草的浅水区；用手竿锚钩钓，要在避风向阳的岸边选择水质清澈、水底无障碍物、水深2米以上的地方作钓点。入秋以后，用投竿垂钓，钓点要选在离岸较远的深水区，因秋后水温降低，鱼儿不会到浅水的岸边来，而改栖在河中深水水域。

762. 怎样垂钓碌鱼

用投竿进行底钓时甩投要准，最好用几副投竿。每次更换饵食后，都应能准确地投在钓点上。由于面制的钓饵在水中浸泡一会就溶散在水中，所以经过几次更换钓饵后，钓点很自然地形成较大面积的诱窝。这样可以吸引较多的鱼来到窝点聚集，可提高上钩率。

当碌鱼在咬钩时，一般来说竿梢都会出现颤动，有时绷紧的钓线会突然变得松弛，当出现上述两种情况时，都应立即提竿。在用手竿锚钩钓时，应该先向钓点投撒诱饵，将碌鱼吸引到钓点的周围，诱饵可选用和钓饵相同的饵食。需要注意的是：在制作这种诱饵时，加水的量要适中，以正好捏成松散的团状、落水后很快散成粉状、能缓缓地沉在水下形成窝点为度。诱饵的投量可以多一些，投过以后等待20~30 分钟，便可开始将锚钩轻轻地投在窝点的上方，让它沉下去落在钓点上。此时要注意的是：投钩要轻，切不可发出声音惊动窝点里的鱼群，以免将鱼惊跑。

当锚钩落底后，一旦发现竿尖有颤动迹象，便用腕力提竿，即可将碌鱼钩住。采用这种锚钩钓法，应选多个钓点，两个钓点之间的距离为 10 米左右。

垂钓碌鱼的钓期从 4~11 月份都可进行，在一天之中，以早晨和傍晚为最好的垂钓时间。若用小虾为饵，用手竿作底钓也能钓到碌鱼，不过从效果来说，要比锚钩钓差得多。

（四十二）胭脂鱼的习性及钓法

763. 胭脂鱼有哪些生活习性

胭脂鱼又称黄排、青胴、看塘鱼、木叶盘等，有许多名称。该鱼的外形特征是体长而侧扁，腹部圆，背部在背鳍起点处特别隆起。头短小，吻钝圆，口小，唇部发达，肉质较厚。背鳍前部高耸，但无硬刺，尾鳍叉形，尾柄细长，鳞片较大。其体色随个体大小而异，仔鱼体长 2~3 厘米，体表呈灰白色；幼鱼体长 3~8 厘米，体表呈深褐色，体侧有 3 条黑色横纹；及至成熟阶段，雄鱼体色为胭脂红色，雌鱼体色为青紫色，背鳍、尾鳍成淡红色。成熟的胭脂鱼在繁殖季节，颜色特别绚丽，其体侧中部为绯红色，像涂了一层胭脂，胭脂鱼的名称可能由此而来。

图 221　胭脂鱼

胭脂鱼生长较快，是一种大型经济鱼类，长江中上游的胭脂鱼大多为 2 000~2 500 克，最大的个体可达 30 千克重。

这种鱼原产于北美洲，在中美洲也有相当多的出产，我国所产的胭脂鱼是这种鱼在亚洲大陆分布的唯一品种。在我国，它主要分布在长江、闽江、金沙江、岷江等水域。每年早春二月，该鱼就上溯到长江上游诸江急流中的浅滩繁殖，到秋季气温低时，再返回到长江干流的深水处避寒越冬。

胭脂鱼个体大，肉味鲜美，是一种传统的名贵鱼类。该鱼有较强的适应性，葛洲坝截流后，它虽不能上溯到长江上游诸江产卵，但在古老背江段曾有人多次发现产过卵的雌鱼，可见它在其他水域也能顺利繁殖。近年来，有关部门为了提高这一名贵鱼种的产量，将其移植到池塘、水库中作人工养殖试验，已获得成功。

胭脂鱼喜欢栖息于江河水体的中下层。幼鱼行动缓慢，但成鱼行动十分敏捷。它性成熟期较长，一般约需 6 年，生殖季节为每年的 3~4 月份。体重 10 千克的雌鱼怀卵量达 15 万粒左右，卵呈油黄色，属沉性微黏性卵。胭脂鱼大多在天气晴朗的夜间产卵，常将卵产在水流较急的石埂、石槽、石滩上，产卵后的亲鱼就在附近流水回湾浅滩处育肥。

胭脂鱼的食性与鲤鱼有些相似，主要以底栖的无脊椎动物为天然饵料。但它食性较杂，偶尔也吃一些水底泥沙中的有机物和水底砾石上附着的硅藻及植物碎片。在江河中，它主要吞食水生昆虫，尤其对摇蚊的幼虫最感兴趣；在湖泊中，吞食软体无脊椎动物，如淡水壳菜和蚌、蚬等。

764. 钓胭脂鱼宜用怎样的钓具

垂钓胭脂鱼的方法较多，一般有手竿钓、海竿钓、手感钓、无饵拖拉钓以及延绳钓等。无论采用哪种钓法，都应使用与其相应的垂钓工具。

（1） 手竿钓法的钓具。手竿钓钓具中，钓竿宜用 4~6 米长的竹制或玻璃钢制的钓竿，中等弹性即可。钓线可用直径 0.3 毫米的透明尼龙线，线的长度可与竿长相同或略长一些。钓钩宜选用中小型短柄钩，如鹤嘴形116~118 号、胡弓形 216~218 号、HHH 袖形钩 7~9 号都可以。

浮漂和铅坠，只要配置适当就行，由于是进行深水钓，坠的重量应略微超过浮漂的浮力，使饵钩能正好沉近水底，但又不完全掉入水底。

（2） 海竿钓法的钓具。海竿钓法的钓具，钓竿应选用 3 米以上的中硬竿，竿的柄部配置中型齿槽式或旋压式绕线轮。钓线用直径 0.30~0.35 毫米的尼龙线。钓钩选用无锡产的环形 411~413 号或鹤嘴形 111~113 号钩，可以用单钩，也可以用双钩或 3~4 枚钩组成的串钩。坠子的重量要依据垂钓水域的流速大小来确定，流速越快，坠子的重量应越重，否则，饵钩会被水流冲浮在水面上而不沉入水下。

（3） 手感钓法的钓具。手感钓的钓具，不用浮漂，全靠手感来获得鱼儿上钩的信息。钓具的设置方面应特别注意:不能被鱼看见水中的饵钩和钓线,所以钓线要用青草或其他绿色较浓的植物,在线上捋2~3次,使钓线染成浅绿色,与水色相近,避免鱼看见白色钓线而被吓跑。

(4) 无饵拖拉钓法的钓具。无饵拖拉钓法的钓具有两种:一种是锚钩无饵拖拉钓;另一种是蜈蚣钩无饵拖拉钓。这两种钓法使用的钓线都应粗一些,因拉力较大,可避免被拉断。锚钩无饵拖拉钓的钓钩是向铁锚的三面伸出3个钩或向四面伸出4个钩。蜈蚣钩无饵拖拉钓的钓钩是在钓线上拴10~20个钩,每隔10~18厘米拴1个钩,形成很长的一串拖拉钩。

(5) 延绳钓法的钓具。延绳钓法的钓具由主线、支线、钓钩、放线轮、坠子等组成。主线用粗3股草绿色锦纶线,长度为60~100米。支线用直径0.4~0.5毫米的尼龙线,长度约40厘米。用钓钩30~40个,可采用无锡产丸袖形712~713号钩,钩与钩间的距离为1米。主线一端连接有与放线轮相连的1个大坠子,由于是钓大型鱼,坠重需1 000~2 000克重,沉入水底起固定主线的作用,主线另一端系一小坠子,沉入水底也起固定主线的作用。

765. 钓胭脂鱼宜用怎样的饵料

垂钓胭脂鱼需用诱饵,诱饵可用鸡、鸭、鱼的内脏和牛、羊的碎骨头。

钓饵可用红虫、小虾、蚯蚓、小鱼、蛆虫、地蚕、螺蛳肉、油葫芦、水蛭等,若用瘦猪肉切成小指粗的条子,用香油和红色色素浸泡1~2天后使用,效果也很好。素饵可用面食、饭粒、植物碎片等。若要钓较大的鱼,钓饵的体积也应加大,如用小蚯蚓、红虫、蛆虫等细小的钓饵钓大鱼时,可用红线扎成一整束后挂钩,否则引不到大鱼上钩。

766. 垂钓胭脂鱼应怎样选择钓点

垂钓胭脂鱼,选好钓点是垂钓活动的重要一环。该鱼除冬季在大江大河的干流深处避寒越冬外,其他季节大多在河湾、中小河流的上游段或水流较急多卵石的河段栖息,成鱼大多在江河的上游、湖泊的进水口,或底质多沙砾有硅藻的水域栖息,在有坝的江河中,应选在下游作钓点。垂钓胭脂鱼每年都有一段最好的时机不可错过,那就是在该鱼产卵之后的这段时间。因为此时鱼在产卵之后身体虚弱,十分需要补充营养,所以只要看见可吃的东西就会拼命抢着吃,非常容易上钩。这时必须先找到它的产卵场,并且算准产卵时间,一般是清明到谷雨这段时间之内。

除注意掌握垂钓时机外，如果在某一处钓不到鱼，应随时变换钓点，因为胭脂鱼喜欢合群，且游动较缓慢。一般来说，在某处钓到一条这种鱼后，往往还能接二连三地钓到多条鱼。

767. 怎样用手竿钓法钓胭脂鱼

用手竿垂钓时，钓线上宜装上浮漂，因江河中的流水有一定的流速，应选用浮力较大的立式浮漂，坠也应大一些，使钓饵能沉至一定的深处，靠近鱼栖息的水层。若不用浮漂垂钓时，将饵钩投于钓点后要拉直钓线，看竿尖猛然下弯时即可起钩。胭脂鱼性情文静，动作稳健，吞食饵钩比较缓慢，因此垂钓时要有耐心，不可性急，不过该鱼吞食虽慢，但吐食却较快，垂钓时要注意浮漂动静，一旦发现浮漂下沉，就应眼疾手快立即起竿，稍有迟缓即会脱钩逃鱼。其实，用手竿垂钓胭脂鱼，和垂钓鲤鱼、草鱼有些相似，不同之处，只是反映在浮漂上的信号更为微弱，托漂更慢一些，黑漂也会更缓慢。

768. 怎样用投竿钓法钓胭脂鱼

用投竿钓胭脂鱼，若在岸上垂钓，一般可用固定钓点钓法，就是在选定钓点后，将饵钩甩投入钓点，待组钩沉入水底后绷紧钓线，候鱼上钩。用此法垂钓，垂钓者一人可同时用几副钓竿垂钓，这样可增加鱼儿上钩的机会。用投竿垂钓，还可采用串钩和爆炸钩。在江河垂钓时，应将钓钩抛向垂钓者前方稍偏向下游的水域，最好能抛出30～50 米远处。若用这种钓法，宜选用 50 克以上的通心活动铅坠，坠下必须连接能旋转的活动环。这样信号反映在竿头才会更加灵敏。若发现信号应不误时机，提竿摇轮，迅速取鱼。若上钩的鱼离岸较近，可用抄网抄鱼。

769. 怎样用手感钓法钓胭脂鱼

用手感钓法钓鱼，可以在岸上钓，也可以乘上小船垂钓，而以在船上垂钓更为有利，因为可以随时更换钓点。手感钓的特点是不用浮漂，在饵钩投入水中后，仅凭手感来判断是否有鱼上钩，当感觉到钓线稍有动感时即应快速提竿上鱼。若饵钩投入水中后迟迟没有动静，可每隔 3～5 分钟将钓线作 1 次牵动，以引起鱼儿对钓饵的注意，增加其咬钩的机会。

770. 怎样用无饵拖拉钓法钓胭脂鱼

无饵拖拉钓法有锚钩钓和串钩钓两种，都是在 2 面或 3～4 面每隔 15～20 厘米拴一枚锋利的钓钩，也不用钓饵。实际上，这种钓法已不能称作垂钓，而是用强力钓鱼。其操作方法是：将串钩甩向远处钓点后，每隔 3～5 分钟用力拖拉一下，只要串钩周边有鱼，就有可能钩住鱼的头部、背部、腹部、尾部的某一部分，鱼就难以脱身。

用这种无饵拖拉钓法可以在岸上操作，也可以在小船上操作，但以在小船上操作更具优越性，因为在船上操作可以选择鱼多的任何水域下钩，拖拉钓钩时，还可以使船不断向后移动，使拖拉的路途更长，钓获率更高。

771. 怎样用延绳钓法钓胭脂鱼

这种方法是垂钓个体较大的胭脂鱼的钓法，用这种钓法必须具备以下几个条件：①在水面广阔，水的深度一般在1.5~3米的水域中使用，也可在江河主流道旁水流较急处进行。②必须备有一条小船，因这种钓法只能在船上操作。③鱼儿比较多的水域。④没有水草或杂草较少的水域。

具体操作方法：先将连接在主线上的许多钓钩装上钓饵，然后将连接小坠子的一端干线放入水中，接着借助水流的冲力将全部干线（带钓饵及钓钩）逐步放完，最后将大坠子放入水底固定住。这种钓法一般是在傍晚下钩，次日清晨划着小船去起钩取鱼。起钩取鱼时必须带上搭钩和抄网，否则难以取鱼。由于延绳钓钓具需用很多钓钩，下钩和起钩的操作中都要特别注意防止被钩刺伤手，特别是在起钩取鱼时，因大鱼会挣扎蹦跳，更容易被钩刺伤，尤需注意安全。

（四十三）魟鱼的习性及钓法

772. 魟鱼有哪些生活习性

魟鱼又称木瓜鱼、冬瓜鱼。该鱼体壮、头大宽扁，体呈圆筒形，眼睛靠前，有须4对，嘴旁一对粗壮而长大，尾柄特长，后部细长，皮肤粗糙，体形有些像鲶鱼，但更细而修长，个体最大者身长可达2米。魟鱼属底栖鱼类，生活于大江大河，我国南部的澜沧江和红河水系是其主要生长水域。该鱼性情凶猛，属肉食性鱼类，以其他鱼类为主要食饵。该鱼产卵繁殖期在每年的5~6月份，产量不少，是当地的经济鱼类。

图222　魟鱼

773. 钓魟鱼宜用怎样的钓具

由于魟鱼属生性凶猛的大型鱼类，气力较大，在被钓住后，会作较长时间的猛烈挣扎，遛鱼相当费力，因而钓竿需用投竿。竿长宜选用2.5~3米，竿梢要粗壮结实，竿柄上配置中型旋压式或双轴承鼓形绕线轮。

钓线宜用直径0.5~0.6毫米的尼龙线，储存在绕线轮上的线长度需有130~150米。钓钩宜用较大型号的，如无锡生产的环形411~412号或丸袖形712~713号钩。若用其他钓钩，应与这两种钩的尺寸相等。因鲶鱼大多栖息在江河的流动水域，所以不用浮漂。但需用较重的坠子，一般使用60克左右的坠子比较适宜。钓钩与坠子的组合宜采用以下两种方法：①用实心坠：即用2~3枚钩组成串钩，连接在坠子的上方。②用空心坠：即用1枚钩连接在坠子的下方，1~2枚钩连接在坠子的上方。钩与钩之间的距离要拉开，避免相互缠绕。

在鲶鱼的产地，人们垂钓鲶鱼时一般都采用传统的独节竹竿作投竿，竿长为2~3米，配用的绕线轮是木制的齿槽式拨轮，这种竹制的投竿虽制作简单，但却很实用。

774. 钓鲶鱼宜用怎样的饵料

鲶鱼有较强的摄食欲，且食物的对象较多，如各种小鱼、小虾及飞虫和各种鱼、陆栖动物的尸体都是它的美味佳肴。垂钓时，可用粗大的蚯蚓、小鱼装钩，也可用各种家畜的内脏作钓饵。

775. 垂钓鲶鱼应怎样选择钓点

在垂钓鲶鱼之前，应先选好钓场和钓点，钓场主要在金平至河口一带河段，因为那里的环境僻静，河里饵料丰富，是鲶鱼出没最多的场所。在水面较宽的河段，钓点要选在主河道；在水面较窄的水域，钓点应选在两岸陡峭的河段中心。

最佳垂钓的季节是春、秋两季。在一天中，以清晨和傍晚或阴雨天的上钩率最高，晴朗的白天垂钓效果较差。

776. 怎样垂钓鲶鱼

由于鲶鱼是底栖性鱼类，所以垂钓这种鱼主要采取底钓法。在选定钓点后，将饵钩投入钓点的水中，待坠子沉落水底后，将钓线收紧，把钓竿架在竿架上，等待鲶鱼上钩。因鲶鱼行动比较迟钝，在等鱼上钩的过程中，垂钓者应每隔几分钟去牵动几下钓线，使饵钩产生活动的样子，以引起鱼儿对饵钩的注意，引诱鲶鱼前来咬钩。

鲶鱼吞饵虽然凶猛，但它往往将饵钩吞进嘴后就卧底不动，因而咬钩动作反映在竿梢上，常常是竿梢弹动一下就不再动了。遇到这种情况时，垂钓者应先将竿轻轻提起，如感到竿体很沉重，而钩和坠并没移动时，要立即用力提竿。提竿后，垂钓者开始时并不觉得有鱼在奋力反抗，而像是钓钩挂住了树根的感觉，此时不可认为钓钩挂住了异物而松了钓线，相反要挺起竿，绷紧钓线，并做好遛鱼的准备。

上钩的鲑鱼一般时隔不久就会感到疼痛，开始受惊，因而会企图顺流逃窜。这时垂钓者应顺势放线，待鲑鱼的冲势放缓时开始收线。它若再次猛窜便再次放线，接着再收线，经过较长时间的拉锯战，鲑鱼到最后会失去挣扎的力气。此时可选择河岸不高、水势平缓的岸边将鲑鱼拉近，用抄网或搭钩提它上岸。

鲑鱼有时咬钩后从竿梢上看不出有任何反应，但原来绷紧的线会突然松弛下来，这也是鲑鱼已上钩的迹象，应立即起钩。另外，钓鲑鱼时，不妨同时使用 2 ~3 副钓竿垂钓，只要使钓竿之间的距离保持在 12 ~15 米，避免在遛鱼时钓线钓钩缠在一起就行，这样可大大增加钓获率。